Tatjana Kuschtewskaja

Am Anfang war die Frau
Die Frauen russischer Genies

Aus dem Russischen von Ilse Tschörtner und Steffi Lunau

Mit 19 Portraits von Janina Kuschtewskaja

Grupello

Das Auge liest mit – schöne Bücher für kluge Leser

www.grupello.de

Das Vorwort und die Texte über Natalja Rachmaninowa, Vera Bunina, Nina Kandinsky, Marina Malitsch und Jelena Bonner wurden von Ilse Tschörtner übersetzt.

1. Auflage 2016

© by Grupello Verlag
Schwerinstr. 55 · 40476 Düsseldorf
Tel. 0211–498 10 10 · E-Mail: grupello@grupello.de
Druck: CPI books GmbH, Leck
Alle Rechte vorbehalten

ISBN 978-3-89978-245-5

Inhalt

Vorwort   7

»Meine Frau ist ein Engel …«
Natalja Gontscharowa (1812 – 1863)   14

Ménage à trois auf russisch
Natalja Herzen (1817 – 1852)   26

Die Schöne und der Philosoph
Olga Tschernyschewskaja (1833 – 1918)   42

»Mehr als Liebe«
Sofja Tolstaja (1844 – 1919)   55

»Anja, mein helles Licht, meine Sonne, ich liebe Dich!«
Anna Dostojewskaja (1846 – 1918)   69

Eine Ehe von zwei Wochen Dauer
Antonina Tschaikowskaja (1848 – 1917)   82

»Ohne Dich ist mir kalt und ungemütlich«
Olga Knipper-Tschechowa (1868 – 1959)   101

Das Geheimnis des weißen Flieders
Natalja Rachmaninowa (1877 – 1951)   112

Das Grasse-Tagebuch
Vera Bunina (1881 – 1961)   126

Der Meister und Margarita
Jelena Bulgakowa (1893 – 1970)   139

Leben und Tod der *Nina Kandinsky*
(1893 – 1980)   151

»Acht Jahre Lager – der Preis meiner Ehe«
Lina Prokofjewa (1897 – 1989)   172

Porträt der Frau des Künstlers
Natalja Malewitsch (1900 – 1990)   188

Genie und Verbrechen sind zwei unvereinbare Dinge
Das stimmt nicht ...
Nadeschda Allilujewa (1901 – 1932)   207

Die Frau, die Nabokov erschuf
Vera Nabokova (1902 – 1991)   222

Ein absurdes Theaterstück
Marina Malitsch (1909 – 2002)   235

»Du hast mir das Leben gerettet und viel mehr als das Leben«
Natalja Reschetowskaja (1919 – 2003)   252

»Du und ich, wir sind eins«
Jelena Bonner (1923 – 2011)   269

»Am Anfang war die Frau«
Irina Schostakowitsch (* 1934)   286

Vorwort

Hinter bedeutenden Männern stehen nicht selten nicht weniger bedeutende Frauen. »Es gibt keinen Erfolg ohne Frauen«, sagte Kurt Tucholsky. Außergewöhnlich intelligente und gebildete Frauen trugen oft maßgeblich dazu bei, daß ihre genialen Männer weltberühmt wurden. Ihre Verdienste um die Weltkultur sind unbestreitbar groß. Freilich muß man zugeben, daß solche Ehen nicht eben häufig vorkommen.

Eine Ehe mit einem schöpferischen Menschen ist immer etwas auf seine Weise aus der Norm Fallendes. Die Frauen beispielsweise von Schriftstellern bilden eine Art literaturnaher Teilhaber-Gesellschaft, wo uns die verschiedensten, auch gegensätzlichsten Charaktere begegnen: Heilige und Sünderinnen, Sekretärinnen und Gefängniswärterinnen, Zierpuppen und Spitzbübinnen, künftige Biographinnen-Wunder und solche, die derart überkompensieren, daß sie sich selbst für die wahren Autoren der von ihren Männern verfaßten Bücher halten. Daneben gibt es natürlich noch jede Menge, die in keinerlei Schubfach passen. Die zum Beispiel ein unentbehrlicher Kompagnon, fast schon ein zweites Ich ihres Ehegesponstes wurden.

Letztere (ebenso in der Musik, bildenden Kunst und Wissenschaft zu beobachten) verfügen meist über eine Gabe, die sie schon für sich genommen als bedeutend ausweist: Gleich bei der ersten Begegnung erkennen sie untrüglich, daß sie es mit einem genialen Menschen zu tun haben, dem unbedingt geholfen werden muß, sein Genie in die Welt einzubringen. Diese Erkenntnis, zusammen mit selbstloser, hingebungsvoller Liebe, bestimmt ihr Leben. Sie wird ihnen Berufung und Daseinszweck. Doch gerade solche Ehen stoßen in der Regel auf ein geteiltes Urteil.

Die Feministinnen sagen, der geniale Mann beute seine Frau aus, mache sich die weibliche Opferbereitschaft eigensüchtig zunutze; wogegen tiefer Blickende einwenden, daß unter solchen Frauen auch viele sind, die im persönlichen wie beruflichen

Leben des Mannes einen so großen Raum einnehmen, daß schon von Symbiose oder sogar Mitautorschaft die Rede sein kann. Ich muß den einen wie den anderen Recht geben. Beides hat seinen rationalen Kern. Insgesamt gesehen sind die Ehen genialer Männer aber so verschiedenartig und vielfältig, daß sie sich jeglicher Schematisierung entziehen.

Eine der Heldinnen dieses Buches zum Beispiel, Vera Nabokova, ist, mit Ausnahme einiger weniger Momente, 52 Jahre lang glücklich in ihrer Ehe gewesen. »Die Frau, die Nabokov erschuf« – diese Feder wird ihr keiner vom Hut nehmen können. Vera Nabokova hat von Anfang an die Gewißheit gehabt, daß das, was ihr Mann im Augenblick schrieb, zwar noch weit entfernt von Vollendung war, mit ihrem Zutun aber ein Kunstwerk erster Güte werden würde. Sie wußte instinktiv, was ein schöpferischer Mensch braucht und wie man seinen Alltag in ruhige, zielgerichtete Bahnen lenkt. Vladimir Nabokov sagte oft selbst, daß ohne seine Frau kein Schriftsteller aus ihm geworden wäre. Auch haben wir es ihr zu verdanken, daß der Roman *Lolita* kein Opfer der Flammen wurde, wie ein Schüler Nabokovs bezeugte. Er sah eines Tages, wie die Frau seines verehrten Mentors aus dem Haus stürzte und ein brennendes Manuskript in den Händen schüttelte, bis die Flammen erloschen. – Es war das *Lolita*-Manuskript.

Vera konnte autofahren und fuhr ihren Mann, wohin immer er wünschte. Sie schloß Verlagsverträge für ihn ab und legte dabei eine Verhandlungshärte wie ein gewiefter Literaturagent an den Tag. Es kam sogar vor, daß sie Stoff für eines seiner künftigen Werke sammelte. So schrieb sie ihre Erinnerungen an ihren gemeinsamen kleinen Sohn auf, so daß er später bei seiner Autobiographie *Erinnerung, sprich* auf sie zurückgreifen konnte. Und sie redigierte seine auf deutsch geschriebenen Erzählungen und auf italienisch geschriebenen Gedichte. Mehrmals während seiner Professorentätigkeit in Amerika sprang sie bei Prüfungen für ihn ein. Einmal – es war an der *Cornell University*, wo er eine Professur für europäische und russische Literatur innehatte – vertrat sie ihn sogar bei einer Vorlesung.

Viele talentierte Männer leben wie selbstverständlich in der Vorstellung, alle anderen hätten ihrem Talent zu dienen. Keiner von ihnen hat seine hilfreiche Frau mit soviel Dank und Anerkennung bedacht wie Vladimir Nabokov. Ohne sie wurde ihm jede Freude zur halben Freude. Er war ein passionierter Schmetterlingssammler. Einmal sichtete er einen seltenen, schönen Schmetterling, mochte ihn aber nicht fangen, weil seine Frau nicht dabei war, die allein die Beute hätte würdigen können.

Auch ist Vera eine mustergültige Witwe gewesen. Ja, in der Tat, eine passende Ehefrau zu finden, ist für einen Schriftsteller nicht allzu schwer. Schwerer schon – eine passende Witwe! Ein Beispiel (von Hunderten): Ein Nobelpreisträger für Literatur ist gestorben. Was tut seine junge Frau, für die er die Erste, die ihn in seinen literarischen Belangen treu unterstützt hatte, verließ? Kaum Witwe geworden, wirft sie alle seine Manuskripte in den Müll.

Erinnerungen von Schriftstellerwitwen lese ich stets mit besonderem Interesse. Da gibt es viele, die vorzüglich geschrieben sind und uns manch neue Facette an einer Künstlerpersönlichkeit aufzeigen. Etwa die der Nadeshda Mandelstam an ihren Mann Ossip Mandelstam, einen der besten russischen Dichter des 20. Jahrhunderts. Eine ungemein eindrucksvolle Lektüre. Mit wunderbarer Schlichtheit und Aufrichtigkeit wird hier vom Leben und Sterben eines Dichters, von einer zugrundegegangenen Liebe und einem zerstörten Frauenleben erzählt.

Beim Lesen dieser Erinnerungen mußte ich mehrmals an den Gogolschen Ausspruch denken: »Die Seele der Frau ist für den Mann ein schützender Talisman, der ihn vor moralischem Verfall bewahrt; sie ist eine Kraft, die ihn auf geradem Wege hält, ein Wegweiser, der ihn von der Kurve auf die Gerade zurückbringt. Und umgekehrt kann die Seele der Frau das Böse sein und ihn ein für allemal verderben.«

Nach dem Tod ihres Mannes leistete Vera Nabokova eine titanische, sehr schwierige Arbeit – sah noch einmal sorgfältig alle für eine Neuausgabe vorgesehenen Texte durch. Und mit fast achtzig Jahren übersetzte sie noch den Roman *Fahles Feuer* ins Russische. »Diese Frau kannte kein Ermatten«, erinnerten sich Zeitgenossen an sie. Vera überlebte ihren Mann um 15 Jahre. Sie starb 1991. Auf ihrem Grab steht: »Gattin, Muse und Literaturagentin«.

Nach Vera Nabokova wandte ich mich Sofja Tolstaja zu. Sehen Sie sich die dicken Bände von *Krieg und Frieden* an und stellen Sie sich vor, Sie müßten sie Seite für Seite mit der Hand abschreiben. Sofja Tolstaja hat dies getan! Und nicht nur einmal, sondern ganze sieben Mal! Ein heroischer Liebesdienst! Sie diente ihrem Mann als Sekretärin, Abschreiberin, Übersetzerin und Herausgeberin, sie gebar ihm dreizehn Kinder, trug die ganze große Hauswirtschaft auf ihren Schultern und fand nebenbei noch Zeit und Kraft für die eigene Schriftstellerei. Nach zehn Jahren Ehe nannte Tolstoi ihr Verhältnis zueinander »mehr als Liebe«. – Am Lebensende ist Tolstoi bekanntlich von Zuhause ausgerissen. Warum? Antworten darauf suchte ich vor allem bei Sofja Tolstaja selbst, in ihrem großen Beichtbuch *Mein Leben*. Die Frage, ob Gräfin Tolstaja der schwierigen Rolle einer »Großschriftsteller-Gattin« gewachsen war, beschäftigt die Gemüter noch heute.

Soweit zwei Beispiele aus meinen Recherchen zu diesem Buch. Ich habe 17 Heldinnen ausgewählt, 17 Frauen genialer Männer, von denen keine der anderen gleicht: Natalja Puschkina, Anna Dostojewskaja, Olga Knipper-Tschechowa, Natalja Rachmaninowa, Nina Kandinsky, Lina Prokofjewa und andere. Um das Schicksal einer jeden zu verstehen und nachvollziehen zu können, mußte ich mich mit allen erreichbaren einschlägigen Dokumenten, Briefen und Erinnerungen befassen. Wo sich das Dokument erschöpft hatte, folgte ich der eigenen Kombinationsgabe und Intuition, oft auch mit Hilfe von Memoirenschreibern, die das jeweilige Paar persönlich gekannt hatten. Auch traf ich mich mit einigen Angehörigen und Nachkommen.

Erwähnt sei noch, daß es mir nicht nur auf handfeste Fakten ankam, sondern auch auf die Emotionen, die ja oft noch ergiebiger für die Erhellung eines Sachverhalts sind. Von beidem hat sich schließlich ein ganzes Meer angesammelt. Interessant, was mit einem vorgeht, wenn man in alten Zeitungen stöbert, sich in die kuriose und rührende Poesie vergessener Jahre vertieft. Es ist, als zuckten einem kleine Stromschläge durch die Finger. Man empfindet den Gang jenes anderen Lebens so lebhaft mit, daß man ihn zu Papier bringen möchte.

Bei der Arbeit ergaben sich viele Fragen, die nach Antworten verlangten. Warum hat Tschaikowskis Ehe nur zwei Wochen gehalten? Warum nannte die Frau des Dichters Daniil Charms ihre Ehe ein »absurdes Theaterstück«? Warum hat Sergej Prokofjew

Vorwort

nichts unternommen, als seine Frau in einem Stalinschen Lager verschwand? Warum schrieb Tschechow seiner Frau das Bekenntnis »ich liebe Dich« erst am 15. Dezember 1900, nach über vierzig Jahren Zusammenseins, als es bis zu seinem Tod keine vier Jahre mehr dauerte? Was hatte weißer Flieder mit der Ehe Sergej Rachmaninows zu tun? Um dieses letzte Rätsel zu lösen, fuhr ich beispielsweise im Herbst 2012 in das schweizerische Städtchen Weggis und besuchte Alexander Rachmaninow, den Enkel des Komponisten. Er erzählte mir eine erstaunliche Geschichte über seine Großmutter Natalja Rachmaninowa, meine Heldin. Doch seltsam, keinen Monat später erhielt ich von dort einen Anruf: »Alexander Rachmaninow ist überraschend gestorben.«

Eine Beobachtung, die nicht nur ich gemacht habe: Introvertierte Persönlichkeiten, also Menschen mit starkem Willen, die ihre Gefühle und Leidenschaften nicht nach außen dringen lassen, pflegen ihren einmal eingeschlagenen Weg unbeirrt zu gehen, dann aber werden sie plötzlich gefällt wie ein Baum.

Noch ein anderer Gesichtspunkt, der mir wichtig erschien. »Alles, was vernünftig ist, ist kraftlos; alles, was unvernünftig ist – schöpferisch produktiv«, schrieb Tolstoi am 26. März 1870 in sein Tagebuch. Die Psychologen sagen, sein fester, zielgerichteter Kern mache das Genie zu einem schwierigen Partner und Familienmitglied. Es ist schon bemerkenswert, bei wie vielen »schöpferisch produktiven« Menschen psychische Seltsamkeiten zu beobachten sind.

Drei Beispiele. Daniil Charms weckte seine Frau eines Nachts und bat sie, mit ihm zusammen den Ofen rosa zu streichen. Dmitri Schostakowitsch schenkte seiner jungen Frau ein musikalisches Epitaph. Man halte sich das vor Augen: Der nicht mehr junge Komponist macht sich daran, eine Grabinschrift für seine gesunde, lebensfrohe junge Frau zu vertonen! Und der berühmte russische Naturwissenschaftler und Nobelpreisträger für Physik Lew Landau legte in einem Vier-Punkte-Diktat fest, wie sich seine Frau kleiden solle: »Erstens, die Kleidung muß ins Auge fallen; zweitens, die Kleidung muß durchscheinend sein; drittens, die Kleidung muß einen Ausschnitt haben; viertens, die Kleidung muß den Körper umspielen.« Und das war noch die geringste seiner zahlreichen Allüren; alle zusammen hätten »jeden zur Verzweiflung gebracht«, wie seine Witwe Kora bekennt. In ihren Erinnerungen *Akademiemitglied Landau. Wie wir lebten* schildert sie mit allen mitunter schockierenden Einzelheiten ihre unsäglich strapaziösen Jahre mit einem komplizierten, absonderlichen Menschen. Am Schluß stellt sie jedoch fest: »Was für ein glückliches Leben haben wir doch gehabt!« Das nenne ich »Großmut des Gedächtnisses«! Ihre letzten Worte vor dem Tod waren sogar: »Mein größter Erfolg – daß ich Landau begegnet bin.« Das hat mich so verblüfft, daß ich mir sporenstreichs verschiedene Abhandlungen über die Physiologie des Gedächtnisses besorgte und zu Gemüte führte.

Ein Bekannter von mir, studierter Psychologe, der mit diesem legendären Paar bekannt gewesen war, erklärte das so: »Landau hatte ein Mega-Ego, und seine Frau – gar keins. Kora selbst dagegen meinte: ihre Liebe war wie ein Gottesglaube, und solch eine Liebe ist ›seherisch‹ und dadurch fähig, die ganze Schönheit des geliebten Menschen wahrzunehmen, auch in Augenblicken, wo sie stellenweise von anderem verdeckt ist.«

Persönlichkeiten mit viel Schaffenskraft üben eine starke Wirkung auf andere aus. Ich glaubte immer, daß ich darüber schon alles wüßte. Ein Irrtum, wie ich einsehen mußte. An meinen Heldinnen beeindruckte mich auch die große Bandbreite ihrer seelischen Eigenschaften: von innigster Selbstaufopferung bis zu zähester Selbstbehauptung.

Russische Frauen sind von Natur aufgeschlossen und weltzugewandt. Doch wer mit offenem Herzen lebt, läuft leicht Gefahr, enttäuscht und verletzt zu werden. Was machen, wenn dergleichen geschieht, die Starken unter den Frauen der Großen? Sie üben sich in Tapferkeit und Gelassenheit, festigen sich innerlich selbst, bilden sich ihrerseits zu einer Persönlichkeit heran und finden so ihr Gleichgewicht wieder. Sie entwickeln die Kunst, sich selbst zu schützen, zu trösten und wieder aufzurichten, von sich aus dazuzulernen, und dann riskieren sie von neuem, dem anderen mit offenem Herzen zu begegnen, um ein Leben in Wahrhaftigkeit, wahrhaftem menschlichen Miteinander zu führen. Nicht jeder ist dies gelungen. Doch dafür gibt es Gründe, manchmal allereinfachste. Etwa, daß sich der geniale Ehemann als unverbesserlicher Despot entpuppte.

Der berühmteste von diesem Schlag war der Physiker Albert Einstein, worüber Dokumente aus seinem Hausarchiv beredtes Zeugnis ablegen. Im August 1914 stellte der »Vater der Relativitätstheorie« eine Reihe von Verhaltensregeln für seine Frau auf. Hier ein paar Punkte aus jenem Blatt, das in ihrem Haus an der Wand hing: »Du sollst dafür sorgen, daß meine Anzüge und meine Unterwäsche sauber und ordentlich sind, und sollst mir dreimal am Tag pünktlich das Essen aufs Zimmer bringen. Das Schlafzimmer muß gelüftet und aufgeräumt, auf dem Schreibtisch darf nichts umgestellt werden.« – »Du sollst mich nicht bitten, Dich zu mir setzen oder mit mir spazieren gehen zu dürfen.« – »Keinerlei Liebesergüsse und nicht den leisesten Vorwurf. Wenn ich rufe, auf der Stelle erscheinen ... Du sollst mir versprechen, mich niemals vor den Kindern zu kränken oder zu demütigen, weder in Wort noch in Tat.« Seine Frau hielt alle Vorschriften ein, die Ehe ging trotzdem in die Brüche. Der große Wissenschaftler erkundete ein neues Opfer, das ihn schon zehn Jahre liebte, seine Cousine Elsa. Die Gebote aus erster Ehe blieben in Kraft, er forderte strikten Gehorsam, um somit auf seine, »philosophische«, Weise der Relativitätstheorie bei sich daheim Genüge zu tun.

Wenn eine Frau den Sinn ihrer Liebe einzig und allein darin sieht, ihrem genialen Mann zu dienen, alle seine Wünsche geflissentlich zu erfüllen, jede seiner Launen widerspruchslos hinzunehmen, stellt sich allerdings die Frage, ob solch eine Liebe überhaupt gut für eine Beziehung ist, ob sie nicht den einen ebenso wie den andern unglücklich machen und in Verzweiflung stürzen kann.

Der Maler van Eyck zeichnete seine Bilder mit den Worten: »So gut ich vermag.« Das könnte auch unter meinem Buch stehen. An dieser Stelle jedoch möchte ich mit einem Gedanken schließen, den ich bei dem Schriftsteller Iwan Gontscharow fand und für durchaus bedenkenswert halte: »Fürwahr, die Frauen sind alles! Sie sind das bald offene, bald heimliche Motiv allen menschlichen Tuns. Ihre Anwesenheit, ihre Aura gewissermaßen, die weibliche Atmosphäre bringen dem Leben Frucht und Farbe. Wir Männer sind nur Werkzeug, Arbeitskraft, unser Teil ist die Kärrnerarbeit ... kurz, wir sind Materie, die Frau ist Geist.«

»Meine Frau ist ein Engel ...«

Natalja Gontscharowa (1812 – 1863)

Sollten Sie nach Moskau kommen, gehen Sie doch einmal in das alte Stadtviertel Arbat und besuchen Sie Alexander Puschkin (1799 – 1837). Natalja Gontscharowa empfängt gemeinsam mit ihrem Mann die Gäste vor der Tür ihres Hauses an der Uliza Arbat 55, und der Fremdenführer erklärt lautstark: »Beachten Sie bei diesem Denkmal: Alexander Sergejewitsch ist neun Zentimeter kleiner als seine Frau. Sie können das direkt nachmessen!« Mir gefällt dieses Denkmal, ich finde, es ist von allen »weiblichen Monumenten« der Hauptstadt das berührendste und das sympathischste. Wenn Sie Puschkins Haus betreten und dem Guide weiter zuhören, werden Sie bald herzhaft lachen: »Wie Sie wissen, nannte Puschkin seine Frau ›mein Engel‹. Alle Frauen sind ihrem Wesen nach Engel, doch wenn ihnen die Flügel abgebrochen werden, müssen sie wohl oder übel auf einem Besen fliegen ...«

Am 18. Februar 1831 heirateten Alexander Sergejewitsch Puschkin und die Moskauer Schönheit Natalja Nikolajewna Gontscharowa – sie war achtzehn, er einunddreißig Jahre alt. Seit er sie auf einem Ball im Winter 1828 kennengelernt hatte, erlebte Puschkin zweieinhalb Jahre lang eine Zeit des Hoffens und Bangens, die zu einer der stärksten kreativen Phasen seines Schaffens wurde, den berühmten Herbst von Boldino des Jahres 1830 eingeschlossen. Und dann gab es, endlich, den heimischen Herd. »Ich bin verheiratet – und glücklich; mein einziger Wunsch, daß sich nichts in meinem Leben ändern möge, Besseres erwarte ich nicht. Dieser Zustand ist für mich so ungewohnt, daß es den Anschein hat, ich sei neu geboren«, schrieb Puschkin seinem Freund.

In der russischen Literatur gibt es keine andere Schriftstellerfrau, über die so heftig gestritten wurde. Die einen sahen in Natalja die seelenlose schöne Puppe: »Sie war nur eines, eine

Schönheit. Ausschließlich – eine Schönheit, einfach – eine Schönheit, ohne die Korrektive von Geist, Seele, Herz oder Begabung. Eine nackte Schönheit, die einen niederzwingt wie ein Schwert. Und sie zwang ihn nieder«, schrieb die große Dichterin Marina Zwetajewa im Jahr 1929. Mehr noch. Der Puschkin-Biograph Stschegoljow zog dermaßen über Natalja Nikolajewna her, daß Boris Pasternak sarkastisch bemerkte: »Armer Puschkin! Hätte er doch Stschegoljow und die späte Puschkinforschung geheiratet, dann wäre alles in Ordnung gewesen ... Mir schien es immer, ich würde aufhören, Puschkin zu verstehen, wenn er unseres Verständnisses stärker bedurft hätte als des ihrigen, Natalja Nikolajewnas.«

Im Archiv der Familie Gontscharow fanden Puschkinforscher Nataljas Briefe, die in den 1970er und 1980er Jahren erstmals veröffentlicht wurden. *Natalja Nikolajewna Puschkina. Der Briefnachlaß* heißt das kleine Buch, das belegt, wie unendlich wichtig und nah Natalja ihrem Mann gewesen war, so nah, daß sein größtes Anliegen unmittelbar vor seinem Tod darin bestand, sie vor den Anschuldigungen in Schutz zu nehmen, die unweigerlich über sie hereinbrechen würden.

Doch zurück in den Winter des Jahres 1828, als Alexander Puschkin und Natalja Gontscharowa einander begegneten. Sie war ganz jung und hatte gerade erst ihren sechzehnten Geburtstag gefeiert: »Als ich sie zum ersten Mal sah, wurde ihre Schönheit noch kaum von der Gesellschaft bemerkt. Ich verliebte mich in sie, mir schwindelte ...« Er war geblendet. Alexander Sergejewitsch, berichten Augenzeugen, konnte den Blick nicht abwenden, er erlebte eine Wucht der Gefühle, die die Franzosen *coup de foudre* nennen. Aber auch sie war verliebt. Wie auch nicht! Ein sechzehnjähriges Mädchen, zum ersten Mal in der großen Welt, und – Puschkin!

Was unterschied Natalja Nikolajewna von all den anderen Liebschaften des Dichters? Gibt es eine Erklärung für das Phänomen dieser Frau, die Zeitgenossen mit einem Diamanten aus den Tiefen des Universums verglichen? War es ihr Verstand? Ihre Bildung? Ihre Schönheit? Zuallererst ihr Verstand! Sie war auf ihre Weise klug, auch wenn Puschkin sowohl vor wie auch nach seiner Heirat von Frauen angezogen war, die sich durch einen scharfen und biegsamen Intellekt auszeichneten, Darja Ficquelmont oder Alexandra Smirnowa-Rosset beispielsweise. Wir dürfen nicht vergessen, daß Puschkin gegenüber »Akademikerhauben« äußerst skeptisch war. Dabei gingen die Meinungen der Zeitgenossen über Nataljas Verstand weit auseinander. Während die einen ihr Originalität und Eigenständigkeit im Denken zusprachen, warfen andere ihr Begriffsstutzigkeit, Einfachheit und Einfalt vor. Die Charakterstudien der Nachgeborenen, insbesondere berühmter Frauen wie Anna Achmatowa und Marina Zwetajewa, sind noch unverblümter: Ein leerer Fleck. Das ist noch das Netteste. Glaubt man Erzählungen, war Natalja nicht einmal bereit, nachts die Gedichte anzuhören, die ihrem Mann gerade in den Sinn gekommen waren und bat, sie schlafen zu lassen. Die Erklärung der Puschkin-Verehrer lautete: eine dumme Person. Aber eine Schönheit. Oder: eine Schönheit, aber dumm.

»Aber sie hat ein äußerst feinfühliges Herz«, schrieb Puschkin an Nastschokin. Weil er sich des Verstandes, der Herzlichkeit, der Einfühlsamkeit und des Mitgefühls, der »äußersten Feinfühligkeit« seiner Frau so sicher war, schrieb der feinfühlige und kluge Puschkin seiner Frau Briefe. Die meisten seiner russischen Briefe waren an sie gerichtet. Interessant ist, daß alle Briefe, die Puschkin vor der Ehe schrieb, französisch abgefaßt sind, während er ihr nach der Hochzeit ausschließlich auf russisch schrieb: Ein Zeichen völliger Vertrautheit und natürlichen Umgangs. »Eine Ehefrau ist ein Bruder«, heißt es in einem Brief. Und entgegen seiner sonstigen Gewohnheit schreibt er ihr, ohne Entwurf, spontan, wie es ihm aus der Feder floß und über alle Themen, die ihn bewegten, Alltag, Kinder, Literatur, Politik, ganz natürlich.

Zweitens, Bildung. Ja, Puschkin suchte immer nach originellen und intellektuellen Anregungen in Gesprächen mit literarisch gebildet und ästhetisch interessierten Frauen. Aber auch Natalja Nikolajewna war gebildet, und durchaus auch auf literarischem Gebiet, wenn sie auch nie Anspruch auf eigenen literarischen Ausdruck erhob. Aber mit dem großen Verständnis einer guten Leserin ausgestattet, wußte sie sehr wohl, was das ist, der Dichter Puschkin. Der Gerechtigkeit halber sei gesagt, daß Nataljas Mutter, Natalja Iwanowna, für ihre Verhältnisse viel Geld in die Ausbildung ihrer Kinder gesteckt hatte. Es hatte Erzieher und Gouvernanten gegeben, auch teure Hauslehrer. Außer dem Französischen, das selbstverständlich war, beherrschte die junge Braut das Deutsche und Englische ganz passabel: anscheinend besser als der Bräutigam, und viele Jahre später staunte sie oft selbst, wie gut sie sich an ihr vergessenes Englisch erinnern konnte, wenn es nötig war.

Drittens, Schönheit. Ja, gewiß war sie schön, das berichten viele Zeitgenossen. Doch nicht jeder Mann war davon überzeugt. Der berühmte Maler Karl Brjullow, ein Kenner weiblicher Schönheit, weigerte sich zum Beispiel, ein Porträt von ihr zu malen, und selbst Puschkin konnte ihn nicht umstimmen. Für Puschkin jedoch war sie eine Schönheit. Der Poet sah in ihr das Wesentliche: neben dem Verstand, der Bildung, sogar neben der Schönheit, etwas Organisches und Natürliches, ihre Weiblichkeit. Eine ideale, helle, reine Weiblichkeit. Die natürlicherweise ihre Fortsetzung und Vollendung in der Mutterschaft finden sollte.

Die Weltkultur fand und verwirklichte vor Zeiten schon das Bild der Madonna. Die russische Tradition kannte dieses Bild nicht. Die Gottesmutter in der russischen Malerei, das heißt, in der Ikonenmalerei, ist eine Erscheinung anderer Art. Doch für Puschkin war das Bild der Madonna als ein weibliches Idealbild immer nahe. Und womöglich war er derjenige, der dieses Bild in die russische Kultur hineintrug, zumal in literarischer Form, die in der russischen Kultur so präsent ist. Und dieses Bild der Madonna nahm er sofort in dem sechzehnjährigen Mädchen wahr, dem er auf dem Ball begegnete. Er sah die zukünftige wunderbare Mutter seiner Kinder, und dieses Bild hat sich im Leben des Dichters bestätigt, womöglich über seinen Tod hinaus. Er hat sich auch hier nicht geirrt.»Ganz offensichtlich ist es meine Bestimmung«, schreibt Natalja Nikolajewna, »die Direktorin eines Kinderheims zu sein. Gott schickt mir Kinder von allen Seiten.«

Bereits vor der Ehe, und demzufolge vor der Mutterschaft, widmete Puschkin seiner Braut das Gedicht *Madonna*:

Meine Wünsche wurden erfüllt. Der Schöpfer
hat dich zu mir herabgeschickt, dich, meine Madonna,
Der reinen Schönheit reinstes Bild.

Der Dichter fand, daß die Kopie einer Madonna Raffaels, die in einem Antiquitätengeschäft auf dem Newski-Prospekt ausgestellt war, eine erstaunliche Ähnlichkeit mit seiner Braut aufwies. »Die schönen Damen«, schreibt er ihr im Juli 1830, »bitten mich darum, ihnen Ihr Porträt zu zeigen und verzeihen mir nicht, daß ich keines besitze. Ich tröste mich, indem ich stundenlang vor der blonden Madonna stehe, die Ihnen gleicht wie ein Ei dem anderen.« Doch mit diesem »einzigen Bild« seine »bescheidene Klause« zu verschönern, scheiterte am Geld: »Ich hätte es gekauft, wenn es nicht 40.000 Rubel kosten würde.«

Die Stimme Puschkins wurde gleichwohl zur Stimme der Allgemeinheit. »Ihr Bild ist dergestalt«, schreibt später Darja Ficquelmont über Puschkins Frau, »daß man stundenlang davor stehen kann wie vor dem vollkommensten Werk des Schöpfers.« Vermutlich ist Natalja Puschkina die einzige Gesellschaftsdame, die Madonna genannt wurde. Und in diesem äußeren Bild fand die innere Gestalt der Natalja Nikolajewna ihren Ausdruck, ihre tiefe Religiosität und ihr Bedürfnis zu beten: »dabei finde ich die innere Ruhe wieder, die die anderen häufig für Kälte halten und mir zum Vorwurf machen.« Die Zeitgenossen schrieben tatsächlich darüber, wie gleichgültig und gefaßt sie sei, so daß sie kalt und herzlos wirkte. Sie redete auch kaum. »Was soll ich machen«, scheint Natalja Nikolajewna auf solche Vorwürfe zu antworten, »das Herz hat sein eigenes Gefühl für Scham. Anderen zu gestatten, meine Gefühle zu lesen erscheint mir entwürdigend. Nur Gott und einige Auserwählte besitzen den Schlüssel zu meinem Herzen.« »Der Schlüssel zum Herzen« gehörte Puschkin, der ihr schrieb: »Was mich angeht, versichere ich Ihnen bei meinem Ehrenwort, daß ich nur Ihnen gehöre oder nie heiraten werde.« In einer so wichtigen Angelegenheit ein so einfaches und starkes Wort Puschkins, das er ihr eineinhalb Jahre nach der ersten Begegnung gab, ist etwas anderes als alle Liebesschwüre, Versprechen und Verheißungen, die er anderen Frauen machte.

Doch auf dem Weg zur Heirat lagen Hindernisse: die eigenen Zweifel, »ich denke an die Sorgen eines verheirateten Mannes, an das frühere Junggesellendasein«, schreibt er, der Alltag, eine erste, halbherzige Absage, Puschkins Unsicherheit in seinen Gefühlen, und ihre, das heißt, der Gontscharow-Familie, Zweifel an seiner Zuverlässigkeit, und nicht zuletzt die kränkende Aufdringlichkeit der zukünftigen Schwiegermutter in allen Fragen, die Geld betrafen.

Beinahe sollte die Verlobung wieder gelöst werden. Selbst das Schicksal griff fatal ins Geschehen ein, bis hin zum Tod des

Onkels, der zum Aufschub der Hochzeit zwang. Und dann konnte der Dichter nicht rechtzeitig aus Sankt Petersburg zurückkommen, und die Hochzeit wurde wieder um ein halbes Jahr verschoben, als ein Cholera-Ausbruch Puschkin dazu zwang, auf seinem Landgut in Boldino auszuharren. »Unsere Hochzeit flieht vor mir«, schrieb Puschkin seiner Braut im September 1830 aus Boldino.

Augenzeugen berichten: »Es wird behauptet, daß die Gontscharow-Mutter sich stark gegen eine Ehe ihrer Tochter gewehrt habe, doch das junge Mädchen habe sie umgestimmt. Es scheint, sie ist sehr angezogen von ihrem Bräutigam.« Diese Beobachtungen werden durch einen Brief bestätigt, den die junge Natascha an ihren Großvater schrieb und in dem sie ihn um die Erlaubnis für ihre Ehe mit Puschkin bittet: »Verehrter Großvater! Voller Traurigkeit erfuhr ich die üblen Meinungen, die man Ihnen über mich hinterbringt, und bitte Sie inständig, im Namen Ihrer Liebe zu mir, nicht darauf zu hören, weil sie nichts anderes sind als Verleumdungen ... Ich küsse Ihre Hände und bleibe für immer Ihre ergebene Enkelin Natalja Gontscharowa.«

Doch die schöne, sanftmütige, »für immer ergebene« Natalja Gontscharowa konnte durchaus dickköpfig und willensstark sein, wenn sie wollte. Im Wesentlichen betraf das die Familie. Darüber schrieb sie so: »Man kann auch glücklich sein, ohne zu heiraten, natürlich, doch was immer auch gesagt wird, das hieße, an seiner Bestimmung vorüberzugehen ... Die Ehe gestaltet sich vor allem später nicht ganz leicht, man darf sie nicht als Vergnügen betrachten und Gedanken der Freiheit damit verbinden ... Es ist eine ernsthafte Verpflichtung, und man muß seine Wahl im höchsten Maße vernünftig treffen. Die Vereinigung zweier Herzen ist das größte Glück auf Erden.«

Puschkins Hochzeit war ein großes gesellschaftliches Ereignis, über das im Vorfeld beinahe Wetten abgeschlossen wurden: findet sie statt oder nicht. Ein Zeitgenosse erinnert sich, wie Puschkin einmal in Begleitung seiner Braut in den Neskutschny-Garten kam, um das neue Theater zu besichtigen. Als »die Artisten Puschkins gewahr wurden, brachen sie ihre Probe ab und liefen ihm in Schwärmen hinterher, während er die Bühne besichtigte, und ließen weder ihn noch seine Braut auch nur einen Moment aus den Augen.«

Weil er sein leicht entflammbares Naturell kannte, sah sich Puschkin bereits in der Rolle des eifersüchtigen Gatten: »Gott ist mein Zeuge, daß ich bereit bin, für sie zu sterben, doch zu sterben, um sie als glanzvolle Witwe zurückzulassen, die am nächsten Tag so frei ist, sich einen neuen Gatten zu suchen, dieser Gedanke ist für mich Gift.« Als »glanzvolle Witwe« ließ er sie zurück, doch legte er ihr vor seinem Tod ans Herz, Trauer zu tragen, wie es sich gehört, und wieder zu heiraten, wenn ihr der Sinn danach stünde. Natalja wird wieder heiraten, jedoch nicht nach zwei Jahren, wie Puschkin es testamentarisch gewünscht hatte, sondern nach sieben langen Jahren der Trauer.

Doch kehren wir zum Familienleben der Puschkins zurück, in dem es natürlich Spannungen gab und Geldsorgen und Eifersucht. Dabei war nicht einmal Puschkin der eifersüchtige Gatte, sehr eifersüchtig war Natalja. Puschkin gefiel das sogar. »Tascha«, schreibt er im September 1871 an den Bruder Nataljas, »vergöttert ihren Mann, der sie gleichermaßen liebt, geb Gott, daß diese Glückseligkeit auch in Zukunft nicht zerstört wird.«

Eine der aufmerksamsten und klügsten Beobachterinnen des Petersburger Gesellschaftslebens, Darja Ficquelmont, notierte am 25. Oktober 1831 in ihr Tagebuch: »Mir schien, daß er gestern alle kleinen Empfindungen verspürt hat, alle Anregung und Aufregung, die ein Ehemann verspürt, der sich wünscht, daß seine Frau in der großen Welt Erfolg hat.« Puschkin war also angetan vom Erfolg, den seine Frau in den höchsten Gesellschaftskreisen hatte. Denn Natalja Nikolajewna war keineswegs nur die Ballschönheit, die ihr Vergnügen im Sinn hatte und ihren Mann mit teuren Kleidern um sein Vermögen brachte. Ihre Garderobe wurde hauptsächlich von einer Tante bezahlt, Jekaterina Sagrjashskaja, die sie liebte und verwöhnte.

Erstaunlich ist, daß Puschkin seiner großen Familie ein aufmerksamer und liebevoller Vater war. So schreibt er darüber selbst: »Meine Familie vervielfältigt sich, wächst und lärmt um mich herum. Jetzt, so scheint es, kann ich nicht mehr auf das Leben schimpfen und auch im Alter muß ich nichts fürchten. Für einen Junggesellen ist es langweilig auf der Welt, er muß die Generationen junger Menschen mit Bitternis betrachten, nur ein Familienvater sieht die Jugend, die ihn umringt, ohne Neid. Daraus folgt, wir haben es richtig gemacht, daß wir heirateten.« Und in all den Jahren wuchs die Liebe zu seiner Frau: »... Deine Seele liebe ich mehr als Dein Gesicht.« Mehr noch: »... je länger ich mit ihr zusammenlebe, desto mehr liebe ich dieses liebe reine, gutmütige Geschöpf, das ich mir vor Gott durch nichts verdient habe.« Das Vertrauen Puschkins zu seiner Frau war grenzenlos. Und Natalja rechtfertigte dieses Vertrauen. Selbst vor dem Duell gab es keinerlei Anlaß für Puschkin, über Eifersucht zu sprechen. Es gab keine Eifersucht. Puschkin verstand, von welcher Sorte Mensch d'Anthes war. Natalja verstand es auch, womöglich etwas später, aber sie verstand es ...

Nachdem sie ihren Mann auf dem Friedhof des Swjatogorsker Klosters bestattet hatte, wollte sich Natalja Nikolajewna am liebsten ebenfalls in der Provinz vergraben. Sie lebte mit ihren Kindern auf dem Landsitz Michailowskoje. Nach Sankt Petersburg reiste sie nur auf beständige Bitte des Zaren, der sie wieder als Zierde seiner Bälle sehen wollte.

Es gab viele Anwärter um die Hand der schönen Witwe. Doch sie bewahrte Puschkin die Treue bis zum Winter 1844, als sie mit einem Dienstgefährten ihres Bruders, Pjotr Lanskoi, bekannt wurde. Dieser gutmütige, geduldige Mann vermochte es, sie zu trösten und ihre Seele zu besänftigen, die Last der Schuld von ihr zu nehmen und sowohl sie wie auch ihre Kinder liebevoll zu umsorgen, ihnen häusliche Gemütlichkeit und einen sorglosen Alltag zu gewähren, dessen sie immer so bedurfte. Und nie hatte.

Mit dem Alter wuchs Nataljas religiöses Gefühl, und im Jahr 1849 schrieb sie an Lanskoi: »Mitunter ergreift mich eine solche Traurigkeit, daß ich das Bedürfnis spüre zu beten. Die Minuten der Konzentration vor der Ikone, in einem Winkel des Hauses, bringen mir Erleichterung. Dann finde ich meine Seelenruhe ...«

Von Lanskoi gebar Natalja drei Töchter, Alexandra, Jelisaweta und Sofja. Sie war glücklich in ihrer zweiten Ehe, doch Puschkin blieb eine offene Wunde in ihrem Herzen. Jeden Jahrestag seines Todes beging sie, indem sie eine Woche lang Trauer trug, fastete und betete. Als Natalja an einer Lungenentzündung erkrankt war und im Sterben lag, flüsterte sie im Fieber den Namen Puschkins. Am 26. November 1863 erlosch ihr Leben. Sie ist auf dem Friedhof des Alexander-Newski-Klosters bestattet. Unter dem gleichen Grabstein teilt Pjotr Lanskoi mit

Natalja Gontscharowa (1812 – 1863)

ihr die ewige Ruhe. Doch für die ganze Welt blieb die »schöne Natalja« für immer Puschkins Frau.

Mit Puschkin, später mit seiner Frau, verbinden mich drei Geschichten. Hier ist die erste: Während meiner Schulzeit machten wir eine Klassenfahrt nach Boldino, wo Puschkin einst innerhalb von drei Monaten, September, Oktober und November, so viel schrieb, daß man es sich kaum vorstellen kann, *Belkins Erzählungen* mit dem *Postmeister*, *Kleine Tragödien*, zwei Kapitel des *Eugen Onegin*, *Die Geschichte des Dorfes Gorjuchino*, *Das Häuschen in Kolomna*, *Das Märchen vom Popen*. Und dreißig großartige Gedichte! Und Briefe! Wie hat er das bloß geschafft? Ein Rätsel.

Wir fuhren mit dem Zug nach Nischni Nowgorod und von dort aus mit dem Bus nach Boldino. Wir kamen an, als das alljährliche Puschkinfest seinen Höhepunkt erreicht hatte. Auf dem Markt hing ein riesiges Plakat mit einem Puschkin-Zitat: »Ich grüße Dich, Du wüster Winkel ...« Und der »wüste Winkel« war komplett mit Lastwagen zugestellt, auf denen Äpfel lagen, und Menschenmassen schlängelten sich daran vorbei. Die Lehrerin führte uns zu Puschkins Landhaus. Davor befindet sich ein Teich. Aus Anlaß des Festtages war der halbe Teich in das Land Lukomorje aus dem Puschkin-Märchen verwandelt. Der »gelehrte Kater«, im Samtkostüm, ging schweißgebadet unter einer Eiche auf und ab und murmelte etwas vor sich hin. Oben in der Eiche, die ziemlich kärglich wirkte, saß Rusalka, die Meerjungfrau, ein dickes Mädchen in der Pubertät, und hatte sich mit einem Überwurf aus einem durchsichtigen grünen Fransentuch geschmückt. Der Ast unter ihr schaukelte und knarrte verdächtig, und wir warteten alle darauf, daß sie vom Baum fiele ... Schließlich führte uns die Lehrerin zu Puschkins Haus, das bis in unsere Zeit erhalten blieb. Ich erinnere mich, daß sie uns alle auf die Veranda führte und mit belegter Stimme sagte: »Genau hier, auf dieser Veranda, schrieb Puschkin am 7. September 1830 das Gedicht *Die Teufel*, mit dem berühmten Anfang »Wolken treiben, jagen schnelle ...« Sie trug es vor, und mir, daran erinnere ich mich genau, stockte der Atem vor Begeisterung! Für Natalja Nikolajewna interessierten wir uns in der Schule überhaupt nicht. Erst später dachte ich über sie nach.

Einmal gab man mir ein Skript für einen Dokumentarfilm über Puschkins Frau in Auftrag. Ich wählte einige Tage im Juni

1836, als Natalja selbständig eine Datscha für die Sommerfrische auf der Kamenny-Insel in Sankt Petersburg mietete. Ihr Mann war zu dieser Zeit in Moskau. »Du bist jetzt bestimmt schon in Deinem Sumpf am Stadtrand«, schrieb Puschkin an Natalja, »was machen denn meine Kinder und meine Bücher? Wie hast Du es geschafft, die einen und die anderen dort hinzuschleppen?« Das Schleppen der Kinder und Bücher war tatsächlich nicht leicht. Natalja Nikolajewna war im neunten Monat schwanger. Andere zu beauftragen und selbst nicht zu helfen, lag nicht in ihrem Naturell. Die Kinder hütete sie, wie es im Volksmund heißt, »wie ihren Augapfel«, und was die Bücher betraf, so hatte Puschkin um Sorgfalt und Aufmerksamkeit für sie gebeten. Sie wußte, wie wichtig ihm die Ordnung seiner Bücher war. Trotz ihrer Beeinträchtigung hatte sie es vermocht, die Familie und die Bücher in den »Sumpf am Stadtrand« zu schleppen. Vom Balkon dieser Datscha sah man die Jelagin-Insel mit ihren blühenden Gärten, ihren malerischen kleinen Dörfern, die sich in das Grün der Wiesen auf der anderen Seite der Großen Newka schmiegten.

Dann folgte eine Episode, in der Puschkins jüngste Tochter in der Kirche auf der Kamenny-Insel getauft wurde. Zu Ehren der Mutter erhielt sie den Namen Natalja. Am Abend erschien die Zarin, die mit ihrer Familie während der Sommermonate den Palast auf der Jelagin-Insel bewohnte, in Nataljas bescheidener Datscha und lud sie zu ihrem Ball ein. Puschkin wußte, daß seiner Frau jetzt nicht nach Bällen zumute war. Sie fühlte sich nicht wohl und wollte auch das Neugeborene nicht der Obhut einer Amme überlassen. Doch ein Freund der Familie, Wassili Schukowski, erinnerte Frau Puschkin nachdrücklich an den Ball: »Hat denn Puschkin meinen Brief nicht gelesen? Ich habe ihm doch klar und deutlich über den heutigen Ball geschrieben, warum er nicht eingeladen ist und warum es für Sie unbedingt notwendig ist, dort zu erscheinen. Die Zarin selbst sagte mir, daß sie Ihren Gatten nicht lädt, weil er Trauer trägt, und deshalb seiner Frau erlauben würde, allein zu gehen ...« Auf dem Ball wirkte sie blaß und abgemagert, doch wie immer wunderschön, in einem eleganten kirschroten Seidenkleid. An diesem Abend wich d'Anthès nicht von ihrer Seite ...

Während ich an dem Drehbuch arbeitete, besuchte ich häufig die Moskauer Wohnung des Dichters auf dem Arbat. Einmal sah ich mit eigenen Augen auf dem Arbat das Mädchen, das ich erst eine Stunde zuvor auf einem berühmten Porträt in der Museumswohnung Puschkins betrachtet hatte. Es war das Porträt Natalja Gontscharowas im weißen Kleid. Hundertfünfzig Jahre später ging sie mit einem kleinen Hund an der Leine über den Arbat, zeitgemäß gekleidet, ohne altertümliche Volants und Preziosen. Das war das Einzige, worin sie sich von der schönen Frau auf dem Porträt unterschied.

In Moskau, besonders im Stadtzentrum und am Ufer der Moskwa, sieht man häufig außergewöhnlich schöne junge Mädchen mit Engelsgesichtern. Sie führen ihre kleinen Hunde und ihre Verehrer aus und bestätigen augenfällig die Legende von der Moskauer Schönheit. Es lohnt sich, nach Moskau zu fahren, um sich davon zu überzeugen.

Nachfahren der Familie Puschkin-Gontscharow-Lanskoi leben heute in der ganzen Welt. Die russische *Puschkin-Stiftung* wird von Kenneth Pushkin geleitet, einem Nachfahren des Dichters mit amerikanischem Paß. Kenneth Pushkin und seine Mitarbeiter unterstützen seit fünfzehn Jahren die berühmten Puschkin-Freilichtmuseen in Michailowskoje und in Boldino sowie die Puschkin-Museen in ganz Rußland. Mit Mitteln der Stiftung wurden moderne Archivschränke für das Institut der Russischen Literatur angeschafft. Es war wie ein Zeichen der Vorsehung. Im Puschkin-Haus der Akademie brach ein Brand aus, doch die Schränke blieben unversehrt und schützten die unschätzbar wertvollen Handschriften.

»Einmal kam ein russischer Oligarch in unser Literaturinstitut«, erzählte mir eine Mitarbeiterin. »Wir baten ihn um Hilfe bei der Herausgabe der Briefe Alexander Puschkins und Natalja Gontscharowas, dann führten wir ihn durchs Haus. Wir erzählten natürlich, daß wir etwa zweieinhalbtausend Puschkin-Autographen in unserem Bestand haben, und Autographen von Natalja Gontscharowa, und daß sie von unschätzbarem Wert seien. »Wieviel kostet denn eine Seite Puschkin konkret?« wollte der Geschäftsmann wissen. Die Antwort war: »In führenden Auktionshäusern kann ein Brief etwa dreißigtausend Dollar erzielen.« »Dann verkauft sie doch und lebt glücklich!« rief er aus. Wir sahen ihn nicht wieder.

Ménage à trois auf russisch

Natalja Herzen (1817 – 1852)

Diese Frau starb im Alter von 35 Jahren, doch lebte sie ein so stürmisches und von Leidenschaft erfülltes Leben, daß die Biographien über ihren Mann, den Schriftsteller, Philosophen und Revolutionär Alexander Herzen (1812 – 1870), zu Sowjetzeiten bevorzugten, sich über sie auszuschweigen. Das weibliche Thema nimmt im Werk Herzens einen weiten Raum ein, insbesondere in den Romanen *Wer hat Schuld?* und *Die diebische Elster*. Sobald es jedoch um konkrete Ereignisse geht, die Herzen persönlich betreffen, bricht seine moderne Theorie der weiblichen Emanzipation und der freien Liebe in sich zusammen.

Die beste Kennerin des Lebens und Werks Alexander Herzens ist Inna Ptuschkina, leitende Mitarbeiterin am *Gorki-Institut für Weltliteratur* der *Akademie der Wissenschaften*. Unter ihrer Leitung erschien von 1974 bis 1990 die *Chronik des Lebens und des Schaffens Alexander Herzens* in fünf Bänden. Dabei wurden erstmalig Dokumente aus dem Familienleben des Schriftstellers veröffentlicht. Auf diese Veröffentlichung stützte ich mich bei meinem Essay über Herzens Frau.

Wie Alexander Herzen war auch Natalja Sacharjina ein uneheliches Kind. Alexander Alexejewitsch Jakowlew, Alexanders Onkel, der ältere Bruder seines Vaters, hatte sie mit einer Leibeigenen gezeugt. Natalja wuchs im Haus ihres Vaters auf, doch als der starb, wurden alle Geliebten und unehelichen Kinder aufs Dorf geschickt, wo sie sich mühsam an den Alltag und die bäuerliche Arbeit gewöhnen mußten. Die siebenjährige Natascha war ein hübsches, feines und trauriges Mädchen, die perfekte zukünftige Adelsdame sowohl äußerlich wie auch in ihren Manieren, daß sie das Herz der Fürstin Marija Alexejewna Chowanskaja, der Schwester ihres verstorbenen Vaters, rührte. Die Fürstin nahm Natascha auf und erzog sie als

»Waisenkind«. Eine glückliche Schicksalswende, verglichen mit dem Leben einer leibeigenen Bäuerin. Doch nur scheinbar: Natascha hatte es schwer, sie wurde nicht als Persönlichkeit mit eigenen Wünschen und Rechten akzeptiert. Sie erhielt so gut wie keine Ausbildung, außer dem Klavierspiel und der obligatorischen Handarbeit; die Gesellschafterin der Fürstin kontrollierte und überwachte sie pausenlos und schlief auch noch im selben Zimmer. Natascha Sacharjina wuchs zu einer denkenden, feinfühligen, leidenschaftlichen und verträumten jungen Frau heran, und mit jedem Jahr wurde ihre Lage, unter ständiger Aufsicht, in Unfreiheit, unter Menschen, die ihr innerlich fremd waren, unerträglicher: »Ringsum war das alte, dumme, kalte, tote und verlogene Leben, meine Erziehung begann mit Vorwürfen und Beleidigungen, und infolgedessen entfernte ich mich von den Menschen ... zog mich in mich selbst zurück ...« Die Fähigkeit, »sich in sich selbst zurückzuziehen«, um Rettung in einer Welt der Innerlichkeit zu finden, bewahrte sie für ihr ganzes Leben.

Natascha verliebte sich mit Wucht und Verzweiflung in Alexander Herzen. Er trug nicht den Namen seines Vaters, des reichen russischen Adligen Iwan Jakowlew, weil er unehelich geboren wurde. Auf dem Rückweg von einer langen Europareise machte der vierundvierzigjährige Hauptmann der Leibgarde des Ismailow-Regiments a. D. Jakowlew Station in Stuttgart, wo er die sechzehnjährige Henriette-Wilhelmine-Luise Haag kennenlernte. Sie verliebten sich, und Iwan Alexejewitsch nahm Luise mit nach Rußland, wobei sie die Grenzen in Männerkleidern, getarnt als Jakowlews Privatsekretär, passierte. Jakowlew ließ Luise auf seinem Landgut wohnen, doch er heiratete sie nicht. Am 6. April 1812 wurde ihnen ein Sohn geboren, den sie auf den Namen Alexander tauften. Der Vater gab ihm den Familiennamen Herzen, »Sohn des Herzens«, abgeleitet vom deutschen Wort Herz. Damals liebte er Luise noch. Doch mit der Zeit entfremdeten sie sich voneinander. Luise lebte mit Sascha, in Rußland ist das der Kurzname von Alexander, weiter in ihrer Hälfte des Hauses, doch sehnte sie sich nach Europa und wünschte sich heimzukehren. Sie wußte: Jakowlew würde ihr das Kind nicht überlassen. So blieb sie in Rußland ...

Die junge Natascha Sacharjina sah in Alexander Herzen die Erfüllung all ihrer romantischen Phantasien: Freiheit, Seelennähe, ideale Liebe im Zeichen Byrons. Damals träumten die meisten jungen Damen davon, sich in einen Rebellen zu verlieben. Sie kannten sich seit ihrer Kindheit, doch Alexander bemerkte Natascha nicht, während sie von ihrem Cousin begeistert war: »Schon als Kind liebte ich Dich bedingungslos, fürchtete Dich, und jedes Deiner Worte war mir Gesetz ...« Alexander verstand erst im Gefängnis, in das er für seine Freidenkerei und seine Gesellschaftskritik geriet, wie wunderbar die junge Frau war und wie nah sie ihm stand. In Freiheit hatte er viele Sorgen und Leidenschaften, im Gefängnis jedoch las er ihre Briefe immer wieder und antwortete ihr ausführlich. Im Verlauf dieses Briefromans verliebte er sich heftig in sie, und Natalja Sacharjina wurde in ihren Gefühlen für ihn gestärkt.

Sie waren beide Gefangene, sie im geistigen Kerker des Hauses ihrer Wohltäterin, er physisch umgeben von Gefängnismauern. Womöglich fühlte er sich sogar freier als sie, denn er hatte das Recht zu lesen und zu schreiben, seine Gedanken offen darzulegen, während Natalja engmaschig überwacht wurde. Der Briefwechsel mit dem geliebten Cousin war ihr verboten, und sie mußte ihm heimlich schreiben und die Briefe über Alexanders Mutter übergeben. Die Fürstin konnte nicht völlig verhindern, daß Luise Iwanowna auf Besuch in ihr Haus kam, doch war die Gesellschafterin der Fürstin immer bei den Begegnungen zwischen Natascha und Alexanders Mutter anwesend. Zum Glück gab es weite Ärmel und üppige Volants, in denen man die eng beschriebenen, gefalteten Seiten verbergen konnte.

Zu Sowjetzeiten wurden diese Briefe nicht vollständig veröffentlicht. Der Briefwechsel zwischen Herzen und seiner zukünftigen Frau erschien nur einmal, im siebten Band der *Herzen-Gesamtausgabe* aus dem Jahr 1905, die von F. Pawlenkowa besorgt wurde. Der Briefwechsel ist von eigenständigem Interesse als ein echter, nicht erfundener Roman in Briefen. Nataschas Briefe sind ein elegisches Prosagedicht, aufrichtig, emotional, voller Hoffnung und Leid. Hier ist einer der Briefe:

»Von N. A. Sacharjina an A. I. Herzen
16. Januar 1836, Moskau.

Als Du mir sagtest, Alexander, daß Du mir gehören willst, fühlte ich, daß meine Seele rein und hoch ist, und daß mein ganzes Wesen von Schönheit erfüllt sein muß. Mein Freund, ich war so glücklich, daß ich von Dir begeistert sein konnte, Dich lieben konnte, größer und tugendhafter wurde durch den Wunsch,

Deinem Ideal nahe zu sein, auch wenn es schien, daß es bis dahin so weit wie zu den Sternen am Himmel ist. Ich lebte nur für Dich, nur durch Dich, atmete Deine Freundschaft, und die ganze Welt erschien mir herrlich, allein durch Dich. Ich spürte, daß ich Dir eine Schwester bin, und dankte Gott dafür, ich suchte etwas, was ich mir wünschen sollte, fand jedoch nichts, so angefüllt, so befriedet war meine Seele durch Deine Freundschaft. Doch Gott wollte mir einen anderen Himmel öffnen, wollte mir zeigen, daß die Seele ein großes Glück sehr wohl überstehen kann, daß es keine Grenzen für die Seligkeit gibt zu lieben, daß die Liebe höher steht, als die Freundschaft ... Ach, mein Alexander, dieses Paradies der Seele ist Dir bekannt, Du hast das Lied darüber vernommen, Du hast es mir selbst vorgesungen, und zum ersten Mal leuchtet sein Licht in meine Seele, ich frohlocke, bete, liebe.

Alexander, mein Freund, ich wünschte, ich könnte zum perfekten Engel werden, um Dir ebenbürtig zu sein, ich wünschte, der Busen, an den Du dein Haupt bettest, möge den ganzen Himmel beherbergen, in dem es Dir an nichts fehlen soll, und mein Körper sei nur von Liebe erfüllt, nur von Dir. Und in dieser Liebe ist so viel Glaube an Dich, und kann man denn überhaupt lieben ohne diesen Glauben? Nein, mein Freund, nein, mein Engel, Dein Ideal ist weit entfernt, such es in der Ferne, näher bei Gott, hier, auf der Erde wirst Du es nicht finden. Du selbst kannst das Ideal für viele sein, aber das Deinige zu sein ... Mir wird schwer ums Herz, wenn ich mich an Dich wende und meine eigene Nichtigkeit sehe, mein unvergleichlicher Alexander; meine Brust ist zu eng, um alles in sich einzuschließen, was Du erwünschst, vielleicht ist auch meine Seele zu weit von Deiner entfernt, um sich mit ihr zu vereinen? Nein, mein Engel, such das Unvergleichliche, Frauen wie mich findest du viele, lehn Deinen Kopf nicht an einen schwachen Busen, der nicht die Kraft hat, so viel Wunderbares, so viel Heiliges zu tragen. Ich bin ganz traurig geworden ... Verzeih.«

Sie träumten beide von einer Zeit, in der es Natascha gelingen würde, ein eigenes Leben zu führen, und Alexander hatte vor, ihr dabei zu helfen, sie auf einen hellen Weg zu führen – nur jetzt war er nicht einmal in der Lage, sich selbst zu helfen.

Am 9. April 1835 wurde Herzen nach Perm in den Ural verbannt. Natascha und Luise Iwanowna kamen, sich von ihm zu verabschieden. Das Wiedersehen war kurz, viele Menschen befanden sich im Raum, es war laut und verraucht. Natascha konnte ihre Tränen nicht zurückhalten und flüsterte, als sie Alexander küßte: »Vergessen Sie Ihre Schwester nicht.« Zu Hause bemerkte sie, daß ihre Kleider und ihre Haare, besonders jedoch ihr feiner Wollschal, nach Rauch rochen. Natascha bewahrte den Schal auf und erlaubte nicht, ihn zu waschen, sie genoß den Rauchgeruch: Er erinnerte sie an die Begegnung mit Alexander.

Ihr Briefwechsel, später wird er einen respektablen Band der *Herzen-Gesamtausgabe* füllen, nahm Fahrt auf. Doch während Natascha sich wie zuvor sehnte und litt, langweilte sich Herzen an seinem Verbannungsort keineswegs. Er brachte seine erlesene Garderobe mit, Kisten mit teurem französischen Wein, und in seinen Finanzmitteln war er nicht eingeschränkt. Er freundete sich mit seinen Leidensgefährten an und veranstaltete Festgelage. Als er von Perm nach Wjatka übersiedelte, begann er eine Affäre mit der Gattin eines älteren städtischen Beamten, Praskowja Medwedjewa. Die Romanze, die sich zwischen den beiden entspann, war leidenschaftlich. Doch als Praskowja verwitwete, verspürte Herzen plötzlich keine Lust, sie zu heiraten. Das schockierte nicht nur Praskowja, sondern die gesamte Gesellschaft von Wjatka. Herzen weigerte sich, die Frau, die in ihm die Leidenschaft geweckt hatte, als seine Ehefrau und Lebenspartnerin anzusehen. Er träumte von einem reinen Engel und sah seine Erlösung im Bund mit Natalja Sacharjina, die er in seinen Briefen »Madonna«, »Täubchen«, »bezauberndes Kind«, »Stern«, »Himmelsengel« und »Lilie, rein wie Schnee« nannte.

Er weihte Natalja in die Affäre mit der Medwedjewa ein, er wollte nicht, daß eine Unwahrheit zwischen ihnen stand: »Du leuchtetest mir aus der Ferne wie der Morgenstern, meine Liebe zu Dir war so himmlisch, so rein. Sie stand neben mir, kein Engel, sondern ein Weib, und ein entflammtes zumal ... In diesem Moment verstand ich den Unterschied zwischen Dir und ihr, zwischen einem Engel und einem Weib ... Ich wußte nicht, was es bedeutet, Jungfräulichkeit, und die Vorsehung zeigte sie mir in all ihrem

Ruhm, ihrem Triumph. Da erst verstand ich den Unterschied zwischen Weib und Jungfräulichkeit und wurde vor Dir niedergeworfen. Ja, um meine Seele neu zu erschaffen, um in ihr den Glauben wiederzubeleben, um die Ruhmsucht durch Liebe zu ersetzen, dafür brauchte es eine übermenschliche Kraft.«

Zuguterletzt entschloß sich Alexander Herzen, Natalja aus dem Haus ihrer Wohltäterin zu entführen und sie ohne deren Segen zu heiraten. Sie war einverstanden. Es gab ein heimliches Treffen in Moskau, bevor Alexander in das schlafende Haus eindrang und seine Natascha umarmte. Freunde halfen ihm, die Flucht in die Wege zu leiten und übergaben ihm die Braut. Am Vorabend hatte Herzen seiner Auserwählten geschrieben: »Dein Leben hat sein Ziel gefunden, seine Grenze, Dein Leben füllt den ganzen Erdkreis aus, in meinen Umarmungen soll Deine Existenz als Einzelwesen, allein, ohne mich, erlöschen, in meiner Liebe sollen alle Bedürfnisse ertrinken, alle Gedanken. Mit einem Wort, Deine Seele ist ein Teil meiner Seele, sie ist wieder zum Ganzen geworden und wird nicht mehr einzeln sein. Ohne Dich bin ich ein Ungeheuer, ein Mensch ohne Herz, Byron, der die ganze Menschheit verachtet. Du ohne mich bist der Beginn eines wunderbaren Liedes, dessen Fortsetzung nicht existiert, die Öffnung der Lippen ohne ein Wort, der Blick, der in die Leere der nebligen Steppe gerichtet ist. Enträtsele es, und du erblickst den Fingerzeig der Vorsehung. Wer, außer mir, würde es wagen, dieses Poem zu vollenden, wer könnte den Lippen Worte geben und dem Blick befehlen, schau zu mir? Wenn wir das vollbracht haben, werden Du und ich, Alexander und Natascha, nicht mehr ›wir‹ sein, sondern allein mein ›ich‹, ein vollständiges ›ich‹, weil Du ganz von mir aufgenommen wirst, Dich gibt es nicht länger.«

Am 9. Mai 1838 heirateten sie in Wladimir. Sie fanden eine Wohnung in der Nähe des Goldenen Tores. Ein Jahr später kam Natascha mit ihrem Erstling nieder, den sie zu Ehren des Vaters Alexander nannte. Sie lebten glücklich, der Dienst fiel Herzen leicht. Mit großer Hingabe widmete er sich der Literatur. Das Ehepaar wartete auf das Ende der Verbannungszeit.

1840 wurde die Polizeiaufsicht, der Herzen oblag, aufgehoben. Er durfte sich mit seiner Familie in der Hauptstadt niederlassen, wo er eine Stelle im Innenministerium annahm. Seine Freunde waren entzückt von seiner Frau. »Ach, wenn sie nur wüßten ... welch himmlisches Wesen – ist die Frau Herzens!« schrieb der Kritiker Wissarion Belinski an Iwan Turgenjew. »Diese Frau ... ist so schön, still, schüchtern, mit einem feinen Stimmchen, doch furchtbar energisch ...« Doch Natalja, die ihren Mann wie früher leidenschaftlich verehrte, fühlte sich in der Hauptstadt verloren, wußte nicht, wie sie die langen, einsamen Abende verbringen sollte, an denen ihr Mann Belinskis Debattierzirkel aufsuchte, wo nicht nur hitzig über Hegel gestritten, sondern auch viel getrunken wurde und von denen er immer spät heimkehrte.

Herzen hatte wieder Unannehmlichkeiten mit der Polizei: Bei der Zensur seiner Briefe hatte sich herausgestellt, daß er Dienstgeheimnisse preisgab und sich freiheitsliebende Äußerungen erlaubte. Einflußreiche Freunde seines Vaters konnten verhindern, daß er wieder aus der Hauptstadt verbannt wurde. Alexander selbst bewegte das kaum, seine Frau jedoch war äußerst beunruhigt. Ihr Leben an der Seite Alexanders war unvergleichlich besser als das im Haus der Chowanskaja. Doch sie wollte das Glück – und mußte immer nur Geduld und Verständnis aufbringen.

1841, als sie mit ihrem zweiten Kind schwanger war, hatte Herzen eine Affäre mit dem Hausmädchen Katerina. Er bereute es, und in der Überzeugung, Katerina habe ihn zur Sünde verleitet, wollte er sie entlassen. Katerina lief in Tränen aufgelöst zu ihrer Herrin. Natalja war so schockiert, daß sie eine Frühgeburt erlitt, und das Mädchen, das Natalja getauft wurde, lebte nur zwei Tage. Ein Jahr später gebar sie einen Jungen, Iwan, er lebte fünf Tage ... Noch ein Jahr später kam Nikolai zur Welt, er war taubstumm. Und 1844 wieder ein Mädchen, das auch Natalja genannt wurde. Sie war gesund. 1845 kam Lisanka zur Welt, die auch gesund wirkte, doch im Alter von elf Monaten starb. Natalja, ohnehin geschwächt von den häufigen Schwangerschaften, wurde so krank, daß sie das Bett nicht mehr verlassen konnte.

Im Jahr 1846 starb Iwan Alexejewitsch Jakowlew und hinterließ dem Sohn ein Millionenvermögen, einige Häuser und Gutsbesitz. Alexander Herzen hatte die Möglichkeit, mit seiner Familie nach Europa zu ziehen. Als Grund für die Ausreise gab er die Krankheit seiner Frau an, der es tatsächlich sehr schlecht ging. Aber Nataljas Zustand besserte sich auf der Reise durch Deutschland und Frankreich, die Fülle der neuen Eindrücke heilte sie. Als sich das Paar in Paris niederließ, und zwar in der angesagten und prestigeträchtigen Avenue Marigny, fühlte sich Natalja wohl. Ihre Ankunft in Paris fiel mit der Februarrevolution 1848 zusammen, die Herzen ungemein begeisterte. Er freundete sich mit dem Anarchisten Pierre-Joseph Proudhon an. Gemeinsam veröffentlichten sie mit Herzens finanziellen Mitteln die Zeitung *Stimme des Volkes*.

Alexander war glücklich: Endlich konnte er öffentlich seine Gedanken äußern. Natalja war ebenfalls glücklich. Sie fand einen eigenen Freundeskreis, in dessen Zentrum ihre neue Freundin Natalja Tutschkowa stand, eine kluge, überaus originelle junge Frau, freiheitlich denkend, kreativ und willensstark. Sie war die Art von Frau, die Natalja Herzen selbst gern hätte sein wollen, doch es war ihr nicht vergönnt, sei es aus Charakterschwäche, vor allem jedoch, weil ihr ihre Mutterpflichten keinen Raum für eine eigenständige Entwicklung ließen. Zwischen den beiden Frauen entwickelte sich eine exaltierte Freundschaft. Natalja Herzen nannte Natalja Tutschkowa »Consuelo«, inspiriert von George Sands Romanheldin. Sie »vergötterte« sie, wie es romantische Institutsschülerinnen tun. Ihr schwärmerisches Gefühl wurde erwidert. »Keine andere Frau liebe ich als Frau so wie Dich«, schrieb Natalja Herzen ihrer jüngeren Freundin.

Natalja Tutschkowa kehrte nach Rußland zurück und heiratete Alexander Herzens besten Freund, Nikolai Ogarjow. Der hatte zu diesem Zeitpunkt eine äußerst erfolglose erste Ehe hinter sich, war verwitwet und träumte von einem stillen, friedlichen Familienglück und von einem Haus, das eine kluge und verständnisvolle Frau mit Leben erfüllt.

Und Natalja Herzen begegnete dem deutschen Dichter Georg Herwegh (1817 – 1875). Ein talentierter Mensch. Die Zeitgenossen beschrieben sein Äußeres so: »bereits leicht ergrautes Haar, brennende Augen, gebräuntes schönes Gesicht.« Doch Herwegh war verheiratet. Seine Emma war ein sehr pragmatischer und geerdeter Mensch, sie verstand wenig von der Poesie ihres Mannes. Natalja wandte sich dem Deutschen mit geradezu mütterlichem Mitgefühl zu. Herwegh zuliebe freundete sie sich mit seiner Frau an. »Du kannst die Sehnsucht nach zärtlicher Zuwendung einer Mutter, Freundin, Schwester, die Herwegh so quält, nicht nachempfinden«, schrieb Natalja an ihren Mann, »aber ich verstehe ihn, weil ich selbst so fühle ... Er ist ein großes Kind, doch Du bist volljährig ...«

Herzen hat damals, wie übrigens immer in seinem Leben, viel gearbeitet und den Moment versäumt, an dem die Beziehung zwischen Herwegh und Natalja die Grenze des rein Freundschaftlichen überschritt. Weil er sich für einen fortschriftlichen Menschen hielt, war Alexander zunächst bereit, Verständnis für die Verliebtheit seiner Frau aufzubringen, die immer leidenschaftlicher wurde. Natalja ihrerseits glaubte, beide zu lieben, wenn auch auf unterschiedliche Weise, und wollte sich auf keinen Fall für einen der beiden entscheiden: »Wirklich, ich denke manchmal, daß die Gesellschaft und die Liebe dieser beiden Menschen mich in ein perfektes Wesen verwandeln ... Wir haben uns so aneinander gewöhnt, ich kann mir keine Existenz vorstellen, die harmonischer wäre.«

Der Liebe zwischen Natalja Herzen und Georg Herwegh ist eine der besten Erzählungen der modernen Schriftstellerin Olga Kutschkina gewidmet: *Der Zahn des Schamanen*. Die Handlung spielt in Südfrankreich, wo die Familien Herzen und Herwegh eine Zeitlang im selben Haus lebten.

»Es wurde Abend. Man mußte herabsteigen. Doch Natalja wollte den Ort nicht verlassen, diesen magischen Berg, der einem Stoßzahn glich.

Sie strich über die dunklen harten Haare Herweghs und flüsterte: ›Vor meiner Begegnung mit Dir wußte ich nicht, was Liebe ist, ich war jungfräulich, trotz meines Mannes, trotz der Kinder ... Alles, was ich bis zum heutigen Tag erlebt habe, ist vergangen, hat sich verflüchtigt, in Luft aufgelöst. Es war nicht echt, das Echte beginnt gerade. Und dieses Echte ist so herrlich, daß man noch in hundert Jahren Lieder über uns singen wird, oh mein Georg. Wir müssen alles in unserem Gedächtnis bewahren, diesen Berg, die Bäume über uns, und diesen grünen Plüsch, der uns vereinigt hat. Wenn ich Dir schreibe, werde ich einen Kegel zeichnen, und Du errätst, daß es unser Berg ist, unser magischer Berg.‹

Ihre Stimme, ihre weibliche Modulation riefen ein angenehmes Gefühl in ihm wach. Er achtete nicht auf die Bedeutung der Worte, zu sehr erregten ihn ihre Stimmführung und ihre Atmung. Der lebendige Mensch in ihm sprach darauf an, und in ihm erwachte ein leidenschaftliches, unbezwingbares Gefühl. Doch auch der Tote schlief nicht und flüsterte ihm weiter zu: Diese Frau ist verliebt, sie hat fast den Verstand verloren, Du jedoch hast noch einen Rest Verstand, Du mußt an die Zukunft denken, an die Folgen, an das böse Erwachen.

So sehr er sich auch bemühte, den Toten zu vertreiben, so sehr er versuchte, seinen Einflüsterungen zu entkommen, er fuhr mit seinen langweiligen, tristen Ausführungen fort, die mit der Zeit die durchaus erkennbaren Umrisse einer untersetzten Figur mit kräftigem Hals und einem bohrenden, viel zu bohrenden Blick annahmen. Georg schirmte sich mit der Hand ab, um die Gestalt abzuwehren. Die Figur jedoch wich nicht zurück. Der rettende Gedanke kam Herwegh, als sie sich in den letzten Strahlen der Sonne zum Fuß des Felsens hinabbegaben. Als er sah, wie behende und flink Natalja den Pfad entlanglief, dachte er: ›Diese Frau führt mich. Sie ist die Initiatorin der Bewegung, nicht ich. So möge das Begonnene in Erfüllung gehen.‹ Gleich wurde ihm leicht ums Herz. Er eilte zu Natalja, zeigte auf die riesigen blutroten Streifen, die den Abendhimmel durchzogen und trug ihr sein Gedicht vor, das dem Sonnenuntergang gewidmet war …«

Übrigens gehörte Georg Herwegh zum Unterrichtsstoff im Fach klassische deutsche Dichtung während meiner Ausbildung an der *Moskauer Filmhochschule*. Er war es, dessen Idee von der Parteilichkeit der Literatur die Bolschewiken aufgriffen und zur Grundlage des sozialistischen Realismus machten, obwohl er nichts anderes im Sinn hatte, als die Zugehörigkeit des Dichters zu einer abstrakten »Partei des Fortschritts« zu fordern. Im Jahr 1848 versuchte er, mit einer Brigade in Frankreich lebender Deutscher nach Deutschland vorzudringen, um dort die Republik zu errichten.

1849 schlug Louis Napoleon die Opposition nieder, und Herzen mußte schnellstens in die Schweiz fliehen. Gemeinsam mit ihm reisten die schwangere Natalja mit den Kindern und das Ehepaar Herwegh. Bald darauf kam auch Herzens Mutter nach. Luise Iwanowna verstand sofort, daß das Familienleben ihres Sohnes in die Brüche ging. Nataljas Verhalten empörte sie, Alexander jedoch nahm seine Frau in Schutz und gab sich selbst die ganze Schuld: »... Tagsüber die Kinder, am Abend unsere gereizten Auseinandersetzungen ... Sie litt, und ich, statt sie zu trösten, flößte ihr den bitteren Becher Skepsis und Ironie ein. Hätte ich mich um ihre verletzte Seele nur halb so viel gekümmert wie später um ihren kranken Körper ... hätte ich nicht zugelassen, daß sich diese Schößlinge einer zerfressenen Wurzel in alle Richtungen ausbreiten. Ich selbst habe diese Triebe gezogen und gekräftigt, ohne zu ahnen, ob Natalja in der Lage sein wird, es auszuhalten und zu überstehen.«

Darauf empfahl Luise Iwanowna ihrem Sohn, sich doch wenigstens von den Herweghs zu trennen, wenn er seine Familie erhalten wolle. Herzen jedoch war für Nataljas Glück zu allem bereit, selbst dazu, sie ihrem Liebhaber zu überlassen und beiden ein sorgenfreies Leben zu ermöglichen. Nur auf die Kinder hätte er nicht verzichtet. Und Natalja hing an ihren Kindern, besonders am ältesten Sohn Sascha, und hätte sie nie im Stich gelassen.

Am 20. November 1850 gebar Natalja die Tochter Olga. Alexander erkannte sie als sein Kind an, als völlig unerwartet Herwegh begann, Natalja zu bedrängen und zu fordern, Herzen zu verlassen. Er drohte ihr, sich vor ihren Augen und den Augen ihres Mannes das Leben zu nehmen. Natalja wurde krank, und um sie vor weiteren Erschütterungen zu bewahren, tat Herzen das Einzige, was ihn von Herweghs Gesellschaft befreien konnte: Er gab Emma eine Geldsumme, die sie in die Lage versetzte, abzureisen und ihren Mann mitzunehmen. Doch die Trennung blieb wirkungslos. Herwegh schrieb Natalja regelmäßig Briefe, und sie litt, quälte sich, zweifelte ... Sie verlor Gewicht, litt unter Schlaflosigkeit, und die Ärzte, die den Beginn einer Schwindsucht vermuteten, rieten, sie zur Genesung nach Nizza zu bringen.

In Nizza nahm alles ein Ende. Am 16. November 1851 sank das Schiff *Ville de Grasse*, auf dem sich Herzens Mutter, Luise Iwanowna, und sein taubstummer Sohn Kolja eingeschifft hatten. Ihre Körper wurden nicht gefunden. Georg Herwegh war taktlos genug, der vor Kummer fast toten Natalja zu schreiben, daß Gott sie für die Kränkungen gestraft habe, indem er den »Sprößling« vernichtet habe, dessentwegen sie ihren Mann offenbar nicht verlassen wollte. »Ja, meine Leidenschaft war riesig, blind, doch ihr wortbrüchiger Charakter, ihr zügelloser Egoismus haben sich mir in ihrer ganzen widerwärtigen Nacktheit offenbart, während ihrer Abreise und danach, zur selben Zeit, als die Würde und die Hingabe Alexanders mit jedem Tag wuchsen. Meine unglückliche Leidenschaft hat nur den neuen Sockel errichtet, auf den ich meine Liebe zu ihm stellen kann«, schrieb sie ihrem verflossenen Geliebten zum letzten Mal aus Nizza.

Natalja war wieder schwanger. Und Herwegh forderte Herzen zum Duell. Herzen sah sich außerstande, diese Forderung anzunehmen. Wie immer das Duell ausgehen mochte, mit seinem Tod, mit dem Tod seines Herausforderers, mit einer Verwundung, Natalja hätte in jedem Fall gelitten. Sie litt ohnehin, und Alexander bemühte sich, die Forderung vor ihr zu verbergen. Doch Georg Herwegh erzählte allen von seiner Affäre mit Herzens Frau und behauptete, Herzen würde sie mit Gewalt daran hindern, ihn zu verlassen. Auch Emma Herwegh goß Öl ins Feuer. In einem Anfall von Haß auf ihren Mann äußerte sie, daß Herwegh sich durchsetzen werde, »selbst wenn er dafür über Kinderleichen gehen und sich selbst und uns alle auf die Anklagebank bringen müßte.«

Am 30. April 1852 hatte Natalja Herzen eine Frühgeburt. Sie nannten den Jungen Wladimir, zum Andenken an das glückliche Jahr, das sie gemeinsam in der Stadt Wladimir verbracht hatten. Der Junge lebte einen Tag. Am Tag darauf starb seine Mutter ... Vor ihrem Tod diktierte sie einen Brief an ihre Freundin Natalja Tutschkowa-Ogarjowa und betraute sie mit der Erziehung ihrer Kinder.

1852 zog Herzen nach London. Er lebte hier zehn Jahre und gelangte zum Höhepunkt seiner philosophischen und liberalen Ideen. Seine Gedanken waren auf Rußland gerichtet, er war überzeugt, daß in Rußland das Licht der künftigen Befreiung der Menschheit erstrahlen werde. Herzen glaubte, die Russen seien mehr als die Deutschen, Franzosen oder Italiener dazu auserwählt, einen revolutionären Kampf zu führen, weil der »denkende Mensch in Rußland der unabhängigste und der mit den wenigsten Vorurteilen auf der ganzen Welt ist.«

Natalja Herzen (1817 – 1852)

1856 reiste Ogarjow mit seiner Frau zu Herzen nach London. Natalja Tutschkowa-Ogarjowa bemühte sich, Alexander Iwanowitsch in seinem Kummer beizustehen, eine Freundin für seine Kinder zu werden. Allerdings, bei den älteren, Tata und Sascha, kam sie damit nicht an. Dafür gelang es ihr, den einsamen Herzen zu trösten ... Und bereits ein Jahr nach Ankunft des Ehepaares Ogarjow war Natalja die Frau Herzens geworden, obwohl sie offiziell die Ehefrau Ogarjows blieb. Sie lebten gemeinsam in einem Haus, und Ogarjow arrangierte sich mit der Situation, weil er beide liebte, seine Frau und seinen Freund.

1858 brachte Natalja Tutschkowa-Ogarjowa eine Tochter von Alexander Herzen zur Welt, Lisa. 1861 folgten die Zwillinge Jelena und Alexej. Sie wurden als Kinder Ogarjows eingetragen, sahen ihn als ihren Vater an, während sie Herzen Onkel nannten. Die seltsame Familienkonstellation war für alle sehr belastend, besonders für Natalja. Umso mehr, da sie wußte, daß die große und wahrhafte Liebe für Herzen seine erste Frau blieb. Natalja Ogarjowa war für ihn eine Freundin, eine Lebensbegleiterin, eine Helferin bei der Erziehung der Kinder, jedoch keine Geliebte. In Herzens Leben gab es nur die eine große Liebe, und je mehr Zeit seit Natalja Sacharjinas Todestag verstrich, um so heller wurde seine Erinnerung an sie. »Ihr Verstand und ihr Herz waren untrennbar«, schrieb Herzen an den bereits erwachsenen Sohn. »Ja, sie verkörperte wie keine andere die ideale Frau!«

In den letzten Jahren arbeitete Herzen an der mehrbändigen Romanbeichte *Erlebtes und Gedachtes*, in der er detailliert die Geschichte seines Lebens preisgab, seine geistige Suche ebenso wie das Bewußtwerden der persönlichen Niederlage, zu dem er am Ende gelangte. In *Erlebtes und Gedachtes* versucht Herzen, sich über die Liebe klar zu werden: »Ich verneine den fürstlichen Platz, der der Liebe im Leben eingeräumt wird, ich verneine ihre selbstherrliche Gewalt, und ich protestiere gegen die schwächliche Rechtfertigung von Affären.«

Am 21. Januar 1870 starb Herzen in Paris an den Folgen einer Lungenentzündung. Sein bester Freund, Nikolai Ogarjow, war bei ihm. Alle anderen Freundschaften und Leidenschaften erwiesen sich als vorübergehend, flüchtig, vergänglich. Wahrhaftig war nur der Schwur, den sich die beiden Jungen einst auf den Sperlingsbergen in Moskau gegeben hatten. Nikolai schwor damals, Alexander nicht im Stich zu lassen, und er war bei ihm und umsorgte ihn bis zum letzten Augenblick. In seinem Abschiedsbrief an die Kinder bat Herzen: »Auf der ganzen Welt gibt es keine Person, die uns näher steht als Ogarjow, Ihr müßt ihn als die Verbindung sehen, die Familie, den Ersatzvater. Das ist mein erstes Gebot. Wo immer Ihr sein mögt, wohin Euch der Zufall verschlägt, Euer Mittelpunkt ist das Haus von Ogarjow ...«

Herzen wurde auf dem Friedhof Père Lachaise in Paris begraben. Da er sich gewünscht hatte, für immer neben seiner Frau zu ruhen, neben der zauberhaften Natascha, besorgte Nikolai Ogarjow eine Exhumierung und Umbettung auf den Friedhof in Nizza.

Vor einigen Jahren gelangte ich endlich nach Nizza. Bei den Reisevorbereitungen stieß ich auf das wunderbare kleine Porträt Nataljas, das Karl Reichel angefertigt hat. Eine Kopie davon nahm ich mit auf die Reise. Die junge Natalja schaut zärtlich und aufmerksam, den Kopf auf die rechte Hand gestützt. Wie wunderbar, wie beglückend war ihre Liebe zu dieser Zeit! Das Bild war die Erinnerung an das Beste, was in ihrem Leben geschehen war. Herzen hat sich bis zu seinem Lebensende nie von diesem Porträt getrennt.

Nizza, die weiße Stadt am Ufer der Bucht, erschien mir wie ein Märchen. Der Friedhof liegt auf einem Hügel. Von hier ist die Aussicht aufs Meer großartig. Das Grab von Natalja und Alexander ist leicht zu finden. Eine Skulptur des russischen Bildhauers Zabello schmückt es. Herzen steht in voller Größe mit verschränkten Armen da. Er ist von überall her zu sehen, er erhebt sich über alle marmornen Grabstätten. Das Scheingrab der Mutter Herzens und seines Sohnes Kolja, die beim Schiffsunglück starben, befindet sich in der Nähe. Am Tag, als ich damals dort war, lagen rote Rosen auf dem Grab des Ehepaares Herzen. Mir kam in den Sinn, wie Herzen in *Erlebtes und Gedachtes* den Tod seiner Frau beschreibt: »Ihre Hand fiel herab wie ein Gegenstand.« So genau hat er den Moment erfaßt, in dem der Körper von der geheimnisvollen Substanz verlassen wird, die wir Seele nennen. *Erlebtes und Gedachtes* ist ein Buch über Eifersucht, über Verrat, über Leid und Liebe, ein aufrichtiges Buch in der Art einer Beichte. Selten gelingt es, so ehrlich über die schwersten Momente im Leben zu schreiben.

Viele Jahre später, in den Achtzigern, aus Anlaß eines Herzen-Jubiläums, kam es der Moskauer Stadtverwaltung in den Sinn, die Asche der beiden Freunde fürs Leben Ogarjow und Herzen in den Moskauer Sperlingsbergen zu bestatten, wo sie in ihrer Jugend den Schwur geleistet hatten, gemeinsam für das Glück der Menschheit zu kämpfen. Eine Delegation wurde nach Nizza entsandt. Die Moskauer waren sich sicher, daß sich Herzens Nachkommen freuen würden, wenn es eine feierliche Umbettung in ein Ehrengrab geben würde, mit einer festlichen Zeremonie im Beisein von Regierungsmitgliedern und einem Festakt im *Bolschoi-Theater* und so weiter ...

Die Antwort auf das Angebot der Moskauer gab ein Mitglied aus der Familie Herzen, ein liebenswürdiger älterer Herr, ein bekannter Pariser Mikrobiologe, Professor am *Institut Pasteur*. Er hatte sein ganzes Leben in Frankreich zugebracht, sprach jedoch ausgezeichnet Russisch. Der Professor sagte, daß Herzen neben seiner geliebten Frau Natalja die ewige Ruhe gefunden habe und das sein Wunsch gewesen sei. Und die Familie würde diesen Bund der liebenden Herzen gern bewahren – in Nizza.

Die Schöne und der Philosoph

Olga Tschernyschewskaja (1833 – 1918)

Sollten Sie einmal im Sommer nach Saratow an der Wolga gelangen, können Sie ein wunderschönes Fest erleben. Jedes Jahr am 12. Juli feiert die Stadt den Geburtstag ihres großen Sohnes, des Schriftstellers, Revolutionärs und Philosophen Nikolai Tschernyschewski (1828 – 1889). Auf diesem Fest begegnen Sie auch seiner bezaubernden Frau Olga Sokratowna. Es heißt, sie sei die Urheberin eines Aphorismus, den ganz Rußland liebt: »In jedem von uns schläft ein Genie und mit jedem Tag fester!« In Begleitung der Olga Sokratowna sehen Sie die Heldin aus Tschernyschewskis Roman *Was tun?* Vera Pawlowna. Beide Damen werden von charmanten Schauspielerinnen des Stadttheaters verkörpert.

Zunächst begeben sich alle Festgäste zum Grab auf dem Woskresenski-Friedhof, dann zum Tschernyschewski-Denkmal. Am Denkmal beginnt das Fest, eine prächtige und etwas schräge Mischung aus charmanten jungen Damen in Kostümen des 19. Jahrhunderts und ernsthaften älteren Poeten aus der Gegend, die ihre von Tschernyschewski inspirierten Gedichte vortragen. Ein bekannter Physiker der Saratower Universität brachte mich einmal zum Lachen, als er der schönen Olga Sokratowna zunickte und sagte: »Also wirklich, wie interessant sich hier die Atome gruppiert haben!«

Am besten ist es jedoch, an diesem schönen Sommertag am Wolgaufer spazierenzugehen. Der leichte Wind weht den Duft der Antonowäpfel aus den Gärten herüber, an den Marktständen werden getrocknete und eingelegte Pilze feilgeboten, das örtliche Bier und die Spezialität der regionalen Küche, Hirsebrei mit Kürbis, verlocken zum Kosten. Und dann kann man sich einen Augenblick lang vorstellen, man befände sich im Jahr 1853. Vor einem alten Haus, in dem der Saratower Brand-

meister wohnt, versammeln sich Kutschen, aus denen festlich gekleidete Mädchen hüpfen. Sie eilen zum Ball, zu jenem Ball, auf dem Nikolai Tschernyschewski zum ersten Mal seine zukünftige Frau erblickte.

Auf einem Ball des Brandmeisters Akimow im Jahr 1853 begegnete er der schönsten Frau Saratows, der jungen Olga

Wassiljewa. Sie war entzückend, zierlich und anmutig, und das muß genügen, damit Sie, lieber Leser, sich ihre eigene Vorstellung machen von einem Wesen, dessen Schönheit, Anmut und Liebreiz unbeschreiblich ist: die Liebe in Person!

Die Bälle damals waren immer eine Art »Brautschau«, doch wenn Olga sich blicken ließ, ging ein unzufriedenes Raunen durch die Reihen der potentiellen Bräute: Jetzt brauchten sie sich keine Hoffnungen mehr zu machen. Alle Kavaliere würden den ganzen Abend lang allein der schönen Olga nachlaufen, mit Begeisterung ihrem netten Geschwätz lauschen und ihr endlos Komplimente machen.

Als sie ihrer Verehrer bereits überdrüssig geworden war, fiel der Schönen ein neuer Anwärter auf. Wer ist das? Ach, der neue Gymnasiallehrer, ein Philosoph! Später wird Dostojewski über Tschernyschewski in seinem Tagebuch notieren: »Ich habe selten einen so weichen und liebenswürdigen Menschen getroffen.«

Der »weiche Mensch« rückt soeben mit gewohnter Geste seine Brille zurecht und wendet sich an einen Gesprächspartner mit Worten, die Olga hellhörig werden lassen: »Die Frau steht zwar unter dem Mann, doch jeder anständige Mann ist, aus meiner Sicht, verpflichtet, seine Ehefrau höherzustellen als sich selbst: Dieses zeitweilige Ungleichgewicht ist notwendig, damit in Zukunft ein Gleichgewicht entstehen kann. Für meine Frau werde ich ein gehorsamer Sklave sein, in aller Öffentlichkeit und in aller Förmlichkeit und ohne jegliche Abstriche gebe ich ihr die volle Freiheit ...« Sie lernten einander kennen. Bei Tschernyschewski war es Liebe auf den ersten Blick. Liebeserfahrung hatte der Philosoph, wie es heißt, wenig. Sonst wüßte er, daß Schönheit keine Währung ist, mit der man für innere Leere bezahlt.

Olga Wassiljewa war das älteste von dreizehn Kindern des Doktors Sokrat Jewgenjewitsch Wassiljew. »Furchtbarer Schmutz in den Zimmern, Nachlässigkeit und Verwahrlosung im ganzen Haus der Wassiljews« machten einen unangenehmen Eindruck auf den verliebten Tschernyschewski. Nachdem er Olgas Eltern kennengelernt hatte, wollte er sogar mit ihr über die verstörende Unordnung sprechen und sie bitten, sich um den Haushalt zu kümmern. Doch Olga Sokratowna hatte andere Pläne: Sie wollte das ungemütliche Elternhaus so schnell wie möglich verlassen. Einen Mann finden, der ihr Leben in ein sorgloses, immerwährendes Fest verwandelt. Mit untrüglicher weiblicher Intuition spürte die Zwanzigjährige, daß Tschernyschewski dieser Mann sei.

In Nikolai Gawrilowitsch Tschernyschewskis Familie war inzwischen Panik ausgebrochen: Wie konnte dieser höfliche, gut erzogene, sensible junge Mann es bloß erlauben, daß am Tag nach dem Begräbnis seiner Mutter die Tapezierer ins Haus kamen, die Zimmer für das Hochzeitsmahl schmückten, die Möbel neu bezogen und neue Gardinen aufhängten, die die Braut ausgesucht hatte. Ganz Saratow zerriß sich darüber den Mund. Der ernsthafte und kluge Gymnasiallehrer, erst kürzlich nach Abschluß der Petersburger Universität in seine Heimat zurückgekehrt, hatte sich Hals über Kopf in eine leichtfertige Mademoiselle verliebt, in eine seelenlose Schönheit und herzlose Kokette, die auch der Grund war, daß man es mit der Hochzeit so eilig hatte, gleich nach dem Tod von Nikolai Gawrilowitschs Mutter. Wie peinlich war das alles!

Als wolle er seinen Gegnern Paroli bieten, notierte Tschernyschewski in diesen Tagen in sein Tagebuch: »Ich weiche nicht zurück, und ich zweifle nicht, weder an mir, noch an ihr. Wenn sie nur erst meine Frau wäre. Ich kenne sie, ich liebe sie! Oh, Zweifel, weg mit euch! Ich bin ganz ruhig, was mein Glück mit ihr angeht, und jetzt habe ich nur eine einzige Sorge: Geld, Geld, Geld. Sie soll alles haben, was sie sich wünscht. Und ich werde Geld bekommen. Ganz gewiß. Und sie wird glücklich sein mit mir. Und ich werde glücklich sein, weil sie glücklich ist.«

Von nun an sah Nikolai Tschernyschewski seine Pflicht darin, der geliebten Frau zu dienen und sie glücklich zu machen. Erinnern Sie die Zeilen aus Tschernyschewskis Tagebuch nicht an etwas? Mich erinnern sie an die Worte des Abbé Prévost im Roman *Manon Lescaut* über die Titelfigur. Ein tugendhafter Freund versuchte, den Helden von seiner Beziehung zu einer leichtfertigen Dame abzuhalten. Und was hört er zur Antwort? »Das Ziel der Tugend sei unendlich höher als das Ziel der Liebe? Wer bezweifelt das? Aber geht es eigentlich darum? Es geht doch um jene einzigartige Kraft, mit der die Tugend wie auch die Liebe Leid ertragen können. Lassen Sie uns anhand der

Resultate urteilen! Es gibt genügend Beispiele für Menschen, die auf dem Pfad der Tugend ins Straucheln geraten, doch wenige straucheln auf dem Pfad der Liebe! ... Die Liebe, so oft sie auch trügen mag, verheißt zumindest Vergnügen und Freude, während die Religion nur Gebete und traurige Gedanken bereithält, das genügt, um zu erkennen, daß die süßesten aller Genüsse die Genüsse der Liebe sind ... Sie können mir im Brustton tiefster Überzeugung versichern, die Freuden der Liebe seien flüchtig, seien verboten und zeitigten schlimme Folgen bis hin zur ewigen Verdammnis ... doch geben Sie zu, solange das Herz in uns schlägt, findet sich unsere absolute Seligkeit hier, auf Erden.« Für Tschernyschewski war Olga die »absolut vollkommenste Seligkeit hier, auf Erden.« Er fürchtete sich nicht vor schweren Prüfungen. Die Philosophievorlesungen an der Petersburger Universität waren nicht nutzlos gewesen.

Bald nach der Heirat zogen die Tschernyschewskis nach Sankt Petersburg. Nikolai Gawrilowitsch nahm jede Arbeit an: Privatstunden, Korrekturen, Rezensionen für Journale. Er arbeitete sogar für ein Modejournal. Seine Freizeit widmete er seiner Frau, in der Hoffnung, ihr Lehrer zu sein, ihr seine Ideen oder die »Enzyklopädie der Zivilisation« erklären zu können, doch als er merkte, wie sehr sich Olga bei den Gesprächen langweilte, ließ er sie nach ihrem Gutdünken leben. Bald war Olga Sokratowna von einer Schar Verehrer umgeben, die von ihrer Schönheit und Ungezwungenheit fasziniert waren. Die Sankt Petersburger Damen, erstarrt in ihren höfischen Konventionen, ließen eine Erscheinung wie Olga so quicklebendig, neu und außergewöhnlich wirken, daß es schien, sie verkörpere einen neuen, fortschrittlichen Frauentyp. Nikolai Gawrilowitsch freute sich aufrichtig über den Erfolg seiner Frau. Jedoch lebte jeder sein eigenes Leben.

Wenn ich für Olga ein genaues psychologisches Porträt entwerfen sollte, würde ich ihre emotionale Dynamik als Erstes anmerken. Ihre Stimmung schwankte häufig zwischen himmelhoch jauchzend und zu Tode betrübt. Sie amüsierte sich leidenschaftlich gern, doch mit der gleichen vergnügten Leichtfertigkeit traf sie die wichtigsten Entscheidungen des Lebens. Olga hatte keine Ziele, die über den Tag hinausreichten. Ihre amourösen Abenteuer glichen den natürlichen Bewegungen eines Vögelchens, das dorthin flattert, wo die meisten Körner ausgestreut werden. Nur die flammende Liebe ihres Mannes, die sich in ihrer leeren Oberfläche spiegelte, entfachte mit ihrem Feuer bei Olga eine Art Seelenleben.

Olgas wichtigste Eigenschaft war es, eine Obsession zu schaffen, die Obsession absoluten Besitzes. Alle Männer, die ihr begegneten, wurden früher oder später ihre Verehrer. Doch keiner zahlte einen so hohen Preis dafür wie Tschernyschewski. Die Maßlosigkeit seiner Liebe füllte Olgas Leere auf, und statt eine teure und sorglose Sankt Petersburger Mätresse zu werden, wie sie es mit ihrem ganzen Wesen erstrebte, mußte sie zur Seelenfreundin, zur Gleichgesinnten und zur Kampfgefährtin für das Glück des Volkes werden, für ein neues zivilisiertes Rußland. Ihr Mann war ein Geisteskind der Romantik, erzogen von der russischen Literatur, ein Revolutionär mit einer hohen Idee von sich selbst, und verwandelte an ihrer Seite sein Privatleben beinahe in eine Tragikomödie.

Die erbauliche Geschichte darüber, wie der Teufel dem Helden seine Puppe unterschiebt und ihn vom Pfad der Tugend lockt, endet in allen literarischen Quellen mit der Enttäuschung, der Niederlage und der Reue des Helden. Doch im Leben kommt es, wie wir sehen, anders als in der Literatur.

Olga war keine Teufelspuppe. Und Tschernyschewski ließ sich durch nichts auf der Welt vom Pfad der Tugend abbringen. Was war es dann? Olga hatte einfach ihr Leben lang davon geträumt, in ihrer kleinen Welt der Bälle und Bankette, der Gewohnheiten und Rituale zu leben, mit kleinen Krümeln von »Lebensweisheit« und mit allem, was verständlich, bequem, komfortabel ist und weder Anstrengungen noch Höhenflüge erfordert.

In diese stille, spielzeughafte Welt stürzt ein Komet, verzweifelt und hoffnungslos. Ein Mensch aus dem All. Ein Revolutionär und Romantiker, ein Philosoph und Stoiker, ein Mensch, dessen Gerechtigkeitssinn und Anstand außergewöhnlich sind, der nicht die gewöhnliche Realität wahrnimmt, sondern das Leben im großen Maßstab. Olga war nicht feinsinniger, klüger oder mit einer komplexeren Persönlichkeit ausgestattet als alle anderen Figuren der provinziellen Welt an der mittleren Wolga.

Mit der Zeit verwandelte sie sich in eine gewollte, aber langweilige Dauerdekoration langweiliger Saratower Bälle und hatte nie verstanden oder gar akzeptiert, daß ihr talentierter Mann nach einem anderen Maßstab lebt.

Nachdem sich Tschernyschewski in die gefühlvolle, kokette und unbeständige junge Frau verliebt hatte, vergötterte er sie sein Leben lang. Und fand sich damit ab, daß ihr Wesen seinen Idealen, ja seinem ganzen Lebensinhalt widersprach. Wenn sie auftauchte, hieß es lebwohl Bibliothek und Schreibarbeit, adieu maßvolles Essen und Sparsamkeit, Ruhe und Frieden. Während ich Tschernyschewskis Briefe an seine Frau las, die er ihr zeit seines Lebens schrieb, dachte ich: Der Liebende wird immer glücklich und unglücklich zur gleichen Zeit sein; das geliebte, verirrte und verlorene göttliche Wesen wird immer seinen Umarmungen entgleiten. Wohin bloß? Ja dahin, wo sich in Qualen der Leidenschaft und in leerem Hoffen das ewige Drama des Daseins abspielt.

»Welche Gemeinsamkeit gibt es zwischen uns? fragt sich Olga Sokratowna. Er ist ein Gelehrter, und ich habe beinahe nichts gelesen, ich lese nicht einmal, was er schreibt: Zwar habe ich es einige Male versucht, weil ich ihn liebe, doch ich legte seine Artikel immer wieder beiseite, ihr Gegenstand interessierte mich einfach nicht.«

An dieser Stelle verstehe ich Olga Sokratowna gut. Ich denke, kaum eine Frau würde mit Interesse die Werke ihres Mannes mit Titeln wie: *Über das Eigentum an Grund und Boden* oder *Über den Kampf der Parteien in Frankreich während der Zeit Ludwigs XVIII. und Karls X.* lesen. Doch beim lesehungrigen russischen Publikum fanden seine Artikel reißende Nachfrage. Tschernyschewski wurde Redakteur der Zeitschrift *Sowremennik* (Zeitgenossen), der besten russischen Zeitschrift seiner Epoche. Die Frau Tschernyschewskis zu sein, des Publizisten, dessen Meinung ganz Rußland hören wollte, schmeichelte der Eitelkeit Olga Sokratownas. Sie veranstaltete Abendgesellschaften bei sich zu Hause. Wenn das Fest seinen Höhepunkt erreicht hatte, lief sie auf die Straße und schaute entzückt zu den hell erleuchteten Fenstern der eigenen Wohnung hinauf. Und rief den vorübereilenden Fußgängern zu: »Schaut nur, bei den Tschernyschewskis wird gefeiert!«

Die Geburt der Kinder Saschurka, Witenka und Mischa hatte keinerlei Einfluß auf Olga Sokratownas Lebenswandel. Am Morgen schaute sie im Kinderzimmer vorbei und gab dem Koch Anweisungen für das Mittagessen. Dann fuhr sie mit ihren jungen Freunden zum Schlittschuhlaufen oder zum Einkaufen in den eleganten Geschäften am Newski-Prospekt. Mit den Geschäftsinhabern war sie befreundet. Sie bewirteten sie mit Tee und zeigten ihr ihre neuen Waren. Damals hatte Tschernyschewski Einkünfte von 12.000 bis 15.000 Rubel im Jahr. Das gestattete Olga, sich bei nichts einzuschränken und sie kaufte, kaufte und kaufte. Allerdings erschien sie selten in der Herrenabteilung, was sie so erklärte: »Meinem Mann tut es leid, wenn Ausgaben für ihn gemacht werden, er will nicht das Geringste. ›Wozu denn, Täubchen? Das braucht es nicht‹, sagt er. Er hat immer das Gefühl, ich hätte zu wenig Bequemlichkeit und zu wenig Geld für Kleider und Vergnügen.«

Bälle, Opern, Maskeraden, Ausfahrten mit der Pferdekutsche füllten ihre Abende, und wenn sie in Begleitung ihrer Verehrer nach Hause zurückkehrte, verlangte sie, daß Lapuntschik (Pfötchen), wie sie ihren Mann nannte, zu den Leuten herauskam: »Soll er sich doch wenigstens ein bißchen daran gewöhnen, mit den Menschen über etwas anderes außer den Dummheiten zu reden, die er gesellschaftliche Angelegenheiten nennt.« Doch wenn Nikolai Gawrilowitsch sich zu heftig für das Gespräch begeisterte und, nach Meinung seiner Frau, »eine ganze Dissertation ausbreitete«, unterbrach sie ihn: »Es ist genug, mein Freund, Du nervst, wir spielen jetzt lieber Lotto.« Er zog sich ergeben in sein Arbeitszimmer zurück und setzte sich an die Arbeit, was wiederum Einwände bei Olga Sokratowna hervorrief: »Sehen Sie, er arbeitet die ganze Zeit. So ein Langweiler!«

Unter ihren Verehrern war ein Mann namens Iwan Fjodorowitsch Sawitzki. Es wäre seltsam gewesen, hätten sie nicht Gefallen aneinander gefunden. Olga langweilte sich mit ihrem philosophischen Ehemann, dem die Vergnügungen der Welt gleichgültig waren, und Sawitzki hatte von seiner hysterischen und unattraktiven Gattin längst genug ... Bald trafen sich die Liebenden in aller Öffentlichkeit, und Tschernyschewski trat besonnen in den Hintergrund. Anders konnte er sich nicht verhalten, hatte er doch selbst dazu aufgerufen, Frauen nicht als Eigentum der Männer zu betrachten, wie Gegenstände, über die die Männer nach Lust und Laune verfügen können. »Besitzen! Wer wagt es, einen Menschen zu besitzen? Man kann einen Kittel besitzen, ein Paar Schuhe ... beinahe jeder von uns Männern besitzt jemanden von Euch, unseren Schwestern, aber was seid Ihr für Schwestern? Ihr seid unsere Lakaien!« schrieb Tschernyschewski. »Wenn meine Frau mich nicht liebt, sondern andere Männer, dann ist es gut so. Ich bin bereit dazu, ich ertrage es mit Verbitterung, aber ich ertrage es! Ich werde leiden, aber ich werde sie weiter lieben und schweigen.« Nikolai Gawrilowitsch räumte seiner Frau das volle Recht ein, über ihr Schicksal, ihre Liebe und über die Finanzen selbst zu verfügen, für sich verlangte er nichts. Er war überzeugt, daß »der Prediger der Freiheit die Freiheit selbst nicht ausnutzen darf, damit es nicht scheint, als predige er aus Eigennutz und selbstsüchtigen Motiven.«

Unversehens verstrichen neun Ehejahre, und am 7. Juli 1862 geschah das, wovor Tschernyschewski seine zukünftige Frau vor der Hochzeit gewarnt hatte. Tschernyschewski wurde verhaftet. Seine Bestrafung erinnerte an Zeiten finsterster Rechtlosigkeit. Nach der Festnahme wurde er unter Anschuldigung regierungsfeindlicher Propaganda in die Peter-und-Paul-Festung geworfen. Während seiner Haft schrieb Tschernyschewski ein Buch, das Dutzende revolutionärer Proklamationen aufwog. Im Frühjahr 1863 erschien sein Roman *Was tun?* in der Zeitschrift *Sowremennik* und löste ein Beben aus: »Über Tschernyschewskis Roman wurde nicht im Flüsterton gesprochen, sondern mit lauter Stimme, auf den Straßen, in den Hauseingängen und in der Kellerkneipe der Passage. Sie schrien ›ekelhaft‹ und ›wunderbar‹, ›gemein‹ und ›genial‹, in den unterschiedlichsten Tonlagen«, erinnerte sich der Schriftsteller Nikolai Leskow. Tschernyschewski war der Ansicht, daß sein Buch die Menschen lehren könne, »worin die Wahrheit besteht und wie man wahrhaftig leben kann«.

Die jungen Menschen sahen in *Was tun?* eine Anleitung zum Handeln. In Sankt Petersburg entstanden Künstlerkommunen, auch junge Musiker, Studenten und Offiziere wollten »auf sozialistischer Grundlage« zusammenleben. Einige Kommunen existierten viele Jahre. Besondere Aufmerksamkeit erregte die Snamenskaja-Kommune, die 1863 von dem Literaten W. A. Slepzow gegründet wurde, und zwar insbesondere, weil dort junge Männer und Frauen zusammenlebten. In Nikolai Leskows Roman *Ohne Ausweg* wird sie beschrieben.

Während also ganz Sankt Petersburg das neue Werk heiß diskutierte, saß der Autor in der Peter-und-Paul-Festung. Gestützt auf falsche Anschuldigungen wurde er vom Senat schließlich zu vierzehn Jahren Zwangsarbeit und ewiger Verbannung nach Sibirien verurteilt. Der Zar kürzte die Strafe der Zwangsarbeit für den »besonders schädlichen Agitator« dann auf sieben Jahre. Vor dem Transport nach Sibirien stand Tschernyschewski das entwürdigende Ritual einer Scheinhinrichtung bevor.

Am frühen Morgen des 19. Mai 1864 versammelten sich auf dem Mytninskaja-Platz einige hundert Menschen. Es regnete stark, doch sie standen geduldig um das Schafott. Die Gefangenenkutsche rollte heran. Tschernyschewski stieg zum Schafott empor, der Henker befahl ihm, sich niederzuknien und legte ihm Handfesseln an. Lange wurde das Urteil verlesen. Der Schriftsteller kniete bei strömendem Regen. Über seinem Kopf wurde ein Degen zerbrochen, was den Verlust seiner bürgerlichen Rechte bedeutete. »Nach dem Ende der Prozedur drängten alle zur Kutsche, durchbrachen die Polizeiabsperrung ... und folgten der Kutsche. Ein junger Offizier rief ›Leb wohl, Tschernyschewski!‹ und dieser Ruf wurde unverzüglich von allen anderen aufgegriffen«, erinnert sich ein Augenzeuge. Ein Blumenstrauß flog in die Kutsche.

Olga Sokratowna befand sich nicht auf dem Platz: Sie war krank. Sie litt unter hysterischen Anfällen, doch bald hatten sich die ersten furchtbaren Eindrücke von der Verurteilung ihres Mannes verflüchtigt. Sie entschloß sich, nach Saratow zurückzukehren. Die Wohnungseinrichtung, Pferde und Kutschen wurden verkauft, doch der erhebliche Erlös floß gleichsam in ein Faß ohne Boden. »Bald wird das doch alles zu Ende sein«, erklärte Olga Sokratowna, »warum soll ich mich denn jetzt einschränken? Und wie auch? Das Geld reicht sowieso nicht!«

Für seinen Roman erhielt Tschernyschewski ein Honorar von 30.000 Rubel, das, wie er hoffte, seinem »Täubchen« das gewohnte Leben ermöglichen würde. Doch Olga Sokratowna war ständig knapp bei Kasse. Zudem entwickelte sie einen heftigen Drang, ihren Wohnsitz zu wechseln. Madame Tschernyschewskaja kam kurz nach Sankt Petersburg, um ihren Mann in der Festung zu besuchen, dann reiste sie nach Moskau, nach Nischni Nowgorod und Gott weiß wohin ... Ihre Verwandten verstanden nicht, was mit ihr vorging und waren gar der Meinung, sie habe den Verstand verloren.

Zwei Jahre hatte Tschernyschewski im Gefängnis der Peter-und-Paul-Festung verbracht, sieben als Zwangsarbeiter in Sibirien und weitere zwölf als sibirischer Siedler im hintersten Winkel des Landes, in der winzigen Stadt Wiljusk. Mehr als 20 Jahre Trennung! Und keine Minute, in der er nicht an sie dachte! Die Tatsache, daß er seine Frau nicht mit ausreichend Geld versorgen konnte, bedrückte Nikolai Gawrilowitsch am meisten. Und Madame Tschernyschewskaja vergnügte sich währenddessen auf Reisen und kurierte in Heilbädern ihre angegriffenen Nerven.

Im Jahr 1883 erhielt Tschernyschewski die Erlaubnis, sich in Astrachan anzusiedeln. Nach seiner langen Abwesenheit konnte sich Olga Sokratowna nicht an ihren Mann gewöhnen, er war ihr fremd geworden. Sie war äußerst gereizt und zänkisch. Aber Nikolai Gawrilowitsch vergötterte sein »Täubchen« wie eh und je und versuchte, ihre leisesten Wünsche zu erfüllen. Wenn er den Vorwurf hörte, er dürfe auf keinen Fall den Launen seiner Frau nachgeben, antwortete er: »Sie verstehen das nicht, sie ist krank, man muß Mitleid mit ihr haben ...« Bis zu seiner letzten Minute, solange sein Herz schlug, sorgte er sich um das Wohl seiner Frau.

In Rußland sagt man: Das Schicksal verschont den, den es um den Ruhm bringt. Olga überlebte ihren Mann um neunzehn Jahre. In dieser Zeit erreichte sie den höchsten Grad von Not, Armut und Verzweiflung. In ihrem achtzigsten Lebensjahr wurde die hilflose Greisin von Nachbarn aus ihrem beinahe eingestürzten Holzhaus in ein Hospiz gebracht. Davon berichtete die Regionalzeitung *Saratower Tagebuch* im August des Jahres 1916. Im Hospiz versteckte sie mitunter eine Brotrinde unter dem Kopfkissen. Die barmherzigen Schwestern trösteten sie, wenn sie nach Streitereien mit ihren Mitbewohnerinnen weinend auf den Gang hinauslief. Die abgemagerte, verwirrte Greisin jammerte ohne Unterlaß: »Helfen Sie mir ... helfen Sie ... Man kränkt die Witwe Tschernyschewskis ...« Es heißt, sie hatte einen leichten und stillen Tod. Wie auch nicht, meinten ihre Mitbewohnerinnen, welche Sünden hatte sie schon auf sich geladen?

Niemals werde ich eine Unterrichtsstunde vergessen, in der wir das Thema »Wie man aus einem alten Laken eine neue Tischdecke anfertigt« behandelten. Das Fach nannte sich schlicht »Arbeit«. Das Laken mußte man der Länge nach durchschneiden und seitenverkehrt zusammennähen, an der mittleren Naht Blumen aufsticken oder hübsche Applikationen anbringen und die Ränder säumen. Das wars, fertig war die Tischdecke! Dieselbe Lehrerin unterrichtete uns in Literatur. Während unserer Handarbeiten zog sie gern Vergleiche aus der klassischen russischen Literatur heran. Als wir die Borte annähten, sagte sie: »Mädels! Ihr seht jetzt genau so aus wie die jungen Arbeiterinnen aus dem feministischen Nähatelier der Zukunft, der Werkstatt Vera Pawlownas aus Tschernyschewskis Roman *Was tun?* Denkt immer an den Traum der Vera Pawlowna! Darin steckt die Idee der Gleichberechtigung, und die beruht auf dem Humanismus. Ihr werdet für die Gesellschaft arbeiten und glücklich sein! Denn es gibt kein Glück des Menschen außerhalb der Gesellschaft. Wie eine Pflanze nicht gedeiht, die aus der Erde gerissen und auf den nackten Sand geworfen wird ...« So blieb es in meinem Gedächtnis haften, die Heldin aus dem Roman Tschernyschewskis verbunden mit meiner Bettlaken-Tischdecke.

Ich habe wenig Interesse, den Roman *Was tun?* noch einmal zu lesen. Doch Tschernyschewskis Briefe an seine Frau lese ich oft. Die Briefe »Dessen, der liebt« an »Die, die die Liebe weckt.« Eine rätselhafte Liebe. Warum habe ich manchmal ein so starkes Bedürfnis, mich in diesen Briefen festzulesen? Vielleicht, weil sich die Seele eines Menschen nirgendwo so vollständig, hell und freudig öffnet wie in der Liebe. Selbst in einer Liebe, die nicht erwidert wird. Der weise alte Tolstoi hatte recht, als er bemerkte: »Uns scheint immer, wir werden geliebt, weil wir gut sind. Und ahnen nicht, daß die gut sind, die uns lieben.«

Tschernyschewski schrieb seiner Frau während seiner Verbannung ab dem Jahr 1862 regelmäßig Briefe. Hier ist mein Lieblingsbrief aus dieser Sammlung, datiert vom 29. April 1870:
»Meine Freude, meine einzige Liebe und mein einziger Gedanke, mein Kindchen,
lange habe ich Dir nicht mehr so geschrieben, wie es mein Herz sich wünscht. Und auch jetzt, meine Liebe, versuche ich, meine Gefühle zurückzuhalten, weil dieser Brief nicht nur von Dir allein gelesen wird, sondern möglicherweise auch von anderen.

Ich schreibe Dir an unserem Hochzeitstag. Meine liebe Freude, ich danke Dir dafür, daß mein Leben durch Dich erleuchtet ist.

Ich habe wenig Zeit. Deshalb ganz kurz. Auf der Rückseite schreibe ich an Saschenka. Am 10. August ist die Frist zu Ende, in der ich nutzlos und überflüssig für Dich und die Kinder war. Im Herbst werde ich mich in Irkutsk oder irgendwo in der Nähe von Irkutsk ansiedeln und hoffentlich die Möglichkeit haben zu arbeiten wie früher.

Ich habe Dir viel Leid gebracht. Verzeih. Du bist großmütig.

Ganz ganz fest umarme ich Dich, meine Freude, und küsse Deine Hände. In diesen langen Jahren gab es keine Stunde, in der mir der Gedanke an Dich nicht die Kraft zum Leben gegeben hätte. Verzeih dem Menschen, der Dir viel Leid zugefügt hat, der Dir jedoch grenzenlos ergeben ist.

Ich bin wie gewohnt völlig gesund. Achte auf Deine Gesundheit, das ist das einzig Wichtige für mich auf der ganzen Welt.

Bald wird alles wieder gut. Von diesem Herbst an. Ich umarme Dich ganz, ganz fest, meine Unvergleichliche, und ich küsse Dich und küsse Deine wunderschönen Augen.

Dein N. Tsch.«

»Mehr als Liebe«

Sofja Tolstaja (1844 – 1919)

Am 16. September 1862 schrieb der vierunddreißigjährige Lew Tolstoi (1828 – 1910) an die achtzehnjährige Sofja Bers, Tochter eines Moskauer Arztes, einen Brief, der mit folgenden Worten schloß: »Ich wäre vor Lachen gestorben, wenn man mir vor einem Monat gesagt hätte, daß man sich so quälen kann, wie ich mich quäle, und ich quäle mich auf eine glückliche Art, die ganze Zeit. Sagen sie mir aufrichtig, wollen sie meine Frau werden? Doch nur, wenn sie von ganzem Herzen mutig sagen können: ja, sonst sagen sie lieber nein, wenn sie auch nur einen Schatten von Zweifel haben. Um Gottes Willen, hören sie gut in sich hinein. Ich fürchte mich vor einem Nein, aber ich sehe es vor und werde die Kraft finden, es zu überstehen. Doch wenn ich als Ehemann nicht so geliebt werde, wie ich liebe, dann wird das schrecklich!«

Lew Nikolajewitsch Tolstoi und Sofja Andrejewna Bers heirateten am 23. September 1862 in der Mariä-Verkündigungs-Kathedrale des Moskauer Kreml. Das Gesicht der Braut war tränennaß, ihre Augen gerötet, und sie weinte nicht vor Freude. Am Morgen, als Sonja bereits ihr Brautkleid trug, war Tolstoi unerwartet bei den Bers erschienen. Er benötige »den letzten Tropfen Wahrheit.« Lew Nikolajewitsch bedrängte seine Braut, ob sie ihn liebe oder nicht, und wenn nicht, so solle man sich doch trennen, jetzt.

Im Haus begann ein aufgeregtes Wirrwarr. Tolstois Verhalten verstieß gegen den guten Ton, doch die Hochzeit fand statt. Die Jungvermählten nahmen Glückwünsche entgegen, stießen mit Champagner an, und dann wurde Tee mit dem berühmten *Anke-Kuchen* gereicht. Damit waren die Feierlichkeiten beendet und das Alltagsleben begann. Sofja Andrejewna kleidete sich in ein dunkelblaues Reisekleid um, damit man unverzüglich nach Jasnaja Poljana aufbrechen konnte. So wollte es ihr Mann.

Lew Nikolajewitsch nannte Zerwürfnisse zwischen Ehegatten »Liebeskerben«. Den ersten kleinen Riß, eine winzige »Liebeskerbe« gab es ganz am Anfang in der Beziehung der Jungvermählten. Nach der Hochzeitsnacht notierte Lew Nikolajewitsch in sein Tagebuch: »Nacht. Ein schwerer Traum. Es ist nicht sie.« Am Anfang »kittete« Tolstoi »die Liebeskerben mit Küssen« und zweifelte dennoch ständig an seiner Wahl. Doch wenn er sah, mit welcher Sorgfalt Sofja Andrejewna daran ging, ihr Familiennest einzurichten, verstand er, daß diese Frau »sie« war, jene einzige Frau, die er sein Leben lang gesucht hatte.

Die junge Gräfin wollte natürlich allen Erwartungen ihres anspruchsvollen Mannes genügen und verwandelte sich aus einer jungen Großstadtdame in eine Tulaer Gutsbesitzerin. Die verwahrloste Wirtschaft verlangte ihre ständige Aufmerksamkeit. Das alte Gutshaus mit seinen sechsunddreißig Zimmern, in dem Lew Nikolajewitsch geboren wurde, war längst zum Abbruch verkauft: Das Geld war nötig, um Tolstois Spielschulden zu begleichen.

Das junge Paar zog in den kleinen Seitenflügel, der von einem ungepflegten Garten umgeben war. Das Hausmädchen hatte sich angewöhnt, jeglichen Unrat in die Brennnesseln zu werfen. Im Haus gab es nicht das kleinste Anzeichen von Luxus, die teuren Oleinkerzen wurden nur an Festtagen angezündet, in den Zimmern standen Möbel aus einfachem Holz, der Tisch wurde auf bescheidenste Art gedeckt. Lew Nikolajewitsch aß mit einer eisernen Gabel und einem alten Silberlöffel und sah darin keinerlei Tragödie. Das Essen schmeckte nicht, ab und zu gelangten Fliegen mit auf die Teller. In seiner Jugend hatte Tolstoi selbst den Schnitt für einen Kittel aus Leinwand entworfen, der ihm als Nachthemd diente, tagsüber wurde eine Art Rockschoß angegurtet und der Kittel verwandelte sich in die Hauskleidung. Sofja Andrejewna erfand später weite bequeme Blusen für ihren Mann und nähte sie selbst, die Tolstoi-Hemden. Der Graf schlief unter einer Kattun-Decke, ohne Bettuch, ohne Kissenbezug, seinen Kopf bettete er auf ein kleines, fettiges Kissen aus Saffianleder, das einem Kutschensitz ähnelte. Wenn in der Zeit vor seiner Ehe seine Brüder zu Besuch kamen, schliefen sie mit Vergnügen im duftenden Heu. Mit ihrem weiblichen Instinkt verstand Sofja Andrejewna, daß sie nicht zu viele Änderungen an den eingefah-

renen Gewohnheiten auf einmal durchsetzen durfte. Die Gräfin konnte sich lange nicht entschließen, ihrem Mann ein seidenes Daunenkissen aus ihrer Mitgift anzubieten.

»Ljowotschka, du wirst gewiß ruhiger schlafen auf dem großen Kissen«, sagte Sofja Andrejewna, als Tolstois Schlafkissen endgültig verschlissen war.

Die Frau des Grafen Tolstoi änderte den Alltag allmählich, bis alles aussah, wie in ihren Kreisen üblich: Blumenbeete um das Haus, saubere Bettwäsche, schneeweiße Tischtücher, aufmerksame Lakaien, die bei Tisch mit weißen Handschuhen bedienten ...

Tolstois Familie vergrößerte sich. In der Zeit von 1863 bis 1889 gebar Sofja Tolstaja ihrem Mann dreizehn Kinder, von denen fünf im Kindesalter starben, alle anderen erreichten ein hohes Alter. Die Kinder waren von einer ganzen Armee russischer und ausländischer Erzieher, Lehrer und Gouvernanten umgeben. Sofja Andrejewna leitete den Haushalt mit sicherer Hand. Sie wußte über alles Bescheid: Wann was zu säen war, wie man am günstigsten die Ernte verkauft. Eine Zeit lang stand sie der Finanzkommission zur Spendensammlung für die russische Hungerhilfe vor. Zwei Jahre lang organisierte sie Tafeln für Hungernde.

An Tagen, an denen ihr geliebter Ljowotschka, wie sie ihn nannte, krank war, wich sie nicht von seiner Seite. Er behauptete, daß allein die Berührung ihrer Hand ihn beruhigen und heilen könne. Es ist bekannt, daß das Paar nicht lange voneinander getrennt sein konnte, sie hatten Sehnsucht nacheinander, schrieben einander Briefe. Die neunhundert Briefe Tolstois an seine Frau bezeugen seine echte Liebe zu ihr.

Ab 1887 beschäftigte sich Sofja Andrejewna ernsthaft mit Fotografie. Im Juli dieses Jahres notierte sie in ihr Tagebuch: »… heute sprachen wir über Fotografie, weil ich einen Fotoapparat mitgebracht habe und mich mit Fotografie beschäftigen werde, ich werde die Landschaft fotografieren und unsere Familie.« Mehr als zwanzig Jahre währte Sofja Andrejewnas Leidenschaft, und in dieser Zeit entstanden etwa 1.000 einzigartige Fotografien Lew Nikolajewitschs, der Kinder, Enkel, Verwandten, Freunde. Ihre Fotografien verschenkte sie großzügig an ihr nahestehende Personen. Die Fotokamera wurde zu Sofja Andrejewnas ständiger Begleiterin, sie führte sie stets in einer Spezialhülle mit, wenn sie unterwegs war. Es war eine Großformatkamera der Firma *Kodak*, die heute im Museum in Jasnaja Poljana aufbewahrt wird.

Wladimir Stasow, der Kunst- und Musikkritiker, schrieb im Januar 1902 an Tolstoi: »Welch große Meisterin ist die Gräfin Sofja Andrejewna tatsächlich im Bereich der Fotografie. Man bekommt richtig Appetit, wenn man ihre Aufnahmen anschaut. Am schönsten und typischsten sind Sie auf der Terrasse zum Meer. Wie malerisch die Komposition ist, wie plastisch alles wirkt!«

Es gab in der Familie eine Tradition. Jedes Jahr am Hochzeitstag, dem 23. September, wurde eine Aufnahme mit Lew Nikolajewitsch gemacht. Das letzte Hochzeitsfoto ist von 1910. Es war ein tragisches Jahr, in dem Tolstoi aus Jasnaja Poljana wegging, unterwegs erkrankte und starb. Nach seinem Tod bewältigte Sofja Andrejewna eine große Arbeit. Sie bereitete zwei umfangreiche Alben mit Fotografien zum Druck vor. So sind die Aufnahmen der Hobbyfotografin Sofja Tolstaja, mit denen sie eine Epoche abbildete, Teil der russischen Kulturgeschichte geworden.

Sofja Andrejewnas kulinarisches Talent und ihr berühmtes *Kochbuch* mit einzigartigen Rezepten ist ein Sonderthema. Beinahe täglich waren in ihrem Haus etwa vierzig bis fünfzig Menschen beim Mittagstisch zu Gast. Sie kreierte das Mittagsmenü sowohl für ihren Mann, der sich vegetarisch ernährte, wie auch für die, die beim Essen auf nichts verzichteten. Übrigens, als Tolstoi seinen lebensbejahenden Roman *Krieg und Frieden* schuf, befand er sich gerade in einer epikureischen Phase. Er schrieb in den Pausen zwischen Hasenjagden und üppigen Gelagen. Die moralinsauren Romane *Anna Karenina* und *Auferstehung* sowie *Die Kreutzersonate* schrieb er, als er bereits ein asketischer Vegetarier war und einen kranken Magen hatte. Am Ende seines vierten Lebensjahrzehnts verzichtete Tolstoi auf Fleisch, Fisch, Milch, Tee und Kaffee. In seinen Briefen berichtet er davon, daß seine Tagesration aus Haferflocken bestünde, die er morgens und abends zu sich nahm. Zum Mittag wurde ihm als Vorspeise Kraut- oder Kartoffelsuppe gereicht, als Hauptgericht Buchweizengrütze oder Kartoffeln und zum Dessert Apfel- oder Pflaumenkompott.

Es darf gewiß bezweifelt werden, daß der Genießer-Graf seine verzeihliche Schwäche für Süßes vollständig besiegt hat. Warum hätte er sonst, kurz bevor der letzte Vorhang des Lebens fiel, diesen scherzhaften Zweizeiler dichten sollen: »Was setzt man Schicksal und Tod zur Wehr? *Anke-Kuchen* zum Dessert!« Ohne diese Leckerei, die ihren Namen zu Ehren des Hausarztes Doktor Nikolai Anke erhalten hatte und bereits Tolstois Tante das Leben versüßte, lief keine Familienfeier bei den Tolstois ab. Der Kuchen war ein obligatorischer Bestandteil aller Geburtstagsfeiern wie die Tanne zu Weihnachten. Hier ist das Rezept des Zitronenkuchens, das zum Symbol ungetrübten Familienglücks bei den Tolstois wurde. Für den Teig nimmt man »ein Pfund Mehl, ein halbes Pfund Butter, ein Viertel Pfund gestoßenen Zucker, drei Eigelb, ein Gläschen Wasser. Daraus zwei Schichten backen. Für die Füllung: ein Viertel Pfund Butter rühren, zwei Eier mit der Butter verrühren, ein halbes Pfund gestoßener Zucker, die Schale von zwei Zitronen reiben, den Saft von drei Zitronen hinzugeben. Alles so lange kochen, bis es dickflüssig wie Honig wird.«

Jahre später erinnert sich der Sohn Ilja an die Mutter und ihren *Anke-Kuchen*: »Papa scherzte manchmal gutmütig über den Anke-Kuchen. Mit diesem Kuchen verband er die ganze Vielfalt von Mamachens Bräuchen und Ritualen, doch in der fernen Zeit meiner Kindheit muß er die sehr geschätzt haben, denn dank Mamas fester Bräuche und Rituale hatten wir tatsächlich ein mustergültiges Familienleben, um das uns alle, die es kannten, beneideten. Wer konnte ahnen, daß die Zeit kam, da der Anke-Kuchen unerträglich für Vater wurde. Und daß er sich am Ende in das schwere Joch verwandelte, aus dem Vater sich sehnsüchtig und um jeden Preis befreien wollte.«

Alle, die beim Mittagessen in Jasnaja Poljana zu Gast waren, sahen in Sofja Andrejewna eine unübertreffliche Hausfrau. Es ist kein Zufall, daß in dem Lob des Dichters Afanassi Fet eine feine kulinarische Note mitklingt. Er schrieb an Tolstoi: »Ihre Frau ist ideal, und wenn Sie etwa Zucker, Essig, Salz, Senf, Pfeffer oder Ambra hinzugeben, so verderben Sie alles nur.«

Zehn Jahre nach seiner Hochzeit nannte Tolstoi seine Beziehung zu seiner Frau »mehr als Liebe.« Das war die glücklichste Zeit ihres Ehelebens.

»Kinder, Küche, Kirche.« Der Autor dieses Rezepts für Frauenglück war der deutsche Kaiser Wilhelm II., und, so seltsam es sein mag, Lew Tolstoi war mit ihm völlig einer Meinung. Unser Großschriftsteller war Gegner weiblicher Bildung und ähnlicher »Dummheiten.« Er pflegte sogar zu scherzen: »Wilhelm sagt also: ›Den Frauen gehören drei Dinge: Kinder, Küche, Kirche.‹ Und ich sage: Wilhelm hat den Frauen alles überlassen, was im Leben wichtig ist, was bleibt dann den Männern übrig?«

Für Lew Tolstoi jedenfalls blieben philosophische Reflexionen übrig, dazu der Erfolg als Schriftsteller, der den Reichtum ins Haus brachte, und eine liebende Frau, die von den häuslichen Sorgen zeitweilig an den Rand des Wahnsinns getrieben wurde. Sofja Andrejewna arbeitete bis zur Erschöpfung und gönnte sich selbst während ihrer Schwangerschaften und Stillzeiten keinerlei Schwächen. Der Tod von fünf ihrer Kinder lastete schwer auf ihrer Psyche, doch sie hielt nie mit der Arbeit inne: »Jede einzelne Minute ist voller Sorge: Kinder, die krank sind, Kinder, die lernen sollen, und der hygienische, und, das wichtigste, der seelische Zustand meines Mannes, dann die erwachsenen Kinder mit ihren Angelegenheiten, Schulden, eigenen Kindern, ihrem Staatsdienst, der Verkauf und die Pläne für das Gut in Samara, die Bitte um Teilung beim Popen von Owsjanikow, die Korrektur des dreizehnten Bandes, Nachthemden für Mischa, Bettlaken und Stiefel für Andrjuscha, die Tilgung für das Haus nicht vergessen, Versicherungen und Schuldscheine für das Gut, das Haushaltsbuch führen, die Abschriften erledigen, und all das muß unverzüglich und unmittelbar erledigt werden, und zwar von mir.«

Nachdem sie neunzehn Jahre lang ihr Gut kaum verlassen hatten, kauften die Tolstois im Jahr 1881 ein Haus in Moskau, und während der Wintermonate konnte sich Sofja Andrejewna endlich schön kleiden, ins Theater gehen, Bekannte besuchen. Für Lew Nikolajewitsch war die Unrast des Stadtlebens unerträglich, er haßte die Welt der »Parasiten«, die ihren Überfluß zynisch zur Schau stellten: »Die Unglücklichen! Das ist kein Leben. Gestank, Steine, Luxus, Elend, Laster. Dort haben sich die Übeltäter versammelt, die das Volk ausplündern, haben Soldaten angeheuert, damit ihre Orgien geschützt werden, und nun feiern sie. Das Volk hätte nichts Besseres zu tun, als die Obsessionen dieser Leute zu nutzen und sich das Gestohlene zurückzuholen.«

Als Sofja Andrejewna die Fünfzig überschritt, erkannte sie mit unerbittlicher Klarheit, daß sie keinen Augenblick für sich selbst gelebt hatte. Die monotone Arbeit in der Hauswirtschaft belastete sie. »Und jetzt wieder das Mittagessen aufschreiben: *Soupe printanière*. Ach, wie habe ich das satt, fünfunddreißig Jahre lang täglich diese Suppen. Ich möchte Musik hören, die kompliziertesten Harmonien ...« Die Liebe zur Musik verband Sofja Andrejewna mit dem Komponisten und Pianisten Sergej Iwanowitsch Tanejew. Er lebte über lange Zeit in Jasnaja Poljana und war auch im Moskauer Haus der Tolstois in Chamowniki häufig zu Gast. Seine Musik brachte Sofja Andrejewna »in einen wunderbaren Zustand und gab so viel Glück.«

Tanejew und Frau Tolstaja mit den Kindern reisten gemeinsam nach Tula, fuhren Boot, speisten im Bahnhofsrestaurant. Sofja Andrejewna, Großmutter von sieben Enkeln, verliebte sich. Statt Rezepte für Zwiebelsuppe und Pudding schrieb sie wie eine junge Gymnasiastin romantische Sentenzen über die Liebe: »Wir Frauen können nicht ohne Idole leben.« »Das wichtigste für Frauen ist die Liebe.«

Zweifelsohne blieb die kurze Affäre der Gräfin Tolstaja mit dem Komponisten Tanejew platonisch, jedoch sah Lew Nikolajewitsch bereits in der Verliebtheit seiner Frau einen Betrug, eine »abstoßende Gemeinheit.« Dazu kam, daß Sofja Andrejewnas Sehnsucht nach einer aristokratischen Lebensweise Tolstois Vorstellungen von Glück widersprach. Lew Nikolajewitsch strebte nach einem Glück in Bescheidenheit, in maßvollem Umgang mit den eigenen Wünschen und in der Abkehr von den Freuden des Leibes. Er legte keinerlei Wert auf Besitz. Sein erstes Testament schrieb Lew Nikolajewitsch 1895 und änderte es anschließend fünf Mal. Zwei Punkte blieben jedoch immer unverändert. Erstens bat Tolstoi, daß sein Begräbnis ganz einfach stattfinden solle, ohne Blumen, Reden und Grabmal, und zweitens, daß seine Werke nach seinem Tod »Gemeingut« werden sollen, und keine Einkunftsquelle für seine Kinder »denen Bärte gewachsen waren.« Darin blieb er unbeugsam. Doch kaum hatte Sofja Andrejewna vom Inhalt des Testaments erfahren, war es vorbei mit dem Familienfrieden im Haus Tolstoi. Die Familie spaltete sich in zwei feindliche Lager: Die einen hatten Verständnis für die Entscheidung des Vaters, die Rechte an seinen Büchern der Allgemeinheit zu überlassen und unterstützten ihn, die anderen versuchten, ihn zur Vernichtung des Testaments zu zwingen, und Sofja Andrejewna erklärte, daß sie unter keinen Umständen den Willen ihres Mannes erfüllen wird.

Die Gräfin Tolstaja wurde zur heftigsten Anti-Tolstojanerin, die man sich denken kann. Lew Nikolajewitsch war der Ansicht, Fleisch zu essen sei ein Verbrechen, wie Menschen zu essen. Sofja Andrejewna ordnete an, daß für ihren Mann und seine Anhänger vegetarisch gekocht wurde, doch für ihre Kinder erlaubte sie diese Ernährungsweise nicht, sie fand sie schädlich: »Heute beim Mittagessen habe ich beobachtet, wie er ißt, und war entsetzt: erst eingelegte Pilze, dann vier große Buchweizenschnitten mit Suppe, dann sauren Kwas und Schwarzbrot. Und alles in großen Mengen ...« Die Töchter Tatjana und Mascha hatten kurz nacheinander eine Fehlgeburt. Sofja Andrejewna war davon überzeugt, daß das die Folge ihrer Begeisterung für die vegetarische Ernährungsweise des Vaters war: »Er konnte das natürlich nicht vorhersehen und nicht wissen, daß sie in solchem Maße abgezehrt sind, daß sie ihre Kinder im Mutterleib nicht ernähren können.«

Die geistigen Interessen der Ehepartner entfernten sich mit den Jahren immer stärker voneinander, dennoch fühlte sich Sofja Andrejewna weiter zuständig für den Alltagskomfort ihres Mannes, machte sich Sorgen um seine Gesundheit, den anfälligen Magen und die schwachen Lungen. Ihre Tochter Tatjana versuchte nun ihrerseits, die »Liebeskerben zu kitten« und die Eltern miteinander zu versöhnen, sie schrieb an die Mutter: »Sie leiden, wenn sein Essen nicht gut ist, Sie versuchen, ihn vor langweiligen oder schwierigen Besuchern zu bewahren, nähen ihm seine Blusen, mit einem Wort, umgeben sein materielles Leben mit jeder nur denkbaren Fürsorge, aber das, was für ihn das allerwichtigste ist, verlieren Sie völlig aus dem Blick ...«

Bei denjenigen, die sich für Lew Tolstois Leben und Werk interessieren, gibt es zwei Parteien. In einer sind die Anhänger von Sofja Andrejewna. Ihre Sorge um die Wirtschaft, ihre angespannte Arbeit beim Abschreiben und Verlegen der Bücher ihres Mannes, die Geburt ihrer dreizehn Kinder, die ewigen Geldprobleme, und ihr Mann weilte bei seiner täglichen Schreibarbeit, bei der Wahrheitssuche, wobei er sich innerlich von einem Extrem ins andere warf. In der Folge begab er sich auf den Weg der Askese und des Verzichts auf Reichtum, indem er auf seine Honorare verzichtete. Den Tagebüchern seiner Frau zufolge hatte Tolstoi einen schwierigen, reizbaren Charakter, befand sich ewig mit allen in Konflikt, mit der Kirche, mit der Wissenschaft und mit sämtlichen Mitgliedern seiner Familie – die Frau eines Genies zu sein, war nicht einfach nur schwierig, sondern zeitweilig unerträglich.

Der anderen Partei gehören diejenigen an, die Sofja Andrejewna nicht mögen und sie für eine Spießerin halten, unfähig, dem Weisen und Großschriftsteller auf die Höhen seines Geistes zu folgen. Sie halten ihr vor, Skandale angezettelt zu haben und Tagebücher nur zur eigenen Rechtfertigung zu verfassen, im Bestreben, alle davon zu überzeugen, wie unerträglich sie litt. Ihre ungerechten Vorwürfe gegen den großen Schriftsteller, die seine Achtlosigkeit gegenüber der Erziehung der Kinder, seine Grausamkeit gegenüber ihr selbst betrafen, führten nach Ansicht der Anhänger Tolstois direkt in die Familientragödie. Wie ihre »tyrannische Zärtlichkeit«, die egoistische Herrschsucht gegenüber den Menschen, die sie liebte.

Wer war sie? Mitstreiterin an der Seite ihres Mannes, gütige Mutter, oder eine Frau, die von der Kraft der Liebe und der Eifersucht zerrissen war? Oder ein Opfer der Tyrannei eines Genies, das nie irgendjemanden geliebt hatte, außer sich selbst und seinen Ruhm, wie Tolstois Sohn Lew Lwowitsch behauptete.

Nach dem Tod ihres Mannes drangen Schuldzuweisungen zu Sofja Andrejewna. Sie, die achtundvierzig Jahre an der Seite eines Genies verbracht hatte, hätte ihren Mann zur Flucht aus Jasnaja Poljana und in den Tod getrieben, der ihn am 7. November 1910 auf dem winzigen Bahnhof Astapowo der Rjasan-Ural-Eisenbahn ereilte. Sie fühlte sich einsam. Sie wurde nicht mehr gebraucht. Schwere Gedanken bedrängten sie, und es rettete sie nicht, daß inzwischen junge Menschen in Rußland ihren Familienkonflikt völlig anders beurteilten und in ihr den Schutzengel ihres Mannes sahen, die ideale Frau, die ihm in grenzenloser Selbstaufopferung ihr Leben gewidmet hatte.

Sofja Andrejewna ahnte, daß die Wahrheit in der Mitte liegt. Die Biographen konnten nur den sichtbaren Teil ihres Lebens beurteilen. Sie wußten nichts von dem, was im Inneren verborgen lag. Es ist schwierig, das Leben eines anderen zu beurteilen, und wer hat das Recht dazu? Ein Genie zu ertragen, ist nur mit aufrichtiger Liebe möglich. Hat sie ihn etwa nicht genügend geliebt? War sie nicht wirklich der Schutzengel seines Talents? Sofja Andrejewna quälte sich auf der Suche nach Antworten. Und jeder Tag brachte ihr neue Grübeleien. Sie strebte immer zum Höherem, zur partnerschaftlichen Arbeit mit ihrem Mann und wollte sich nicht mit der Rolle der Sekretärin zufriedengeben. Es gelang ihr, ihn zu inspirieren. Sie verstand sehr genau, daß die ganze Schar der weiblichen Figuren ihres Mannes ihr nachgeraten waren, daß er seine Heldinnen von ihr »abzeichnete.«

Wenn sie eine Bilanz ihres Ehelebens zog, stellte sie sich häufig die Frage, ob sie eigentlich glücklich war an seiner Seite? Ja! Sie fand dieses Glück in ihrer Mutterschaft, in der gemeinsamen Arbeit mit ihrem Mann, in den Familienfreuden und natürlich auch in ihrem Beruf als »Frau des Schriftstellers.« Sofja Andrejewna war alles für Lew Nikolajewitsch, Muse, Zuhörerin, Ratgeberin und die einzige, die seine Handschrift lesen konnte. Allein die Vorstellung, daß sie die Bände von *Krieg und Frieden* sieben Mal von Hand abgeschrieben hat, ist das nicht eine Tat, zu der allein die Liebe befähigt? Am Ende ihres Lebens sah sie den Sinn ihres Aufenthalts in Jasnaja Poljana vor allem darin, das Andenken an ihren Mann für die Ewigkeit zu bewahren, im Erhalt »seiner Wiege und seines Grabes.«

Der Tod des Mannes schweißte die Restfamilie wieder zusammen. Sofja Andrejewna und ihre jüngste Tochter näherten sich einander wieder an, alles relativierte sich. Die Töchter verhielten sich besonders liebevoll und fürsorglich zu ihr. Doch auch wenn die Kinder häufig nach Jasnaja Poljana kamen, wirkte das Haus leer. Ihre Lieblingssöhne hatten sie verlassen. Ilja war »mit irgendeiner Dame nach Amerika ausgewandert«, Ljowa war eine Zeitlang in Europa unterwegs, wo genau, in Schweden, Frankreich oder in Italien, wußte sie nicht. Wo ihr jüngster Sohn Mischa mit seiner Familie lebte, war ihr ebenfalls unbekannt. Die letzte Nachricht von ihm war aus dem Kaukasus gekommen. Die Tochter Sascha und der Sohn Serjoscha waren in Moskau, wo im Revolutionsjahr 1917 Hungersnot herrschte, Chaos und Zerstörung ...

Ende Oktober 1919 bekam Sofja Andrejewna hohes Fieber. Sie erkrankte an derselben Krankheit, an der ihr Mann gestorben war, Lungenentzündung. Bereits im Juli hatte sie einen Brief an ihre Nachkommen hinterlassen. *Nach meinem Tod* stand auf dem Umschlag. In dem Brief hieß es: »Augenscheinlich schließt sich der Kreis meines Lebens, ich sterbe allmählich, und allen, die mein Leben früher und heute begleitet haben, möchte ich sagen: verzeihen Sie mir und leben Sie wohl ...« Zwei Tage vor ihrem Tod rief sie ihre Töchter zu sich und sagte: »Bevor ich sterbe, möchte ich Euch sagen, daß ich mich vor Eurem Vater sehr schuldig gemacht habe. Es kann sein, daß er nicht so schnell gestorben wäre, wenn ich ihn nicht so gequält hätte. Ich habe das bitter bereut. Und dann wollte ich Euch noch sagen, daß ich nie aufgehört habe, ihn zu lieben und daß ich ihm immer eine treue Frau war.«

Sie starb am frühen Morgen des 4. November 1919. Ihre Angehörigen waren unschlüssig, wo sie begraben werden wollte. Tolstoi selbst hatte testamentarisch hinterlassen, daß er in aller Einfachheit bestattet werden wollte, ohne Feierlichkeiten und Ehrungen, sein Körper sollte einfach im Wald begraben werden, ohne Grabstein, ohne Denkmal, ja ohne Kreuz. Das schlichte Grab, wie es heute in Jasnaja Poljana existiert, am Rand einer Schlucht, im Alten Wald, mit einem Grabhügel über den sterblichen Überresten Tolstois und liebevoll mit Tannenzweigen geschmückt und von Blumen überhäuft, widerspricht eigentlich dem letzten Willen Tolstois, der auch das nicht haben wollte. Sein Grab sollte in keiner Weise gekennzeichnet sein.

Früher hatte Sofja Andrejewna den Wunsch geäußert, neben ihrem Mann begraben zu sein, doch kurz vor ihrem Tod kamen ihr plötzlich Zweifel: »Wenn es nicht möglich ist, dann in Kotschak, neben meinen Kindern.« Sofja Tolstaja wurde im Familiengrab auf dem Friedhof von Kotschak bestattet. Auf der Trauerfeier kam die Rede auf das Schicksal, Frau eines Genies zu sein. Die Seelenenergie zu wecken, die Leidenschaft zum Edelmut und das Streben zu allem Hohen und Großartigen. Das war Sofja Andrejewna Tolstaja beschieden, als Frau des großartigen russischen Schriftstellers Lew Nikolajewitsch Tolstoi.

In unserer Familie war Tolstoi eine Kultfigur. Wir unternahmen gemeinsame Ausflüge nach Jasnaja Poljana im Gebiet Tula und zum Haus-Museum der Tolstois in Moskau. Die altertümliche, zweigeschossige Villa liebe ich besonders. Ich mag Tolstois Arbeitszimmer mit seinem Schreibtisch, die leichten Batistvorhänge vor den Fenstern ... Im Jahr 1921 wurde die Dolgochamowniki-Gasse in Moskau in Lew-Tolstoi-Straße umbenannt. Im Haus der Tolstois wurde ein Memorialmuseum eröffnet. Die Mitarbeiter berichteten mir von einem schrecklichen Ereignis aus dem Jahr 1927. Damals lief ein seltsamer Mensch schnell die Paradetreppe zu Tolstois Arbeitszimmer empor. Er gelangte ins Arbeitszimmer, nahm einen Schluck aus einer Flasche mit Brandbeschleuniger und prustete über den Schreibtisch des Schriftstellers. Eine Flamme schoß auf, doch es gelang, sie zu löschen. Der

Brandstifter wurde in Verwahrung genommen. Er litt unter der Wahnvorstellung, das *Tolstoi-Museum* zerstören zu müssen.

Ich mag es sehr, durch das Haus zu streifen, wenn wenig Besucher da sind. Dann stelle ich mir vor, wie Tolstoi an seinem Schreibtisch saß, wie er das billige, in Viertelblätter zerschnittene Papier mit seiner ausschweifenden Handschrift bedeckte, zwanzig Seiten am Tag. War das Papier aufgebraucht, schrieb er weiter auf allem, was ihm gerade unter die Hände kam, auf Rechnungen oder Briefen. Und dann, »kaum habe ich alles abgeschrieben, krakelt er wieder darin herum, und kaum habe ich es wieder abgeschrieben, wieder das Gleiche«, beklagte sich Sofja Andrejewna. Wie sah sie aus in diesem Haus? So beschrieb sie der Maler Repin, der sie hier gesehen hatte: »Eine hochgewachsene, gut gebaute, schöne, füllige Frau mit schwarzen, energischen Augen, immer in Bewegung, immer beschäftigt ... Die gesamte verlegerische Arbeit der Werke ihres Mannes, die Korrekturen, der Satz, die Abrechnungen, alles oblag ausschließlich ihr. Sie näht alles für die Kinder selbst. Sie ist immer guten Mutes, immer fröhlich, nie bedrückt von all der endlosen Arbeit.«

Dieses Haus spielte eine besondere Rolle im Familienleben der Tolstois. Im Jahr 1884 brachte man die im Juni geborene Tochter Alexandra hierher. Im Januar 1886 starb hier der vierjährige Sohn Alexej. Im Februar 1888 feierten sie hier die Hochzeit des Sohnes Ilja. Einen Monat später wurde das letzte Kind der Tolstois geboren, Wanetschka.

Von allen Bildnissen im Haus gefällt mir das von Wanetschka am besten. Wenn Tolstoi eines seiner Kinder wirklich geliebt hat, dann war es sein letzter Sohn. Er vergötterte ihn! »Ich möchte mir wie Papa etwas ausdenken«, sagte er zur Mutter. Die Erzählungen des kleinen Iwan Tolstois wurden sogar in einer Kinderzeitschrift veröffentlicht. Es war ein ungewöhnlich neugieriges Kind, wissensdurstig wie der Vater. Und auch sonst ganz der Papa. Wanetschka starb am 23. Februar 1895 an Scharlach. Lew Tolstoi erklärte seiner vor Kummer besinnungslosen Frau den Tod ihres Sohnes: »Die Natur versucht, ihr Bestes zu geben, aber die Welt ist dazu noch nicht bereit. Deshalb nimmt sie die Besten wieder zu sich zurück. Aber sie muß es immer wieder versuchen. Das wird von ihr verlangt. Eine Schwalbe, die zu früh zurückkommt, erfriert. Aber die Schwalben müssen trotzdem zurückkommen. So ist es mit Wanetschka.«

Ich muß nur die Augen schließen und schon stelle ich mir vor, wie eine hochgewachsene, schöne Dame im Glanz ihres schwarzen, knisternden Seidenkleides durch das Haus wandelt, mit lebhaften dunklen Augen, die jedes Detail sofort erfassen. Ich höre ihre Stimme: »Leon, hast Du vergessen, wir empfangen heute Gäste ...« Viele Gäste verkehrten in diesem Haus, Anton Tschechow, Iwan Bunin und Fjodor Schaljapin, Ilja Repin, Alexander Skrjabin und Sergej Rachmaninow ... Dieses Haus und alles, was Lew Nikolajewitsch und Sofja Andrejewna Tolstoi hier umgab, alles, was sie liebten, ist hier für die Ewigkeit bewahrt.

Wenn ich das Haus besucht habe, gehe ich anschließend immer in die *Kirche des Wundertäters Nikolai* in Chamowniki, die sich ganz in der Nähe befindet, in der Tolstoistraße Nummer zwei. Hierher kamen Lew Tolstoi und Sofja Tolstaja zum Gottesdienst.

In Jasnaja Poljana, dem Gut des Schriftstellers bei Tula, war ich nicht so häufig wie im Moskauer Haus. Was ist mir hier in Erinnerung geblieben? Die reiche Sammlung von Gegenständen aus dem Alltag der Tolstois ist der Stolz des Museums. Sie erzählen von seinem Leben, Porträts von Ilja Repin und anderen berühmten russischen Malern, grafische Arbeiten der Tochter Tolstois, Tatjana Suchotina-Tolstoi, hunderte Fotografien, mehr als fünfzehntausend Alltagsgegenstände von Ende des 18. bis Anfang des 20. Jahrhunderts, die Privatbibliothek des Grafen, die als Weltkulturerbe bei der UNESCO aufgenommen wurde.

In Jasnaja Poljana weilend, kann man dem Grab des Schriftstellers im schattigen Wäldchen einen Besuch abstatten. Man kann im alten englischen Park spazierengehen und anschließend Tee trinken. Dazu empfiehlt sich *Anke-Kuchen*, der im *Café Preschpekt* im Park serviert wird. Dabei kann man an die Frau des Genies denken, die hier waltete und ihr Lebenswerk vollbrachte.

»Anja, mein helles Licht, meine Sonne, ich liebe Dich!«

Anna Dostojewskaja (1846 – 1918)

Ich war zwölf Jahre alt, als ich das Grab der Anna Grigorjewna Dostojewskaja zum ersten Mal sah. Meine Großmutter mütterlicherseits, die auf der Krim lebte, wanderte damals mit mir durch den Massandra-Park in Jalta zum Polikurowski-Hügel. Von dort hat man eine großartige Aussicht auf die Stadt und das Schwarze Meer. Auf dem Hügel liegt der alte Friedhof, von Kräutern und Zypressen überwuchert. Die Großmutter führte mich an eine verwilderte Grabstätte. »Schau, hier liegt Anna Grigorjewna Dostojewskaja, die Frau des großen Schriftstellers ...«

Erst 1968, fünfzig Jahre nach ihrem Tod, wurde sie umgebettet und im Grab ihres Mannes, Fjodor Michailowitsch Dostojewski (1821 – 1881), auf dem Friedhof des Alexander-Newski-Klosters in Sankt Petersburg beigesetzt. An ihrem Geburtstag, dem 30. August, liegen immer frische Blumen auf ihrem Grab. Im Sommer 2013 waren es besonders viele, Anna Dostojewski war vor 95 Jahren gestorben.

Sie überlebte ihren Mann um beinahe vierzig Jahre. 1904 weilte sie zu Gast bei Lew Tolstoi in Jasnaja Poljana. Der Autor von *Krieg und Frieden* sagte zu ihr: »Die russischen Schriftsteller würden sich wohler fühlen, wenn sie alle eine Frau hätten wie Sie.« Anna Dostojewskaja war wohl tatsächlich eine geniale Ehefrau. Ohne sie wäre Fjodor Dostojewski nicht der berühmte Autor von Weltrang geworden, als den wir ihn heute verehren.

Am 4. Oktober 1866 sahen sie sich zum ersten Mal. In ihrem Tagebuch, das nach ihrem Tod veröffentlicht wurde, notierte Anna: »Vor mir sah ich einen Menschen, der furchtbar unglücklich, niedergeschlagen und gequält wirkte ...« Kaum einen

Monat später fragte Dostojewski das junge Mädchen völlig unerwartet: »Wenn ich Ihnen meine Liebe gestehen würde und Sie bitten würde, meine Frau zu werden, was würden Sie antworten?« Netotschka (so wurde Anna in ihrer Familie genannt) sagte: »Ich würde antworten, daß ich Sie liebe und das ganze Leben lang lieben werde.«

Sie lernte den genialen Schriftsteller in der vermutlich schwierigsten Zeit seines Lebens kennen. Dostojewski hatte seinen Bruder Michail, an dem er sehr hing, und seine erste Frau verloren. Auf seinen Schultern lasteten Schulden in der unvorstellbaren Höhe von 25.000 Rubel. Der Schriftsteller mußte seine Arbeit an dem Roman *Schuld und Sühne*, der in Fortsetzungen in der Zeitschrift *Russischer Bote* erschien, abbrechen. Ein Knebelvertrag mit dem Verleger Stellowski verpflichtete ihn dazu, einen kleinen Roman abzuliefern. Sollte das Werk nicht fertig sein, drohte Dostojewski der Verlust seiner Autorenrechte an allen seinen künftigen Romane. Das Unglück bestand darin, daß es noch gar keinen Roman gab! Und bis zum Ablauf der Frist blieben nur 26 Tage. Freunde empfahlen ihm, die Hilfe eines Stenographen in Anspruch zu nehmen, um den Roman in kürzester Zeit doch noch zustande zu bringen. So kam die zwanzigjährige Netotschka Snitkina in Dostojewskis Wohnung, beste Absolventin der Stenographiekurse, ausgezeichnet mit einer Silbermedaille für ihren glänzenden Abschluß des ersten Petersburger Mädchengymnasiums. Im Jahr vor der Begegnung mit dem Schriftsteller war Netotschkas Vater gestorben, ein Beamter in der kaiserlichen Hofverwaltung, so daß die Familie dringend eine finanzielle Absicherung benötigte. Deshalb suchte die junge Frau Arbeit. Der Schriftsteller versprach, sie mit monatlich 30 Rubel zu entlohnen.

Dostojewski war ganz froh, daß der angeforderte Stenograph eine Frau war. »Ein Mann wird garantiert anfangen zu trinken, aller Wahrscheinlichkeit nach wird er anfangen zu trinken, aber Sie werden hoffentlich nicht anfangen zu trinken.« Anna Grigorjewna lehnte die angebotene Papirossa ab und sagte, sie sei Nichtraucherin. Das war eine Probe. Damals rauchten viele Frauen, die ihre Emanzipation unter Beweis stellen wollten, und sie trugen ihr Haar kurzgeschnitten. Netotschka hatte langes,

prächtiges Haar, zu einem Pferdeschwanz zusammengebunden. Sie wirkte schüchtern und liebenswert, ihre Augen strahlten Unschuld aus. Im Übrigen hatte sich Dostojewski in den ersten Tagen ihrer Arbeit das Gesicht seiner Stenographin gar nicht richtig gemerkt. Jedoch hatte er nicht versäumt, sich ihre genaue Adresse zu notieren, für den Fall, daß sie es sich anders überlegen oder mit einem diktierten Romanteil verschwinden würde.

Der neue Roman mußte zum Rettungsanker werden. *Der Spieler*, so sollte er heißen. Nachts skizzierte Dostojewski die

Handlung, am Tag diktierte er der Stenographin den fertigen Text, am Abend brachte Netotschka die Aufzeichnungen in Ordnung, und am Morgen korrigierte Dostojewski die bereitgelegten Seiten. Als er merkte, wie zuverlässig und aufopferungsvoll Netotschka arbeitete, nannte er sie immer häufiger »Liebes« oder »Täubchen.« Sie selbst schrieb in ihrem Tagebuch: »... Die Gespräche mit Fedja wurden immer angenehmer, so daß ich mit einem besonderen Gefühl der Freude zum Diktat eilte.«

Der Spieler war zum Abgabetermin fertig. Doch der Verleger hatte sich eine weitere Erschwernis einfallen lassen. Er war aus Sankt Petersburg abgereist, um Dostojewski die Möglichkeit zu nehmen, die Vertragsbedingung einzuhalten. Und hier zeigte Netotschka ungewöhnlichen Mut. Sie lieferte das Manuskript gegen Unterschrift auf dem Polizeirevier ab, in dem sich Stellowskis Wohnsitz befand. Es waren noch wenige Stunden bis zum Ablauf der Frist.

Im weiteren öffnete sich der fünfundvierzigjährige Dostojewski, wenn er Netotschkas »graue Augen und ihr liebenswertes Lächeln« sah, immer mehr. Trotz der Tatsache, daß das Mädchen 25 Jahre jünger war, erzählte er ihr ohne Vorbehalte aus seiner Vergangenheit. Anna war überwältigt und bezaubert, galt Dostojewski doch als ein äußerst verschlossener Mensch. Besonders stark beeindruckte sie seine Erzählung von dem Moment, als er auf dem Schafott stand und dem Tod entgegensah ...

Als Dostojewski 28 Jahre alt war, war er zum Tode verurteilt worden. Nach achtmonatiger Haft in einer Einzelzelle der Peter-und-Paul-Festung in Sankt Petersburg wurde ihm auf dem Richtplatz sein Urteil verkündet: »Dem Ingenieur-Hauptmann im Ruhestand Dostojewski werden, weil er die Verbreitung des verbrecherischen Briefes des Literaten Belinski, gerichtet gegen die Religion und gegen die Regierung, nicht zur Anzeige gebracht hat, desweiteren wegen der Verbreitung der boshaften Aufsätze des Hauptmanns Grigorjew, sämtliche Ränge und alle Vermögensrechte aberkannt, und er wird zum Tod durch Erschießen verurteilt ...« Es war eine Inszenierung, von der Dostojewski nichts ahnte: Erst in allerletzter Minute, auf dem Richtplatz, wurde der »Delinquent« begnadigt und die Todesstrafe in Zwangsarbeit umgewandelt.

So erinnert sich Dostojewski daran: »Ich glaubte es nicht, ich verstand es nicht, bis zu dem Augenblick, als ich das Kreuz sah ... Der Priester ... Wir weigerten uns zu beichten, küßten jedoch das Kreuz ... Aber sie konnten doch nicht so weit gehen und Scherze mit dem Kreuz treiben! So eine Tragikomödie konnten sie doch nicht aufführen ... Das wurde mir bewußt ... Der Tod war unumgänglich.«

Die Augenzeugen, die ihn auf dem Richtplatz sahen, berichteten, daß er bis zur letzten Minute dieser schauerlichen Inszenierung seine Würde und Kaltblütigkeit bewahrt habe.

»Ich war der sechste in der Reihe, es wurden immer drei aufgerufen, also war ich in der zweiten Gruppe, und es blieb mir weniger als eine Minute zu leben«, so Dostojewski.

Aus den Erinnerungen eines Augenzeugen: »Der Befehl ›Kapuzen über die Augen ziehen!‹ wurde erteilt ... Dann ertönte das Kommando. Eine Gruppe von Soldaten, sechzehn an der Zahl, stand direkt am Richtplatz, brachte auf das Kommando hin die Gewehre in Anschlag und zielte auf die zum Tode Verurteilten.« Und plötzlich kam die Begnadigung!

So lautet Dostojewskis Tagebucheintrag vom 22. Dezember 1849: »Ich war heute wirklich beim Tod zu Gast, drei Viertelstunden lebte ich in Todesangst, mein letzter Augenblick war gekommen, und jetzt bin ich wiedergeboren ... Das Leben ist ein Geschenk, das Leben ist ein Glück, jede einzelne Minute kann ein Jahrhundert des Glücks sein ...«

Noch während er mit der jungen Stenographin am *Spieler* arbeitete, schrieb Dostojewski seiner früheren Geliebten, Apollinarija Suslowa, die mit ihrer quälenden Liebe sowohl ihn wie auch sich selbst an den Rand des Wahnsinns getrieben hatte, über seine Helferin: »Meine Stenographin ist ein junges und ganz ansehnliches Mädchen ... Unsere Arbeit geht großartig voran.«

Das Diktat des *Spielers* war beendet, das Diktat des begonnenen Romans *Schuld und Sühne* stand bevor. Es kam zu einer ziemlich merkwürdigen Liebeserklärung. In der Version von Anna Snitkina klang sie so: Dostojewski hatte den Einfall, er

wolle sich mit ihr über eine Romanhandlung beraten, weil er
Mühe habe, sich das Ende auszudenken. Die Geschichte handelt von einem Künstler, seiner Einsamkeit, seiner Sehnsucht
nach Liebe und seiner Begegnung mit einer junge Frau. »Stellen
Sie sich vor, dieser Künstler wäre ich und ich gestehe Ihnen meine
Liebe und bitte Sie, meine Frau zu werden. Sagen Sie, was würden
Sie antworten?« So lautet ihre Version. Seine Version: »Am
Ende des Romans bemerkte ich, daß mich meine Stenographin
aufrichtig liebt ...« Ob in dieser oder in einer anderen Version,
sie nimmt seinen Heiratsantrag freudig an. Kirchliche Trauung,
ein Chor, zahlreiche gut gekleidete Gäste, ein Priester vollzieht
die Trauung. Beide sind glücklich.

Aus Geldmangel können sie nicht auf Hochzeitsreise gehen.
Umso mehr, weil Dostojewski zahlreiche Verwandte hat, für
deren Versorgung er sich verantwortlich fühlt. Andererseits
verlangt die Gesundheit des Schriftstellers nach einem Aufenthalt in einem Kurort. Die junge Frau trifft einen mutigen Entschluß: Sie verpfändet ihre gesamte Mitgift, Silber, Porzellan,
Kristall, Sessel und Schränke. Jetzt haben sie die Möglichkeit,
ins Ausland zu reisen.

In Deutschland, wo sie zunächst leben, erreicht Dostojewski
der Brief seiner früheren Geliebten, Apollinarija Suslowa. Und
hier offenbart sich Anna Grigorjewnas eifersüchtiger Charakter. Sie erlaubte es sich, den fremden Brief zu lesen. »Mir wurde
kalt, ich zitterte und weinte. Ich hatte Angst, die alte Leidenschaft könne aufflammen und seine Liebe zu mir erlöschen.
Gott, bewahre mich vor diesem Unglück!«

Vor diesem Unglück bewahrte sie Gott. Dafür schickte er ein
anderes. Dostojewski war Spieler, da konnte man nichts machen.
Wieder und wieder wird er seiner verhängnisvollen Leidenschaft
nachgeben, vor seiner Frau auf die Knie fallen, bereuen und beten und um Verzeihung bitten, daß er wieder alles Geld verspielt
hatte, sie wird weinen und ihm versichern, daß sie ihn liebt und
ihm alles verzeiht. Er wird versprechen, mit dem Spiel Schluß zu
machen und sein Versprechen nicht halten und wieder und wieder
alles bis auf die letzte Kopeke verlieren. »... mein helles Licht,
meine Sonne, ich liebe Dich!« Seine Geständnisse machen alles
wieder gut. Und irgendwann ist es ausgestanden.

Anna Dostojewskaja (1846 – 1918) 75

Das Paar lebte vierzehn Jahre gemeinsam. In dieser Zeit schrieb Fjodor Michailowitsch die sogenannten »Großen Fünf«: *Schuld und Sühne, Der Idiot, Die Dämonen, Der Jüngling* und *Die Brüder Karamasow*. *Die Brüder Karamasow* widmete er seiner Frau.

Denn Anna Grigorjewna war nicht nur eine Ehefrau, die den Haushalt führte und vier Kinder zur Welt brachte (zwei von ihnen starben). Sie war seine zuverlässige Mitarbeiterin, sie schrieb seine Manuskripte ins Reine, kümmerte sich um die Korrespondenz mit Verlagen und Druckereien und korrigierte die Druckfahnen.

Die Beziehung war harmonisch, sowohl in geistiger wie in körperlicher Hinsicht. Sie trennten sich fast nie, und wenn, dann nur für wenige Tage. Kaum hatte Fjodor Michailowitsch das Haus verlassen, flogen Briefe zu Netotschka: »Ich umarme Dich und küsse Dich fest-fest. Den ganzen Weg über habe ich an Dich gedacht ... Anja, mein helles Licht, meine Sonne, ich liebe Dich!« Netotschka lernte, mit den Epilepsie-Anfällen ihres Mannes umzugehen. Sie half Dostojewski, gegen seine Spielsucht anzukämpfen. In ihren Armen starb der große Schriftsteller an einem Lungenemphysem. Anna Grigorjewna überlieferte in ihren *Erinnerungen* die letzten Worte Dostojewskis: »Vergiß es nie, Anja, ich habe Dich immer sehr geliebt und Dich nie betrogen, nicht einmal in Gedanken!«

Vor seinem Tod bat Dostojewski Anna Grigorjewna, ihm das *Evangelium* zu reichen. Er hatte die Gewohnheit, in schicksalsschweren Augenblicken *Die Heilige Schrift* zu befragen. Er schlug sie auf, und sie las ihm *Matthäus 3, 14-15* vor: »... Aber Johannes wehrte ihm und sprach: Ich bedarf dessen, daß ich von dir getauft werde, und du kommst zu mir? Jesus aber antwortete und sprach zu ihm: Laß es jetzt geschehen! Denn so gebührt es uns, alle Gerechtigkeit zu erfüllen ...«

»Hast Du gehört, ›Laß es jetzt geschehen‹, das bedeutet, ich werde sterben«, sagte Dostojewski zu seiner Frau. Sie begann zu weinen.

Anna notierte später in ihr Tagebuch: »Die Kinder und ich knieten am Kopfende und weinten, mit aller Kraft unser lautes Schluchzen unterdrückend, denn der Doktor hatte uns gewarnt, daß der letzte Sinn, der den Menschen verlasse, der Hörsinn sei und jede Störung der Stille die Agonie verzögere und das Leiden des Sterbenden verlängere.« Die letzten Worte Dostojewskis waren: »Welch quälend lange Nacht. Erst jetzt habe ich verstanden, daß ich einen Blutsturz hatte und daß ich sterben muß ...« Etwas später: »Schläfst Du?« »Nein, auf Wiedersehen, ich liebe Dich.« »Ich Dich auch.«

Es war am 28. Januar 1881, um 8 Uhr 38, als das Leben Dostojewskis erlosch. Anna Grigorjewna war 35 Jahre alt, die Kinder Ljubow und Fjodor waren noch klein. Sie zog die Kinder groß und ordnete das Archiv Dostojewskis, das bis heute die Grundlage für die Arbeit zahlreicher Wissenschaftler aus vielen Ländern bildet. Immerhin ist Dostojewski der weltweit am meisten verlegte russische Schriftsteller.

Während der Februarrevolution 1917 lebte die damals siebzigjährige Anna Grigorjewna Dostojewskaja in der Nähe von Petrograd, so hieß Sankt Petersburg damals. Sie litt an Malaria und reiste nach Jalta in der Hoffnung, sich zu kurieren und zu kräftigen. Anstelle des Gepäcks nahm sie die Dostojewskis Papiere, an denen sie gerade arbeitete, mit auf den Weg.

Im Sommer 1918 starb Anna Grigorjewna auf der Krim und wurde auf dem Polikurow-Friedhof in Jalta beigesetzt. Ihr Enkel, Andrej Fjodorowitsch Dostojewski, der in Leningrad als Konstrukteur arbeitete, setzte sich dafür ein, daß ihre Asche von dort in das damalige Leningrad überführt und sie 1968 im Grab ihres Mannes beigesetzt wurde. »... Und wenn es das Schicksal so fügt, finde ich meine ewige Ruhe an seiner Seite«, schrieb Netotschka kurz vor ihrem Tod. So geschah, was sie sich gewünscht hatte.

Ich erinnere mich, wie wir, die Studenten der Abteilung Drehbuch der *Moskauer Filmhochschule*, gemeinsam zu einem »Besuch bei Dostojewski« in das Städtchen Staraja Russa fuhren. Das war im Jahr 1981. Der Studienkollege, der während der Busfahrt neben mir saß, unterhielt sich mit mir über Anna Dostojewskaja: »Nachdem er also Anna mit der Idee der Heldentat angelockt hatte, und womit sonst kann man ein so reines Mädchen für sich gewinnen, konnte Dostojewski in Ruhe leben und arbeiten und seine innere Welt in seinen Büchern abbilden.

Aber weißt Du, ich persönlich finde diese schüchternen Mädchen nicht so aufregend. Seine verflossene, Apollinarija Suslowa, ja, die Frau hätte mir gefallen. Leidenschaftlich, heiß, ungeduldig, wild, und von allen verlassen, eine Frau wie eine Elementargewalt! Weißt Du, einmal, als Student an der Moskauer Uni, habe ich wegen so einer Frau sogar mein Leben riskiert. So etwas gehört dazu, wenn man ein Mädchen erobern will. Eine Mutprobe, ein Balanceakt auf dem Sims der siebten Etage im Bereich ›A‹ des Universitätsgebäudes auf den Leninbergen, wo sich das Wohnheim der Journalistik-Fakultät befindet. Beinahe wäre ich abgestürzt und gestorben. Aber es war nicht umsonst. Sie würdigte es! Später schrieb ich eine Erzählung über diese irre Liebe. Es ist eine gelungene Erzählung geworden! Aber was kann man über die schüchterne Anna schreiben? Nein, solche Frauen inspirieren mich nicht ...« Aber es war ausgerechnet Anna, die schüchterne und lebenskluge Frau, die dazu berufen war, ein Genie zu inspirieren. Sie war fähig, sich selbst für einen anderen Menschen zu verleugnen.

Einmal unterhielt ich mich mit Jelena Schwarz (1948 – 2010), einer Vollblut-Petersburgerin mit Charisma, rauchige Stimme, ihre Bluse zwei Nummern zu groß, eine brillante Dichterin und Feministin. Wir sprachen unter anderem über Schüchternheit als eine weibliche Charaktereigenschaft, die heute im Verschwinden begriffen ist. Jelena Schwarz war nach Düsseldorf gekommen, um ihren neuen Gedichtband *Das Blumentier* vorzustellen, der in unserem *Grupello Verlag* erschienen ist. Als ich ihr erzählte, daß ich mich mit der Biographie der Anna Dostojewskaja beschäftige, sagte sie »Nicht zufällig gibt es in Rußland das geflügelte Wort: ›Die Frau des Schriftstellers ist mehr als eine Ehefrau‹.« Sie erzählte, daß sie einst ebenfalls Staraja Russa besucht habe, wo ihr die Idee für dieses Gedicht kam:

Schinde meine Wut,
meinen Zorn zerbrich,
will nur sanften Mut,
sanften Mut für mich!
Mische etwas hinein
mir in Trank und Speise:

möge Sanftmut bei mir sein,
gleich wohin ich reise.
Und der Teufel läßt mich dann
und schlägt zu die Türe,
zahmer als ein Hampelmann
mit zertrennten Schnüren.
So zerfleisch ich meine Wut
und den Grimm zerreiße:
will begegnen sanftem Mut,
gleich wohin ich reise.

   (Übersetzung *Alexander Nitzberg*)

Inzwischen sind wir in Staraja Russa im Gebiet Nowgorod angelangt. Unser alter Professor, der mit uns zu einem »Besuch bei Dostojewski« unterwegs ist, räsoniert den ganzen Weg lang darüber, was an »Materiellem« nach dem Tod eines Schriftstellers auf der Erde zurückbleibe. »Von Gogol«, sagte er, »ist beinahe nichts geblieben. Die Dinge aus seinem Besitz kann man an einer Hand abzählen. Sie werden in Museen in der Ukraine aufbewahrt.« Das ist tatsächlich so. Als im Jahr 2009, anläßlich des 200. Geburtstages Nikolai Gogols, am Nikitskaja-Platz in Moskau ein Gogol-Haus eingerichtet werden sollte, mußte man mit virtuellen Szenarien arbeiten, um die Illusion Gogolscher Präsenz zu erzeugen. Das Turgenjew-Haus am Spassko-Lutowinsker Platz ist abgebrannt, an seiner Stelle steht ein neues Haus. Die Landhäuser Alexander Puschkins und Alexander Bloks erlitten das gleiche Schicksal.

Doch zwei Landhäuser sind erhalten geblieben und stehen gleichsam als Bollwerke gegen den Lauf der Zeit. Eins davon ist das Tolstoische Landhaus in Jasnaja Poljana und das andere das Sommerhaus der Dostojewskis in Staraja Russa. Das Geld für den Erwerb des Hauses hatte Anna Grigorjewna von ihrem Bruder erhalten. »Unser Nest«, so nannte Fjodor Michailowitsch Dostojewski sein Haus in Staraja Russa. Es war das erste eigene Haus in der Geschichte ihres gemeinsamen Lebens.

Ich weilte einige Male in Staraja Russa. Gern kam ich mit Freunden hierher. Im Winter duftet dieser stille und verträumte Erdenwinkel nach frischem Schnee und Lebkuchen. Wir besuchen immer zwei Häuser, die beide eine besondere Bedeutung für alle haben, die Dostojewski verehren. Eines ist das Haus der Familie Dostojewski, das heute als Museum besichtigt werden kann. Das andere ist »Gruschenkas Haus« in der Glebowa-Straße. Hier erinnere ich meine Freunde gern daran, daß Michail Tschechow, bei dem Marylin Monroe Schauspielunterricht nahm, in ihr den Traum weckte, die Gruschenka aus *Die Brüder Karamasow* zu verkörpern. Die Gruschenka von Marylin Monroe stelle ich mir wunderbar vor: weiblich, mit betonten Körperformen, blond und verführerisch.

Das wichtigste Haus in Staraja Russa ist jedoch das Dostojewski-Haus. Es ist eines dieser kleinen, gemütlichen, aus Holz gezimmerten, zweigeschossigen Häuser, mit denen einst alle Städte Rußlands bebaut waren, einschließlich Moskau und der Umgebung von Sankt Petersburg. Im 20. Jahrhundert wurden viele von ihnen mitleidlos abgerissen. Dieses Haus ist eine Rarität, ein seltenes Relikt, zudem eine Erinnerung an einen der größten russischen Schriftsteller. Anna Dostojewskaja war der Ansicht, daß das Häuschen in Staraja Russa wie durch ein Wunder auf sie gekommen war, zur Belohnung für alles, was sie gemeinsam durchlebt und durchlitten hatten.

Sie kamen nach Staraja Russa, als die erste, qualvollste Zeit ihres gemeinsamen Lebens hinter ihnen lag. Ihr Sohn Fedja war bereits geboren, als sie sich entschlossen, für den Sommer ein Haus in Staraja Russa zu mieten, um es später zu kaufen. Anna Grigorjewna erinnert sich: »Dank dieses Kaufs hatten wir, wie mein Mann sich ausdrückte, unser Nest, wohin wir im zeitigen Frühjahr mit großer Freude aufbrachen und von wo wir im späten Herbst am liebsten gar nicht abgereist wären. Für Fjodor Michailowitsch war unsere Datscha ein Ort physischer und geistiger Erholung, die Lektüre seiner Lieblingsbücher hob er sich immer bis zur Ankunft in Russa auf, wo nur selten müßige Besucher die ersehnte Einsamkeit störten ...« Das Haus der Dostojewskis hatte einen großen Obstgarten, einen Gemüsegarten, einen Geräteschuppen und einen Keller. Besonders wichtig für Fjodor Michailowitsch war das solide russische Badehäuschen, das sich im Garten befand. Anna Grigorjewna erinnert sich: »Meinem Mann gefiel unser schattiger Garten und der große, mit Bohlen belegte Hof, in dem man an Regentagen, wenn die ganze Stadt im Matsch versank, gut spazierengehen konnte ... Doch besonders gefielen uns beiden die nicht großen, aber bequem geschnittenen Zimmer mit ihren schweren, alten Mahagonimöbeln und der Einrichtung, in der wir uns warm und geborgen fühlten.« Hier wurde ihr zweiter Sohn, Alexej, geboren. Auch konnte sich Fjodor Michailowitsch hier besonders ruhig und konzentriert dem Schreiben widmen, die Romane *Die Dämonen* und *Die Brüder Karamasow* entstanden hier.

In *Die Brüder Karamasow* beschreibt Dostojewski Staraja Russa unter dem Namen Skotoprigonjewsk, Ort, an dem das Vieh zusammengetrieben wird. Hier befand sich im 19. Jahrhundert einer der größten Viehmärkte Rußlands.

Die Dostojewskis waren nicht wohlhabend. Anna hielt eine Kuh: Die Kinder mußten Milch haben. Oft machte sich der Schriftsteller persönlich auf den Weg, sein »bewegliches Eigentum« in Empfang zu nehmen, wenn es von der Weide zurückkehrte. Eine aus dem 19. Jahrhundert überlieferte Anekdote besagt, daß Fjodor Michailowitsch einmal mit seiner Kuh dem reichen Kaufmann Beklemischew über den Weg gelaufen sei, der sein Vermögen durch Viehhandel erworben hatte. Der rief voller Mitleid aus: »Ach was! Ein Schriftsteller – und so arm ...«

Hier, in Staraja Russa, ergriff Dostojewski das Vorgefühl der unweigerlich letzten Trennung und ließ ihn jeden einzelnen Tag, den er gemeinsam mit seiner Frau verbrachte, besonders schätzen. Ihre Nähe erhielt eine neue Dimension, die alles umfing und erleuchtete. Es gibt in Rußland das Geflügelte Wort: »Raucht nicht deshalb der heimische Herd, weil es keinen Zug mehr gibt?« Anna hatte das Talent, den »Zug«, das heißt die Anziehungskraft der Partner zu bewahren. Das Talent, ihren Mann zu lieben, zu verstehen und zu begeistern, ohne je zu vergessen, wer er ist. Und sein ganzer Weg lag vor ihr wie ein Bild mit der Perspektive eines langen Weges, den sie bis in die Tiefe sehen konnte.

Nach dem Tod ihres Mannes weilte Anna Grigorjewna in Begleitung der Kinder noch häufig in Staraja Russa, zum letzten Mal im Sommer 1914. Es ist ein kleines Wunder, daß das hölzerne Gebäude bis in unsere Tage erhalten geblieben ist: Der Zweite

Weltkrieg fegte selbst Häuser aus Stein in Staraja Russa vom Antlitz der Erde, doch dieses Holzhaus hat ein guter Geist bewahrt.

Die Ausstellung in ihrer heutigen Gestalt wurde 1981 eröffnet. Sorgfältig wurde anhand von Fotografien und Erinnerungen von Zeitgenossen die Atmosphäre erschaffen, in der der Schriftsteller hier gelebt hatte. Möbel und Einrichtungsgegenstände stammen aus dem 19. Jahrhundert. Mir selbst gefielen die Manuskripte Fjodor Michailowitschs, die Arbeitsecke von Anna Grigorjewna mit den Schreibtischgegenständen, der Zylinder des Schriftstellers und Annas elegante Glacéhandschuhe, außerdem das Harmonium und das Teeservice aus Porzellan.

Wenn der Museumsführer vom Teeservice der Dostojewskis spricht, kommt die Rede unweigerlich auf das Städtchen Kolomna in der Nähe von Moskau. Dostojewskis Frau reiste von Zeit zu Zeit dorthin, um ihren Mann mit seiner liebsten Süßigkeit zu versorgen, der *Kolomnaer Pastila*. Er vergötterte rote und weiße *Pastila*, die es heute nur noch im Museumsladen *Kolomnaer Pastila* zu kaufen gibt. Es heißt, daß Anna nach dem Tod ihres Mannes nie mehr in Kolomna gewesen sei. Denn die *Pastila* erinnerten sie an das Ende der glücklichsten Zeit ihres Lebens.

Man betritt das Haus von Dostojewski und gelangt alsbald in sein Arbeitszimmer. Und plötzlich wird einem bewußt, daß er hier Anna Zeile für Zeile *Die Brüder Karamasow* diktiert hat: »... Beruhigen Sie sich, ich bin nicht verrückt, ich bin nur ein Mörder ... « – und mich schwindelt.

Eine Ehe von zwei Wochen Dauer

Antonina Tschaikowskaja (1848 – 1917)

Die Ehe des Komponisten Pjotr Iljitsch Tschaikowski (1840 – 1893) währte nur zwei Wochen, auch wenn seine Frau, Antonina Iwanowna, nie in die Scheidung eingewilligt hat. Sie war sich immer gewiß, daß ihr »Petitschka« gut zu ihr war, seine Verwandten jedoch boshaft und haßerfüllt. Auf der Begräbnisfeier Tschaikowskis wird ein Kranz eine Rolle spielen, auf dessen Schleife die Widmung steht: »Von der Ehefrau, die ihn vergötterte.« Die Uneingeweihten unter den Anwesenden werden verwundert fragen: »Was, eine Frau? Wer war das denn?«

Antonina Tschaikowskaja überlebte den großen Komponisten lange, um ganze vierundzwanzig Jahre, und starb in einem Heim für Gemütskranke, das den Namen des Zaren Alexanders III. trug. Sie hinterließ eine Truhe mit alten Kleidern, einen Aktenordner mit der Nummer 2980 und ein paar Fotos. Eines davon zeigt sie gemeinsam mit Tschaikowski und hing immer gerahmt über ihrem Bett.

Das Ende dieser Ehe schlug ein Kreuz über das Privatleben des Komponisten und seine Beziehung zu Frauen. Von nun an herrschte einzig und allein die Musik.

Antonina Miljukowa, die Frau des Komponisten Pjotr Iljitsch Tschaikowski, war eine mysteriöse Persönlichkeit. Viel ist nicht bekannt über sie. Sie stammte aus einer verarmten Adelsfamilie. »Erzählt mir etwas über die ersten sechs Jahre im Leben eines Kindes, und ich erzähle Euch den Rest«, schrieb Rudyard Kipling einmal über die Kindheit.

Der Grundstein für Antoninas Sicht auf die Welt wurde vermutlich in ihrer frühen Kindheit gelegt. Die war von Anfang an von Tragik geprägt. Ihre ersten Erinnerungen sind Schreie, Prügeleien und Skandale sowie die Tränen der Mutter. Die Mutter war eine wunderschöne Frau, die in ihrer Jugend so schnell wie

möglich mit dem erstbesten vermögenden Gatten verheiratet wurde. Ihr Vater hatte sein Vermögen verloren und war nach dem Tod seiner Frau als Witwer mit fünf Kindern zurückgeblieben. »Eine Tochter ist keine Ware, trotzdem muß man sie irgendwie verhökern«, lautet eine russische Redensart. So hat der Vater seine schöne Tochter »verhökert«, in der Hoffnung, sie werde glücklich.

Die junge Familie zog nach Moskau. Es waren schon einige Kinder geboren, als die junge Frau Miljukowa Liebhaber hatte. Wenn eine Frau tugendhaft ist, dann weiß es nur sie allein. Ist sie eine Sünderin, wer weiß es dann nicht? Die Skandale in der Familie begannen. Am Ende flüchtete die Frau, die jüngste Tochter auf dem Arm, aus dem Haus. Die kleine Antonina wurde zum Zankapfel ihrer Eltern. Ihr Vater entführte sie aus dem privaten Pensionat, in dem sie untergebracht war, auf sein Gut im Städtchen Klin nahe Moskau. Was glückliche Kinder gewöhnlich aus ihren adligen Elternhäusern mitbekommen, Gespräche mit interessanten Menschen, Lesestoff aus der Hausbibliothek, Beschäftigung mit Musik und Fremdsprachen, all das mußte sich Antonina in ihrer Jugend selbst beibringen. Musik war für das sensible Mädchen das Wichtigste auf der Welt. Um die großen Lücken in ihrer musikalischen Ausbildung zu schließen, mußte sie hart und diszipliniert arbeiten und auf viele Freizeitvergnügen verzichten. Schließlich schaffte sie die Aufnahmeprüfung für die Klavierklasse des Petersburger Konservatoriums.

Äußerlich ruhig, war sie ein Mensch mit verborgenen Leidenschaften. Glaubt man ihrem Klavierlehrer am Konservatorium, Professor Langer, zeichnete sie sich durch nichts aus, außer durch überflüssige Dramatik in ihrem Klavierspiel. Sie lebte sehr zurückgezogen und einsam. Sie gab Klavierstunden, und abends verschlang sie Liebesromane und träumte von heldenhaften Opfern im Namen der Liebe. Ihrem Wesen nach war sie ein gutmütiger, etwas naiver und anspruchsloser Mensch. Sie ging auf die dreißig zu, aber dem Aussehen nach war sie eine Frau, der man ihr Alter nicht ansah. Verliebt in Tschaikowski, blühte sie auf und strahlte vor jugendfrischem Glück. Ihre Augen sollen von einem unbeschreiblichen Blau gewesen sein, die Welt um sie herum wirkte wie blau getönt. Niemand weiß genau, wann sie Tschaikowski zum ersten Mal sah. Doch die Begegnung, die für beide verhängnisvoll war, muß im Jahr 1877 stattgefunden haben. Tschaikowski war damals 37 und Antonina 28 Jahre alt.

»Sie wünschen, daß ich ein Porträt meiner Frau zeichne. Den Wunsch erfülle ich gern ... Sie ist mittelgroß, eine Blondine von mäßig schönem Körperbau, doch mit einem Gesicht, das von jener besonderen Schönheit ist, die als lieblich bezeichnet wird.

Antonina Tschaikowskaja (1848 – 1917)

Ihre Augen haben eine schöne Farbe, aber wenig Ausdruck ... Überhaupt ist sie recht jugendlich in ihrer Erscheinung, sie ist neunundzwanzig Jahre alt, sieht aber nicht älter aus, als dreiundzwanzig ... Meiner Frau merkt man ihren Wunsch zu gefallen ständig an; diese Künstlichkeit schadet ihr sehr. Dennoch gehört sie zur Sorte der schönen Frauen, das heißt solcher Frauen, die die Aufmerksamkeit der Männer, die ihnen begegnen, auf sich ziehen ...« schrieb Tschaikowski gleich nach seiner Hochzeit in einem Brief an Nadeschda Filaretowna von Meck.

Im übrigen war Pjotr Iljitsch Tschaikowski, obwohl noch am Beginn seiner Laufbahn, in Moskau schon sehr berühmt. Dank ihrer Nähe zu den Moskauer musikalischen Kreisen, die sich besonders um das Konservatorium scharten, hatte Antonina bereits damals viel von Tschaikowski gehört, er war für sie tatsächlich der »bekannte Unbekannte.«

Was gab es im Privatleben des Komponisten vor seiner Begegnung mit Antonina Miljukowa? Es gab eine tragikomische Episode, in deren Folge er beinahe die Sängerin Désirée Artôt geheiratet hätte. Sie war eine Schülerin der berühmten französischen Sängerin Pauline Viardot. Sie hatten einander im Mai 1868 in Moskau kennengelernt, wo Désirée Artôt ein Gastspiel gab. Alle Menschen in ihrem Umfeld bemühten sich nach Kräften, die beiden Künstler von der Ehe abzuhalten. »Erstens widersetzt sich ihre Mutter dieser Ehe, weil sie findet, ich sei zu jung für ihre Tochter, und aller Wahrscheinlichkeit nach fürchtet sie, ich würde sie dazu zwingen, in Rußland zu bleiben. Zweitens wenden meine Freunde, insbesondere Rubinstein, die ernsthaftesten Methoden an, um mich vom Plan der Heirat abzubringen. Sie versichern mir, daß ich als Gatte einer berühmten Sängerin eine ziemlich traurige Rolle im Leben meiner Frau spielen werde«, schrieb Pjotr Iljitsch an seinen Vater. Schuld am endgültigen Bruch der Beziehung war Artôt, die plötzlich einen Sänger aus ihrer Truppe heiratete. Zeitgenossen bezeugen, daß Tschaikowski weiter alle ihre Konzerte besuchte, daß ihm aber stets die Tränen kamen.

Einmal, bereits viel später, beantwortete Tschaikowski einen Brief der Baronesse von Meck: »Sie fragen, Verehrteste, ob mir die Liebe im Sinn einer nicht platonischen Liebe bekannt sei. Ja und nein. Wenn man die Frage ein wenig anders stellen würde und fragen würde, ob ich die Fülle des Glücks in der Liebe erfahren habe, so antworte ich: nein, nein und nochmals nein!!! Im Übrigen denke ich, daß in meiner Musik die Antwort zu finden ist. Wenn Sie mich jedoch fragen, ob ich die ganze Gewalt, die maßlose Kraft dieses Gefühls verstehe, so antworte ich, ja, ja und ich sage sogar, daß ich mehr als einmal versucht habe, in meiner Musik die Qual und die Seligkeit der Liebe zum Ausdruck zu bringen ...«

In der Biographie Tschaikowskis war die Liebe zu Frauen eine leere Seite. Daher kam auch das Gerede über seine Homosexualität. In dieser Frage glaube ich nicht den verbreiteten Gerüchten, sondern dem Zeugnis des Autors Alexander Amfiteatrow, dessen 150. Geburtstag am 26. Dezember 2012 in Rußland begangen wurde. Er war ein Zeitgenosse Tschaikowskis, ein Schriftsteller »ohne Ausgedachtes«, ein »Publizist mit Geist, Liebe und Leidenschaft«, verfolgt von den Mächtigen, zur Zarenzeit ebenso wie zur Sowjetzeit. Man nannte ihn den russischen Zola. Er hinterließ ein umfangreiches Werk aus Feuilletons, Romanen, Theaterstücken, Gedichten und Publizistik.

Dazu zählt auch sein Artikel *Begegnung mit Tschaikowski*: »Diese zweiwöchige Ehe mit Antonina Miljukowa, diesen heftigen und unverständlichen Scherz des hinterlistigen Hymenaios, sollte man besser ignorieren. Daher das Gerücht über seine Homosexualität. Ich ging ihm in Maidanow bei Klin nach, wo sich Tschaikowski oftmals in seiner Datscha aufhielt, Immobilieneigentum hatte und als der »örtliche Gutsherr« galt. Wenn man unter Homosexualität nur die derbe Befriedigung der Sinneslust versteht, so waren die Gerüchte zweifelsohne falsch: In dieser Hinsicht sündigte Pjotr Iljitsch nicht. Anders steht es um die Homosexualität im Geiste, einer ideellen, platonischen Hinwendung zu Epheben. Diese Leidenschaft konnte man Pjotr Iljitsch nicht in Abrede stellen. Er war ständig von talentierten jungen Freunden umringt, mit denen er liebevoll umging, er band sich an sie und band sie an sich mit einem Gefühl der Liebe, das leidenschaftlicher war als rein freundschaftlich oder verwandtschaftlich. Einer dieser platonischen Epheben in Tiflis erschoß sich sogar vor Verzweiflung, als der Komponist aus der Stadt abreiste. Knaben und Heranwachsende finden wir in Tschaikowskis

Umgebung in großer Zahl. Geliebte? – Keine einzige. Er war mit Frauen befreundet, doch ausschließlich mit einem Frauentyp, bei dem er nicht das Risiko einging, plötzlich in die Rolle Josephs beim Weib des Potiphar gedrängt zu werden. Frauen vom Typ *Femme fatale* waren ihm nicht nur geistig widerwärtig, sondern physisch unerträglich. Er bekannte ganz offen, daß er sich in der weiblichen Atmosphäre der älteren Konservatoriumsklassen oder hinter den Theaterkulissen wie ein Märtyrer fühle.«

Alexander Amfiteatrow, der Autor dieser Zeilen, bewegte sich in den Kreisen der aristokratischen und künstlerischen Bohème. Er kannte die legendären Zeitgenossen Tschaikowskis persönlich, Turgenjew, Dostojewski, Tolstoi ... Und er behauptet, Tschaikowskis Homosexualität sei »geistiger, ideeller, platonischer Natur« wie die Leidenschaft des Gustav von Aschenbach zum jungen Tadzio in Thomas Manns *Der Tod in Venedig*. Die verbotene Leidenschaft von Aschenbachs lebt in der Novelle nicht als Erfüllung, sondern als quälende geistig-seelische Anspannung, sie ist ein tragischer Knoten, den nur der Tod zu lösen vermag. Was wäre dies denn für eine Geschichte, wenn von Aschenbach seinen begehrenswerten Tadzio überredet hätte, mit ihm irgendwohin nach Brasilien zu reisen, um dort ohne Hindernisse der verbotenen Lust zu frönen!

Tschaikowskis Freund, der Dirigent Nikolai Rubinstein, der nicht weniger zu seinem Ruhm beitrug als Tschaikowski selbst, nannte ihn »eine alte Jungfer männlichen Geschlechts.«

Einmal interessierte mich die Frage, wer eigentlich Eulalia Kadmina war, der Tschaikowski die Romanze *Schreckliche Minute* gewidmet hat: »Du stößt mir das Messer ins Herz oder öffnest mir das Paradies.« Sie war eine Schülerin Tschaikowskis, mit der er, wie Alexander Amfiteatrow bezeugt, »befreundet und in die er vielleicht auch ein wenig verliebt war ...« Diese bezaubernde Frau »konnte, wenn sie wollte, aristokratischer sein als alle Prinzessinnen, doch wenn der Teufel in sie fuhr, benahm sie sich schlimmer als irgendeine Straßendirne. In einem Anfall dieser Besessenheit kam es sie an, den schamhaften Pjotr Iljitsch zu malträtieren. Er konnte exaltiertes Geschrei und familiäre Kumpelhaftigkeit nicht ausstehen, er ertrug keine deftigen Worte oder Schlüpfrigkeiten. Und Kadmina, wenn sie gerade besessen war, versuchte, ihm diese ›Dummheiten auszutreiben‹, etwa wie Kornette in der Junkerschule Neulinge ›piesacken‹. Ich sah mit eigenen Augen, wie Pjotr Iljitsch in der Pause des Sinfoniekonzerts, rot wie ein gekochter Krebs, panisch aus dem festlichen Säulensaal der Adelsversammlung flüchtete, weil die ›zügellose Eulalia‹, malerisch auf ein Sofa zwischen den Säulen gelümmelt, unter Lachen etwas durch den ganzen Saal schrie, etwas Zweideutiges, wobei sie ihn mit Petruscha und per ›Du‹ ansprach. So ging eine Schülerin mit ihrem Professor um, öffentlich und vor tausend Augen und Ohren! Kadmina wurde alles verziehen.

Dann wieder bereitete es ihr Vergnügen, dem scheuen Pjotr Iljitsch mit schlüpfrigen Anekdoten die Schamesröte ins Gesicht zu treiben, und es war noch gut, wenn die Anekdote aus dem *Dekameron* stammte und nicht aus den *Geheimen russischen Märchen*.

Und dann gab es kluge Gespräche über Schopenhauer und Hauptmann, gemeinsame romantische Pilgerfahrten zum Wagankower Friedhof mit Diskussionen über Hamlet, mit Reue und Tränen und schließlich wonnevollen, exaltierten Gebeten vor der Mutter-Gottes-Ikone in irgendeiner einsamen Kirche ...«

Doch zurück zu Antonina Miljukowa. Anfang 1877 erhielt Tschaikowski einen Brief von einer ihm unbekannten Frau. Sie schrieb, daß sie ihn von Zeit zu Zeit sehe, jedoch nicht den Mut habe, sich ihm zu nähern, daß sie ihn liebe, daß sie zuvor noch niemanden so geliebt habe und daß sie ohne ihn nicht mehr leben könne. Und daß sie ein durchaus anständiges Mädchen sei. Tschaikowski antwortete kurz. Nach einigen Tagen kam der zweite Brief von Antonina Miljukowa. Er war länger als der erste. Nachdem Tschaikowski ihn gelesen hatte, fragte er Professor Langer, einen Lehrer am Konservatorium, ob er sich an eine Schülerin mit dem Namen Antonina Miljukowa erinnern könne. Es heißt, er habe etwas grob geantwortet: »Ich erinnere mich. Dämlich. Aber sehr hübsch.« Tschaikowski las den Brief der »dämlichen Frau« noch einmal und fand ihn aufrichtig und überhaupt nicht dumm. Er antwortete: »Ich sehe, daß es an der Zeit ist, mich zu bezwingen, woran Sie mich im ersten Brief gemahnt haben. Es tröstet mich doch der Gedanke, daß Sie in derselben Stadt leben wie ich, auch wenn wir uns nicht sehen.

Doch wo immer ich sein werde, ich werde nicht in der Lage sein, Sie zu vergessen oder aufhören, Sie zu lieben. Was mir an Ihnen gefällt, werde ich bei keinem anderen Mann finden, mit einem Wort, ich werde keinen anderen Mann mehr ansehen ...«

Der Komponist arbeitete zu dieser Zeit an der Oper *Eugen Onegin* und stieß beim Wiederlesen des Romans auf Parallelen: In ihrer Furchtlosigkeit, ihre Liebe zu gestehen, glich Antonina, zumindest in der Vorstellung Tschaikowskis, Tatjana aus Puschkins literarischer Vorlage.

Ein neuer Brief von Antonina veranlaßte ihn, über eine Verabredung nachzudenken: »Werden Sie etwa den Briefwechsel einstellen, ohne daß wir uns ein einziges Mal gesehen haben? Nein, ich bin mir gewiß, so grausam werden Sie nicht sein. Gott weiß, vielleicht halten Sie mich für ein leichtsinniges Mädchen und glauben deshalb meinen Briefen nicht. Womit könnte ich Ihnen die Aufrichtigkeit meiner Worte beweisen, und überhaupt, zu lügen ist nicht erlaubt. Nach Ihrem letzten Brief habe ich mich noch doppelt so stark in Sie verliebt, und Ihre Unzulänglichkeiten sind für mich ohne Bedeutung ... Ich sterbe vor Sehnsucht und verzehre mich danach, Sie zu sehen ... Ich bin bereit, mich Ihnen an den Hals zu werfen, Sie abzuküssen, nur, was gibt mir dazu das Recht? Sie könnten es ja als Zudringlichkeit meinerseits auffassen ...

Ich kann Ihnen versichern, daß ich ein anständiges und ehrliches Mädchen bin im ganzen Sinn dieses Wortes und daß es nichts gibt, was ich vor Ihnen verbergen will. Mein erster Kuß wird Ihnen gehören und niemandem sonst auf der ganzen Welt. Ohne Sie kann ich nicht leben, deshalb eilen Sie, kommen Sie zu mir ... Ich küsse und umarme Sie ganz fest ...«

Es folgten weitere Briefe. Und endlich schickte er Antonina Iwanowna eine kurze Nachricht, daß er sie am Freitagabend besuchen werde.

Von Liebe war keine Rede an diesem Abend. Er war viel nervöser als sie, als er der äußerst hübschen, anmutigen jungen Frau am Teetisch gegenübersaß. Antonina war verlegen, erzählte ihm von sich und ihrer Familie, auch darüber, daß ihr Vater ihr einen großen Wald in Klin vererbt habe, den man verkaufen müsse, und daß ihr einziger Wunsch im Leben sei, einen geliebten Menschen glücklich zu machen.

Nach dieser Begegnung schrieb sie ihrer Mutter: »Mamenka! Dieser Mensch ist so empfindlich, so überaus empfindlich, daß ich gar nicht weiß, worüber ich mit ihm reden soll!« Es hatte sie gerührt, daß er sich in ihrem Gespräch selbst kritisiert hatte mit den Worten: »Ich bin nicht fähig zu lieben, und ich kann mich an niemanden binden.«

Tschaikowski berichtete seiner Familie so über das Ereignis: »Sie hat eine makellose Reputation; sie ist äußerst harmonisch gebaut, mit allem zufrieden und wünscht sich nichts mehr als das Glück, mir Trost und Stütze zu sein; sie wird mich in keiner Weise einengen, sie ist sensibel und mir sehr ergeben, sie drängt mich nicht ins Ehejoch ... sie hat viele gute Anlagen, die in der Folge mein Glück begründen können ...« Dem Bruder Anatoli schrieb er: »Plötzlich fühlte ich mich ruhig und zufrieden ... Ich verstehe nicht, wie das geschehen war! Doch wie auch immer, von diesem Moment an ist alles rings um mich heller geworden und ich spürte, daß ganz gleich, wie meine Frau auch sein würde, sie auf jeden Fall meine Frau ist, und daß das etwas völlig Normales ist, genau wie es sein muß ... Meine Frau ist mir kein bißchen zuwider ...« Tschaikowski bemühte sich, Antonina Iwanowna in den Kreis seiner Bekannten und Freunde einzuführen. Augenzeugen berichteten, daß er zufrieden mit ihr und mit seinem Leben wirkte.

Als er Antonina Iwanowna seinen Heiratsantrag machte, war Pjotr Iljitsch ganz offen: »Ich habe nie in meinem Leben eine Frau geliebt, und ich fühle mich jetzt bereits zu alt für eine heftige Liebe. Sie wird es bei mir nicht geben, zu niemandem. Doch Sie sind die erste Frau, die mir sehr gefällt. Wenn Sie mit der stillen und ruhigen Liebe eines Bruders zufrieden sind, mache ich Ihnen einen Heiratsantrag.«

Mit den »brüderlichen Bedingungen« war Antonina einverstanden. Sie hätte jeder Bedingung zugestimmt, wenn sie nur mit ihm zusammensein könnte. Insgeheim dachte sie, daß es gar nicht sein könne, daß sich dieser liebe, sanfte Mensch, dieser Tugendengel nicht in sie verlieben würde. Sie war jung, hübsch, sie liebte ihn aufrichtig und zärtlich – was braucht es mehr? Es kann nicht sein, daß sein Herz darauf nicht antwortet!

Immer wenn ich an dieser Stelle in Antoninas Biographie angekommen bin, fällt mir ein, wie Tschechow seiner zukünftigen

Frau, der Schauspielerin Olga Knipper, die Bedingung gestellt hat, nicht zusammenzuleben. So lebten sie an verschiedenen Orten, sie in Moskau, er in Jalta. Tschechows Gattin war eine kluge Frau und verstand die Begabung und die Bedürfnisse ihres genialen Gatten. Ähnliches galt auch für andere berühmte Paare. Die Schriftstellerin und Psychoanalytikerin Lou Andreas-Salomé heiratete einen Sprachwissenschaftler unter der Bedingung, daß es in der Ehe keine sexuellen Beziehungen gibt. Sie lebten ihr ganzes Leben lang wie Bruder und Schwester, obwohl sie und er Liebesbeziehungen außerhalb der Ehe hatten. Das zweite Schriftstellerpaar, an das ich in diesem Zusammenhang denke, liegt auf dem Friedhof Montparnasse in Paris begraben. Auf dem weißen Grabstein sind die Namen eingraviert: Jean-Paul Sartre, gestorben am 15. April 1980, und Simone de Beauvoir, gestorben am 14. April 1986. Sie sind in einem gemeinsamen Grab zur ewigen Ruhe gebettet, eines der am engsten miteinander verbundenen und gleichzeitig seltsamsten Paare des 20. Jahrhunderts. Sie waren sich nie sexuell nahe. Das gehörte zum ersten Punkt des Ehevertrags, den Sartre zu Beginn ihrer Beziehung aufgesetzt hatte: »Gemeinsam in einem Haushalt zu leben, als Mann und Frau, betrachte ich als bürgerliche Dummheit und Dumpfheit, und wir werden das niemals tun ...« Die anderen Punkte reichten von »immer beieinander sein« bis zu »völliger sexueller Freiheit«.

Pjotr Iljitsch und Antonina beschlossen, die Hochzeit am 6. Juli in der Kirche des Heiligen Georg zu feiern. Die Trauzeugen waren Pjotr Iljitschs Bruder Anatoli und ein Schüler des Komponisten, der Geiger Jossif Kotek, auf Seiten des Bräutigams, auf Seiten der Braut ihre Mutter und eine weitere Verwandte.

Warum hat er geheiratet? Erstens, weil er verliebt war. Zweitens, weil er mit der Hochzeit, wie er selbst schrieb, die Gerüchtemacher, die auf seine »Neigungen« anspielten, zum Schweigen bringen wollte. Drittens wollte er seine finanzielle Situation verbessern, versprach die Braut doch eine ansehnliche Mitgift, ihr Vater hatte ihr ein großes Waldgrundstück in Klin hinterlassen. Viertens hoffte er, daß Antonina als Musikerin seine Hingabe an die Musik, seine Liebe zur Einsamkeit, seine empfindsame Seele verstehen würde.

Doch was erträumte sich Antonina, als sie Tschaikowski heiratete? Viel. In ihr traf die Naivität eines weltfremden und nicht mehr ganz jungen Mädchens auf die Affekte der späten Leidenschaft und die romantischen Träume von Familienglück und Kindern in einem warmen, gemütlichen Heim. Es war, als wolle sie die frühe Katastrophe ihrer Kindheit überwinden, um dorthin zu gelangen, wo eine liebende, zuverlässige Familie und ein ganzer Koffer voller Fotoalben mit Familienbildern auf sie warten – solche Träume leben besonders heftig in den Herzen von Mädchen, die ohne Mutter aufwuchsen oder allzu früh aus der Liebe und Fürsorge der Mutter entlassen wurden.

Antonina Miljukowa hatte nicht das Talent, den »einsamen Wolf« zu zähmen, zu dem Pjotr Iljitsch damals geworden war. Er war außerstande, seine Gewohnheiten zu ändern, seine Arbeit an der Oper *Eugen Onegin* auf halbem Wege zu unterbrechen, es fiel ihm schwer, mit Worten zu erklären, was er fühlte, wenn er komponierte, wenn er sich der Welt öffnete, um sie durch sich hindurch strömen zu lassen. Ein Komponist ist wie ein gestimmtes Instrument, das auf leiseste Vibrationen der Außenwelt reagiert – doch wie er das Antonina erklären sollte, wußte er nicht, er war nicht dazu in der Lage. Er spürte vermutlich, daß sie kein Verständnis dafür hatte, wie wichtig die Stille, die Versenkung in sich selbst und die Einsamkeit für ihn waren und daß er nicht von morgens bis abends Gespräche über die Einrichtung des gemeinsamen Nestes, die Einstellung einer Köchin und Ähnliches hören wollte. Er wollte komponieren und »zusammen mit seiner Frau, aber trotzdem einzeln sein«, er wollte Freiheit haben für einsame Wanderungen und Überlegungen. Bald war ihm der Gedanke unerträglich, mit dieser Frau, die ihm naiv und dümmlich vorkam, sein restliches Leben verbringen zu müssen.

In einem alten sowjetischen Spielfilm über Tschaikowski kommt Antonina, soweit ich mich erinnere, nur ein einziges Mal vor: Sie wickelt sich nach dem Mittagessen flink ein hartes, langes Dreieck aus einem Bonbonpapier und benutzte es als Zahnstocher. In Wirklichkeit jedoch hatte sie gute Manieren. Über ihre gute Erziehung schrieb später sogar Tschaikowskis Schwester, die am Anfang auf der Seite der jungen Frau stand, die nur einen Makel hatte: das Fehlen von Lebens- und Liebeserfahrung. Eine angeborene Kindlichkeit haftete ihr an. Mädchen dieser Art werden erst spät erwachsen, wenn sie älter als dreißig sind. Besonders, wenn sie keine mütterliche Liebe erfahren haben. Ihre Verwirrung verbergen sie häufig hinter einer aufdringlichen Geschwätzigkeit, die ermüdet und nervt. In ihrer Einfalt versuchte Antonina sogar, Gefühle wie Eifersucht bei ihrem Mann zu wecken und tischte ihm Phantasiegeschichten von glänzenden und wohlhabenden Verehrern auf – Tschaikowski hörte ihr zerstreut zu und schreckte manchmal mit angespanntem Blick aus der Unterhaltung auf, als hätte er an einem unbekannten Ort ein seltsames Geräusch gehört. In solchen Minuten schien ihm, die junge Frau, die vor ein paar Wochen von innen leuchtete, würde nur noch flackern und rußen, um bald zu erlöschen und sich in einen schwarzen rauchenden Docht zu verwandeln.

Nach der Hochzeit reisten die Jungvermählten für eine Woche zu Tschaikowskis Vater nach Sankt Petersburg. Im Zugabteil kam sich Pjotr Iljitsch vor, als bestünde er nur aus Herzklopfen und Händen, von denen er nicht wußte, wohin mit ihnen. »Als sich der Zug in Bewegung setzte«, schrieb er später seinem Bruder, »war ich bereit, laut loszuschreien vor drückendem Kummer. Doch ich mußte meine Frau bis nach Klin mit Gesprächen unterhalten, damit ich mir das Recht verdiente, mich im Dunkeln auf meinen Sessel zurückzuziehen und mit mir selbst allein zu sein. Am tröstlichsten war es für mich, daß meine Frau meine schlecht verborgene Traurigkeit weder verstand noch bemerkte.«

Ilja Petrowitsch, dem Vater des Komponisten, gefiel die Schwiegertochter! Er sah das Paar mit Wohlwollen und dachte sich vermutlich: Wenn die Kinder nach der Mutter geraten, wird die Welt schöner, geraten sie nach dem Vater, wird sie genialer. Antonina wich Petruscha, wie sie ihren Mann nannte, nicht von der Seite. Die ganze Zeit über war sie sich gewiß: Es kann doch nicht sein, daß er auf meine Liebe und Fürsorge nicht reagiert! Auf die Frage des Vaters, ob er glücklich sei, antwortete der Sohn, er sei rundum glücklich.

Die darauffolgende Woche verbrachten sie bei Antoninas Mutter in Klin. Die Mutter besaß ein kleines Häuschen und wies ihnen ein Zimmer mit einem großen Daunenbett zu. Doch diesmal schlief Tschaikowski im Sessel. Am Morgen erschien Antonina am Frühstückstisch mit verweinten geröteten Augen. Tschaikowski selbst konnte sich die ganze Zeit über nicht vom Gefühl des völlig Absurden des Geschehens frei machen und verzweifelte darüber, daß er seinen Ansprüchen an sich selbst nicht entsprach – als sei ihm ein völliges Verbot auf alles Leben auferlegt worden. Die Rettung lag nur in der Musik.

Zum Sommerende bat Pjotr Iljitsch seine Frau, die eifrig das »Nest« in Moskau baute, um einen Abschied und reiste unter dem Vorwand, weiter an *Eugen Onegin* arbeiten zu müssen, zu seinen Verwandten nach Kamenka.

Viele Jahre später rechtfertigte sich Tschaikowski für seine unglückliche Heirat in einem Brief: »... ich hatte mich so intensiv mit der Gestalt der Tatjana in *Eugen Onegin* beschäftigt, daß sie für mich lebendig wirkte wie überhaupt alles, was sie umgab. Ich liebte Tatjana und war furchtbar wütend auf Onegin, der mir als ein kalter und herzloser Geck erschien. Als ich den zweiten Brief der Madame Miljukowa erhielt, war ich beschämt und unzufrieden mit meinem Verhalten ihr gegenüber ... Mich wie Onegin zu verhalten, erschien mir unzulässig.«

Nachdem er einige Zeit allein, ohne Antonina, verbracht und das Für und Wider seiner Ehe gegeneinander abgewogen hatte, erschien Tschaikowski die Zukunft bereits in freundlicheren Farben. In einem Brief an die Baronesse von Meck schreibt er: »Wenn mich mein Wissen um meine innere Verfassung nicht trügt, so ist es sehr gut möglich, daß ich, wenn ich mich erholt habe und sich meine Nerven etwas beruhigen, wenn ich nach Moskau zurückkehre und meine gewohnten Tätigkeiten wieder aufnehme, meine Frau völlig anders wahrnehme. Sie hat viele gute Anlagen, die mich schließlich glücklich machen können. Sie liebt mich aufrichtig und wünscht sich nichts sehnsüchtiger, als mich ruhig und glücklich zu sehen. Sie tut mir sehr leid.« Der Wunsch zu komponieren kehrte zurück, und er war im siebten Himmel vor Glück. Und in einem anderen Brief: »Meine Frau schreibt mir, unsere Wohnung sei bald fertig eingerichtet ... Ich weiß, es stehen schwierige Minuten bevor, doch dann kommt die Gewohnheit, und die Gewohnheit ist, wie Puschkin sagt: ›... uns von oben gegeben, um das Glück zu ersetzen.‹« Doch alles kam ganz anders.

Nichts war so, wie er es sich erträumt hatte. Antonina Iwanowna verkörperte plötzlich für Tschaikowski alles, was er nicht mochte und vor dem er sich fürchtete. Und je mehr er sie zurückwies, umso stärker empfand sie Angst vor der Zurückweisung. Und umso mehr versuchte sie, »ihrem Petitschka alles recht zu machen«. Ihre zärtlichen Gefühle zeigte sie ihm allerdings immer in den ungeeignetsten Momenten und ließ ihn keinen Augenblick allein. Die Musik? Von Arbeit konnte keine Rede sein. Um zu komponieren, benötigte Tschaikowski eine entsprechende Stimmung, Inspiration.

Er schrieb seinem Bruder Anatoli nach Sankt Petersburg. Bat ihn darum, ein Telegramm zu schicken, das ihm einen Vorwand böte, Moskau zu verlassen, etwa in der Art, die Direktion des *Mariinski Theaters* habe einen Auftrag für ihn. Aus Sankt Petersburg fuhr er nach Italien. Das Reisegeld hatte ihm die Baronesse von Meck geschickt. Gerüchte drangen nach Moskau, Tschaikowski sei ernsthaft erkrankt und müsse sich im Ausland kurieren. Seine Frau, hieß es, würde ihm bald nachreisen.

Wer weiß, hätten sich die Brüder nicht eingemischt, die Antonina von Anfang an nicht mochten, hätte sich bei Tschaikowski vielleicht mit der Zeit ein normales Verhältnis zu seiner jungen Frau entwickelt. Doch die Brüder, Anatoli und Modest, wetteiferten geradezu darin, Pjotr Iljitsch zu »retten.« Und überredeten ihn zum Betrug. Nachdem er das fingierte Telegramm aus Sankt Petersburg erhalten hatte, flüchtete Pjotr Iljitsch vor »dieser schrecklichen Frau« in die Hauptstadt. Seine Frau glaubte der Nachricht, er sei in Sankt Petersburg schwer erkrankt, und seinem Versprechen, sich mit ihr auf dem Weg in einen Kurort zu treffen. Antonina Iwanowna reiste ihm nach Kamenka entgegen, in die Nähe von Odessa, auf das Landgut von Tschaikowskis Schwester Alexandra Dawydowa. Der Schwägerin, dem offensichtlich charakterstärksten und überzeugendsten Mitglied der Tschaikowski-Familie oblag es, die schreckliche Wahrheit zu offenbaren: Ihr Mann hatte sie für immer verlassen.

Die Nachricht bestürzte Antonina Iwanowna sehr. Sie geriet in eine schreckliche Verfassung, dem Irrsinn nahe. Krankhaft erregt, in furchtbarer Unruhe dachte sie von morgens bis abends an nichts anderes als ihren »Petitschka.« Die Schwester des Komponisten fühlte sich äußerst unwohl, als sie sah, wie sehr ihre neue Verwandte litt. »Ihre Natur ist vor allem ganzheitlich und ehrlich«, äußerte sie über die Schwägerin. »Sie hat ein reines, grenzenlos liebendes Herz, sie hat einen einfachen und gesunden Verstand.« In ihren Briefen an Modest verurteilte sie das Verhalten ihres Bruders heftig, der die junge Frau verlassen hatte, ohne ihr etwas zu sagen oder zu erklären. Antonina konnte nicht einmal vermuten, daß ihr Mann sie für immer verlassen hatte.

Am Ende jedoch zogen die Tschaikowski-Brüder Alexandra auf ihre Seite. Sie, die am Anfang ihre Schwägerin unterstützt hatte, jagte Antonina schließlich aus Kamenka davon. Von Kummer geschüttelt, kehrte Antonina Iwanowna nach Moskau zurück, wo sie zunächst bei einer Freundin wohnte. Heute wissen wir, daß ihre Briefe Tschaikowski nie erreichten, sie wurden von den Verwandten abgefangen. Sie erfuhr jedoch, daß sich im Privatleben des Komponisten alles nur um die Musik drehe und daß er im Januar 1878 die Oper *Eugen Onegin* vollendet hatte.

Von tiefer Verbitterung ist der Brief Antoninas an Modest Iljitsch erfüllt: »Auf all meine Liebe und Hingabe reagiert Petja damit, daß er sich in Moskau, ja auch sogar in Sankt Petersburg vor mir abschirmt. Wo ist nur seine Güte, von der so viel die Rede war? Solch ein furchtbarer Egoismus ist nicht mit Güte vereinbar.«

Dann folgten Jahrzehnte des Umherirrens, von einem elenden Winkel zum nächsten, fast völlige Mittellosigkeit. Antonina verfolgte den Komponisten beinahe sein ganzes restliches Leben lang mit ihren Briefen. Manchmal verlangte sie Geld über den vereinbarten Unterhaltsbetrag hinaus. Doch häufiger waren es Briefe wie: »Mein teuerster Petitschka! Was ist mit Dir, warum höre und sehe ich nichts von Dir? Du bist doch hoffentlich nicht krank? Komm, mein Liebster, besuch mich. Doch wäre es äußerst traurig für mich, wenn Du nur aus Pflichtbewußtsein zu mir kämst. Ich weiß, daß Du mich nicht liebst, das quält mich, zerreißt mich im Innersten und wird mir nie Ruhe geben. Dann komm, und überzeuge Dich zumindest davon, daß Du mein ein und alles auf der Welt bist. Keine Kraft wird mich zwingen können, Dich nicht mehr zu lieben. Hab Mitgefühl mit mir ... Laß uns miteinander reden, wie Mann und Frau das tun. Nur Gott allein weiß bis jetzt, welche Beziehung wir zueinander hatten. Ich küsse Dich unendlich viele Male, wenn auch indirekt. Ich weiß, daß Du es nicht besonders magst, wenn man es in Wirklichkeit tut ...«

Verzweifelter Schmerz wird im letzten Brief Antoninas an ihren Mann spürbar: »Wenn ich Ihnen etwas Böses hätte zufügen wollen, hätte ich das längst, längst getan. Doch warum soll ich Sünde auf meine Seele laden? Und welches Recht hätte ich, Sie zu richten? Gott ist unser Richter ... Ich selbst habe doch alle möglichen Schwächen und Unzulänglichkeiten. Und alles, worin Sie vor langer Zeit gefehlt haben, ist längst von all dem Guten überdeckt, von Ihrer Anteilnahme gegenüber den Menschen. Es liegt in Ihrer Macht, die Gerüchte zu unterbinden, die sagen, Sie hätten ein schlechtes Weib geheiratet, das sich dann auch als törichte Ehefrau erwiesen habe. Ich habe diese Erniedrigungen satt.« Und noch ein Satz aus ihrem Brief an Modest, den Bruder des Komponisten: »Ihr alle, Ihr habt mein Leben zerstört!«

Es gab noch einen Mann im Leben der Antonina Tschaikowskaja. Alexander Schlykow, Jurist von Beruf, liebte Antonina seit langem. Er bemühte sich, allerdings ohne Erfolg, eine Scheidung der Tschaikowskis zu erreichen, aber die Parteien gelangten zu keiner Einigung. Damals suchte Antonina Iwanowna ihren Ehemann in Sankt Petersburg auf, warf sich ihm weinend an den Hals und flehte ihn an, zu ihr zurückzukehren. Natürlich hatte sie keinen Erfolg: Ihr wurde verboten, dem Komponisten zu schreiben und erst recht, sich ihm zu nähern, unter Androhung des Verlusts der kleinen Rente, die ihr Tschaikowski zahlte.

Als sie alle Hoffnungen, ihren geflohenen Mann zurückzugewinnen, aufgegeben hatte, lebte sie mit Schlykow ohne Trauschein zusammen und brachte von ihm drei Kinder zur Welt. Schlykow erwies sich als ein Mensch mit schwerem Gemüt und strapazierte die angegriffenen Nerven seiner Lebensgefährtin über alle Maßen. Dann erkrankte er schwer, und die letzten Jahre seines Lebens mußte ihn Antonina Iwanowna pflegen, wofür sie ihre letzten Kräfte und Mittel einsetzte. Ihre Psyche war bereits sehr anfällig, sie führte Selbstgespräche und litt unter heftigen Kopfschmerzen. Die Kinder mußten in ein Heim gebracht werden. Der Gerechtigkeit halber sei gesagt, daß sie jeweils vorher Pjotr Iljitsch Tschaikowski anbot, ihr Kind zu adoptieren.

In Tschaikowskis Umgebung wurden Gerüchte darüber verbreitet, »wie schrecklich, herzlos, und verständnislos diese Frau ihrem genialen Mann gegenüber war.« Man nannte sie eine »Nymphomanin« und »Abenteurerin, die sich geschickt als Musikerin getarnt hatte«, deren aufdringliche sexuelle Belästigungen den Komponisten beinahe in den Selbstmord getrieben hätten.

Pjotr Iljitsch litt ihr gegenüber sein Leben lang unter Gewissensbissen und fand dennoch die Kraft einzugestehen: »... sie hat sich ehrlich und aufrichtig verhalten; ich weiß und erkenne es an, daß es ihr tiefster Wunsch war, mir eine gute Frau zu sein ... sie trifft keine Schuld daran, daß ich nicht fand, was ich suchte.« Von Zeit zu Zeit bat Tschaikowski seine Freunde, in Erfahrung zu bringen, wie es Antonina gehe, vielleicht benötige sie etwas, oder sollte man ihr nicht die Rente erhöhen? Einige Male antwortete er gefaßt und durchaus wohlwollend auf ihre Briefe. Er nahm auch ihr Geschenk, ein selbstgenähtes Hemd, entgegen und bedankte sich dafür. Als Antwort bat sie schüchtern um eine Fotographie Pjotr Iljitschs und darum, daß er ihr ein Werk widmen möge und sei es ein winzig kleines. Die aufgebrachten Freunde rügten den Komponisten, als er ihr sein Foto schickte: »Reicht man ihr den Finger, beißt sie die ganze Hand ab!«

Muß man sich darüber wundern, daß Tschaikowski unmittelbar vor seinem Tod seine verlassene Frau als Schmerz bezeichnete, als eine offene Wunde in seiner Seele? Wer, wenn nicht er, wußte: Der weiße Schwan seines Lebens, Antonina Iwanowna, war auf grausame Weise beschmutzt und verleugnet worden.

Nach dem Begräbnis ihres Mannes war Antonina Iwanowna dann endgültig überfordert von all den furchtbaren Ereignissen. 1896 erlitt sie einen Anfall von Verfolgungswahn und mußte in eine Psychiatrische Klinik eingewiesen werden, wo sie mit kurzen Unterbrechungen zwanzig Jahre lang blieb. In all den Jahren, die vergingen, nachdem Tschaikowski sie im Stich gelassen hatte, schien es Antonina, als sei sie von einer Mauer der Verachtung umgeben. Daß hinter ihrem Rücken getuschelt werde: »Ja, ja, das ist die ...«

Psychologen, die die seltsame Verbundenheit verlassener Frauen mit den Männern, die sie abgelehnt haben, untersuchen, stellten fest, daß selbst eine erfolgreiche Therapie viele Jahre braucht, um das zerstörte »Ich« wieder aufzurichten. Dazu kommen die negativen Kindheitserlebnisse, die ihre Spuren für immer hinterlassen. Die Zeit heilt die Wunden nicht, die der Seele in den ersten Lebensjahren zugefügt werden. Sie bewahrt sie höchstens. Es scheint uns nur, daß wir sie vergessen hätten ... Als Kind sah Antonina die Prügeleien und Streitigkeiten ihrer Eltern. In ihrer Kindheit um die Erfahrung der Liebe gebracht, fürchtete sie im Leben nichts mehr, als allein zu bleiben. Weder ihr neuer Lebensgefährte noch die Geburt der Kinder konnten ihr Trauma heilen. Bis zum Schluß liebte sie ihren »Petitschka« und sah ihre Liebesgeschichte in einem völlig anderen, in der Phantasie entstandenen Licht.

Aber was hat diese seltsame Ehe für Tschaikowski gebracht? Nicht nur Leid, obwohl das Leid für einen Künstler eine Wohltat sein kann. Erinnern Sie sich an Puschkin: »Ich möchte leben, um nachzudenken und zu leiden«. Der Komponist dachte immer häufiger über unerträgliche, unlösbare Fragen des Lebens nach. Gibt es ein reines Gewissen? Worin liegt der Sinn des Leidens und der Einsamkeit? Wie kann man, wenn man in den Abgrund des Absurden und in den Abgrund des Todes geblickt hat, den Mut und die Kraft finden, diesen Widerspruch in sich zu überwinden und eine eigene Antwort darauf finden? Tschaikowskis Musik der letzten Jahre war ein unaufhörlicher Dialog mit sich selbst und seinem Gewissen. Der Komponist zog sich völlig in sich selbst zurück, und nur, wenn es unbedingt notwendig war, kehrte er in die alltägliche Welt zurück. Und dabei lauschte er dem Atmen des Göttlichen.

Für den Aufenthalt Antonina Miljukowas in einer Psychiatrischen Klinik war im Testament von Pjotr Iljitsch eine großzügige Summe vorgesehen. Im Februar 1917 starb Tschaikowskis Witwe in einer Nervenheilanstalt.

Es gab noch eine Frau, die in Tschaikowskis Leben eine große Rolle spielte. Wer weiß, was Pjotr Iljitsch vor der Hochzeit mit

Antonina Miljukowa gemacht hätte, wenn ihm nicht Nadeschda Filaretowna von Meck drei Tausender geschickt hätte? Vor seiner Bekanntschaft mit ihr (sie sind einander nie begegnet; das war die Bedingung seiner Mäzenin, der Witwe eines Millionärs, eines Eisenbahnmagnaten) hatte er hohe Schulden, deren Last ihn beinahe erdrückte. Er mochte nicht am Konservatorium unterrichten, die Stunden waren ihm mitunter widerwärtig. Der ständige Geldmangel kam von seinem Unvermögen, mit Geld umzugehen. Die helfende Hand, die ihm diese Frau reichte, erlaubte ihm, zehn Jahre lang zu arbeiten, ohne an Geld zu denken, sondern sich ganz auf seine Kompositionen zu konzentrieren. Er widmete ihr seine *Vierte Sinfonie*.

Sie waren tatsächlich in vielerlei Hinsicht Seelenverwandte: Sie liebten Musik, sie waren sehr einsame Menschen, obwohl sie zahlreiche Verwandte und Freunde hatten. Das platonische Verhältnis zwischen Tschaikowski und Nadeschda Filaretowna von Meck war die Rettung für sie beide. Er schrieb ihr: »Ich wage zu denken, daß Sie sich nicht irren, wenn Sie mich als einen Ihnen nahestehenden Menschen betrachten ... Schon die Tatsache, daß wir beide an derselben Krankheit leiden, verbindet uns. Die Krankheit heißt Misanthropie, doch es ist eine besondere Art von Misanthropie, ihre Grundlage ist nicht der Haß oder die Verachtung der anderen. Menschen, die an dieser Krankheit leiden, fürchten nicht den Schaden, der ihnen durch die Niedertracht anderer zugefügt werden kann, sondern die Enttäuschung, die Trauer um das Idealbild, die jeder Annäherung folgt.« Nach Tschaikowskis Trennung von der Miljukowa war es die Freundschaft mit Frau von Meck, die seine geistige Stütze war. Umso seltsamer ist es, daß sie sich bis zum Lebensende nie sahen. Doch das ist eine andere Geschichte ...

Im Herbst 1893 wurde Sankt Petersburg von einer Cholera-Epidemie heimgesucht, die viele Opfer forderte. Unter ihnen war Pjotr Iljitsch Tschaikowski. Doch viele seiner Biographen sind der Meinung, der Tod des dreiundfünfzigjährigen Komponisten sei ein verborgener Selbstmord gewesen und seine letzte Sinfonie, die *Sechste*, sei sein Abschiedsbrief.

»Ohne Dich ist mir kalt und ungemütlich«

Olga Knipper-Tschechowa (1868 – 1959)

In den Briefen von Anton Tschechow (1860 – 1904) tauchen am 15. Dezember 1900 die Worte »Ich liebe« auf, als er bereits vierzig Jahre alt war und nur noch vier Jahre zu leben hatte.

Einmal bekannte ihm eine seiner Briefpartnerinnen, eine Schriftstellerin, daß ihr Ruhm wichtiger sei als Liebe, da antwortete er: »... bei mir ist es umgekehrt, ich wünsche mir Liebe, viel stärker als Ruhm. Aber das ist Geschmackssache.« Und ein weiteres wichtiges Bekenntnis: »Ich bekam so selten Zärtlichkeit, als ich klein war, daß ich jetzt, als Erwachsener, Zärtlichkeit als etwas völlig Ungewohntes empfinde«, schrieb er einem Adressaten aus einem anderen Anlaß.

Im Alltag hatte Tschechow eine gewisse Ähnlichkeit mit Belikow, dem Helden seiner Erzählung *Der Mensch im Futteral*. Der Schriftsteller verbarg sein Privatleben sorgfältig vor seinen Mitmenschen. Wer konnte ahnen, daß hinter der scheinbar ruhigen und zurückhaltenden Fassade, in der Tiefe seiner Seele, Leidenschaften brodelten, die so gar nichts mit Humor zu tun hatten? Wir wissen von ihm, daß er ein Frauenversteher war, attraktiv, in mehreren europäischen Sprachen bewandert, ein unterhaltsamer Gesprächspartner, Besitzer eines sagenhaften Dendrarien-Parks und einer Rosensammlung, die mehr als 150 Sorten umfaßte, doch das unterstreicht nur seine erhabene, poetische Natur. Der geniale Kurzgeschichtenautor, der begnadete Dramatiker und leidenschaftliche Theatermensch war ständig umringt von einer Schar Verehrerinnen, hatte zahlreiche amouröse Abenteuer, blieb jedoch einsam, selbst nach seiner Heirat.

Er nannte seine Frau, die Schauspielerin des *Moskauer Künstlertheaters* Olga Knipper, zärtlich: »mein Hund«, »Aktrisulja«, »Dusja.« Ein halbes Jahr vor seinem Tod schrieb er ihr: »Ich grüße Dich, Du letzte Seite meines Lebens, Du große Schauspielerin der russischen Lande.«

Aber wer waren die »ersten Seiten«? Eine war Lika Misinowa. Im Haus der Tschechows kamen häufig junge Menschen zusammen. An Feiertagen besuchten Freundinnen Maria, die Schwester Anton Tschechows, die am Gymnasium unterrichtete. Eine davon war Lika, Marias gute Kollegin. Das schüchterne Mädchen mit blauen Augen, einem ausdrucksstarken Gesicht und aschblonden Haaren wurde im Freundeskreis der Tschechows begeistert aufgenommen. »Die wunderschöne Lisa« konnte dem Zauber Tschechows nicht widerstehen. Immer wenn ich ihren Briefwechsel mit Anton Pawlowitsch lese, fällt mir der humorvolle, witzige Ton des Schriftstellers auf, der nicht von ihrer Affäre mit Lewitan oder mit dem damals sehr populären Schriftsteller Potapow beeinträchtigt wurde. Tschechow scherzte so lange, bis Lika das Ungleichgewicht in der Beziehung verstand und ihm aufrichtig schrieb, er sei wohl »kein Hut für ihren Kopf.«

Es gab auch andere, zum Beispiel Lidija Awilowa, die verheiratet war und sehr offenherzige Erinnerungen an ihre Liebe zu Tschechow hinterließ. Aus einem Brief Tschechows an Awilowa: »... doch ich wußte, daß Sie nicht so sind wie viele Frauen, daß Sie rein und aufrichtig geliebt werden müssen, für das ganze Leben. Ich fürchtete, Sie zu berühren, um Sie nicht zu kränken. Wußten Sie das?« Doch eine Beziehung zu Awilowa fand nicht statt. Als sie sich trennten, erhielt Tschechow per Post einen Schlüsselanhänger aus einem Juweliergeschäft zugesandt. Der Anhänger hatte die Form eines aufgeschlagenen Buches. Auf der einen Seite war eingraviert: *Novellen und Erzählungen. Autor An. Tschechow* und auf der anderen eine Seitenzahl. Als er die angegebene Seite gefunden hatte, las Anton Pawlowitsch: »Wenn Du eines Tages mein Leben brauchst, so komm und nimm es.« Doch Tschechow kam nicht, und wieder klang in seinen Briefen der belustigte Ton in Bezug auf die Frauen.

Wie viele Geheimnisse mag das *Moskauer Künstlertheater* bergen, wo die jungen Aktricen um Anton Pawlowitschs Herz wetteiferten! Darunter waren faszinierende Schauspielerinnen wie Lidija Jarowskaja, Jelena Schawrina oder die junge Schriftstellerin Tatjana Stschepkina-Kupernik. Sie alle hinterließen

Erinnerungen, Briefe, die von ihrer Liebe zu Tschechow zeugen. Und er? Es ist schwierig, auf diese Frage zu antworten.

Wenn er in Moskau weilte, besuchte Tschechow so häufig wie möglich Theateraufführungen, nahm an Proben teil und interessierte sich für das Leben hinter den Kulissen. Er war in die Theaterneuigkeiten eingeweiht und nahm durchaus Anteil an den Liebesgeschichten der Ensemblemitglieder. Aber er selbst war nie ernsthaft davon betroffen. Doch der Gedanke, daß es Zeit sei, eine Familie zu gründen, um sich gegen das Alter abzusichern, kam ihm immer öfter. So tauchte zwischen den amüsierten und scherzhaften Zeilen eines Briefs an seinen Freund plötzlich ein Nachsatz auf, der offenbarte, wie sehr er sich nach einem privaten Glück und nach einer eigenen Familie sehnte. »Ich bedauere, daß ich nicht verheiratet bin, oder zumindest, daß ich keine Kinder habe« so klingt sein ernstes Postskriptum zum scherzhaften Brief an Grusinski aus dem Jahr 1888. Da stand er kurz vor seinem dreißigsten Geburtstag. Der Gedanke, daß nur eine weibliche Hand in der Lage sei, das Leben zu ordnen, Behaglichkeit zu schaffen, ihn vor fremder Zudringlichkeit zu schützen, suchte ihn immer häufiger heim. »Man muß heiraten«, scherzte er, als er einmal während eines Klinikaufenthalts unter zahlreichen ungebetenen Besuchern litt. »Eine böse Frau könnte vielleicht die Besucherzahl halbieren. Gestern kamen ununterbrochen Leute zu mir, es ist ein Übel!«

Doch vor der Ehe fürchtete er sich. »Erlauben Sie, ich heirate Sie, wenn Sie das wollen«, schrieb er. »Meine Bedingungen: Alles muß so bleiben, wie es zuvor war, das heißt, sie soll in Moskau leben und ich im Dorf, und ich werde zu ihr fahren. Das Glück, das jeden Tag andauert, von morgens bis abends und bis zum nächsten Morgen, halte ich nicht aus. Wenn man mir den ganzen Tag lang immer das Gleiche im immer gleichen Tonfall erzählt, macht mich das wild. In der Gesellschaft von S. erstarre ich, weil er sehr viel Ähnlichkeit mit einer Frau hat. (›mit einer klugen und einfühlsamen‹) und weil mir in seiner Gegenwart der Gedanke kommt, meine Frau könne ihm ähnlich sein. Ich verspreche, ein großartiger Ehemann zu sein, aber gebt mir eine Frau, die dem Mond gleicht und nicht jeden Tag an meinem Himmel erscheint.«

Im selben Jahr schrieb er an denselben Adressaten, seinen Freund und Verleger Suworin: »Ich fürchte mich vor einer Frau und den familiären Regeln, die mich einschränken werden und sich in meiner Vorstellung nicht mit meiner Unordentlichkeit vereinbaren lassen, aber vermutlich wäre das immer noch besser, als auf dem Alltagsmeer herumzuschaukeln und dem Sturm im zerbrechlichen Kahn der Ausschweifungen zu trotzen.«

Doch mit der Zeit sprach Tschechow immer häufiger und immer ernsthafter über zukünftige Heiratspläne. »Was die Heirat angeht, die Du forderst«, schreibt er dem Bruder, Michail Pawlowitsch, »nun, wie soll ich es Dir erklären? Zu heiraten ist nur interessant, wenn man verliebt ist, eine junge Frau heiraten, nur weil sie hübsch aussieht, ist das Gleiche, als würde man einen unnötigen Gegenstand auf dem Basar kaufen, nur weil er gut gemacht ist. Im Familienleben ist die wichtigste Schraube die Liebe, die geschlechtliche Anziehung, die Einheit des Fleisches, alles andere ist unzuverlässig und langweilig, so klug wir darüber auch urteilen mögen. Es geht also nicht um eine hübsch aussehende junge Frau, sondern um eine geliebte; das ist, wie Du siehst, ein großer Unterschied.«

1901 heiratete Tschechow die Schauspielerin des *Moskauer Künstlertheaters*, des *MchAT*, Olga Knipper. Ein erster Hinweis auf die beginnende Faszination läßt sich seinen Briefen aus dem Jahr 1898 entnehmen. »Bei Nemirowitsch und Stanislawski«, schreibt er, »wird sehr interessantes Theater gemacht, die Aktricen sind wunderbar. Wenn ich noch ein wenig länger geblieben wäre, hätte ich den Kopf verloren. Je älter ich werde, desto häufiger und kräftiger schlägt in mir der Puls des Lebens.« Ein anderer Brief bezeugt bereits eindeutig die Eindrücke, die Olga Knipper mit ihrer Schauspielkunst hinterlassen hat, vor allem in der Rolle der Irina im *Zar Fjodor Ioanowitsch*. »Irina ist meiner Meinung nach großartig. Die Stimme, die Aristokratie der Ausstrahlung, die Innigkeit, alles ist so gut, daß es sogar in der Kehle kitzelt ... Irina ist die Beste von allen. Wenn ich in Moskau bleiben würde, würde ich mich in diese Irina verlieben ...«

Olga Leonardowna Knipper entstammte einer russifizierten deutschen Familie, deren Wurzeln im Saarland lagen. Die Familie gehörte den besten Kreisen an, eine Großmutter war Hofdame der Zarin und die Freundin ihrer Schwester, die Kinder spielten gemeinsam mit den Prinzessinnen. In der Familie wurden drei Sprachen gesprochen, Russisch, Deutsch und Französisch, und es wurde viel gelesen. Olga Leonardowna hatte die Schönheit und den Charme ihrer Mutter geerbt, vom Vater hatte sie Willensstärke und Zielstrebigkeit. Ihr Bruder Konstantin hatte einen hohen Posten im Ministerium für Postwesen inne, ein anderer Bruder war Sänger am *Bolschoi-Theater*, wo er unter dem Künstlernamen Nardow auftrat. Neben angeborenem guten Geschmack, Schönheit und schauspielerischem Talent hatte Olga einen außergewöhnlichen Verstand, ein hohes Selbstwertgefühl und eine unbändige Energie. So öffneten sich für sie die Türen des *Moskauer Künstlertheaters*. Über die Rolle der Warwara in Maxim Gorkis *Sommergästen* und die Rolle der Lisa in Gorkis *Kinder der Sonne* urteilten die Theaterkritiker der damaligen Zeit: »Knipper hat in die Rolle der Lisa all ihre Nerven hineingelegt, alle vibrierenden Nuancen ihrer ergreifenden Stimme, alles Leid und die Unzufriedenheit mit dem Leben, die ihr so gut anstehen und ihrer Begabung so entsprechen.«

Diese zauberhafte Stimme besiegte Tschechow – eine Stimme, die fesselnd und beschwörend sein konnte, mit einer Klangfülle und einem unerschöpflichem Reichtum von Nuancen. Dazu kam ihre stolze Figur und ihre vollen, plastischen Gesten, sie verkörperte eine beseelte Weiblichkeit, die völlig ohne falsche Niedlichkeit oder Süße auskam. Olga Knipper hatte ihr Leben lang davon geträumt, einem Menschen zu begegnen, der nur mit einer Berührung der Hand das Gefühl von Ruhe und Geborgenheit bei ihr auszulösen vermochte. In Tschechow spürte sie diesen Menschen.

Ende Mai 1901 fand sich in den Zeitungen die lakonische Mitteilung, daß Anton Pawlowitsch Tschechow und die Schauspielerin des *Moskauer Künstlertheaters* Olga Leonardowna Knipper geheiratet haben, daß die Trauung im Beisein der vier obligatorischen Trauzeugen stattgefunden habe und daß es keine weiteren Anwesenden gegeben habe. Es wurde erläutert, daß die Schauspielerin dem Ensemble des *Moskauer Künstlertheaters* angehöre. »Sie ist eine noch ganz junge Schauspielerin, erst vor wenigen Jahren schloß sie die Ausbildung an der *Schauspielschule der Moskauer Philharmonischen Gesellschaft* ab, in der Klasse Wladimir Nemirowitsch-Dantschenkos. Im Theater hat Madame Knipper die Aufmerksamkeit auf sich gelenkt mit der eindrucksvollen Verkörperung der Hauptrolle in der *Möwe*.

Anfang 1903 bemerkte Tschechow ganz nebenbei in einem seiner Briefe: »Besondere Veränderungen gibt es nicht. Übrigens habe ich geheiratet. In meinem Alter geschieht das nahezu unmerklich, genau so wie sich die Haare auf dem Kopf lichten.«

Warum hatte er sich in Olga Knipper verliebt? Offensichtlich nicht nur ihres Talents, ihrer Schönheit und ihres großes Herzens wegen. Sie teilte auch seine Ideen, darunter die Idee von der Erziehung und der Selbsterziehung des Menschen, von der Entwicklung der Gesellschaft durch Kreativität und von der völligen Aufrichtigkeit und Selbstreflektion in den zwischenmenschlichen Beziehungen. Neben ihrem außergewöhnlichen Talent besaßen beide auch ein außergewöhnliches Gewissen, und der Gedanke, daß der Mensch nicht einfach so vor sich hin lebt, die Hände in den Schoß gelegt, war beiden eigen. Man darf nicht selbstverliebt sein, man darf weder sich selbst noch seine Mitmenschen belügen, die Erde und die göttliche Idee des Menschen kränken. Als Olga einmal mit ihrem Mann über sein Stück *Iwanow* sprach, war Tschechow von ihren Gedanken beeindruckt. Olga sagte, daß der Hauptheld stirbt, weil er seine Heimaterde nicht retten kann, das Chaos nicht ordnen und den Fall nicht aufhalten kann. Es zerbrach ihn, weil er zu viel auf sich genommen hatte. Olga spürte und verstand seine Stücke wie niemand sonst.

Als er aus Moskau nach Jalta zurückgekommen war, schrieb er seiner Frau: »Ich habe mich an Dich gewöhnt wie ein Kleinkind, ohne Dich ist mir kalt und ungemütlich. [...] Ich liebe Dich sehr und werde Dich immer lieben. Dein Mann und Dein Freund für alle Ewigkeit ...«

Nach diesen zärtlichen Zeilen folgt plötzlich in seinem Notizbuch ein abstrakter philosophischer Eintrag: »Liebe. Entweder ein Überbleibsel eines Anachronismus, der einst gigantisch gewesen ist, oder Teil von etwas, das sich in Zukunft zu etwas Gigantischem entwickelt. In der Gegenwart befriedigt sie jedoch nicht, sondern gibt viel weniger, als man erwartet.« Heißt das, daß die Beziehung zu Olga Knipper keineswegs idyllisch war? Im Notizbuch findet sich die unerwartete Bemerkung: »Gefühl von ›Nichtliebe‹, ruhiger Zustand, lange, ruhige Gedanken.« Olga Tschechowa bekräftigt in ihren Memoiren: »Was immer geschehen mochte, die Liebe blieb eine Freude für beide.« Und sie unterstrich, daß beide Partner nie versucht hatten, einander zu ändern und in ihrer Liebe sich selbst treu blieben. Und daß Tschechow leidenschaftlich liebte, zärtlich, scheu, stark.

Warum fühlte er sich von Zeit zu Zeit unverstanden und verloren? Woher kam das »Gefühl der ›Nichtliebe‹?« Vielleicht, weil Olga Knipper äußerst selten nach Jalta kam. Tschechow hatte nicht nur Sehnsucht nach ihr, sondern verstand auch, daß seine Krankheit das letzte Stadium erreicht hatte. »Die Sache geht der Auflösung entgegen!« schrieb er an seinen Redakteur. Selbst einfache Wetterumschwünge verursachten ihm höllische Schmerzen. In einem Brief an seine Frau stellte er ihr ein Ultimatum: »Entweder Du schreibst mir jeden Tag, oder Du läßt Dich von mir scheiden, einen Mittelweg gibt es nicht ... Heute ist Sonntag, ich habe ein Briefchen Heroin eingenommen, jetzt ist mir angenehm und ich empfinde Ruhe.« Die beiden letzten Jahre hatte er, bereits sehr krank, an seinem Stück *Der Kirschgarten* gearbeitet, sich selbst dabei aus Angst, es nicht beenden zu können, stark unter Druck gesetzt. Olga brachte ihm seine Lieblingssüßigkeiten mit. Gemeinsam mit ihr, der sensiblen und zurückhaltenden, der expressiven und eleganten Frau, verwandelte sich sein Leben in einen Festtag. Die Premiere des *Kirschgartens* fand im Januar 1904 statt. In seinem Stück berührte Tschechow wieder die versinkende Welt der russischen Gutsbesitzer.

Der Kirschgarten blüht. Die Besitzerin des Gutshauses, Ljubow Ranewskaja, kommt, von ihrer Schuldenlast erdrückt, mit der Tochter Vera aus Paris zurück: Das Gut muß verkauft werden. Die ganze Familie Ranewski betet es wie ein Mantra: Man muß etwas unternehmen. Doch keiner ist in der Lage, eine Entscheidung zu treffen. Olga Knipper-Tschechowa spielte die Ranewskaja. Spielte bemerkenswert.

Wenn es im ersten Tschechow-Stück *Die Möwe*, wie er sagte, »fünf Pud Liebe« gibt, so gibt es im letzten, *Der Kirschgarten*, gar keine. Niemand liebt irgendjemanden.

Tschechow war bereits schwer krank. Wenn ich manchmal im Briefwechsel zwischen ihm und seiner Frau blättere, stoße ich auf Zeilen, die mich immer wieder erschüttern: »Dusja, meine Liebe, meine Frau, ich schreibe Dir den letzten Brief ...« Woher wußte er, daß es wirklich der letzte Brief sein wird?

»Dusja« war selbstbewußt und eigensinnig. Sie machte keine Zugeständnisse, wenn es um ihre künstlerische Arbeit ging. Sie hatte einen eigenständigen Verstand und eine Weiblichkeit, die durch nichts zu beeinträchtigen war. Ihre Biographen hielten allerdings fest, daß sie »eine Frau mit kühler Ausstrahlung war, mitunter herrschsüchtig und ziemlich kapriziös.« Und sie duldete es nicht, wenn man ihr widersprach, wie es bei ihrer Nichte geschah, der Tochter ihres Bruders Konstantin, die auch »Olga« hieß.

Diese Olga Knipper kam aus Petrograd nach Moskau, zu ihrer Lieblingstante Olga. Sie träumte auch davon, Schauspielerin zu werden und besuchte die Kurse im Studio des *Moskauer Künstlertheaters*. Dort lernte sie Michail Tschechow kennen, den Neffen Anton Pawlowitschs, der bereits ein bekannter Schauspieler war. Die siebzehnjährige Olga Knipper verliebte sich in ihn. Sie heirateten, heimlich, in einer Kirche bei Moskau, der Priester wurde mit einem Schmiergeld bestochen. Die Braut war siebzehn, der Bräutigam dreiundzwanzig Jahre alt. So wurde aus Olga Knipper Olga Tschechowa, weil sie den Namen ihres Mannes annahm. Nach der Trauung riefen die Jungvermählten Olga Leonardowna an, um sie über das Ereignis zu unterrichten. Die machte sich unverzüglich auf den Weg zu Michails Wohnung und verlangte, daß die Nichte nach Hause zurückkehrte.

»Ihre Nichte Olga öffnete die Tür. Bei ihrem Anblick fiel Olga Leonardowna in Ohnmacht«, hielt eine Augenzeugin die Szene fest. »Ich kann nicht sagen, ob ihr wirklich übel geworden ist oder ob sie nach den Regeln des *Stanislawski-Systems* das Bewußtsein verloren hatte; wie dem auch sei, sie fiel direkt ins Treppenhaus. Olga, die Angst um ihre Tante bekam, fiel direkt neben ihr nieder. Auf den Lärm hin kam Mischas Mutter aus der Küche gelaufen und fiel ebenfalls sofort in Ohnmacht. Der arme Michail Tschechow mußte drei Damen in die Wohnung zurückschleppen! Olga Leonardownas Lage war in der Tat ungeschickt. Sie sollte sich um die Nichte kümmern, und die war ihr entschlüpft ...«

Viele Jahre später, als die Schauspielerin Olga Tschechowa eine der berühmtesten Filmschauspielerinnen in der Zeit des Dritten Reiches geworden war, traf Knipper-Tschechowa ihre Nichte wieder. Das war 1937, nach dem triumphalen Gastspiel des *Moskauer Künstlertheaters* in Paris. Sie wohnte zunächst bei Olga, doch nach einem Empfang, den die Nichte gab, reiste Olga Leonardowna unverzüglich und vor dem festgelegten Termin nach Moskau zurück. Nur ihrer nächsten Freundin, Sofja Iwanowna Baklanowa hatte sie erzählt, was geschehen war. Beim Empfang in der Wohnung ihrer Nichte war sie mit der Führungselite des Dritten Reichs zusammengetroffen. Darüber war sie sehr erschrocken. In den Jahren kam dann der Briefwechsel mit Deutschland zum Erliegen.

Doch kehren wir ins Jahr 1904 zurück, als Tschechow noch lebte. Am 17. Januar fand die Premiere des *Kirschgartens* statt. Es war ein großer Erfolg. Bald darauf reiste das Paar nach Deutschland, wo sich der Schriftsteller auskurieren wollte.

Er starb in den Armen seiner Frau, ruhig und sanft, bei einem Glas Champagner. Seiner Schwester Maria schrieb er zuvor nach Jalta, daß »er sich diesmal wirklich auskurieren würde.« Es war der einzige Selbstbetrug, den er, der von sich gesagt hatte: »Ich lüge niemals«, sich und seinen Angehörigen gestattete.

Er spuckte beim Husten Blut. Er konnte kaum noch atmen. Seine Frau spritzte ihm Morphium, damit er wenigstens zeitweilig Erleichterung fand.

Drei Tage vor seinem Tod äußerste Tschechow plötzlich den Wunsch nach einem weißen Flanell-Anzug. Als seine Frau »sagte, daß man ein solches Kleidungsstück in diesem Ort nicht kaufen könne, flehte er wie ein Kind, in die nächstgelegene größere Stadt Freiburg zu fahren, um einen guten Maßanzug in Auftrag zu geben«. Olga machte sich also auf den Weg und bestellte den Anzug.

Wie gut, daß in der Zeit seines Dahinscheidens ein Mensch bei ihm war, der seine kindlichen Wünsche erfüllen konnte, Wünsche, die er sich sein Leben lang versagt hatte.

Olga Knipper schrieb: »Es war ein wunderbarer Tod, ohne Agonie, ohne Leiden. Er lag den ganzen Tag aufgebettet im Hotelzimmer, er sah im Tod erstaunlich schön aus. In der Nacht wurde er in die Kapelle getragen …«

Es war Anfang Juli, als Tschechow in Badenweiler starb. Der Leichnam wurde in die Heimat überführt und auf dem Neujungfrauen-Friedhof bestattet. Mehrmals wurden junge Kirschbäume an seinem Grab gepflanzt, aber sie wurzelten nicht an.

Olga Tschechowa überlebte ihren Mann um fünfundfünfzig Jahre. All die Zeit spielte sie weiter am *Moskauer Künstlertheater*. 1937 erhielt sie den Titel einer Volksschauspielerin, 1943 den Staatspreis der UdSSR.

Im Sommer 2004 reiste ich aus Anlaß des Tschechow-Gedenkjahres nach Badenweiler. Es war sein 100. Todestag. Die bekanntesten Tschechow-Forscher, Tschechow-Biographen und Experten der Tschechow-Museen waren eingeladen, über Werk und Wirkung zu diskutieren. Es gab zahlreiche Vorträge

Olga Knipper-Tschechowa (1868 – 1959) 111

und Berichte. Es fehle an einer wissenschaftlich gesicherten Tschechow-Biographie, wurde festgestellt. Die Chronik von Tschechows Leben und Werk ist nicht vollendet, sondern ist im Jahr 1894 stehengeblieben. Die Buchhandlungen sind gefüllt mit zudringlichen Pseudobiographien über Anton Pawlowitsch, in denen seine Liebesaffären aufgezählt werden. Während der Veranstaltung wurde ein ungewöhnliches Denkmal auf dem Platz vor dem Hotel eingeweiht, in dem Tschechow gewohnt hat. Es war die Skulptur einer Möwe, einer verwundeten Möwe. »Das Leben ist wie ein angeschossener Vogel. Es möchte auffliegen, kann aber nicht.«

In der Konferenzpause unterhielt ich mich mit einem russischen Tschechow-Forscher. »Die beiden schönsten Erzählungen Tschechows von der Liebe, *Tina* und *Agafja*, vermitteln, wie mir scheint, sehr genau die Besonderheit der russischen Liebe«, sagte er. »Nein, wir Russen können in der Liebe nicht glücklich werden. Wir brauchen das Absolute, alles, oder nichts. Entweder gelingt die völlige Verschmelzung, oder es heißt beim ersten Seitensprung: Ich bringe Dich um. Oder mich! Anton Tschechow hat die Liebe in ihrer russischen Version dargestellt. Alle Liebestragödien in Rußland geschehen, weil Liebe bei uns ein Synonym für Leiden ist ... Aber seine Frau Olga hat Tschechow wirklich geliebt. Als später zu ihm das Gefühl kam ›ich bin verheiratet und glücklich‹, bedauerte er seine Kinderlosigkeit und beneidete den Bruder, der eine Tochter hatte. Und Olga erlitt, leider, eine Fehlgeburt. Das war eine Tragödie, für beide ...«

Am Morgen nahmen wir Abschied von Badenweiler mit einem Spaziergang vom Kurhaus aus den Steilhang hinauf in den Wald. Auf dem Wanderweg begegneten uns ab und zu gedankenversunkene Spaziergänger, die bereits ihre Morgenration Heilwasser zu sich genommen hatten. Erschöpft von den Badeprozeduren wanderten sie paarweise durch den Wald. Und all das hatte ein wenig vom Leben der alten Tschechow-Erzählungen, als die Damen lange Spitzenkleider trugen und Hüte mit breiten, schwingenden Rändern. Zu unseren Füßen lag das Städtchen Badenweiler, und die Hotelpension *Sonne*, in der Tschechow damals wohnte, war deutlich zu erkennen. Gegenüber seinem Balkon stand die ungewöhnliche Skulptur, eine verwundete Möwe ...

Das Geheimnis des weißen Flieders

Natalja Rachmaninowa (1877 – 1951)

Sie möchten wirklich über meine Großmutter schreiben? Erstaunlich. Immer werde ich nach meinem Großvater gefragt, für meine Großmutter Natalja hat sich noch keiner interessiert«, sagte mir am Telefon Alexander Rachmaninow, der Enkel des Komponisten. »Na, in Ordnung, kommen Sie her. Notieren Sie sich die Adresse: Weggis, Kanton Luzern, *Villa Senar*.« So machte ich mich am 22. September 2012 nach der schweizerischen Gemeinde Weggis bei Hartung auf und wurde Gast in der legendären *Villa Senar* (das Wort besteht aus den ersten Buchstaben der Namen *Se*rgej und *Na*talja *R*achmaninow), die der Komponist Sergej Rachmaninow (1873 – 1943) von 1929 bis 1939 bewohnt hat und in der nun sein Enkel Alexander mit Frau Natalja wohnte. Das Haus ist baulich unverändert geblieben und stellt eine besondere Art Haus-Museum dar, zu dem freilich meistens nur Eingeweihte den Weg finden.

Ich habe im Leben schon so gut wie alle Haus-Museen besichtigt, die es zum Gedenken an russische Größen der Geschichte, Kunst und Wissenschaft gibt. Ich war bei Tolstoi in Jasnaja Poljana, bei Tschechow in Jalta, bei Tschaikowski in Wotkinsk und und und … Und sicherlich ist es schon mehr als eine Tonne Museumsstaub, die ich in Lenins Schuschenskoje und Lermontows Tarchany eingeatmet habe.

Aber im Grunde genommen, um ehrlich zu sein, sind all diese Gedenkstätten – Museen, Schlösser, Landgüter und Freilichtmuseen gar nicht so sehr mein Fall. Man kommt hin, hat noch den üblichen Reisegeruch in den Kleidern – Auspuffgase, Schornstein-, Lokomotiven-, Tabakrauch und Gott weiß was nicht alles. Doch gleich im Eingangsbereich scheint es einen Punkt zu geben, wo ein heimlicher Geruchsaustausch vor sich geht, so daß man schon an der ersten Türschwelle unweigerlich nach Toten-

messe riecht – ein bißchen nach Mottenpulver, ein bißchen nach ungelüftetem, schwarzen Kostüm und Eau de Cologne aus Großmutters Zeiten und nach Staub ... kurzum, nach einer Luft, wie sie einen in der abgedichteten, abgedunkelten, leblosen Wohnung empfängt, wenn man nach längerem Urlaub nach Hause kommt. Die abgestandene Luft vergangener Tage. Und die mag ich nicht.

Und die vielen Fotografien erst! All die properen Verwandten und Anverwandten, über die ganze Wand hin – was soll daran so interessant sein? Einmal fragte ich den Wärter: »Wer ist denn die gestrenge alte Dame da auf dem Foto?« Und was erfuhr ich? »Sie war mal ein richtiger Wildfang, geistreich und schlagfertig, wunderhübsch, brach Männern mit einem Augenaufschlag das Herz, spielte Karten und konnte jeden Matrosen unter den Tisch trinken!« Sieh an, dachte ich, was eine zur Schau getragene Miene so alles verbergen kann!

Mit solcherlei Gedanken traf ich am 23. September auf dem Bahnhof Luzern ein, wo mich Alexander Rachmaninow erwarten wollte. Ich erkannte ihn auf den ersten Blick. Er war seinem berühmten Großvater ungemein ähnlich – groß, schöne, ebenmäßige Gesichtszüge, vortreffliche Manieren. Geboren 1933 und von Beruf Rechtsanwalt, hat er sich ein Leben lang um Werk und Nachlaß seines komponierenden Großvaters gekümmert. Er gründete die *Stiftung Serge Rachmaninoff*, rief den *Internationalen Rachmaninov-Klavierwettbewerb für junge Pianisten* und die *Rachmaninov-Festivals* in der Schweiz ins Leben und saß der *Internationalen Rachmaninov-Gesellschaft* vor.

Nach Weggis fuhr er mich mit seinem Wagen, einem roten Alfa Romeo. Die Straße führte am Vierwaldstätter See entlang. Am See tummelten sich Kinder. Mir ging durch den Sinn, wie ich zum ersten Mal ein Rachmaninow-Stück und den Namen »Rachmaninow« hörte. Ich war elf und besuchte eine kleine Musikschule bei uns auf dem Lande. Weil wir zu Hause kein Musikinstrument hatten, ging ich immer in ein leerstehendes Klubhaus und übte auf einem leicht verstimmten, alten Klavier. Ich weiß noch, wie ich mich in Tschaikowskis *Krankheit einer Puppe* regelrecht verbiß. Noch heute kann ich ein Frösteln nicht unterdrücken, wenn ich an diese heroische Überei zurückdenke: der ungeheizte, bitterkalte, schummrige Klubraum und ich vor der widerspenstigen Klaviatur. Doch eines Tages saß ein junger Mann an dem Klavier. Sein Spiel nahm mich so gefangen, daß ich lauschend dastand und immer nur wünschte, es möge nie enden. Wer war er? Ein Musikstudent? Hier zu Besuch und zufällig auf das Klavier im Klubhaus gestoßen? Weiß der Himmel. Als er sich anschickte zu gehen, fragte ich schüchtern, was er gespielt habe. »Rachmaninows *Wiegenlied*«, war die Antwort. Rachmaninow, diesen Namen hatte ich noch nie gehört.

Natalja Rachmaninowa (1877 – 1951)

Dies erzählte ich Alexander Rachmaninow, während wir am Vierwaldstätter See entlang in Richtung Weggis fuhren. Nach und nach kamen wir auf anderes zu sprechen, zum Beispiel die Bewertung einer musikalischen Interpretation. Dazu bemerkte er, wie ich mich entsinne: »Was ist eigentlich ein Interpret? Ein Mensch, dem Gott das Talent eines eigenen Zugangs zur Musik verliehen hat. Die Noten allein sind ein Nichts. Nur wer wahrhaft künstlerisch und in seiner Beziehung zur Welt frei und selbständig ist, wird die Noten mit eigenem Leben erfüllen. Musikinterpretation ist ein magischer Vorgang. Nur ein innerlich reiner, harmonischer Mensch kann sich anheischig machen, Noten in Lebensenergie umzuwandeln. Mein Großvater ist für mich ein Pianist, der darin unübertroffen war. Erinnern Sie sich an den Glockenklang im *Zweiten Konzert für Klavier und Orchester c-moll*? Bei Rachmaninows Spiel wurde der Klangraum der Glocke physisch spürbar. Dieses Konzert spielte er besonders gern, er nannte es ›das Paradestück‹.«

Wie schön die Fahrt war! Der See, der nach warmem Herbstlaub duftende Fahrtwind und am Ufer, die Seefläche im Hintergrund, ein kleines Mädchen im Matrosenanzug wie auf einer alten Ansichtskarte. Und ein Gefühl, als flöge man nicht auf der Straße dahin, sondern als flöge einem die Straße mitten durchs Herz und begänne im Blut zu kreisen.

Beim Anblick der *Villa Senar* entfuhr mir ein Ausruf der Bewunderung: welch architektonische Leichtigkeit und Eleganz, Bauhaus-Stil! Dazu das Seeufer und ein ausgedehnter Park mit malerischem Teich. Und im Innern der Villa – nein, von Museumsstaub konnte hier auch nicht annähernd die Rede sein; es roch nach sonniger Herbstluft, die durch offenen Fenstern hereinströmte, nach Blumen und frischgebrühtem Kaffee.

Das Arbeitszimmer. Hier ist alles so geblieben, wie es zu Lebzeiten des Komponisten war: etwas zum Fenster hin der Flügel, ein Geschenk von Steinway persönlich (eine Spezialanfertigung: einen Meter länger als üblich); dann Notenhefte, Bilder, Fotografien und der Schreibtisch. Auf dem Schreibtisch Gipsabdrücke von den berühmten Pianisten-Händen.

Und der Lieblingsstuhl des Meisters, mit einem von Ehefrau Natalja eigenhändig bestickten Bezug. Blumen habe Großmutter Natalja am liebsten gestickt, höre ich meinen »Museums«-Führer sagen. Und sie stickte sie nicht nur. Alle Blumenstauden im Garten wurden von ihrer Hand gepflanzt. Überhaupt machte sie sich leidenschaftlich gern im Garten zu schaffen. Als 1929 das Haus gebaut wurde, überredete sie ihren Mann, 100 Kubikmeter Erde aus Rußland bringen zu lassen. Aus diesem »heimatlichen Boden« ist der prächtige Garten hervorgegangen. Zur Erinnerung an Rußland ließ sie Apfelbäume, Linden, Ahorn und Flieder pflanzen. Die Töchter Irina und Tatjana liebten dieses ihr Elternhaus so heiß und innig, daß sie auch noch, als sie schon selber Familie hatten, regelmäßig zu den Sommerferien herkamen und in ihm logierten. In der *Villa Senar* schuf Rachmaninow in sieben Wochen eines seiner besten Werke – die *Rhapsodie für Klavier und Orchester* nach einem Thema von Paganini und vollendete 1936 die *Dritte Sinfonie*.

Einen Tag nach meiner Ankunft, am 23. September 2012, fand in der Villa eine größere Gesellschaft zusammen, alles Verwandte und Freunde der Rachmaninows. Sehr gefiel mir Alexander Rachmaninows Frau, übrigens auch eine Natalja. Schön, elegant, lebhaft und strahlend vor Gastfreundschaft! Aus Kiew gebürtig. Daß die beiden ein glückliches Paar waren, sah man schon an der Art, wie sie miteinander sprachen.

Dann gab der 19jährige Pianist Dmitri Maiboroda, Student am Moskauer Konservatorium und Stipendiat der *Stiftung Serge Rachmaninoff*, den Gästen ein großes Rachmaninow-Konzert. Dazu begaben sich alle ins »Kloster« hinüber, wie Alexander Rachmaninow den Konzertsaal *Stella Matutina* gegenüber der *Villa Senar* nannte. Die eine Seite des Saals hatte eine gläserne Wand, durch die man den See und den Park sehen konnte. Es war schier, als hätte der Architekt hellseherisch vorausbedacht, welch einen wundervollen Zusammenklang Rachmaninows *Klaviersonate No. 2 Op. 36* und die untergehende Sonne mit dem See und dem Park bilden würden!

Nach dem Konzert fragte ich Alexander Rachmaninow: »Was meinen Sie – was unterscheidet den genialen Musiker von dem perfekten?«

Er antwortete: »Wenn Sie einen genialen Pianisten hören, werden Sie im Nu alles andere vergessen haben und in die Welt

eintauchen, die unter seinen Händen entsteht. Er erschafft eine Realität, die Ihnen unvergleichlich wichtiger und wertvoller wird als Ihre augenblicklichen Daseinsbelange. Rachmaninow war solch ein Pianist. Und sich selbst spielte er am besten.
Es heißt immer, Liszt sei der größte Pianist aller Zeiten gewesen. Dabei wird indes gern übersehen, daß er die Pianisten-Laufbahn schon mit achtunddreißig aufgab. Sein großer Ruf bezieht sich auf einen Lebensabschnitt, in welchem seine Muskeln noch stahlhart und seine Gedanken noch frei von den Belastungen des durchschrittenen Weges waren. Anders Rachmaninow, noch an der Schwelle zum achten Lebensjahrzehnt konnte er seinen Fingern eine solche jugendliche Kraft verleihen, daß sie eine Musik von noch höherem Niveau meisterten als das vom jungen Liszt jemals erreichte.«

Einen Tag darauf, am 25. September 2012, gab er mir dann das Interview zu seiner Großmutter. Wir saßen im Arbeitszimmer des Komponisten, in ebenjenem geschichtsträchtigen Raum, wo ich zwei Tage zuvor meinen Rundgang durchs Haus angetreten hatte. An der Wand mir gegenüber ein Bild: das winterliche Moskau mit der Erzengel-Kathedrale, in der 1902 der freundliche Vater Valentin den jungen Rachmaninow und seine Verlobte getraut hat.

»Meine Großmutter Natalja Rachmaninowa«, hob Alexander Rachmaninow an, »war ein zurückhaltender, verschwiegener Mensch. Jemand in irgendwelche Familiengeheimnisse einzuweihen, hätte sie sich nie und nimmer gestattet. Doch sechs Monate vor ihrem Tod rief sie mich eines Nachmittags zu sich – ihre Stube lag hier über uns, wo wir gerade sitzen. ›Ich möchte Dir etwas von früher erzählen‹, sagte sie, ›eine Liebesgeschichte, die schon lange her ist ... Weißt Du, nie kann man wissen, wann man recht hat: mit zwanzig oder mit fünfzig Jahren. Vielleicht hat jedes Alter sein eigenes Richtig-und-Falsch und seine eigene Wahrheit ... Was ich Dir jetzt erzähle, ist ein Familiengeheimnis, behalte es für Dich. Wenn Du es freilich einmal für gut und richtig erachtest, es jemandem zu offenbaren, so tu dies nicht vor dem Jahre 2000.‹ Ich versprach es ihr.«

Um die Besonderheit und Problematik der überlieferten Liebesgeschichte verständlich zu machen, muß man weit zurückgreifen – bis zur Geburt der Erzählerin in der Familie der leiblichen Schwester Wassili Rachmaninows, des Vaters des Komponisten.

Wassili Rachmaninow hatte beim Kartenspiel das ganze ansehnliche Vermögen der Familie, das ausschließlich aus der Mitgift seiner Frau bestanden hatte, durchgebracht und seine Frau mit den sechs Kindern alleingelassen. Ihr eilte zum Glück die Schwägerin zu Hilfe, Wassili Rachmaninows Schwester, verheiratet mit General Satin und Mutter zweier Mädchen. Sie unterstützte sie finanziell und ließ ihren halbwüchsigen Sohn Sergej, Student am Moskauer Konservatorium, in freier Kost und Logis bei sich wohnen. Alle in ihrer Familie, sowohl ihr Mann, General Satin, als auch die beiden Töchter, nahmen den jungen Verwandten mit offenen Armen auf. Nicht nur, daß die Satins die Familie Rachmaninow vor Not und Elend bewahrten, sie griffen ihr auch bei der Ausbildung ihres begabten Sohnes unter die Arme.

Die beiden Satin-Mädchen vergötterten ihren Cousin Sergej. Er war hochmusikalisch und von einer natürlichen, vornehmen Schönheit, die keinen unbeeindruckt ließ. Was wunder, daß sich die eine, Natalja Alexandrowna, Natascha oder Natalka mit Rufnamen, auf den ersten Blick in ihn verliebt hatte. Er neckte sie gern mit selbstgedichteten Versehen wie:

> Dir, Natalka, diese Stänzchen:
> Fußlig wie ein Firlefänzchen,
> Mager wie ein Mauseschwänzchen,
> Schnattrig wie ein altes Gänschen –
> Das bist du. Und voll Spirenzchen!

Doch kein Mensch, kein einziger, hat ihn in seinem Wesen so tief erfaßt wie sie. Selber musikalisch begabt und geschult – sie hatte das Konservatorium mit einer Silbermedaille abgeschlossen –, wurde sie seine Muse, die erste Hörerin seiner Kompositionen, sein getreuer Schutzengel. Jedes Leid, das ihm zustieß, schmerzte sie wie ein eigenes.

Die Freundschaft ging in Liebe über. Doch der Heirat stand ein Hindernis im Weg. Blutsverwandte zweiten Grades wie sie, das heißt Cousin und Cousine, durften nur mit »allerhöchster Einwilligung« die Ehe eingehen. Und nun sträubte sich Sergej auch noch, die kirchliche Beichte abzulegen. Doch ohne eine formelle Bezeugung dieses Rituals hätte sie kein Priester zu trauen gewagt. Sie taten sich nach einem Priester um, den sie persönlich kannten, fanden einen solchen in dem Vater des Schriftstellers Amfiteatrow, Vorsteher der Moskauer Erzengel-Kathedrale, und Sergej willigte auf Nataljas Zureden hin ein, ihn zu einem Gespräch aufzusuchen. Worüber der junge Rachmaninow mit Vater Valentin sprach, ist ein Geheimnis geblieben. Doch danach wirkte er heiter und gelöst. Ende April 1902, nachdem auch der Zar seine »Einwilligung« gegeben hatte, traten die beiden vor den Traualtar.

Alldem war allerdings etwas vorausgegangen, worüber der Mantel des Schweigens gebreitet wurde. Sergej Rachmaninow hatte seine erste Sinfonie mit zweiundzwanzig geschrieben. Diese fiel bei der Uraufführung durch, und das schmetterte ihn so nieder, daß er drei Jahre keine Note mehr zu Papier brachte. Darüber besorgt, wandten sich die Satins an den bekannten Moskauer Psychiater Dr. Nikolai Dahl. Um diese Zeit waren Sergej und Natalja bereits verlobt, und Natalja hätte sich nicht im Traum vorstellen können, was diese endlosen Hypnose-Sitzungen bei Doktor Dahl ihr einbrocken würden. Ihr Verlobter hatte sich besinnungslos in die schöne Tochter seines Arztes verliebt.

Ein Musikwissenschaftler, mit dem ich befreundet bin, meinte einmal zu mir:»Ich weiß nicht, ob Rachmaninow glücklich im Leben war. Aber damals, als er sein *Zweites Konzert* schrieb – ein Gipfel in der russischen Musik des beginnenden 20. Jahrhunderts –, muß er es gewesen sein! Spürst Du es der Musik nicht auch an?« Rachmaninow widmete das *Zweite Konzert* nicht seiner Verlobten Natalja, sondern der Tochter von Doktor Dahl, seiner Geliebten. Damit wurde allen klar, daß es nicht die Sorge um die Gesundheit war, was ihn so häufig in das Haus seines Arztes führte, sondern die Sehnsucht nach der Geliebten. Und daß die Musik, die er in dieser Zeit schuf, ihm diese Liebe diktiert hatte.

Wenige Minuten vor der Erstaufführung des der Rivalin gewidmeten *Zweiten Konzerts* verlangte Natalja von ihrem Verlobten, die Widmung zu ändern. »Widme es meinetwegen deinem Arzt, nur nimm den Frauennamen weg. Sonst werde ich nicht Deine Frau!« Er fügte sich. In zu vielem fühlte er sich den Satins verpflichtet. Bald darauf heirateten sie. Natalja wurde ihm eine treue Ehepartnerin und Freundin, sie gebar ihm zwei Mädchen, Irina und Tatjana. (Tatjana ist die Mutter von Alexander Rachmaninow; ihr Vater nannte sie zärtlich Tuki oder Tutuschok.) Wo immer Rachmaninow gastierte, von überallher sandte er seiner Familie herzliche Briefe mit dem Nachsatz: »Meine Teuren, ich liebe Euch!«

Man kann sich denken, was Natalja in ihrer Ehe gelitten hat, da sie ja wußte, daß es im Leben ihres Mannes eine andere Frau gab. Eine, die ihm Geliebte und Muse war, sein – so letztendlich der »Adressat« der geänderten Widmung – *Weißer Flieder*. Natalja wußte, daß ihr Mann nach jedem Konzert, überall wo er auftrat, in der Künstlergarderobe einen von seiner Geliebten gesandten Strauß weißen Flieder vorfand. Doch kein einziges Mal hat sie es ihm zum Vorwurf gemacht oder es zugelassen, daß ein Schatten auf ihre Ehe fiel. Dies legt den Schluß nahe, daß sie eine sehr kluge Ehefrau war und sich äußerst gut zu beherrschen wußte. Denn tatsächlich erreichte sie, daß das Bild von ihrer Ehe als einer idyllisch heilen Welt zeit ihres Lebens aufrechterhalten blieb. Warum? Aus einem sehr einfachen Grund: Sie hat ihren Mann wirklich geliebt und fest an seine hohe Berufung geglaubt; das gab ihr die Kraft und Gelassenheit, seine »Extravaganzen« und »Sonderbarkeiten« zu dulden.

»Ich fürchte mich jetzt vor allem und jedem«, schrieb Rachmaninow einmal über sich. »Ich fürchte mich vor Mäusen, Ratten, Käfern, Bullen, Räubern. Mir wird angst, wenn starker Wind weht und in den Schornsteinen heult, wenn Regentropfen an die Fenster pochen ... Ich fürchte mich im Dunkeln, auf alten Dachböden und bin sogar zu glauben geneigt, daß es Gespenster und Kobolde gibt.« Und am meisten fürchtete er sich vor dem Tod. »Mir wurde so eindringlich etwas von Hölle und Fegefeuer erzählt, daß mir vor Angst fast das Herz stehenblieb ... Es ist schrecklich! Ich zermartere mich, kriege graues Haar und bin mir schon selber zum Greuel geworden.« Nur Natalja wußte um diese düstere Seite seines Seelenlebens. Und nur sie besaß das Feingefühl und Geschick, ihm über diese »beängstigenden« Zustände, die Depressionen und Selbstzweifel, hinwegzuhelfen.

Doch kurz vor seinem Tod trug sich etwas zu, das noch mal eine Brücke schlug zu der »Frau mit dem weißen Flieder«. Rachmaninow hatte bereits das Bewußtsein verloren, plötzlich hob er die Arme und führte sie, die Finger bewegend, hin und her wie beim Klavierspiel. Und in der Nacht zum 28. März, vier Tage vor seinem 70. Geburtstag, flüsterte er seiner Frau zu: »Hört Ihr's? Draußen wird meine *Abendmesse* gespielt.« In diesem tragischen Augenblick tat sich lautlos die Tür auf, und eine Frau im Reisekleid trat ein. Natalja hatte nach ihr schicken lassen. Ohne Worte, nur mit Gesten bat sie sie, mit ihr ans Bett des Sterbenden zu treten. Wenig später ist Sergej Rachmaninow verschieden.

Es gibt von Rachmaninow eine Romanze nach dem Puschkin-Gedicht *O Schöne, sing nicht diese Lieder.* Sie ist Natalja gewidmet und erzählt von einer geheimen, unwiderstehlichen Macht, die uns einen vergessen geglaubten, geliebten Menschen unversehens in die Erinnerung zurückholt. Wir sind längst zur Ruhe gekommen, leben glücklich und zufrieden, da klingt aus der Ferne eine Stimme, die unser Herz aufwühlt.

O Schöne, sing nicht diese Lieder

O Schöne, sing nicht diese Lieder
Georgisch wehen Klangs bei mir:
Es bringt mir in den Sinn nur wieder
Ein andres Leben fern von hier.

Bei deinen gnadenlosen Weisen
Erscheint ein Bild mir, mir zum Leid:
Nacht, Steppe und im Mondesgleißen
Das zarte Antlitz einer Maid.

Dich sehend, wähn ich von der bittern
Und süßen Täuschung mich geheilt.
Doch wenn du singst, ersteht sie zitternd
Von neuem vor mir und verweilt.

O Schöne, sing nicht diese Lieder
Grusinisch wehen Klangs bei mir:
Es bringt mir in den Sinn nur wieder
Ein andres Leben fern von hier.

Jedesmal wenn ich diese Romanze höre, muß ich an die erste Aufnahme von Rachmaninow-Romanzen denken, die ich einmal besessen habe. Ich habe sie so oft abgespielt, daß die Platte schon bedenklich zu holpern und zu zischen begann. Und ich sehe einen Frühlingstag des Jahres 1962 und mein sonnenüberflutetes »Jungmädchenstübchen«. Ich weiß noch, wie ich plötzlich die Vorstellung hatte, diese Klänge seien Rufzeichen eines anderen Lebens, einer anderen Welt.

Fast alle in meiner Familie sind Melomanen und haben die Eigenart, sich bei bestimmten Musikstücken an bestimmte Umstände und Erlebnisse zu erinnern. Mein siebenundneunzigjähriger Vater zum Beispiel kann die Ouvertüre zu Glinkas *Ruslan und Ludmila* bis heute nicht gleichmütig hören. Sie war am 22. Juni 1941, einem strahlend sonnigen Tag, ununterbrochen gesendet worden. Die Leute verharrten wie gebannt unter den Lautsprechern auf der Straße.

Nun, und bei mir ist es diese Rachmaninow-Romanze, der die Rolle eines »Erinnerungsauslösers« gehört. Ich weiß noch, wie ich sie als junges Ding hörte und mir entschlossen sagte: Mein Leben soll kurz sein, dafür aber schön! Wodurch oder auf welche Weise »schön«, wußte ich allerdings nicht. Ich meinte einfach – am besten dem Leben beizeiten ein Ende setzen, bevor es andere Seiten aufzieht ... Seither hat mein Leben so manches Mal »andere Seiten aufgezogen«, doch ich lebe noch und liebe immer noch diese Romanze.

Um ihretwillen fuhr ich sogar am 1. April 2006 nach Krefeld und nahm an einer Versteigerung der »Autographen-Auktion Axel Schmolt« teil, wo unter der Losnummer 884 ihre Noten mit einem Autogramm des Komponisten angeboten wurden. Der ausgerufene Preis betrug 500 Euro. Aber dann kletterte er in solche Höhen, daß ich passen mußte und mit leeren Händen heimfuhr.

Zurück zur *Villa Senar* und zu dem Interview. Alexander Rachmaninow erwähnte noch eine interessante psychologische Besonderheit seines musikschaffenden Großvaters. »Großmutter sagte, es kam vor, daß ihm beim Anblick irgendeiner Person eine bestimmte Tonart einfiel. ›Ich selbst bin ein His‹, soll er gesagt haben. ›Und mein ganzes Leben ist in h-Moll. Wenn ich sterbe, gehe ich von h-Moll in G-Dur über, eine tiefe, weiche, überirdische Tonart ... Das Thema Krieg höre ich immer in f-Moll, und Sinnlichkeit und Sinnenlust lassen sich wohl am besten mit Violinen und in a-Moll ausdrücken.«

»Sie wollten wissen, wie meine Großmutter im täglichen Umgang war? Was sie liebte?« nahm Alexander Rachmaninow eine andere Frage von mir auf. »Meine Haupterinnerung an sie ist ihre große Güte und Fürsorglichkeit. Traurig nur, daß wir das alle nie recht gewürdigt haben, Kinder wie Enkel. Da stellt sich mit den Jahren ein Schuldgefühl ein und Bedauern, daß man sich nicht revanchiert, es ihr nicht vergolten hat. Aber vielleicht ist ja gerade das die verbleibende Liebe. Liebe ist, was von einem Menschen verbleibt. Ein sehr instabiler Stoff, leider.

Großmutter Natalja war immer im höchsten Maße sie selbst. Sie liebte den Garten und die Musik. Sie hatte ja das Konservatorium besucht und ist keine schlechte Pianistin gewesen. Seltsam, aber an den Flügel hat sie sich erst nach dem Tod ihres Mannes wieder gesetzt. Ihre Liebe gründete nicht allein auf der Familie – einen genauso großen Part spielte hierbei die Musik.

Wie Sie inzwischen wissen, hat Rachmaninow noch eine andere intime Beziehung gehabt. Diese Frau war ihm auf ihre Weise wichtig und notwendig. Und viele seiner Werke hätten ohne sie nicht ›das Licht der Welt erblickt‹.

Natalja wußte das, und sie war einfühlsam und nachsichtig genug, sich darein zu schicken. Ihre Klugheit und Großmut waren überwältigend. Rachmaninow hat aber auch sie aufrichtig geliebt! Eheleute pflegen sich ihre Liebe ja nicht großartig zu erklären, die ist einfach da wie Luft und Licht. Hierzu eine kleine Alltagsbegebenheit, die alle in der Familie kennen.

Mitte Januar 1919 ging Rachmaninow mit seiner Familie aus Rußland weg. Die Fahrt über Malmö nach Kopenhagen führte durch einen schmalen Korridor, der frei von deutschen Minen war. In einer Vorstadt von Kopenhagen fanden sie unter großen Schwierigkeiten ihre erste Bleibe im »Drüben«, wie sie Westeuropa nannten; es war ihnen gelungen, das Erdgeschoß einer Winterdatsche zu mieten.

Da sie kein Wort Dänisch verstanden, wurden ihnen selbst einfachste Anliegen und Erledigungen zum Problem. Natalja trug die Bürde des Haushaltes und der Lebensmittelbeschaffung allein, und um sie zu entlasten, übernahm Rachmaninow das Heizen. Diese Mühen um ein einigermaßen erträgliches Wohnen kostete ihn die ganze erste Hälfte des Tages. Die zweite verbrachte er am Flügel. Dabei hätte er seine Hände unbedingt schonen müssen! So aber wurden die Fingerkuppen rissig und empfindlich. Wissen Sie, wie sehr ein Pianist auf seine Hände achtgeben muß? Sie sind schließlich sein höchstes Gut. Doch Rachmaninow – aus lauter Liebe und Mitgefühl wollte er es sich nicht nehmen lassen, diese verdammten Öfen zu heizen! Aber lieben heißt ja nun mal: von sich absehen können. Liebe und Mitgefühl gehören zusammen.

Am 15. Februar 1919 war sein erster öffentlicher Auftritt in Kopenhagen. Er spielte unter dem Dirigenten Hoberg sein *Zweites Konzert*. Bis Saisonende wirkte er in elf Sinfonie- und Kammerkonzerten mit. Das half ihm und der Familie endlich von ihrem Schuldenberg herunter. Sie hatten es schwer in diesen Jahren. Aber sie bissen sich durch und meisterten ihr Leben, weil sie zusammenhielten und füreinander einstanden.

Großmutter überlebte ihren Mann um fast acht Jahre. Beerdigt wurde sie neben ihm auf amerikanischem Boden. 30 Meilen von New York City entfernt liegt ein kleines Städtchen mit dem teutonischen Namen Walhalla; es hat einen russischen Friedhof, dort liegen sie beide begraben. Auf ihrem Grab wächst heute weißer Flieder. Den hat einst ein amerikanischer Preisträger eines Tschaikowski-Pianisten-Wettbewerbs als blühendes Bäumchen aus Moskau mitgebracht und gepflanzt.«

Nach dem Interview setzten wir uns zu dritt auf die Terrasse, tranken Tee und aßen Nußtorte. Die Sonne schien, es war warm und gemütlich, und es schmeckte.

Es gibt von mir ein Buch mit dem Titel *Die Poesie der russischen Küche*, worin ich der Frage nachgehe, was unsere russischen Geistesgrößen am liebsten aßen. Seitdem ergreife ich jede Gelegenheit, mein nicht unbeträchtliches Wissen über die kulinarischen Vorlieben russischer Berühmtheiten zu erweitern.

»O ja, russisches Essen kam bei uns oft auf den Tisch. Borschtsch, Pelmeni, Plinsen, Kaviar ... In Paris übrigens, wo ich meistens im Winter bin, gibt es ein bekanntes russisches

Lokal namens *Cantine Russe*. 1923 gegründet. Dort haben Schaljapin und Rachmaninow gern gegessen. Es befindet sich im Gebäude des Russischen Konservatoriums (das heute nach Rachmaninow benannt ist) und hat all die klassischen russischen Gerichte im Angebot, die Rachmaninow liebte: Borschtsch, Pelmeni, Plinsen ...«

Natalja begleitete uns zur Pforte. »Vielleicht möchten Sie noch sehen, wo im Garten und am See Großmutter Natalja am liebsten saß?« fragte sie, und ich nickte eifrig. Und auf einer kleinen Bank direkt am Wasser, dem Lieblingsplatz von Natalja Rachmaninowa, Sergej Rachmaninows Frau, ließen wir uns zum Andenken fotografieren, Natalja Rachmaninowa junior, Alexander Rachmaninows Frau, und ich, und tauschten unsere Telefonnummern aus.

Doch am 4. November 2012 um vier Uhr nachmittags klingelte bei mir das Telefon, und eine Frauenstimme sagte weinend: »Tatjana, er, er ... er ist tot ...«

Wer? Wer ist tot? Ich hatte zwar die Stimme erkannt, es war die von Alexander Rachmaninows Frau, doch nicht im entferntesten begriffen, von wem die Rede sein mochte. »Ein Thrombus hat sich gelöst ...« fuhr die Stimme fort. »Am 1. November ist Alexander gestorben ... Das Interview mit Ihnen hier in der *Villa Senar* ist sein letztes gewesen.«

Das Grasse-Tagebuch

Vera Bunina (1881 – 1961)

Wenn mich jemand fragte, welche Liebeserzählungen der klassischen russischen Literatur meine liebsten sind, würde ich *Der Teufel* von Lew Tolstoi und *Natalie* von Iwan Bunin nennen. Woran liegt es, daß es dem einen Schriftsteller gelingt, über Liebe zu schreiben und dem anderen nicht? Am Talent? An der eigenen Liebeserfahrung? Ja, auch. Darüber hinaus aber noch an einer Besonderheit, die der Literaturnobelpreisträger Iwan Bunin (1870 – 1953) mit dem Wort »geschärftes seelisches Sehen« umriß. Er schrieb über sich: »Mein seelisches Sehen und Hören ist genauso scharf wie das physische, ich empfinde alles hundertmal stärker als andere, Schmerz, Gram, Freude, Verzweiflung, Trauer. Manchmal könnte ich vor Trauer den Mond anheulen. Und vor Freude – Luftsprünge machen. Auch jetzt noch, mit über achtzig.« Bis zum Lebensende ist er seinen Liebesgefühlen buchstäblich ausgeliefert gewesen, sie konnten über ihn hereinbrechen und ihn umreißen wie eine Woge, so wie in seiner berühmten Erzählung *Sonnenstich* beschrieben. Sein Leben lang hat er um Frauen gelitten. Und dieses Leiden ist sein literarischer Lehrmeister geworden. »Jede Liebe war bei mir eine Katastrophe, brachte mich an den Rand des Selbstmords ... Ich wollte mir das Leben wegen Warwara Pantschenko nehmen. Und wegen Anja, meiner zweiten Frau. Obwohl ich sie gar nicht richtig geliebt habe. Doch als sie mich verließ, wurde ich fast verrückt. Und bin monatelang nicht wieder zu mir gekommen. Tag und Nacht dachte ich an den Tod. Und sogar bei Vera Nikolajewna ...« zitiert die Dichterin Irina Odojewskaja Iwan Bunin, mit dem und mit dessen Frau Vera sie befreundet war, in ihren Memoiren.

Vera Nikolajewna war Bunins dritte und liebste Frau. Über sie äußerte sich Irina Odojewskaja in jeder Weise freundlich

und anerkennend. Die Odojewskaja war, als ich sie erlebte, die letzte Vertreterin einer im *Silbernen Zeitalter der Russischen Literatur* wurzelnden Dichtergeneration, von der die meisten emigriert sind. Auch sie selbst. Doch in den späten 1980er Jahren kehrte sie nach Rußland bzw. in die Noch-Sowjetunion zurück.

1988 besuchte ich in der Schriftstellersiedlung Peredelkino einen literarischen Abend mit ihr. Obwohl hochbetagt und an den Rollstuhl gefesselt, erzählte sie bewundernswert lebhaft und interessant von sich und ihrem Leben. Ihr Gedächtnis war noch vortrefflich. Zum Schluß wurde sie nach den Bunins gefragt, und sie sagte: »Dazu werden Sie alles in meinen Memoiren finden. Bunins Frau Vera, das ist für mich gleichbedeutend mit: vornehme Asketik der Erscheinung, angenehmste Umgangsformen, zurückhaltendes, nachdenkliches Gespräch, natürliche Würde und ein allgemeines ›stilles Leuchten‹. Und noch: innere Stärke, derer sie sich bewußt war. Vera war genau die Frau, die Bunin gesucht und gefunden hat.« In ihren Memoiren ist auch eine Antwort enthalten, die Bunin ihr vor Zeiten auf die Frage, was ihm Vera bedeute, gegeben hatte: »Liebe ich sie? Liebe ich meinen Arm oder mein Bein? Spüre ich die Luft, die ich atme? Wenn mir aber der Arm oder das Bein abgeschnitten oder die Luft abgedrückt wird, dann verblute und ersticke ich und sterbe ... Ich werde Gott immer danken, danken bis zum letzten Atemzug, daß er mir Vera gesandt hat.«

Vera Nikolajewna Muromzewa wurde 1881 geboren. Sie studierte in Moskau an der Naturwissenschaftlichen Fakultät der höheren Frauenkurse. Bunin begegnete sie 1906. Seitdem war ihr Leben ihm gewidmet.

Zu unserem Glück hat Vera Bunina, so wie auch Bunin selbst, zeitlebens Tagebuch geführt. Sie notierte Tag für Tag jedes Ereignis und ihre Eindrücke und Empfindungen. Dank diesen akribischen Aufzeichnungen können wir uns heute ein recht genaues Bild von den Lebensumständen der beiden machen.

Das Jahr 1906. Vera Muromzewa, ein hübsches junges Mädchen von schmaler, zarter wie in Marmor gemeißelter Gestalt. Sie war zu einem Literaturabend in einer Moskauer Privatwohnung gekommen, wo ein aufgehender Stern der russischen Literatur namens Iwan Bunin seine Gedichte vortrug. Die Gedichte gefielen ihr. Nach der Lesung sprach der junge Dichter sie zu ihrer Überraschung an. »Wie sind Sie hierher geraten?« »So wie Sie.« »Aber wer sind Sie?« »Ein Mensch.« »Womit beschäftigen Sie sich?« »Mit Chemie.« »Wie ist Ihr Familienname?« »Muromzewa.« »Wo könnte ich Sie wiedersehen?« »Nur bei uns zu Hause. Wir haben jeden Samstag Empfang. An den anderen Tagen habe ich zu viel zu tun.« Von da an trafen sie sich regelmäßig. Sie machten lange Spaziergänge, besuchten Konzerte und Ausstellungen. Einmal offenbarte er ihr, nach der schwierigen Ehe mit Anna Zakni habe er sich geschworen, nicht wieder zu heiraten. Außerdem, so fügte er verlegen hinzu, ein verarmter Sproß eines alten Adelsgeschlechts, ein Poet, der sein Brot mit Zeitungsartikeln verdient, ein Mann ohne geregeltes Einkommen, materiell völlig unabgesichert. So einer würde zu einem Mädchen, das Vera Muromzewa heißt, schwerlich passen.

Vera kam aus einer hochgestellten Familie: der Vater Mitglied des Moskauer Stadtrates, der Onkel Professor an der Moskauer Universität, die Mutter eine gebildete Dame aus höheren Kreisen. Überdies war Bunin noch verheiratet. Seine Frau hatte der Scheidung nicht zugestimmt. Was gibt es Nutzloseres als die Liebe einer Frau, die man nicht liebt!

In Rußland sagt man: Die Liebe ist kein Brand, doch einmal entflammt, ist sie nicht mehr zu löschen. Iwan Bunin und Vera Muromzewa konnten nicht mehr voneinander lassen. Sie waren voneinander entzückt. »Du hast ein Gesicht wie eine Madonna«, schwärmte er und küßte ihre Fingerspitzen, die verätzt waren von der Säure, mit der sie im Chemielabor in Berührung kam. Sie fand ihn genial und mußte sich eingestehen, daß seine tiefblauen Augen ihr nicht mehr aus dem Sinn gingen.

Entzückung ist aller Liebe Anfang. Ohne sie wären Iwan Bunin und Vera Muromzewa kein Paar geworden. Sie setzt die Gabe des Sichselbst-Vergessens voraus, denn wenn wir von uns selbst nicht absehen können, können wir den anderen nicht sehen, schon gar nicht seine Vollkommenheit. Hinter dem Wunsch aber, im anderen ein vollkommenes Wesen zu sehen, verbirgt sich das Verlangen, sich mit ihm zu vereinigen. »Die schöne Frau muß den zweiten Platz einnehmen, der erste gehört der Frau mit Liebreiz. Nur sie kann die Herrschaft über unser Herz gewinnen. Ehe wir uns versehen, wird unser Herz Gefangener einer Liebe auf immer.«

Als Liebende entdeckte Vera dann noch einen anderen Bunin. Diesen nannte sie »Jan«, worin alles eingeschlossen war, was ihn und seine innere Welt ausmachte. »Auf dem Dorf ist Jan wieder ganz anders als in der Stadt gewesen. Alles war anders, von der Kleidung bis zur Tageseinteilung. Als wäre er ein anderer Mensch. Auf dem Dorf hatte er strenge Regeln: stand früh auf, ging nicht zu spät zu Bett, aß zur rechten Zeit, trank keinen Wein, nicht mal an Festtagen, las viel.«

Im November 1906 machten sie eine Schiffsreise nach Palästina, es war gleichsam ihre Hochzeitsreise. Dann fuhren sie nach Italien: Verona, Rom, Neapel, Capri, und nach Deutschland und der Schweiz. Bunin war bereits berühmt, war Ehrenmitglied der *Petersburger Akademie der Wissenschaften* und Träger zweier Puschkin-Preise. Am 23. Februar 1916 notierte er nach einer Lesung: »Veras Blick – sanft, zerstreut-versonnen, in eine imaginäre Ferne vor sich gerichtet ... So sitzen glückliche Kinder da, wenn sie spazieren gefahren werden. Der bezaubernde gleichmäßig blasse Teint, die Farbe der Augen, wie es sie nur in diesen Schneegefilden gibt.«

Noch 1919 sagte ein Besucher zu Vera: »Ich hätte nicht gedacht, daß die Frau von Iwan Alexejewitsch so jung ist. Sie sind ja noch ein richtiges Mädchen!«

16 Jahre lebten sie unverheiratet zusammen. Erst als sie in Frankreich waren, willigte Bunins zweite Frau in die Scheidung ein. Am 20. Juni 1922 schrieb Vera in ihr Tagebuch: »Heute hat Jan die Scheidung erhalten. Abends ein *Djagilew-Ballett*. Bekannte auf Schritt und Tritt, als wären wir in Rußland«, am 2. Juli: »Übermorgen Trauung in der Bürgermeisterei« und einen Tag später: »Gewiß, seine eigentliche Gültigkeit bekommt es erst durch die Kirche, und das ist eine andere Trauung, die mystische. Hier geht es um die amtliche.« Die »mystische« Trauung fand im November in Paris statt, in der Alexander-Newski-Kathedrale, die schon viele russische Trauungen gesehen hatte.

Hierzu wiederum Vera im Tagebuch (24. November 1922): »Heute die Trauung. Der schummrige, leere Kirchenraum, einzelne dünne Wachskerzen, rote Lämpchen an Kettchen ... das ganze Trauungsritual, die wohlgesetzten Worte, der Gesang der Ehrenbegleiter (Sänger gab es nicht.) ... deutlich fühlte ich, daß sich ein Mysterium vollzog ... Nach der Kirche ging es gleich nach Hause. Unsere Hochzeitstafel: Lachs, Hering, Revaler Sprotten, hausgemachter Wodka, geschmorte Nierchen und

Brathuhn mit Kartoffeln, zwei Flaschen Wein, Mandarinen, Tee mit Birnenkonfitüre ...«

In der Emigration schuf Bunin seine besten Werke: *Mitjas Liebe*, *Das Leben der Arsenjews*, *Verfluchte Tage*, die Sammlung mit Erzählungen *Dunkle Alleen* und andere. Sein Talent hatte in keiner Weise Einbuße erlitten, wozu zweifellos maßgeblich beigetragen hatte, daß Vera an seiner Seite stand, sein guter Geist, sein Schicksal, seine große Liebe, eine Frau, wie dazu geboren, zu lieben, zu verzeihen und zu verstehen.

Rußland hatten sie 1920 zusammen verlassen. Es war eine Flucht, verursacht durch den Oktoberumsturz 1917, der das Land in ein Chaos von Zerstörung und Mord und Totschlag gestürzt hatte. In dem autobiographischen Buch *Verfluchte Tage* wird Bunin diese Flucht schildern und begründen. Schon im Oktober 1917 hatte er ins Tagebuch geschrieben: »Und als ich nachts allein war, bin ich, der durchaus nicht nahe am Wasser gebaut hat, in Tränen ausgebrochen. Es war ein so heftiger langanhaltender Tränenstrom, wie ich ihn mir bei mir selbst nie hätte vorstellen können.«

Viele, viele haben das Land verlassen. Die mit den Bunins befreundete Schriftstellerin Nadeshda Teffi erklärt ihre Flucht mit der folgenden Impression: »Ein Blutrinnsal am Morgen, unter dem Kommissariatstor hervorgesickert und über den Bürgersteig gekrochen, hat den Lebensweg für alle Zeiten versperrt. Unmöglich, über es hinwegzutreten. Unmöglich, weiterzugehen. Man kann nur umkehren und fliehen.« Derlei Schreckenserinnerungen gaben Bunin das Recht, über den Charakter der Russen zu sagen, aus dem Baum dieses Volkes könne sowohl ein Knüppel als auch eine Ikone gemacht werden. Ins Tagebuch schreibt er zur selben Zeit: »Ein Traum, ein wahnwitziger Traum! Wie lange ist das alles inzwischen her – Kraft und Stärke, Reichtum, Wohlstand und Lebensfülle? Und es hat uns gehört, es war unser Haus – Rußland! Eigentlich bin ich gar nicht recht gewahr geworden, wie mein Leben zugrundeging ...«

Die Realität war aber zum Glück eine andere, Bunins Leben ist nicht zugrundegegangen. Alles, was es ausmachte, war ihm geblieben – das Talent, die russische Sprache, die geliebte Frau – und wirkte durch ihn fort in der französischen Stadt Grasse, unweit von Nizza. Seine Verbundenheit mit Vera wurde so stark, daß ihm das Schreiben nur in ihrer Anwesenheit von der Hand ging. Schon wenn sie nur in die Stadt gegangen war, machte er sich Sorgen um sie und erwartete sie unruhig zurück. Die Furcht, sie zu verlieren, ergriff immer mehr von ihm Besitz.

Außerdem ein Schuldgefühl. Der Zufall hatte es nämlich gefügt, daß sich in ihrem Zufluchtsort Grasse die junge Dichterin Galina Kusnezowa zu ihnen gesellte. Einen Monat später notierte Vera im Tagebuch: »Mein Leben ist wie ausgetauscht – ich bekomme Jan überhaupt nicht mehr zu sehen.« Seine Tagebuch-Aufzeichnungen dieser Jahre – 1925 bis 1927 – hat Bunin vernichtet. Die Liebe zu Galina Kusnezowa überwältigte ihn in einer Weise, daß er weder Ruhe noch Schlaf mehr fand; sie war wie der Sonnenstich in seiner gleichnamigen Erzählung. Hier eine »Momentaufnahme« daraus: »Sie schloß die Augen, legte den Handrücken an die Wange, lachte mit natürlicher, bezaubernder Stimme – alles war natürlich und bezaubernd an dieser kleinen Frau – und sagte ... Der Leutnant ergriff ihre Hand und führte sie zu den Lippen. Die Hand, klein und fest, duftete nach Sonnenbräune. Selig beklommen stellte er sich ihren sonnengebräunten festen Körper unter dem hellen Leinenkleid vor.«

Über dieses biographische Kapitel streiten sich die Bunin-Forscher bis heute. Die einen meinen, Bunin habe gelogen, als er seiner Frau versicherte, daß die Beziehung zu der jungen Dichterin rein platonischer Natur sei; die anderen – seine Frau sei zu vertraut mit ihm gewesen, als daß er sie hätte belügen können. Fest steht zumindest, daß Vera von dem Verhältnis wußte. Diese seine letzte Liebe spielte sich vor ihren Augen ab.

Zuweilen schämte sich Bunin unter den Blicken seiner Frau, doch als er sah, daß sie ihn nicht verurteilte, gewannen seine Gefühle für sie eine neue, größere Dimension. Unter einem Dezembertag des Jahres 1927 ist in ihrem Tagebuch zu lesen: »Bin in Nizza allein, ein eigenartiges Gefühl ... Als ich zum Bahnhof ging, fragte ich mich plötzlich, mit welchem Recht verwehre ich ihm denn, zu lieben, wen er will, da seine Liebe ihren Quell in Gott hat?« Und: »Heute bin ich vollkommen allein. Aber vielleicht ist es sogar besser so – freier. Wenn nur diese schlimme Schwermut nicht wäre ... Das ist die Rache dafür, daß

Du einen Mann hast, der anderen ›Freude bereitet‹ und sich damit der Pflicht entledigt, Dir Freude zu bereiten ... Heute abend sagte er, am meisten auf der Welt habe er seine Mutter geliebt und mich liebe er nicht weniger. Ach, ein Rätsel, des Menschen Seele.«

Hinsichtlich dieses Dreiecksverhältnisses drängt sich einem der Gedanke auf, daß das Tragische das Leben durchzieht wie Blutgefäße den Körper; überall schimmert es durch, zeichnet sich ab, wird sichtbar und schmerzhaft spürbar, aber aus dem Leben ist es weder herauszutrennen, auszugliedern, auszuscheiden noch wegzudenken.

Auf dem Krankenlager schrieb sie eines Tages ins Tagebuch: »Mir scheint, Jan hat Angst um mich bekommen. Er rief mir etwas zu und ging bummeln. Dabei fühlt er sich immer wohl und zufrieden, wenn wir zusammen ausgehen. Aber häufig treibt ihn seine Nervosität hinaus, um mit anderen zu reden, und nur wenn ich krank bin, hält er inne und blickt sich erschrocken um, beginnt er die Wichtigkeit meiner Existenz zu erkennen.«

Beim Lesen dieses Tagebuchs einer Schriftstellerfrau, des *Grasse-Tagebuchs* der Vera Bunina, begreift man, daß nur eine Liebe, die bis an den Tod Opfer zu bringen bereit ist, wahre Liebe genannt werden kann. In der Nacht zum 31. Oktober 1926 hielt Vera im Tagebuch fest: »Als ich nach oben kam, lag er im Bett und erwartete mich. Er empfing mich mit Zärtlichkeiten. Sagte, nur ich sei sein Ein und Alles. Und der Gedanke, ich könnte sterben, quäle ihn schon 20 Jahre. 40 Jahre habe er den Tod seiner Mutter gefürchtet und 20 Jahre meinen. Daher gerate für ihn die Welt aus den Fugen, wenn ich krank bin, und sei ihm, als verlöre er den Verstand. So daß er die Flucht ergreifen müsse. Er wisse, daß er bei Frauen ankommt, aber das sei nicht das Richtige.«

Vor einigen Jahren fuhr ich einmal nach Nizza und machte von dort einen Abstecher nach dem Buninschen Grasse. Ein zauberhaftes, verträumtes Nest, in die Küstenfelsen des Mittelmeeres gebettet. So mancher Text über Grasse beginnt mit den schönen Worten: »Hier ist es, als wäre die Zeit stehengeblieben.« Diese Platitüde fand ich sinnbildlich auch darin bestätigt, daß der Busbahnhof keine Uhr hatte – jedenfalls habe ich keine entdecken können. Weiß der Himmel, vielleicht ist der Zeitengang hier tatsächlich nicht mit Uhren meßbar.

Anfangs haben die Bunins in der *Villa Montfleury* hoch über der Altstadt gewohnt, dann wechselten sie in die *Villa Belvédère*. Diese erkor ich zum Ziel meiner Wanderung. Ich kraxelte eine schmale Gasse aufwärts, immer höher und höher, hoffend, daß es bald wieder abwärts ginge, aber nichts da! Nach einer kürzeren Neige kam wieder ein Anstieg. Die *Villa Belvédère* war von Privatleuten bewohnt, so daß ich sie innen nicht besichtigen konnte. So begnügte ich mich damit, sie von außen sowie ihre lauschige Umgebung und ihr kleinstädtisches Umfeld in Augenschein zu nehmen. Die alten Bäume im Garten, sicherlich erinnerten sie sich noch an das Ehepaar Bunin, an Vera und ihren »Jan«. Und an das Rattern der Schreibmaschine – Vera pflegte alles von ihrem Mann Geschriebene mit der Maschine abzuschreiben. In der *Villa Belvédère* sind Bunins beste Liebeserzählungen entstanden. Auch das kleine Kino, wo sie zusammen *Die drei Musketiere* sahen, die alte Apotheke und der Park, dem Vera einen »magischen Zauber« zuschrieb, werden sie noch in Erinnerung haben. Es gibt so viele Plätze in Grasse, die für die Bunins von Bedeutung waren.

Am 20. Jahrestag ihres Zusammenlebens, dem 10. April 1927, sagte Bunin zu Vera: »Ich schwöre Dir bei Deinem Geburtstag, daß ich Dich unendlich liebe!« – »Eben haben wir unser zwanzigjähriges Jubiläum gefeiert«, führt Vera dazu im Tagebuch weiter aus, »aßen zu Abend zu Hause. Ich Sardinen, Jan Schinken. Und tranken Pouilly. Jan erhob das Glas: ›Danke für alles. Ohne Dich hätte ich nichts mehr geschrieben. Wäre vor die Hunde gegangen.‹ Ich bedankte mich bei ihm ebenfalls. Daß er mich gelehrt habe, die Welt zu sehen. Und Literatur zu deuten und zu beurteilen. Und das *Evangelium* zu lesen. Dann küßten wir uns lange, und ich meinte lachend: ›Gibt es jemanden, mit dem Du Dich öfter geküßt und gestritten hast als mit mir?‹ – ›Nein‹, antwortete er ernst. ›Wir haben uns zwar oft gestritten, sind uns aber nie länger als fünf Minuten böse gewesen.‹« Unter dem 18. Dezember 1927 heißt es bei ihr weiter: »Jan umarmte mich sanft. ›Als ich eben zu Dir kommen wollte, fand ich 50 Francs unterm Tisch. Die müssen Dir heruntergefallen sein, das tat mir für Dich so leid!‹ Was ist er doch für ein sonderbarer, zärtlicher Mensch. Und wie bangt es mich manchmal um ihn!« Und einen Tag später: »Gestern war

Jan einfach rührend zu mir. Er grämte sich, als er meinen Zustand sah. Sagte: ›Du bist nämlich ein Teil meiner Seele.‹«

Unterdessen war schon das zweite Jahr vergangen, doch Galina Kusnezowa wohnte immer noch unter einem Dach mit ihnen. Mit welcher Berechtigung? Denen einer Schülerin? Einer Familienvertrauten? Einer Muse?

1932 erscheint in seinem Tagebuch eine idyllische Szene mit ihr: »Ich lag auf der Bank im Garten, den Kopf auf G.s Schoß – ein Gefühl tiefer Lebensfreude! Ich sollte über unseren Garten schreiben – was es da alles gibt. Eidechsen am Zaun, ein Huhn auf dem Terrassenabsatz zum oberen Garten ...«

Nach Stockholm, zur Entgegennahme des Nobelpreises 1933, nahm Bunin beide Frauen mit, Vera und Galina, die er im Hotel als seine Tochter ausgab. Vom Preisgeld stiftete er umgehend 100.000 Francs für notleidende Schriftsteller in der Emigration. Stets unterstützte er andere, wo und so gut er konnte. So war sein Geld alsbald aufgebraucht, und sie sanken in die Armut zurück. Dann wurde er krank.

Am schmerzlichsten aber war etwas anderes – Galina Kusnezowa wandte sich von ihm ab. Er mußte einsehen, daß er sich in ihr, die er bis in jede Seelenregung zu kennen meinte, getäuscht hatte. Ihre Hinwendung zueinander war von Anfang an ein Spiel gewesen, ein Haschen nach etwas Irrlichterndem, ewig Entgleitendem und Unerreichbarem. Die junge Dichterin hatte sich in ihre Freundin Margo Stepun verliebt und sich offen dazu bekannt. Anscheinend kränkte es Bunin dabei am meisten, daß er nicht wegen eines Mannes, sondern wegen einer Frau verlassen wurde. Wegen einer, wie er spitz formulierte, »eigentümlichen großen Jungfrau«. Die Sängerin Margo Stepun war in der Tat eine Frau von nicht alltäglichem Wesen: unerschütterlich selbstbewußt, schlagfertig bis zur Frechheit und auf ihre Weise unterhaltsam und charmant.

Als Galina Kusnezowa und Margo Stepun ausgezogen waren, vermerkte Vera im Tagebuch: »Es ist eintöniger im Haus geworden, dafür leichter. Das hiesige Leben, die Gleichförmigkeit der Tage und daß sie selbst nichts schrieb, darunter hat sie zu sehr gelitten.« In Bunins Tagebuch liest man: »War in Cannes ... Ging die Uferstraße entlang und blieb plötzlich stehen: Ja wozu

das alles eigentlich, diese unaufhörliche Pein zwei Jahre lang?
Da kann man sowieso nicht helfen! ... Immer nur Schmerz,
Zärtlichkeiten ...« Und einige Passagen weiter: »Manchmal das
erschreckende Bewußtsein, wie tief ich gefallen bin! Fast jeder
Schritt war Dummheit, Selbsterniedrigung! Und die ganze Zeit
diese völlige Taten- und Willenlosigkeit – welch ungeheuerlich
stupide Art zu leben! Zu sich kommen, zu sich kommen!«

Erinnert uns das nicht wieder an *Sonnenstich*? An den grüblerisch zurückblickenden jungen Leutnant? »Er hatte sie noch
ganz in Erinnerung, mit all ihren kleinsten Besonderheiten, dem
Duft ihrer gebräunten Haut und ihres Leinenkleides, ihren festen
Körper, den natürlichen, heiteren Klang ihrer Stimme ... Die
Sinnenlust, die ihm ihre weibliche Schönheit bereitet hatte, war
in ihm noch überaus lebendig, begann nun aber einem anderen
Gefühl zu weichen, einem seltsamen, unergründlichen und
gänzlich neuen, von dem er nicht das Geringste geahnt hatte, als
sie zusammen waren ... Er lag auf dem Rücken, die Hände im
Nacken verschränkt, und starrte zur Decke. Dann biß er die
Zähne zusammen, schloß die Augen und spürte, wie ihm Tränen
über die Wangen rannen.«

Wie ist es den Bunins in ihren letzten Jahren ergangen? Nicht
gut. Der Krieg hatte sich zu einem Weltkrieg ausgeweitet. Sie
machten sich Sorgen um Rußland, suchten nach Nachrichten im
Radio. »Schwere Kämpfe der Russen und Deutschen ... Witebsk
genommen ...« In Bunins Tagebuch die Notiz: »Wir ernähren uns
aufs Kärglichste. Den ganzen Tag verlangt es einen nach Essen.
Und es ist nichts da – ein höchst verwunderlicher Umstand, das
hat es in meinem Leben noch nie gegeben. Ich bin hungrig ...
Kann nicht schreiben.« Besonders während des Krieges haben die
Bunins viel für ihre Landsleute getan. Sie versteckten auf ihrer
Datsche in Grasse Juden vor den nationalsozialistischen Okkupanten und nahmen sich eines jeden an, der sich an sie wandte.

Nach dem Krieg wurden sie offiziell eingeladen, in ihre
Heimat zurückzukehren. Stalin hätte den Schriftsteller von
Weltrang nur zu gern auf seiner Seite gesehen. Einmal hörte
Bunin auf einem russischen Sender irgendwelche lyrischen
Hymnen auf Stalin und kommentierte dazu im Tagebuch: »Der
und der ›Volkssänger‹ lebt in dem und dem ›wunderschönen

Winkel‹ und singt: ›Stalins Worte fließen durch das Volk wie ein goldener Strom‹ … in solch ein nichtswürdiges, verlogenes Land zu gehen!« Darüber haben er und Vera oft nächtelang miteinander gesprochen.

Immer öfter wurde auch der Tod Thema ihrer Gespräche. Sie fragten sich, wer es als Hinterbliebener schwerer haben würde, er oder sie. Dazu äußerte Bunin einmal, wie Vera notiert hat: »›Ja, die Frau zu verlieren ist schwer, Du aber bist für mich mehr, Du bist meine engste Verwandte, und es kann keinen Menschen auf der Welt geben, der mir näher wäre als Du. Dich hat mir Gott gesandt.‹ Und, mit vor Erregung erstickender Stimme: ›Lassen wir das lieber.‹«

Ein andermal, als Vera zum Arzt unterwegs war, notierte er für sich: »Zu Tränen rührende schmerzliche Zärtlichkeit für sie.«

In seinem letzten Lebensjahr beklagte Bunin wiederholt, daß er nicht alles im Leben geschafft habe, was er wollte. Wie Zeitgenossen überliefern, wurde er im Umgang schwierig, war oft mißmutig, gereizt und unbeherrscht. In dieser Zeit fand Vera Kraft und Halt in Gott.

Eines Morgens sagte Bunin zu ihr, mit den Tränen kämpfend: »Wenn Du stirbst, mache ich Schluß mit mir. Ohne Dich zu sein ist mir unvorstellbar.« Sie weinte auch.

Die letzten Zeilen seines Tagebuchs – sie wurden im Mai 1953 geschrieben – bekunden noch einmal seine innige Verbundenheit mit dem Dasein: »Befremdlich, ja unfaßlich, man könnte darüber zur Salzsäule erstarren: Es ist nicht mehr lange hin, es ist sogar nur noch kurze Zeit hin, daß ich nicht mehr sein und von allem, allem hier, allen Dingen, Taten und Geschicken nichts mehr wissen und erfahren werde.«

Und hier eine ihrer Aufzeichnungen darüber, wie er starb: »Ungefähr zehn Stunden waren wir beide allein. Er bat mich, ihm Briefe von Tschechow vorzulesen … ›Na schön, genug jetzt. Ich bin müde.‹ – ›Möchtest Du, daß ich mich zu Dir lege?‹ – ›Ja.‹ … Ich ging mich entkleiden, warf mir den leichten Morgenrock über … Ich streckte mich längs der Kante seines schmalen Bettes aus. Seine Hände waren kalt, ich wärmte sie, und nicht lange und wir waren zusammen eingeschlafen. Plötzlich spürte ich, daß er hochruckte. Ich fragte, was mit ihm sei …

›Mir ist gar nicht gut.‹ Er setzte sich auf. Kurz darauf sah ich, daß er den Kopf auf den Arm sinken ließ. Die Augen geschlossen, der Mund geöffnet ... Ja, so war es, in diesem Moment ist er von mir gegangen.«

Beerdigt wurde Bunin im russischen Teil des Friedhofs Sainte-Geneviève-des-Bois, wo es über 10.000 Grabstätten gibt. Hier hatten Dichter und Schriftsteller, Maler, Philosophen, Gelehrte und Priester ihre letzte Ruhe gefunden – Russen, die nach Frankreich emigriert waren. Viele bedeutende Vertreter der russischen Kunst und Kultur liegen hier begraben.

Vera ließ auf das Grab ihres Mannes ein unübliches weißes Kreuz setzen. Solche Kreuze wurden vorzeiten im Norden Rußlands an Stätten aufgestellt, wo sich Russen und Teutonen oder livländische Ritter Schlachten geliefert hatten. Die altertümlich-eigentümliche Gestaltungsform dieser Kreuze hatte Bunin gefallen. So legte Vera einem Steinmetz eine Ansichtskarte mit einem solchen Kreuz vor und bat ihn, es nachzubilden.

Freunden gegenüber erwähnte Vera oft, daß sie sich täglich mit Bunins Texten und Handschrift beschäftige. Alle seine besten Werke waren in ihrem Beisein entstanden, sie hatten das Niedergeschriebene durchgesprochen und zusammen redigiert. Wenn sie an ihn dachte, hatte sie wie zwangsläufig seine Stimme oder einen bestimmten Tonfall von ihm im Ohr. Bunin blieb so beständig in ihrer Lebenswelt präsent, daß man sagen kann, daß sie bis zu ihrem eigenen Tod immer mit ihm zusammen gewesen ist.

Vera Bunina hat ihren Mann um acht Jahre überlebt. Sie starb 1961 und wurde neben ihm auf dem Friedhof Sainte-Geneviève-des-Bois beigesetzt.

Bis zuletzt war sie schön und mädchenhaft schlank und straff geblieben. Bekannte von ihr sagten, wer sie sah, konnte bestätigen, daß die Redensart: »Die Jugend nicht, aber die Schönheit kann man aufhalten« ihre Richtigkeit hat.

Als ich unlängst das *Grasse-Tagebuch* noch einmal überflog, stieß ich auf ein wunderbares Bekenntnis seiner Autorin: »Ich bin zufrieden mit meinem Leben mit Jan. Finge ich noch mal zu leben an, würde ich genauso leben. Einen besseren Gefährten würde ich weder finden noch haben wollen.«

Der Meister und Margarita

Jelena Bulgakowa (1893 – 1970)

Haben sie einmal einen Gedenkabend erlebt, der nicht einem Schriftsteller gewidmet ist, sondern dessen Frau? Der Gedenkabend für Jelena Bulgakowa, der Frau des Schriftstellers Michail Bulgakow (1891 – 1940) fand am 19. Dezember 1990 im behaglichen Haus des *Russischen Verbandes der Theaterschaffenden* am Twerskoj-Boulevard in Moskau statt. Jelena Bulgakowa »empfing« die Gäste am Eingang einer Ausstellung mit ihren Fotografien aus verschiedenen Jahren. Als ich eine Aufnahme vom Februar 1940 sah, kam mir eine lange zurückliegende Geschichte in den Sinn, die ich auf dem Neujungfrauen-Friedhof in Moskau erlebt hatte.

Eines Sonntags im Sommer 1968 suchte ich zusammen mit einem Freund Bulgakows Grab auf. Tatsächlich befand sich dort ein großer schwarzer Granitbrocken, der *Golgatha-Stein*. Eine alte Frau und ein junger Mann waren damit beschäftigt, hellrote Begonien auf das Grab zu pflanzen. »Guck mal, das muß Jelena Sergejewna sein!« flüsterte mein Freund aufgeregt. Wir sahen ihnen zu, überlegten sie anzusprechen und stellten dabei fest, daß Jelenas Gesicht auch noch im Alter ungewöhnlich schön war. »Gogol hat sich vor schönen Frauen gefürchtet, erinnerst Du Dich? In seinem Werk ist eine schöne Frau immer eine Hexe«, bemerkte mein Freund, während wir zum Tor zurückgingen. Ich fügte lachend hinzu: »Apropos! Mir wurde folgendes erzählt: Ein Redakteur rief Jelena Sergejewna an und bat sie, so schnell wie möglich in die Redaktion zu kommen, es bestehe die Möglichkeit, etwas von Bulgakow zu drucken. Kaum hatte er aufgelegt, erschien sie in der Tür – geschminkt, frisch und schön wie immer. »Wie sind Sie so schnell hergekommen?« »Auf dem Besen!«

»Mir nach Leser!« lesen wir am Anfang des zweiten Teils des Roman *Der Meister und Margarita*. »Wer hat Dir gesagt, es gäbe auf Erden keine wahre, treue, ewige Liebe? Man schneide dem Lügner seine gemeine Zunge ab! Mir nach, mein Leser, und nur mir, ich zeige Dir eine solche Liebe!«

In der ersten Variante des Romans existierte weder dieses Kapitel noch die Figur der Margarita selbst. Diese alte Version verbrannte Bulgakow 1930. Erst als Jelena in sein Leben trat, entstand die Figur der Margarita, und ihr war es beschieden, die Heldin dieses großartigen Romans zu werden. Nachdem Bulgakow der realen Margarita begegnet war und sich ihre Schicksale vereinigt hatten, nahm der Schriftsteller seine Arbeit am Roman wieder auf.

Hier erzählt Jelena Bulgakowa selbst über die erste Begegnung: »Es geschah im Jahr 1929, im Februar. Ich war verheiratet mit dem Generalleutnant Schilowski, einem wunderbaren, hochanständigen Mann. Wir waren, was man eine glückliche Familie nennt: Mann mit angesehener Stellung, Frau, zwei wunderbare Söhne ... Überhaupt war alles gut. Doch als ich eines Tages zufällig Bulgakow traf, wußte ich, das war mein Schicksal ... Das war eine schnelle, von meiner Seite her jedenfalls ungewöhnlich schnelle Liebe, für das ganze Leben.

Dann kam eine viel schwerere Zeit, es war für mich sehr schwer, aus dem Haus zu gehen, insbesondere, weil mein Mann ein so ausgesprochen großmütiger Mensch war und weil ich so eine schöne Familie hatte. Ich verlor den Mut und nahm mir vor, bei meiner Familie zu bleiben; und zwanzig Monate lang traf ich mich nicht mit Bulgakow, ich gab mein Wort, daß ich keinen seiner Briefe entgegennehmen, nicht ans Telefon gehen, nicht allein ausgehen werde. Aber offensichtlich war es Schicksal. Denn ich traf ihn sofort wieder, als ich das erste Mal hinausging, und der erste Satz, den er an mich richtete, war: ›Ich kann ohne Dich nicht leben.‹ Und ich antwortete: ›Ich auch nicht.‹ Und so entschieden wir uns, zusammenzuleben, egal, was geschieht. Damals sagte er mir etwas, worüber ich lachen mußte, ich weiß nicht warum. Er sagte: ›Gib mir Dein Wort darauf, daß ich in Deinen Armen sterben werde.‹ Wenn man sich vorstellt, daß ein Mann das sagte, der noch keine vierzig Jahre alt war, gesund, mit fröhlichen blauen Augen, die vor Glück strahlten, so wirkte das äußerst befremdlich. Und ich lachte und antwortete:

›Natürlich, selbstverständlich, Du wirst bei mir sterben …‹ Er sagte: ›Ich meine es sehr ernst. Du mußt es mir schwören.‹ Und im Endeffekt schwor ich. Und als er mich später, etwa ab seinem fünfundvierzigsten Lebensjahr, an meinen Schwur erinnerte, beunruhigte und alarmierte mich das. Ich sagte ihm: ›Komm, gehen wir ins Krankenhaus, vielleicht fühlst Du Dich nicht gut?‹ Wir ließen Laboruntersuchungen machen, Röntgen; alles war in Ordnung. Dann kam das Jahr 1939, und er sagte allen: ›Mein letztes Jahr ist angebrochen.‹ Uns waren diese Äußerungen sehr vertraut, doch wenn jemand neu in unseren Kreis kam, wunderte er sich. Aber wir nahmen alle an, daß da eine der lustigen Bulgakow-Erzählungen daraus wird, weil er so gesund und lebendig aussah. Doch im Jahr 1939 erkrankte er tatsächlich. Und als sich herausstellte, daß er an Neurosklerose erkrankt war, nahm er diese Diagnose als etwas Schicksalhaftes an. Er war Arzt, er kannte den Verlauf dieser Krankheit und er bereitete mich darauf vor. Er hat sich in keiner Weise geirrt.«

Vom ersten Tag ihrer Ehe an begleitet Jelena Sergejewna die kreative Arbeit Bulgakows. Sie schreibt nach seinem Diktat, ist bei allen Terminen dabei, führt sein Archiv, notiert gewissenhaft alle Begebenheiten, die in irgendeiner Weise relevant für seine Arbeit sind, in ihr Tagebuch und führt die Geschäfte.

Am 14. März 1933 stellt Bulgakow eine Vollmacht auf ihren Namen aus: »Hiermit bevollmächtige ich meine Frau Jelena Sergejewna Bulgakowa, Verträge mit Theatern und Verlagen zur Inszenierung oder Veröffentlichung meiner Werke in meinem Namen abzuschließen und zu unterschreiben, sowohl in der UdSSR wie auch im Ausland, sowie die vertraglich vereinbarten Autorenhonorare für meine Werke, die bereits aufgeführt wurden oder veröffentlicht sind, entgegenzunehmen.« Im Herbst desselben Jahres schreibt er seinem Bruder Nikolai nach Paris: »Ich bin so froh, daß sich Jelena um die geschäftlichen Angelegenheiten meiner Stücke kümmert und mich entlastet.« Von diesem Zeitpunkt an bis zum letzten Tag folgte sie bedingungslos und liebevoll dem Text dieser Vollmacht und erweiterte ihre Pflichten in einem Umfang, der die menschlichen Kräfte beinahe überstieg. Ihre Tagebuchaufzeichnungen sind von unschätzbarem Wert, denn sie berichten von den literarischen und alltäglichen Ereignissen einer rätselhaften Epoche. Und sie erzählen eine Liebesgeschichte, die jeder Leser versteht.

An die Atmosphäre im Haus der Bulgakows erinnert sich ein Freund der Familie, der Literat Sergej Jermolenski: »Nicht nur dank der Kraft der Liebe, sondern auch dank der Kraft des Lebens, der Sehnsucht nach Freude, der Sehnsucht nach Anerkennung und Selbstbestätigung entstand diese wunderbare Befähigung zur Erschaffung von Glück. Trotz der Umstände. An Tagen der Krise, an denen es so leicht ist, den Glauben an sich selbst zu verlieren und sich aufzugeben, gibt es nichts Schlimmeres als Verzagtheit, als kummervolles Selbstmitleid oder wehleidige Worte.

Ihr Haus leuchtete vor Glück, vor Zufriedenheit, so als könne es allen widrigen Umständen trotzen! Ihr einziger »Besitz« waren vermutlich Schulden, und die Zukunft lag in dichtem Nebel. Doch die Hausherrin war voller Energie und bedingungslos leichtsinnig. Und das Leben verlor seinen Schrecken.

Das Glück beginnt im Alltäglichen. ›Lobpreist den heimischen Herd‹, schrieb Bulgakow immer wieder in zahlreichen Briefen. Und er lebte, er arbeitete, allen widrigen Umständen zum Trotz. Die innere Kraft zum Schreiben verließ ihn nie.«

Seine Frau schuf ihm tatsächlich das HAUS im existenziellen Sinn, von dem seine Bücher handeln, von *Die weiße Garde* bis *Der Meister und Margarita*. Sie kämpfte für dieses HAUS, und er fand dort Stille und Geborgenheit.

In ihrem Vorwort zur Veröffentlichung der Tagebücher schrieb die Literaturhistorikerin Lidija Janowskaja: »In ihrer Liebe schien etwas auf, das die dreißig Jahre mit Licht erfüllte, die sie nach seinem Tod weiterlebte: das Gefühl, daß sie für immer, in alle Ewigkeit miteinander verbunden sind. Sie begegneten einander in ihren Träumen. Sie redete mit ihm in Gedanken. Tauchte ein in seine Manuskripte, begab sich auf die sichtbare, unsterbliche Spur seiner Seele. Sie las und verglich, überlegte, lektorierte. Furchtlos und diplomatisch, drängend und vorsichtig zugleich tat sie alles, um seine Bücher verlegen zu lassen. Hütete sein Archiv wie einen Gral. Und ihre ständige Sorge galt seinem Grab, eine Sorge, die nicht von Bitternis, sondern von Liebe geprägt war. Ich sah, wie sie sich für den Gang zum Friedhof kleidete, festlich, als ginge sie zu Besuch, und wenn sie vom Friedhof zurückkehrte, war sie ruhig gestimmt, gleichsam erleuchtet, als hätte sie ein Rendezvous mit dem Geliebten gehabt ...« In ihrem gemeinsamen Leben hatten sie sich fast nie getrennt.

Im September 1929 beginnt Bulgakow die Erzählung *Dem heimlichen Freund*, die später in den *Theaterroman* umgearbeitet wurde. Jelena Sergejewna verkörpert die elegante Dame Missi. Wie bereits gesagt, gibt es auch im Stück *Adam und Eva* versteckte Hinweise auf ihr Verhältnis. Und was den Roman *Der Meister und Margarita* betrifft, so kann man sehr lange und ausführlich darüber reden, wie viele Realien ihres Lebens Eingang in das Textgewebe des Romans fanden.

Jelena Sergejewna schreibt an ihren Bruder: »Für einen Monat fuhr ich zur Kur nach Jessentuki. Ich erhielt Briefe von Mischa, in einem befand sich eine getrocknete Rose und anstelle eines Fotos nur das Bild seiner Augen, das er aus einem Foto ausgeschnitten hatte. Und er schrieb, er habe ein würdiges Geschenk für mich vorbereitet ... Das Geschenk war ... ein Heft (ich bewahre es auf), auf dem Titelblatt steht: *Dem heimlichen Freund* ...« Das war noch im Jahr 1929.

Und selbst die getrocknete Rose wurde zu einem Teil des Romans: »Sie hockte sich hin, öffnete die untere Schublade ... und holte die einzigen Kostbarkeiten hervor, die sie besaß: ein in braunes Leder gebundenes altes Album mit einer Fotografie des Meisters, ein Sparkassenbuch über zehntausend Rubel auf seinen Namen, ein paar zwischen dünnem Papier gepreßte Rosenblätter und den Teil eines Heftes, einige Bogen stark, mit Maschine geschrieben, die Ränder angekohlt und ausgefranst ...«

Sie waren von der gleichen Kultur geprägt, auch wenn sie in verschiedenen Städten aufwuchsen, er in Kiew, sie in Riga. Beide waren von Kindheit an Bücherwürmer, liebten die Musik, das Theater, beide stammten aus der gleichen Gesellschaftsschicht, der russischen Intelligenz. Genauigkeit, Sorgfalt, nahezu Pedanterie wurde ihnen von Jugend an anerzogen: ihm durch das Studium der Medizin, ihr im »Familienbüro« des Vaters, wo sie seine Aufsätze zu Steuerfragen auf der Schreibmaschine abtippte. Wie bereits gesagt, trennten sie sich selten, reisten gemeinsam nach Leningrad, das sie sehr mochten, in den Süden in die Ferien, in Theaterangelegenheiten oder auch einfach so, um eine Auszeit zu nehmen. Sie hatten keine Möglichkeit, nach Riga zu gelangen, das damals »Ausland« war, doch sie fuhren gemeinsam nach Kiew, weilten an den Kindheitsorten Bulgakows. Zur Erinnerung an diese Reise entstand eine Fotografie, von der er seinem Bruder in Paris einen Abzug schickte: »Ein netter Straßenfotograf hat uns aufgenommen. Wir sind mitten im Grünen. Es ist das Grün meiner Heimat. Wir sind in Kiew, auf dem Wladimirhügel, im August des Jahres 1934.«

Ende Mai 1938 trennten sie sich zum ersten Mal. Sie reiste mit dem Sohn Serjosha nach Lebedjan in die Sommerfrische, sie war erschöpft, brauchte Erholung. Er blieb in Moskau zurück, der Roman *Der Meister und Margarita* mußte in die Maschine diktiert werden. Doch nebenbei entspann sich ein Briefroman. Trotz seines kolossalen Arbeitspensums schrieb Michail Afanasjewitsch seiner Jelena täglich, Briefe, Telegramme, Ansichtskarten, manchmal sogar zweimal am Tag oder dreimal. Er schrieb ganz privat und intim, so daß Jelena Sergejewna, bevor sie das Bulgakow-Archiv zur staatlichen Aufbewahrung übergab, mit Tusche alle Zeilen schwärzte, die fremden Blicken verborgen bleiben sollten. Er beschrieb, wie sich der Roman entwickelte, prophezeite sein zukünftiges Schicksal: »Vor mir liegen 327 maschinengeschriebene Seiten (etwa 22 Kapitel). Wenn ich gesund bleibe, wird die Abschrift bald beendet sein. ›Was geschieht dann, fragst Du?‹ Ich weiß es nicht. Vermutlich legst Du das Manuskript in den Schreibtisch oder in den Schrank, wo meine ermordeten Stücke liegen, und wirst Dich von Zeit zu Zeit daran erinnern. Aber im übrigen, wir kennen unsere Zukunft nicht ... Jetzt interessiert mich Dein Urteil, und ob ich je das Urteil der Leser erfahren werde, weiß keiner ...«

Ende Juli reiste Bulgakow nach Lebedjan, wo sie ihm bereits einen »Arbeitsplatz« hergerichtet hatte, ein gemütliches kühles Zimmer, in dem er im Verlauf eines Monats das Stück *Don Quichote* verfaßte. Zurück in Moskau schrieb er ihr wieder jeden Tag einen Brief, glücklicherweise war ein Brief aus Moskau nur ein oder zwei Tage nach Lebedjan unterwegs. Mitte August kehrte Jelena Sergejewna nach Hause zurück. Sie werden sich nie wieder trennen.

Es war ihnen nur noch wenig Zeit vergönnt. Ein Jahr später, im September 1939, wurde Michail Afanasjewitsch in Leningrad, wo sie den Urlaub verbrachten, von seiner Krankheit heimgesucht, einer starken Beeinträchtigung des Sehvermögens, ausgelöst von einer Nierenhypertonie. An dieser Krankheit war sein Vater im gleichen Alter gestorben. Als Arzt wußte Bulgakow genau, daß ihm das auch widerfahren konnte.

Die Krankheit verschlimmerte sich, sie kehrten unverzüglich nach Moskau zurück, wo ihm die Ärzte sagten, er hätte nur noch drei oder vier Tage zu leben. Doch Jelena Sergejewna kämpfte so aufopferungsvoll um sein Leben, daß sich ihr Abschied für immer um ganze sieben Monate hinauszögern ließ. Mitunter schien es sogar, die Krankheit sei besiegt, und sie schöpften neue Hoffnung. An solchen Tagen setzten sie die Arbeit am Roman fort, sie las ihm Abschnitte aus dem Manuskript vor, und er diktierte ihr seine Korrekturen, mitunter entstanden ganze Seiten. Und er starb in ihren Armen.

Später notiert sie ihre Erinnerungen: »Am Morgen des 10. März schlief er noch (oder war noch nicht zu sich gekommen), sein Atem ging schneller, wärmer, gleichmäßiger. Und ich dachte, das heißt, ich glaubte wie eine Geistesgestörte, daß das Wunder geschehen sei, das ich ihm die ganze Zeit versprochen hatte, das Wunder, an das ich ihn zu glauben zwang, daß er wieder gesund wird, daß die Krisis nunmehr überstanden sei ... Mischa begann, schneller zu atmen, dann öffnete er plötzlich seine Augen ganz weit, stöhnte. In seinen Augen stand Verwunderung, sie füllten sich mit einem ungewöhnlichen Licht.

Er ist gestorben. Es war um 16.39 Uhr ...«

Seine letzten Worte waren an sie gerichtet: »Komm zu mir, ich küsse Dich und bekreuzige Dich für alle Fälle ... Du warst meine Frau, die beste, die unersetzliche, die bezaubernde ... Wenn ich das Klopfen Deiner Absätze hörte ... Du warst die beste Frau der Welt ... Meine Göttliche, mein Glück, meine Freude. Ich liebe Dich! Und falls es mir bestimmt ist, weiterzuleben, werde ich Dich mein ganzes Leben lang lieben. Meine kleine Königin, meine Zarin, mein Stern, der mir immer geleuchtet hat in meinem Winterleben! Du mochtest meine Sachen, ich schrieb sie für Dich ... Ich liebe Dich, ich vergöttere Dich! Meine Liebe, meine Frau, mein Leben!«

Und andere Worte, die er ihr einen Monat vor seinem Tod auf seine Fotografie schrieb: »Für meine Frau, Jelena Sergejewna Bulgakowa. Dir allein, meine Freundin, widme ich dieses Foto. Sei nicht traurig, daß meine Augen hier schwarz sind: Sie hatten immer die Gabe, die Wahrheit von der Unwahrheit zu trennen. Moskau. Bulgakow. 11. Februar 1940.«

Es ist bekannt, daß Bulgakow vor der Begegnung mit Jelena seine handgeschriebenen Manuskripte vernichtete und nur die Typoskripte behielt. Doch bereits ab 1930 bewahrte sie sorgfältig alles von ihm auf, jedes einzelne Blatt, jede einzelne Zeile. Nach dem Tod ihres Mannes ordnete Jelena den gewaltigen Schatz seines literarischen Nachlasses, unermüdlich und mit äußerster Sorgfalt. Sie besorgte sogar die allererste Gesamtausgabe seiner Werke, auf einer Schreibmaschine tippte sie seine wichtigsten Texte ab und ließ sie binden. Es entstanden einige kleinformatige Büchlein in schönen Einbänden. Eine Ausgabe schenkte sie Wenjamin Kawerin am Tag nach seiner Rede vor dem Schriftstellerkongreß im Dezember 1954, wo er die gewaltige Leistung Michail Bulgakows für die russische Literatur hervorgehoben hatte. Doch *Der Meister und Margarita* war nicht darunter, der Roman blieb vorerst ein »Geheimnis mit sieben Siegeln«. Erst zehn Jahre später fand die Prosa Bulgakows allmählich ihren Weg zu den Lesern, das erste Wegzeichen war *Das Leben des Herrn Molière*, dessen Veröffentlichung Wenjamin Kawerin nach Kräften gefördert hatte.

Im Jahr 1960 kam Jelenas in Deutschland lebender Bruder Alexander mit seinem Sohn Ottokar nach Moskau. Es war ein Wiedersehen nach langen Jahren der Trennung. 1964 schließlich erhielt Jelena Bulgakowa die Erlaubnis für eine Reise nach Hamburg, wo sie ihren Bruder zum letzten Mal sah. Er war bereits hochbetagt und sehr krank. Bei ihrem Treffen übergab sie ihm das Romanmanuskript.

Sie versuchte, das Werk Bulgakows zu bewahren, indem sie die Manuskripte möglichst »breit streute«, damit sie auf keinen Fall verlorengehen konnten. Dem Bruder des Schriftstellers, Nikolai Bulgakow, teilte sie am 14. September 1961 mit: »Mir ist das unglaubliche Los, das unglaubliche Glück anheimgefallen, Mischa zu begegnen. Den genialen, überwältigenden Schriftsteller und den bezaubernden Menschen ... Ich weiß, ich bin fest davon überzeugt, daß bald die ganze Welt seinen Namen kennen wird ... Mein Bruder besitzt ein Exemplar von *Die weiße Garde*, und auch ein Manuskript von *Der Meister und Margarita*. Doch er kann das Buch nicht selbst verlegen. Damit nicht etwas in der Art von Boris Pasternak geschieht. Als Mischa starb, sprach er nur von diesem Roman, er hielt ihn für sein bestes Werk, in das er alles von sich hineingelegt hat.«

Nach dem Tod ihres Mannes vergehen Jelenas Tage mit der Arbeit an seinem Archiv, und in den Nächten »trifft« sie sich mit den Menschen, die ihm nahestanden, spricht mit ihnen und schreibt ihm *Briefe ins Jenseits*.

»Alles ist so, wie Du es gern hattest, wie Du es immer wolltest. Eine spärliche Einrichtung, ein einfacher Holztisch, eine Kerze brennt, auf meinem Schoß sitzt die Katze. Stille ringsum, ich bin allein. Ein seltener Augenblick. Heute habe ich Dich im Traum gesehen. Deine Augen sahen aus wie immer, wenn Du mir diktiertest: groß, blau, leuchtend, durch mich hindurchschauend auf etwas, was nur Du allein sehen konntest. Sie waren sogar noch leuchtender und größer als im Leben. Vermutlich hast Du jetzt noch schönere Augen ...«

In der Novemberausgabe der Zeitschrift *Moskwa* des Jahres 1966 wurde endlich der erste Teil von *Der Meister und Margarita* veröffentlicht, der zweite Teil erschien in der Januarausgabe 1967. Es schien, Jelena Sergejewna hätte ihr Versprechen eingelöst, der Roman war in Rußland veröffentlicht, wie von Michail Afanasjewitsch erbeten. Jedoch war der Text erbarmungslos von der Zensur entstellt worden. Jelena Sergejewna nutzte die Gunst der Stunde, in der man »ganz oben« einem italienischen Verleger erlaubt hatte, den Roman ohne Kürzungen herauszugeben, und war mutig genug, die vollständige Romanversion an den Emigrantenverlag *Possev* in Deutschland zu übergeben. Dort erschien der Roman im Jahr 1969 endlich komplett auf russisch. Erst jetzt war der Wille des Autors erfüllt. Jelena Sergejewna konnte diesen wertvollen Band in den Händen halten, als bereits ihr letztes Lebensjahr angebrochen war.

Die Frau des Schriftstellers überlebte ihren Mann um genau dreißig Jahre. Sie überlebte auch seinen ältesten Sohn. Sie pflegte zu sagen, daß ihr all diese Jahre vergönnt waren, um »das Notwendige und Wichtige« zu erledigen, das ihr der Meister aufgetragen hatte. In den 1960er Jahren bekam sie viel Besuch von Schriftstellern, Schauspielern und Theaterwissenschaftlern, die mit ihr sprechen oder sie einfach nur anschauen wollten. Denn sie war immer noch die Margarita, die Verkörperung des Ewigweiblichen, des Lebendigen, auch des Infernalischen und Rätselhaften. Jelena Sergejewna heiratete nie wieder, sie widmete sich, wie auch zu Bulgakows Lebzeiten, seinem Werk. Ihren nächsten Freunden und Vertrauten las sie aus ihrem Tagebuch *Briefe ins Jenseits* vor, das sie ihrem Mann widmete: »Du hattest einen Arztkittel an, Du warst Arzt und hieltest Sprechstunde ab. Und ich ging aus dem Haus, weil wir gestritten hatten. Noch in der Diele verstand ich, daß mir sehr traurig zumute sein wird und daß ich so schnell wie möglich zu Dir zurückkehren muß. Ich bat Dich herauszukommen, und irgendwo in einer Ecke, zwischen den Schränken, versteckt vor den Patienten, versöhnten wir uns wieder. Du hast mich zärtlich gestreichelt. Und ich sagte: ›Wie kann ich denn ohne Dich leben?‹ weil ich verstanden hatte, daß Du sterben wirst. Du antwortest: ›Es ist nicht schlimm, geh ruhig, es wird jetzt besser für Dich ...‹«

In meinem Buch *»Hier liegt Freund Puschkin ...« Spaziergänge auf russischen Friedhöfen* widmete ich Jelena Sergejewna, die einen Grabstein für Bulgakow suchte, eine Erzählung. Als 1931 die Behörden Gogols Gebeine vom Danilow-Kloster auf den Neujungfrauen-Friedhof umbetten ließen, ersetzten sie den bisherigen Grabstein, *Golgatha* genannt, durch einen eigenen von sowjetischer Machart, auf dem die Inschrift prangte: »Von der Sowjetischen Regierung.« Neun Jahre sollte der Grabstein aus schwarzem Granit, den Verehrer des Gogolschen Werkes einst auf der Krim erworben und nach Moskau gebracht hatten, auf Bulgakow warten, bevor er diesem zu Haupt gelegt wurde.

Bulgakow selbst hatte sich nicht geäußert, wo und wie er begraben sein wollte. Jelena Sergejewna ließ ihn im alten Teil des Neujungfrauen-Friedhofs beisetzen, im *Kirschgarten*, wo sich auch Gogols, Tschechows und Stanislawskis Gräber befinden. Nicht gleich, sondern erst einige Zeit später, setzte sie ihm ein Grabmal, einen großen schwarzen Stein. Danach schrieb sie an Bulgakows Bruder Nikolai: »Mischas Grab finden alle wunderschön, manchmal rufen sogar fremde Leute an und sagen es mir. Ich hatte lange gezögert, es endgültig herzurichten, und vorerst nur Blumen und ringsherum vier Birnbäumchen gepflanzt. Ich konnte einfach nichts finden, was würdig genug für Mischa wäre. Als ich wieder einmal in die Werkstatt vom Neujungfrauen-

Friedhof kam, sah ich in einer Grube einen halb verschütteten schwarzen Granitbrocken. Der Werkstattleiter sagte, das sei der *Golgatha-Stein* von Gogols Grab; die Verwaltung habe ihn weggeworfen, als Gogol ein neuer Stein gesetzt wurde. Auf meine Bitte ließ er ihn mit einem Kran aus der Grube hieven und zu Mischas Grab bringen ... Sie wissen, wie gut das zusammenpaßt: Mischa unter einem *Golgatha-Stein*, der vom Grab seines Lieblingsschriftstellers stammt. Jetzt säe ich jedes Frühjahr nur noch Rasen. Stellen Sie sich das Bild vor: Ein dichter grüner Teppich, darauf der *Golgatha-Stein* und beides überwölbt von einem Schirm blühender Zweige – es ist sagenhaft schön und so ungewöhnlich, wie Mischa als Mensch und Künstler selber war.«

Jedes Mal, wenn ich an diesem Grab auf dem Neujungfrauen-Friedhof vorübergehe und die lakonische Inschrift »Der Schriftsteller Michail Afanasjewitsch Bulgakow 1891 – 1940. Jelena Sergejewna Bulgakowa 1893 – 1970.« sehe, kommt mir natürlich die Geschichte dieses Steins in den Sinn und jener literarische Abend am 19. Dezember 1990 in Moskau, der dem Andenken an Jelena Bulgakowa gewidmet war. Mit diesem Abend beginnt meine Erzählung über die Frau des Schriftstellers, und an diesem Abend damals erklang für mich ihre Stimme, eine Tonbandaufzeichnung: »Ja ... was ich Ihnen sagen möchte, trotz allem, trotz der Momente, die völlig finster und schrecklich waren, weil das nicht gelingende literarische Leben uns nicht nur Kummer, sondern völliges Entsetzen einflößte. Aber wenn Sie mir sagen wollen, daß wir, daß ich ein tragisches Leben hatte, so antworte ich Ihnen: Nein! Keine Sekunde lang. Es war das hellste Leben, das man sich vorstellen kann, das glücklichste. Eine glücklichere Frau, als ich damals war, gibt es nicht ...«

Leben und Tod der Nina Kandinsky

(1893 – 1980)

Gegen Abend des 2. September 1980 meldete sich bei der Polizei der Schweizer Stadt Gstaad, Kanton Bern, telefonisch ein Mann und rief, ohne sich vor Aufregung vorgestellt zu haben: »Kommen Sie! Schnell! Schnellstens! Wir haben eben Frau Kandinsky gefunden ... In ihrem Chalet ... Sie ist tot ... ermordet!«

Die Polizei fuhr sofort hin.

Die Straße mit dem Landhaus *Esmeralda* lag in dichtes Grün gebettet. Es war warm und still. Aus den Gärten rings duftete es herbsüß nach Minze und den ersten Herbstblühern. Dieses Haus hatte die Witwe des berühmten Malers Wassily Kandinsky (1866 – 1944) Anfang der 1970er Jahre erworben. Vor dem Haus stand eine kleine Gruppe Personen. Sie berichteten folgendes: »Frau Kandinsky hatte uns zum Abendessen eingeladen. Die Tür war unverschlossen, wir gingen hinein, riefen: ›Nina Nikolajewna! Nina Nikolajewna!‹ Keine Antwort. Eine Stille, die etwas Unheimliches hatte. Wir suchten in allen Räumen. Plötzlich schrie Herr G. auf. ›Hier! Hier ist sie!‹ rief er. Die alte Dame lag im Bad auf dem Fußboden. Man sah sofort, daß sie tot war und daß sie umgebracht worden sein mußte: an Armen und Beinen gefesselt, über dem Mund Klebeband.«

Die Polizei stellte fest, daß die Täter den Safe aufgebrochen und seinen Inhalt, kostbarsten Schmuck, geraubt hatten. Die Kandinsky-Bilder im Haus hingegen waren alle unangetastet geblieben. Seltsam. Warum? Diese Frage zog eine Menge anderer Fragen nach sich. Wem hätte die Malerwitwe, die für ihre Vorsichtigkeit bekannt war, geöffnet haben können? Man sollte meinen, nur einer vertrauten Person.

Dann: Wohin war die russische Hausgehilfin verschwunden, eine ältere Frau, Nina Kandinsky treu ergeben, die mit im Haus wohnte? Und wann und wie hatten die Gäste die Einladung erhalten? Sie kamen alle aus Genf. Auch das gab der Polizei zu denken. Genf war ein wahrer Tummelplatz für Abenteurer aller Couleur und Geheimdienstagenten aller Herren Länder. Auch befand sich dort ein Büro der *Vereinten Nationen*.

Außerdem: Ungefähr einen Monat zuvor hatte es in der Residenz der sowjetischen diplomatischen Vertretung in der Nähe von Genf einen festlichen Empfang zu Ehren der Witwe des Malers Wassily Kandinsky, Nina Kandinsky, gegeben, zu dem auch eine Delegation Maler, Literaten, Journalisten und Kunsthistoriker aus der UdSSR gekommen war.

Wassily Kandinsky, einer der Begründer der abstrakten Kunst, geboren 1866, war buchstäblich bis zu seinem letzten Lebenstag künstlerisch tätig gewesen. Dieser Tag ereilte ihn am 13. Dezember 1944 in Paris. Seitdem hatte sich Nina Kandinsky unermüdlich für die Verbreitung seines Werkes und seinen Nachruhm eingesetzt.

Auf dem Empfang fielen Worte der Liebe und Anerkennung an ihre Adresse und auch Worte des Bedauerns, daß ein so berühmter Künstler wie Wassily Kandinsky in seinem Vaterland so wenig bekannt sei. Das Erste, so hieß es weiter, was seine Bilder in uns auslösen, sei die lebhafte, sichere Empfindung von Genialität. Als Maler von Weltrang verdiene er es, daß das Land seiner Herkunft stolz auf ihn sei und ihn kenne, ehre und würdige, daher wäre es schön, wenn die besten Museen von Moskau Arbeiten von ihm besäßen. Nina Kandinsky, erfreut und gerührt von der Herzlichkeit ihrer Landsleute, beschloß noch an Ort und Stelle, 30 Arbeiten ihres Mannes Moskau zu stiften. Und erklärte dies auch, mit dem Zusatz: »Zum Ausgleich.« Das spielte darauf an, daß sie bereits einige Dutzend Bilder dem New Yorker *Guggenheim-Museum* übergeben sowie, für die Zeit nach ihrem Tod, alle wichtigsten Werke dem Pariser *Centre Pompidiou* vermacht hatte. Am Schluß des Abends ergab es sich dann, daß Nina Kandinsky mehrere Anwesende für den 2. September zu sich nach Hause einlud.

Wozu dieser jähe Tod, dieser Meuchelmord? Wem mochte er genützt haben? Dazu kursierten alsbald allerlei Spekulationen. Erstens: Es waren Einbrecher, die von dem Schmuck im Tresor

gewußt hatten. Die Boulevardpresse, nicht nur der Schweiz, hatte sich ja zur Genüge ausgelassen über einen Türkis namens *Esmeralda* sowie die Brillanten der Malerwitwe. Selbst ein seriöses Blatt wie *Der Spiegel* war sich nicht zu schade gewesen, anläßlich ihres Besuchs in München eigens den kostbaren Schmuck zu erwähnen. »Im Lampenlicht diverser Fernsehteams, geschmückt mit Brillanten und kirschgroßen Perlen, trotzte die Hinterbliebene, Moskauer Generalstochter von Adel, bravourös ihrem stets vertuschten, mittlerweile jedenfalls ehrwürdigen Alter« (47/1976).

Zweitens: Es war Moskaus grimmiger, mißgünstiger »langer Arm«. Drittens: ein kleiner Kreis »Schwarzsammler« hat den Mord in Auftrag gegeben. In den letzten Jahren war Nina Kandinsky in der Tat mehrmals (doch vergeblich) bedrängt worden, verschiedene Kandinsky-Fälschungen für echt zu erklären. Denn schon seit langem galt sie als anerkannte Autorität und Expertin in Sachen Wassily Kandinsky. Dies übrigens nicht nur hinsichtlich der Bilder. »Als Witwe wachte sie scharfäugig über Kandinskys Nachruhm, suchte per Copyright unliebsame kunsthistorische Aspekte zu unterdrücken (so im dreizehnjährigen, schließlich für sie erfolgreichen Rechtsstreit mit dem Autor und Verleger Buchheim) und lenkte hinterlassene Bilder durch Verkauf und Stiftung in große Museen« (*Der Spiegel* 37/1980). Und so weiter. Doch keine dieser Spekulationen hat sich bestätigt. Das Verbrechen ist unaufgeklärt geblieben.

Begeben wir uns nun aus jenem Schweizer Kanton ins Moskau des beginnenden vorigen oder genauer – des ausgehenden vorvorigen Jahrhunderts, dorthin, wo Nina Kandinsky geboren wurde. Ihr Geburtsdatum ist bis heute unbekannt.

In der *Spiegel*-Ausgabe 37 des Jahres 1980 erscheint unter der Rubrik »Gestorben« auch ihr Name: »Nina Kandinsky, die über ihr Geburtsdatum stets lächelnd schwieg, empfand sich selbst als ›Frühling im Lebensherbst‹ des gewiß eine Generation älteren, frühabstrakten Künstlers.« Aus ihrem Geburtsdatum hat Nina Kandinsky bis zuletzt einen Hehl gemacht. Nicht einmal auf ihrem Grabstein wird man es finden. Dort steht nur das Todesdatum. Die Historiker und Biographen nennen verschiedene Daten. Und die im *Rowohlt Verlag* erschienene Wassily-Kandinsky-Biographie macht zu ihren Lebensdaten überhaupt keine Angaben.

Ich meinesteils habe guten Grund zu der Annahme, daß Nina Andrejewskaja, so Nina Kandinskys Mädchenname, 1893 geboren wurde. Vor Jahren war ich nämlich die Moskauerin Tatjana Alexandrowna Lebedewa kennen, die dieselbe Schule wie zuvor Nina Andrejewskaja besucht hatte, die *Schule Nr. 7* in der Kriwoarbatski-Gasse, ehedem *Chwostow-Gymnasium*. Sie schloß sie 1923 ab, doch eine ältere Verwandte von ihr, geboren 1893, hatte diese Schule ebenfalls, nur viel früher besucht und dabei

Nina Kandinsky (1893 – 1980)

mit Nina Andrejewskaja in einer Klasse gesessen. Also müssen die beiden vom selben Jahrgang gewesen sein: 1893.

Zu Tatjana Lebedewa später mehr, vorerst noch mal nach Moskau zurück, zu Ninas Elternhaus. Nina Andrejewskaja stammte aus einer alten russischen Adelsfamilie. Ihr Vater, Nikolai von Andrejewski, war General im Dienste des Zaren. Ihre Kindheit war voller Annehmlichkeiten und schöner Bildungsanreize, die der Vater ohne viel Aufhebens zu arrangieren verstand. An den Sommerabenden versammelten sich alle auf der großen Datschen-Terrasse in Tarussa. Wie anheimelnd schimmerten dort die Hängelampen, und überhaupt – wie ungestört friedlich und vergnügt nahmen dort die Kindheitstage ihren Lauf! Die Oka, herbstliche Ausflüge mit dem Boot, zu Pferd oder zu Fuß. Gemeinsames Pilzesuchen im Wald, gemütliche Schummerstunden vor dem flackernden Kamin, dazu die herrlichsten Gruselgeschichten! Und was wurde gelesen? Märchen von E.T.A. Hoffmann, Erzählungen von Gogol und allem voran Schukowskis *Undine*.

Zum Winter hin ging es wieder heim nach Moskau. Die Familie hatte ein Abonnement für das *Bolschoi-Theater*. Jeden Dienstag bestiegen sie das bereitstehende Schlittengespann, und nicht lange und sie fuhren erwartungsfroh beim Paradeeingang des Theaters vor. Die Ballettaufführungen mit Anna Pawlowa und die Oper *Boris Godunow* mit Schaljapin zählte Nina zu den schönsten kulturellen Eindrücken ihrer Kindheit und Jugend.

Und dann die Museen. Zu Beginn des 20. Jahrhunderts erlebte Moskau eine wahre Museums-Blüte, zahlreiche Museen wurden gegründet. Und fast alle lagen in jenem alten, heute von Dichtern besungenen Viertel oder dessen nächstem Umkreis. Auf der ersten Querstraße des Arbat rechts befand sich das erste russische Museum für neue westliche Malerei, das nach einem Kunstsammler benannte *Schtschukin-Museum*. Ein Stück dahinter folgte das berühmte *Rumjanzew-Museum* (heute nicht mehr vorhanden). Bog man vom Arbat auf die Pretschistenka ab, so winkte einem schon an der nächsten Kreuzung das *Morosow-Museum*, ebenfalls nach einem Kunstsammler benannt.

Die Familie General von Andrejewskis bewohnte eines der für diese Gegend charakteristischen Mansarddachhäuser. Ein Nachbar der Andrejewskis war Doktor Schtschurowski, jener Arzt, der dem alten Lew Tolstoi auf der Bahnstation Astapowo Beistand in seinen letzten Stunden geleistet hat.

Der Tod des Vaters 1904 riß die elfjährige Nina aus der Unbeschwertheit ihrer Kindheit. General von Andrejewski war im Russisch-Japanischen Krieg bei der Verteidigung der Festung Port Arthur (heute Lüshunkou) gefallen. Die Verteidigung hatte der legendäre Generalleutnant Roman Kondratenko geführt, zu dessen engsten Vertrauten von Andrejewski gehörte. Die Festung hielt vier schweren Angriffen stand. Erst als die Kommandeure gefallen waren, gaben die Belagerten auf.

Zum Zeichen der Trauer um den gefallenen Vater wurden nach russischem Brauch alle Spiegel im Haus mit schwarzem Tuch verhängt. Zur Totenmesse versammelten sich die Familie und die Trauergäste in der Nikolai-Kirche am Ende der Kriwoarbatski-Gasse. Für Nina brachen öde Zeiten an. Selbst ihre geliebte Musik schien für immer von Zuhause verbannt. Der Flügel im Salon stand verhüllt.

Nach dem Gymnasium ließ sie sich an der Moskauer Universität einschreiben, studierte Geschichte und Philosophie. Das Jahr 1916 bescherte Nina einen glücklichen Zufall besonderer Art – sie machte die Bekanntschaft mit einem »lebenden und berühmten Künstler« und erlebte damit den schönsten Augenblick ihres Lebens.

Das kam so. Nina hatte sich am Telefon verwählt, und am anderen Ende der Leitung meldete sich eine sympathische männliche Stimme. Es war Kandinsky. Wie Kandinsky später bekannte, hatte er sich gleich in ihre Stimme verliebt. Dies zeigt sich auch darin, daß er noch am selben Tag sein Aquarell *Einer unbekannten Stimme* malte. »Solch eine Stimme«, so Kandinskys Bekenntnis weiter, »muß Eva gehabt haben. Die Urstimme des Weibes: warm, voll, melodisch. Den mit solcher Stimme dargereichten Apfel wird man nicht ausschlagen können!«

Betrachten Sie das Aquarell: auf lindgelbem, sonnigem Grund ein lyrisch-musikalisches-zeichnerisches Gebilde, zarteste Farbtöne und eine Fülle zauberhafter kleiner Details. Der Maler hat der Stimme einer Unbekannten »mit einem Porträt Unsterblichkeit verliehen«. Einer Stimme, die ihn so ergriff, daß er sie farbig sah.

Nina Kandinsky (1893 – 1980)

Wassily Kandinsky war bekanntlich Synästhetiker, das heißt ein Mensch, für den Laute Farbe und Volumen und Worte Geruch und Geschmack haben. Für den Synästhetiker ist die Welt voll von Gerüchen, Lauten und Farbschattierungen. Darin manifestiert sich eine bestimmte Art assoziativen Denkens. Der Synästhetiker betrachtet einen Gegenstand und nimmt Besonderheiten an ihm wahr, die anderen verborgen bleiben. Auf dem Bild *Einer unbekannten Stimme*, das Nina gewidmet ist, sehen wir ein Zusammenspiel von Musik, Farbe und einer realen Stimme. Wassily Kandinsky hörte quasi die Laute der Farben. Wenn er ein Bild von sich beschrieb, verwandte er gern Termini aus der Musik wie »Timbre«, »Akkord«, »Harmonie«, »Improvisation«, »Kadenz« usw. Ebenfalls Synästhetiker waren zum Beispiel der Komponist Alexander Skrjabin und der Schriftsteller Vladimir Nabokov. Folglich gibt es für Kandinskys einzigartige Malweise auch eine psychologische Erklärung.

Nach jenem zufälligen Telefonat begegneten sich die beiden im Februar 1916 persönlich. »Ich war ganz beeindruckt von seinen unwahrscheinlich blauen Augen«, vermerkte Nina über ihn im Tagebuch. Nun, gewiß gab es da noch mehr Grund zum Beeindrucktsein. Kandinsky war ein bekannter, allseits hofierter Künstler und ein gutaussehender Mann: groß und stattlich, elegant gekleidet und in seiner ganzen Art – wie Nina in ihrem Buch *Kandinsky und ich* nachträglich entdecken wird – eine interessante »Mischung von Diplomat, Gelehrtem und mongolischem Fürsten«.

Und wie erinnerte sich Wassily Kandinsky an die erste Begegnung? Er schilderte, wie ihm im Ausschnitt eines Torbogens ein junges Mädchen entgegenkam. Die Sonne im Rücken, war sie vom flimmernden Bogenrund des Tores umkränzt und so der Moskauer Hektik wie entrückt. Ganz in Weiß, schlank und anmutig, erschien sie ihm vollendet schön, wundervoll, ideal. Hat Kandinsky nicht vielleicht deshalb ein auf Pappe geklebtes Foto von 1916 so geliebt und wie den eigenen Augapfel gehütet: sie in weißem Kleid? Die Farbe der Möglichkeit, Farbe der Hoffnung war für ihn künftig »Weiß wie Schnee«. Doch es durfte kein städtischer Schnee sein, der ohnehin im Nu schwärzlich wird, sondern der Schnee in freier Natur – von Sonne beschienen.

Sonnenbeschienener Schnee, so die Hauptfarbe der Hoffnung bei Kandinsky.

Die Liebeserfüllung ließ sich noch Zeit. Noch waren da nur erste Ahnungen, ein Vorentzücken und bestimmte unverkennbare Anzeichen dafür, daß ein grundlegender Wandel bevorstand, nun endlich jenes Leben in Liebe und seelischer Eintracht kam, für das er geboren war.

1917 schuf Wassily Kandinsky ein Porträt von Nina, das viel über seine Liebe mitteilt. »Anmut ist, was schöne Frauen klug und kluge Frauen schön macht«, sagt man in Rußland. Das Porträt vereint das Lächeln und die Anmut und Lebensfreude einer jungen Frau auf so lebendige, natürliche Weise, daß es für mich das klassische Ebenbild der realen Nina von damals geworden ist. Nina war viel jünger als Kandinsky, und es verwundert zu lesen, daß er manchmal das Gefühl gehabt habe, sie wäre ein Jahrtausend älter.

Nach einem Jahr entschlossen sie sich zur Heirat. Ninas Mutter und die vielköpfige Generalsverwandtschaft mißbilligten diesen Entschluß. Ninas Mutter war eine herrische, launische Dame, die Kandinsky als »Fremdkörper« in ihrer Familie empfand: erstens, ein Künstler; zweitens, nur neun Jahre jünger als Ninas Vater (»Er könnte Dein Vater sein!« hielt sie der Tochter vor); drittens, schon mal verheiratet gewesen, ein »Geschiedener«, ein Mann »mit Vergangenheit«! Zu allem Überfluß wurde auch noch gemunkelt, er habe in Deutschland eine Geliebte zurückgelassen.

All dies traf durchaus zu. Kandinsky hatte 1893 Anna Tschumjakina geheiratet, eine Cousine aus einer bekannten Odessaer Kaufmannsfamilie und mit ihr in Odessa gelebt. Sie unternahmen zusammen Reisen. Und in Paris sah er eines Tages eine Ausstellung mit Impressionisten, die ihn so überwältigte, daß er seinen Beruf als Jurist hinwarf, um Malerei zu studieren. So überredete er Anna, nach Bayern mitzukommen, wo er in München die Schule von Anton Ažbe besuchen wollte. Der dreißigjährige Laienmaler, nun also »Malereleve«, versenkte sich in das Studium von Linie, Form und Komposition, und Anna fuhr nach Odessa zurück, grollend, ohne sich erklären zu können, warum ihrem Mann »dieses Gepinsel« so wichtig sei.

Nina Kandinsky (1893 – 1980)

1904 trennte sich Kandinsky offiziell von ihr. Zu dieser Zeit hatte er bereits eine andere Frau, die Malerin Gabriele Münter, eine Deutsche. Mit ihr lebte er in Paris und München und später in Murnau, einem Dorf am Fuße der Bayerischen Alpen, wo sie ein Haus gekauft hatte. Selbstlos, großzügig und materiell unabhängig, war sie Kandinsky in inniger Liebe ergeben, und an ihrer Seite konnte er sich künstlerisch voll entfalten. Auf seinen Bildern »erwachten die Punkte in Ruhe zu Leben« und »offenbarte die Linie in Bewegung ihre Seele«. Das war seine Geburtsstunde als abstrakter Maler. Gabriele unterstützte ihn ideell und finanziell. Doch er? Unversehens für sie abgekühlt, lief er ihr davon.

1914 kehrte Kandinsky nach Rußland zurück. Auf ihre Liebesbriefe antwortete er, daß er bettelarm sei und nur eines besitze – Schulden. Eine Ausrede natürlich. Doch Gabriele mochte nicht glauben, daß er nichts mehr für sie empfand, und beschwor ihn, sich im neutralen Schweden mit ihr zu treffen, wo sie heiraten könnten. Tatsächlich fuhr er zu ihr nach Stockholm, doch lediglich wegen einer Ausstellung, die sie für ihn arrangiert hatte. Dort kam es zum endgültigen Bruch.

Die Beziehung zwischen Kandinsky und Münter bringe ich stets mit einem Kandinsky-Bild in Verbindung, das ich einmal im *Kunstmuseum Bern* sah: *Interieur (mit zwei Damen)*, 1910, Öl auf Karton. Zwei Frauen: Gabriele Münter und Marianne von Werefkin. Entstanden ist es in dem erwähnten Haus in Murnau, wo seinerzeit zwei Paare wohnten: Münter und Kandinsky und die russischen Maler Marianne von Werefkin und Alexej Jawlensky. Im Ort hieß es das *Russenhaus*. Es ist ein sehr schönes Bild. Die beiden Frauen scheinen voller Erwartung zu sein. Und in der Tat hat Gabriele Münter ihre besten Jahre in Erwartung verbracht – Erwartung erst der Treffen, dann des Zusammenfindens, dann der Heirat mit dem Geliebten. Sie meinte, Kandinsky gebe die ganze ihm von der Natur vergönnte Leidenschaft an seine Bilder hin und sie brauche nur zu warten. Die Trennung betrachtete sie als eine Prüfung, die sie bestehen müsse, um seine Liebe zu erringen.

Wechseln wir wieder nach Moskau, diesmal Moskau im Februar 1917. Die Stadt ist furchterregend, wie im Schauder gekrümmt vor der Ungewißheit des morgigen Tages. Ein zerrissener bleigrauer Himmel. Schneestürze von den Dächern. Unrast und Aufregung auf den Straßen. Das Gespräch des Tages: der Tod Rasputins. »... ermordet, vergiftet, in den Straßengraben gestoßen ...« raunt man sich zu. Die Duma brodelt wie ein bis zum Rand gefüllter, überhitzter Kessel. In den Fabriken Streiks. Schwärme hungerleidender Frauen, die Lebensmittelläden plündern. Das Chaos wächst von Stunde zu Stunde.

Massenversammlungen auf Plätzen, in Sälen. Schrille Reden und Hurra-Rufe. Hier ein Zeuge einer solchen Versammlung: Künstlermeeting im Zirkus, Unmengen von Leuten, darunter Kasimir Malewitsch, Alexander Rodtschenko und Wassily Kandinsky. Die einen rufen: »Nieder mit der bourgeoisen Kunst!« Die anderen: »Wir annullieren alles Klassische – Ästhetizismus nach außen gekrempelt! Keine Schönen Helenas, keine Kristalle und Ananasse mehr! Es lebe der pure Dreck – Werg, Hühnermist, verfaulten Kohl!« Ihnen entreißen die Ästhetik-Nihilisten der neuen Welle das Wort: »Uns ist es egal, ob Kohl oder Madonna, sowieso läuft alles aufs Handwerkliche hinaus. Was allein zählt, sind Farbe, Faktur, Struktur und die Umsetzung des Materials!« – »Wie denn, wie?« schallt es woanders. »Ihr Beispiel sind zwei Bilder: Eins stellt einen Kohlkopf dar, das andere die Madonna. Hier das Bild eines Kohlkopfes, da das der Madonna. Das Bild der Madonna ist und bleibt bedeutender als das andre! Oder etwa nicht?!« Keiner will dem anderen beipflichten. Alle schreien, der Streit nimmt kein Ende. Kasimir Malewitsch, von 1917 bis 1918 Mitglied der *Kunstkommission beim Rat der Soldatendeputierten*, versucht zu beschwichtigen, ruft: »Schluß mit dem Streit! Zeit für ein neues Malercredo, alle herhören! ›Schaffen wir eine neue synthetistische Kultur!‹«

Am 7. Januar 1917, nicht lange vor ihrer Heirat, wurden Wassily Kandinsky und Nina bei einem Rachmaninow-Konzert im *Bolschoi-Theater* gesehen. Rachmaninow dirigierte selbst, es erklangen *Der Fels*, *Insel der Toten* und *Die Glocken*. »Kandinsky hatte eine Frau von erlesener Schönheit an seiner Seite. Graue Samtaugen, die reinste Lermontowsche Prinzessin Mary! Man sah, daß sie über beide Ohren verliebt waren; nichts konnte sie voneinander ablenken, weder die Eiseskälte noch das ungeheure

Gedränge.« Vor dem Theater hatte sich eine riesige Menschenansammlung gebildet, in der Spitzel umherstrichen, um politische Bekundungen von vornherein zu unterbinden.

Die Heirat war für den 11. Februar angesetzt. Und Kandinsky wollte unbedingt, daß seine Braut ein weißes Hochzeitskleid trüge, »aus einem Stoff, aus dem man Schneeflocken nähen kann«. Doch wo es herbekommen? In Moskaus Straßen ritten Kosaken, patrouillierten Gendarmen, waren die Geschäfte geschlossen. Aufruhr lag in der Luft, doch ebenso die bange Frage – was, wenn der tausendjährige Koloß des Zarenregimes zusammenbricht und alles aus den Fugen gerät; wenn die Massen mit roten Tüchern die Plätze überfluten und niemand mehr weiß, wer Herr ist im Haus? Nur um Himmels willen nicht weiterhin diese altehrwürdigen Herren mit gestärktem Kragen, die im Marmorpalast beisammensitzen und ratlos beraten! Wer aber dann? Hilflosigkeit und Verwirrung greifen um sich.

In den Zeitungen erscheint immer häufiger der Name Alexander Kerenskis, eines nervösen, hysterischen Mannes, der wieder Ordnung zu schaffen verspricht. Der in Feldrock und zerknautschter Mütze von einem Frontabschnitt zum anderen saust und Reden schwingt vor angetrunkenen Soldaten und von diesen dann mit Hurra auf die Schultern gehoben wird. Wohin soll es gehen? Keiner weiß es, am wenigsten der Held der Stunde selbst. Und schon rückt der Tag heran, da die Petersburger Arbeiter zum Finnischen Bahnhof ziehen, den aus dem Ausland zurückkehrenden Bolschewiken Lenin begrüßen, dieser vom Dach eines Panzerspähwagens die Revolution ausruft und einen Beifallsdonner erntet, von dem die Erde bebt und die Häuser schwanken.

Und Kandinsky in dieser Zeit? Er suchte ein Hochzeitskleid für seine Braut! Wo er es fand, ist ein Geheimnis geblieben. Doch er hat es gefunden! Und den Schmuck dazu machte er selbst – Halsgeschmeide und Armband.

Am 11. Februar 1917 heirateten sie standesamtlich und ließen sich kirchlich trauen, der Lage im Land und dem Unmut der Brautmutter zum Trotz. Das Hochzeitsfest war bescheiden. Wie auch anders! Kandinsky erhoffte sich zwar ein Erbe und sollte es auch im selben Jahr, als sein Vater starb, noch bekommen, doch inzwischen hatten die Bolschewiken die Macht ergriffen und damit begonnen, alles Hab und Gut der »Bourgeois« zu konfiszieren. Kandinsky war der Verzweiflung nahe. Da kam Nina auf eine rettende Idee – sie konnte ihren Mann dazu bewegen, sich ans *Volkskommissariat für Bildung* zu wenden und ihm seine Dienste anzutragen.

Im Frühjahr 1918 wurde Kandinsky in diesem Kommissariat angestellt, und er wirkte dort ein Jahr als Leiter der Abteilung Darstellende Kunst. Danach erhielt er eine Professur an der Universität und gründete das *Institut für Kultur der Malerei*. Neben alledem schaffte er es gelegentlich noch, Bilder für den Verkauf zu malen. Dies diktierten ihm Hunger und Not.

»Mit der Revolution wurde unser Leben in Moskau unerträglich. Wir machten sehr schwere Zeiten durch, darbten und hungerten. Um Kandinsky die Erniedrigung zu ersparen, wie ein Bettler umherzuziehen auf der Suche nach etwas Eßbarem, machte ich die Sorge um die Ernährung insgeheim zu meiner Domäne ... Daß wir dieses ganze Elend ertrugen, ist nur unserer Genügsamkeit zu verdanken. In jenem Winter war es so bitterkalt, daß das Wasser in unserer Badewanne gefror. Da es so gut wie aussichtslos war, ein wenig Wärme in die Wohnung zu bringen, suchten wir draußen einen Haufen Ziegel- und Schamottsteine zusammen und bauten uns selbst einen Ofen. So bekamen wir die beiden Zimmer einigermaßen warm. Wir heizten mit Holz, das zu beschaffen allerdings schwierig war. An manchen Tagen hatten wir nichts weiter als ein kleines Stück Brot zu essen, doch wir waren froh, immerhin nicht erfroren zu sein«, heißt es in Nina Kandinskys Erinnerungen.

Einem Bohème-Leben leistete ein solches Dahinvegetieren natürlich nicht eben Vorschub, und Nina Kandinsky erwähnt auch, daß sie nur selten das Haus verließen. »Über das kulturelle Leben in Moskau, das nach der Revolution, wie man heutzutage liest, so außerordentlich rege gewesen sein soll, kann ich eigentlich kaum etwas sagen. Wir haben daran nicht teilgenommen. Höchstens daß wir ausnahmsweise mal ein Konzert, Theaterstück oder eine Ausstellung besuchten. Meistens saßen wir zu Hause. Durch das Hungern, diesen unsern trübseligen Dauerbegleiter in den chaotischen Jahren nach der Revolution, stand uns nicht der Sinn nach Vergnügungen.«

Nina Kandinsky (1893 – 1980)

Natürlich gab es aber auch frohe Stunden. Der Maler David Schterenberg (1881 – 1948) erinnerte sich, Wassily und Nina Kandinsky ein paarmal im *Roten Hahn* getroffen zu haben, einem bekannten Café auf dem Kusnezki Most, das Anfang 1918 in den Räumen des ehemaligen Geschäftes *Sangalli* eröffnet worden war. Es wurde nicht beheizt, und alle saßen in Mantel und Mütze. Sein ganzes Angebot bestand aus Sauermilch und Piroggen aus gefrorenen Kartoffeln. Doch das tat seiner Beliebtheit keinen Abbruch. Man debattierte über Kunst, vor allem die der Zukunft, was viele Künstler und Freunde der Kunst anzog. Hier wurden unter anderen Wladimir Majakowski, Sergej Jessenin, Wladimir Tatlin und sogar Anatoli Lunatscharski, der für Kunst und Kultur zuständige Volkskommissar, gesehen. Der Gastraum des *Roten Hahn* war originell gestaltet: konstruktivistische Kronleuchter aus Blech und Furnierholz, die Wände von Georgi Jakulow dekorativ bemalt. Seine kleine Bühne wartete mit interessantesten Aufführungen auf wie zum Beispiel *Die Unbekannte* von Alexander Blok in der Inszenierung von Wsewolod Meyerhold und, anläßlich des ersten Jahrestages der Oktoberrevolution, die Alexander-Tairow-Inszenierung des *Grünen Papagei*.

Kandinsky, mit seinem leicht asiatischen Gesichtsschnitt, sei ihm wie ein japanischer Diplomat vorgekommen, erzählte Schterenberg und gestand, daß sein anfängliches Mißtrauen womöglich daher gerührt hatte. »Es ist dann aber ganz schnell verflogen«, räumte er ein, »auch, doch nicht allein, unter dem Eindruck seines wunderbar breitgespannten Talents.«

Kandinsky akzeptierte die Revolution, so wie dazumal jeder russische Intellektuelle, der es für seine Pflicht und Schuldigkeit hielt, auf Seiten des Volkes zu stehen. Er mied es aber, sich mit den ungebildeten revolutionären Massen gemein zu machen. Er blieb immer er selbst – streng für sich, manchmal abweisend. Nina dagegen legte weiterhin jene unbeschwerte Offenheit an den Tag, an der es Kandinsky gebrach. Sie fand leichter mit anderen zusammen. Und sie konnte wunderbar erzählen, mit anschaulichen Einzelheiten, treffenden Formulierungen und lebhaften, unterstreichenden Gesten. Unvergeßlich war Schterenberg ihre Schilderung, wie sie und Kandinsky im Auftrag des *Volkskommissariats* nach Rylsk, Gouvernement Kursk, fuhren, um bestimmte Museumsangelegenheiten zu regeln. Der Hintergrund dazu: Gleich nach der Revolution wurden überall im Land Museen gegründet – 1918 zum Beispiel 101 und 1919 – 58. Die Sache war nämlich die, daß in den enteigneten Gütern und Landsitzen der Gutsbesitzer und Adligen ganze Sammlungen von Gemälden, Skulpturen, alten Handschriften, alten Münzen, französischem Porzellan und anderen Kunstgegenständen herumlagen, die vor Raub und Zerstörung bewahrt werden mußten. So trug man sie alle an bestimmten Stätten zusammen und richtete diese zu Museen her.

So wie andere leitende Kommissariatsmitarbeiter hatte Kandinsky die Aufgabe, die neuen Museen aufzusuchen, zu begutachten und alle vor Ort anfallenden Museumsarbeiten aufzulisten und zu beschreiben. Die meisten Museumsbesucher in Rylsk – Landvolk aus der Umgebung – wußten nicht, was das Wort »Museum« bedeutete. Sie kamen in der Erwartung, daß Musik gespielt würde. Auch erzählte Nina laut Schterenberg, daß das Rylsker Museum eine einzigartige Diogenes-Statue aus dem 4. Jahrhundert vor Christus besaß, um die sich jedes Museum der Welt gerissen hätte.

In diesem Zusammenhang nochmals eine persönliche Reminiszenz. 1983 war ich selber in Rylsk und sah diese antike Statue mit eigenen Augen. Sie hatte also, oh Wunder, die wechselvollen Zeiten unbeschadet überstanden.

Später setzte ich mich in die Moskauer *Historische Bibliothek* und sah den ganzen Jahrgang 1919 der Zeitung *Nachrichten des Exekutivkomitees Rylsk* durch – ob hier nicht die eine oder andere Meldung über das Museum oder auch über Kandinskys Besuch zu finden wäre. Da las ich nun und las – von Krieg und Zerstörung, den Verläufen der die Republik einkreisenden Fronten, von Stiefelreperatur und Hungersnot, Getreidetransport und Typhus, kurz, von allen möglichen schwierigen oder dramatischen Dingen des damaligen Lebens. Und mitten darunter plötzlich, doch nur ein einziges Mal, eine Notiz zum Museum: daß es am 10. April eröffnet wurde. Leider war der Jahrgang der Zeitung unvollständig archiviert; über Kandinsky habe ich nichts finden können, so daß wir Schterenbergs alleiniges Zeugnis auf Treu und Glauben hinnehmen müssen. 1921 sah

Schterenberg die Kandinskys zum letzten Mal. Sie machten auf ihn einen sehr niedergeschlagenen Eindruck.

Wer eine bestimmte Spanne der Vergangenheit genau verstehen und nachempfinden will, braucht jemanden, der sie selbst miterlebt hat, einen Zeitzeugen. Und mit dem er sich so gut versteht, daß er ihm wie den eigenen Augen trauen kann. Solche Zeugen sind äußerst selten. Doch ich hatte Glück, ich fand einen.

Während meines Studiums an der *Moskauer Filmhochschule* Ende der 1970er drehte ich zusammen mit Kommilitonen einen Dokumentarfilm über den avantgardistischen Maler und frühsowjetischen Kulturfunktionär David Petrowitsch Schterenberg. Dabei trieben wir eine Zeitzeugin auf, die Schterenberg persönlich gekannt hatte – die bereits erwähnte Moskauerin Tatjana Alexandrowna Lebedewa (1906 – 1980).

Das Interview mit ihr war längst unter Dach und Fach, wir aber blieben weiter in freundschaftlicher Verbindung. Mir imponierte, was sie von früher noch alles wußte, wie viele Namen, Episoden, Umstände und kleinste Besonderheiten. Auch waren unsere Interessen ähnlich, wir beide liebten die Welt der Bücher und der Malerei. Sie hatte zunächst eine Zeitlang gemalt und war dann aufs Bücherschreiben umgestiegen.

Unter anderem fragte ich sie nach den berühmten *WchuTeMas* aus, den *Höheren Künstlerisch-Technischen Werkstätten* in Moskau, wo sie in der Werkstatt von Professor Schterenberg studiert hatte. Vorher war Schterenberg zusammen mit Wassily Kandinsky im *Volkskommissariat für Bildung* gewesen. So ist über Tatjana Lebedewa manches von dem, was Schterenberg über Kandinsky und dessen Moskauer Jahre 1914-1921 wußte, in diesen Text eingeflossen. Von Tatjana Lebedewa habe ich übrigens auch den Namen Nina Kandinsky alias Andrejewskaja zum ersten Mal gehört.

Nochmal ins Moskau der ersten Revolutionsjahre zurück. 1917 bekamen die Kandinskys einen Sohn. Sie gaben ihm den alten russischen Namen Wsewolod, der soviel wie »der Allesbeherrschende« bedeutet, nannten ihn aber schlicht Lodja. Die Versorgung von Haushalt, Sohn und Mann hatte Nina übernommen, diese Aufgabe mochte sie mit niemandem teilen. Sie war eine eifrige, hingebungsvolle Mutter. Da selber einst mit elterlicher Liebe zu kurz gekommen, wie sie später einmal eingestand, gab sie sich größte Mühe, dem kleinen Sohn jene Wärme und Fürsorge angedeihen zu lassen, die sie ihrerseits so bitter vermißt hatte. Und was Wassily Kandinsky betrifft, so war er als Vater weitaus aufmerksamer und liebevoller als so mancher seiner jungen Künstlerkollegen. Mit seinem Söhnchen zu spielen, bereitete ihm selber Freude.

Doch eines Tages traf die Kandinskys ein furchtbarer Schlag. Mit kaum vier Jahren starb der kleine Lodja an einer kruppösen Lungenentzündung. Er erlosch gleichsam vor ihren Augen: Ein unbarmherziger, kalter Tod entwand dem kleinen warmen Leben eine Minute um die andere. Kandinsky war vor Erschütterung wie betäubt. Er schloß sich in sein Zimmer ein, wollte mit niemandem sprechen und ließ achtlos die Papiere liegen, die ihm die *Akademie der Künste* zur Durchsicht gesandt hatte. Nina sah sich gehalten, den eigenen Kummer zu unterdrücken, um ihrem Mann Beistand zu leisten. Sie tröstete ihn wie ein Kind. Und tat so, als wäre der Tod des Sohnes sein alleiniger und nicht ihrer beider Verlust. Was sie das kostete, wußte sie nur selbst. Wassily Kandinsky fand aber erst seinen Trost, als er sich wieder in die Arbeit versenken konnte.

Fürs Malen hatte er in diesen Jahren allerdings kaum noch Zeit, zu sehr in Anspruch genommen von den organisatorischen, administrativen, wissenschaftlichen oder pädagogischen Aufgaben seiner verschiedenen Ämter und Funktionen: 1918, wie gesagt, Leiter der *Abteilung Darstellende Kunst beim Volkskommissariat für Bildung* und Dozent an den *Höheren Künstlerisch-Technischen Werkstätten*, 1919 Kommissar für die russischen Museen und Direktor des von ihm gegründeten *Museums für Kultur der Malerei*. Darüber hinaus gründete er 1921 die *Akademie der Künste* und wurde deren Vizepräsident. Doch als sein größtes Verdienst in diesem Rahmen sind die 22 Kunstgalerien anzusehen, die er in der russischen Provinz gegründet und deren Ausstattung er als Leiter der Ankaufkommission verantwortet hatte. Besonders in dieser Phase war ihm Nina eine große Hilfe, sie wurde seine Sekretärin. So trugen sie beide auf dem Höhepunkt der revolutionären künstlerischen Avantgarde zum kulturellen Leben des neuen Rußland bei.

Vor Kandinsky tat sich ein grenzenloses Betätigungsfeld auf. Die Kommunisten gaben ihm volle Handlungsfreiheit, hielten ihn anscheinend für unbedenklich, da er sich politisch neutral verhielt, sich aus Politik nichts zu machen schien. So ließen sie ihn gewähren. Dies änderte sich jedoch mit der Zeit: Wassily Kandinsky war aufrichtig bemüht, sich in den marxistischen Staat einzufügen, doch schon Anfang 1920 erkannte er die ganze Sinnlosigkeit dieses Bemühens. Die abstrakte Kunst wurde für dekadent und der abstrakte Künstler zum »Helfershelfer der Bourgeoisie« erklärt. 1921 fiel die abstrakte Kunst endgültig dem Verbot anheim; sie habe sich, so die offizielle Begründung, als »zersetzende Kraft für die sozialistischen Ideale« erwiesen.

1921 beschlossen die Kandinskys, nach Deutschland auszuwandern. Hierzu kam ihnen eine Dienstreise gelegen, mit der Wassily Kandinsky von der *Akademie der Künste* als deren Vizepräsident beauftragt worden war; er sollte in Berlin eine Filiale der Akademie aufbauen mit der Maßgabe, kulturelle Kontakte zu anderen Ländern zu knüpfen. Im Dezember 1921 war es soweit.

Rufen wir uns Kandinskys Bild von 1920 *Blick aus dem Fenster der Wohnung in Moskau* in Erinnerung. Ich meinesteils habe da sofort vor Augen, wie die zur Ausreise entschlossenen Eheleute kurz vor dem Aufbruch und endgültigen Fortgang sich nach altem russischen Brauch noch mal hinsetzen, den Himmel stumm um das Gelingen ihres Vorhabens bitten und einen letzten Blick aus dem Fenster werfen. Im Zimmer gelbliches Dämmerlicht, es ist kalt und ungemütlich, und die altbekannte, schmerzlich bekannte Szenerie schaut voller Mitgefühl zu ihnen herein: Ihr Ärmsten! Dabei hatten die »Ärmsten« durchaus noch die Hoffnung, nach einem Jahr vielleicht zurückzukommen. Dazu heißt es bei Nina: »Wir waren uns bei der Ausreise ... nicht sicher, ob wir Rußland für immer verlassen hatten. Im Gegenteil: Beide glaubten wir, in unsere Heimat bald zurückzukehren.«

Aber sie sind nicht zurückgekehrt, niemals, auch nicht besuchsweise. Erst kam Berlin, und dann kam Weimar mit der Bauhaus-Zeit 1922-1933, einer Schaffensperiode, in der Kandinsky 259 Bilder in Öl und 300 Aquarelle malte und seine berühmte theoretische Arbeit *Punkt und Linie zu Fläche* veröffentlichte.

So wie die Bolschewiken ächteten auch die Nationalsozialisten die abstrakte Kunst als »dekadent«. Die Kandinskys zogen nach Paris weiter. Der Zweite Weltkrieg begann.

In die ersten Pariser Jahre fällt eine Begebenheit, die sich wie eine spaßige Anekdote ausnimmt. Nina hatte mehrere Kandinsky-Bilder in einer Pariser Galerie untergebracht. Es wurde nichts gekauft. Doch eines Tages begrüßte der Galerist sie freudig: »Madame, heute wurde gekauft! Gleich drei Bilder auf einmal! Ein vornehmer Herr fragte, ob es stimme, daß Gemälde nach Ableben ihres Urhebers teurer würden. Ich bejahte es. Da kaufte er drei Kandinskys! Beim Abschied fragte ich, wer er sei. Er sagte: ›Monsieur, ich bin Kandinskys Hausarzt.‹«

Freunde der Kandinskys hoben oft hervor, wie erstaunlich unfehlbar Ninas Urteile über Kunst waren. Nina besaß die schöne Gabe, die Werke ihres Mannes zu verstehen und zu lieben, sich über sie zu freuen und ihrem Mann neuen Mut zu machen, wenn er an sich zu zweifeln begann, verprellt vom Verhalten der Pariser Galeristen, von denen sein Zugang zum Publikum abhing.

Doch auch als Hausfrau hatte sie ihre Meriten. Einige Stellen in ihrem Buch *Kandinsky und ich* dürften den Feministinnen von Herzen mißfallen: »Wenn eine Frau einen Mann liebt, muß sie ihm den Haushalt gewissenhaft führen und auch eine gute Köchin sein. Sie muß hinter dem Mann zurücktreten und vieles aufgeben, damit er sich entfalten und ohne Sorgen arbeiten kann.« Ein seltsamer, auf den ersten Blick höchst altbackener Grundsatz. Doch lediglich auf den ersten Blick, der nur die Oberfläche sieht, à la: ihr armen Ehefrauen und Familienmütter! Unterjocht und ins Laufrad der Haushaltsroutine gespannt! Und auch nur heutzutage, wo überhebliche und verächtliche Sprüche über solche Frauen zum »guten Ton« gehören. Auf den zweiten Blick aber wäre zu sagen: Du liebst den Menschen, mit dem Dich das Schicksal verbunden hat? Dann tu, was Du für gut und richtig hältst! Sei Dir seines Wertes bewußt und versuche nicht auf Biegen und Brechen, Dich »selbst zu verwirklichen«, nur um nicht als rückschrittlich oder hinterwäldlerisch zu gelten. Die Liebe verleiht dem Ehe- und Familienleben eine höhere Weihe. Und Nina vergaß keinen Augenblick, wer an ihrer Seite war. Nur sie aus ihrer Nähe konnte sehen, welche Höhen und Tiefen die Seele ihres künstlerisch ringenden Mannes durchlief. So wurde ihr Ehealltag zu einer spannungsreichen Ereignisfolge, in der die Freuden und Mühen, die Glücks- und Verzweiflungsmomente des Lebens einander abwechselten.

Wassily Kandinsky starb am 13. Dezember 1944 in Neuilly-sur-Seine. Es heißt, Nina Kandinsky habe ihrem Mann den Pinsel, mit dem er 1943 *Division-Unité*, eines seiner letzten Bilder, gemalt hatte, mit in den Sarg gelegt. In diesem Bild erzählt uns Kandinsky, so will mir scheinen, vom Walten eines verborgenen Sinns, der sich als bedeutender erweisen kann als jeder offenkundige, sowie von der Harmonie des Lebens, das uns, die vom Sichtbaren Geblendeten und Verwirrten, Zeichen gibt, die wir nicht immer gewahren.

Der Tod ihres Mannes traf Nina aufs Schwerste, sie war auf ihn in keiner Weise vorbereitet. Bei der Beerdigung drohten ihr die Sinne zu schwinden und übermannte sie eine solche Verzweiflung, daß die Freunde um ihre psychische Gesundheit bangten. Nina mußte sich an etwas Realem festhalten können, um sich auf dieser Welt zu halten. Und als das einzig und allein dafür Geeignete bot sich ihr das Lebenswerk – die Bilder, Aufzeichnungen und Aufsatz- und Buchmanuskripte – ihres Mannes an. Im weiteren sah sie ihre Berufung darin, um den postumen Weltruhm ihres Mannes zu kämpfen. Damit gelang es ihr, den Lebensverdruß in Schaffensenergie zu verwandeln.

Wassily Kandinsky war erstaunlich vielseitig in seinen künstlerischen Interessen. Außer mit Malerei und Lithographie beschäftigte er sich mit Musik, Poesie und Theater, mit kunsttheoretischen Fragen, Fragen der Gestaltung von Räumen, Möbeln, Porzellan und Kleidung, sowie mit Fotographie und Kinematographie (womit noch längst nicht alles genannt ist). Nina wurde zur Hüterin seiner Bilder und seines Archivs. Und schließlich auch zur anerkanntesten Expertin bei Fragen zur Echtheit eines ihm zugeschriebenen Bildes.

Nina Kandinsky überlebte ihren Mann um 36 Jahre. Diese Zeit verlieh ihrer Person in mancher Hinsicht ein neues Gepräge; sie entwickelte Eigenschaften, die an ihr überraschten; einige schienen einander geradezu auszuschließen: einerseits Zartgefühl und

Verständnisinnigkeit, andererseits derbe Sachlichkeit und Unverblümtheit; einerseits Schüchternheit und Verzagtheit, andererseits gebieterischer Durchsetzungswille; einerseits Selbstzweifel, andererseits Stolz und Überlegenheitsbewußtsein ...

Nach dem Krieg blieb Nina Kandinsky in Paris. Sie verkaufte oder stiftete verschiedenen Museen Bilder und richtete Ausstellungen aus. Einmal führte sie einen langwierigen Prozeß gegen den Autor und Verleger Buchheim, diesem vorwerfend, der Biographie und dem Werk ihres Mannes ungenügenden Respekt entgegengebracht zu haben. Über eines ihrer vielen »Ärgernisse«, die in diesem Zusammenhang aufgezählt wurden, mußte ich allerdings schmunzeln: »Über des Künstlers Privatleben sei eine Reihe von Unwahrheiten zitiert. Zitiert war, nicht ohne Vorbehalt, die Überlieferung eines späteren Münter-Gefährten. ›Beim Abschied 1914‹, so schrieb Buchheim, ›soll Kandinsky Gabriele Münter ›hoch und heilig‹ die Ehe versprochen haben.‹«

Alle Zeitzeugen, die mit ihr persönlich bekannt gewesen waren, meinten einhellig, daß sie auf dieser Welt sich wie ein Fisch im Wasser gefühlt und aus dem Guten wie Schlechten im Leben stets das Beste zu machen gewußt habe. Man hat sie ganz unterschiedlich in Erinnerung – sanft, schroff, teilnahmsvoll, fröhlich, traurig, leichtsinnig, erbittert; niemals jedoch hoffnungslos und gebrochen! Über Kandinsky, sein Schaffen und seine Ideen konnte sie ständig und überall sprechen, und sei es auf der Straße, vor einem zufällig des Wegs gekommenen Kandinsky-Fan. Da kümmerten sie weder die Tageszeit noch der kalte Herbstwind, der an ihrem Mantel zerrte und ihre zierliche Gestalt mit der Aureole einer romantischen Romanheldin umgab.

Nina war ein lebhafter, aufgeschlossener, begeisterungsfähiger Mensch, der keine Gleichgültigkeit kannte. So wie sie schon als junges Mädchen von einer Ecke Moskaus zur anderen gefahren war, um die Bilder eines unbekannten jungen Malers zu sehen, konnte sie sich noch im hohen Alter in eine andere Stadt aufmachen, um eine interessante Ausstellung zu besichtigen. Ihr Interesse für Malerei war unerschöpflich. Würde sie noch leben – ich bin sicher, sie wäre im September 2013 nach Moskau gereist und am 13. dieses Monats im alten Kinopalast *Udarnik* aufgetaucht, wo Bilder ausgestellt wurden, eingesandt von jungen

Bewerbern um den Kandinsky-Preis. Daß dieser Preis zur Förderung der zeitgenössischen russischen Malerei gestiftet wurde, hätte ihr gewiß gefallen.

Indem ich das Leben der Nina Kandinsky zur Gänze vor mir abspulen lasse, treffe ich unweigerlich auch auf den furchtbaren Tag seines Endes – und fahre entsetzt zurück. Ich kann und kann es nicht fassen. Und kann mich damit nicht abfinden. Ein Menschenkind, das uns um so viel Licht und Feuer reicher gemacht hat, ist aus dieser Welt geschieden und auf welche Weise! Der Tod drängt uns Lebende immer von neuem dazu, unsere Gegenwart achtsamer zu betrachten und uns die Frage zu stellen: Nehmen wir diejenigen, die noch unter uns sind, immer richtig und in ihrer ganzen Bedeutung und Besonderheit wahr? »Und auch dafür liebt ihr mich, daß ich sterben werde«, sagte die Dichterin Marina Zwetajewa. Einfache, aber schmerzhaft zutreffende Worte.

Beigesetzt wurde Nina Kandinsky neben ihrem Mann auf dem alten Friedhof von Neuilly-sur-Seine im Département Hauts-de-Seine. In ihrer Heimat Rußland gab es keinen Nachruf auf sie.

»Acht Jahre Lager – der Preis meiner Ehe«

Lina Prokofjewa (1897 – 1989)

Am 20. Februar 1948 klingelte in der Moskauer Wohnung der Frau des großen Komponisten Sergej Prokofjew (1891 – 1953), Lina Prokofjewa, das Telefon. »Sie müssen dringend ein Paket von Ihren Freunden aus Leningrad entgegennehmen.« Lina war allein in der Wohnung. Sie fühlte sich nicht gut an jenem Tag und schlug dem Anrufer vor, das Paket bei ihr zu Hause abzugeben. Der bestand auf das Treffen. Sie verließ das Haus, um zum vereinbarten Treffpunkt zu gelangen. Dort empfingen sie drei unbekannte Männer, stießen sie in ein Auto und brachten sie in die *Lubjanka* (Geheimdienst-Zentrale in Moskau). Von dort wurde sie in das *Lefortowo-Gefängnis* gebracht. Nach neun Monaten erniedrigender und grausamer Verhöre wurde sie von der *Militärkammer des Obersten Gerichts der UdSSR* zu zwanzig Jahren Haft in einem Arbeits- und Erziehungslager für den Straftatbestand der Spionage verurteilt.

Dieser Abschnitt im Leben des großen Komponisten Sergej Prokofjew und der spanischen Sängerin Lina Codina ist kaum bekannt. Die sowjetischen Quellen sind nur sehr spärlich. Üblicherweise enthalten die Biographien des Komponisten lediglich den kleinen Hinweis: »Lina Codina reiste 1936 in die UdSSR ein und wurde Lina Iwanowna Prokofjewa.«

Selbst Prokofjew erwähnte in seinen Erinnerungen aus dem Jahr 1951 seine Frau nicht ein einziges Mal, saß sie doch zu dieser Zeit in einem Lager am Polarkreis und galt als ausländische Spionin und Feindin des Sowjetvolkes.

Mein Vater kam ganz in der Nähe des Hauses zur Welt, in dem Sergej Prokofjew geboren wurde und aufwuchs. Dort, im Donezker Gebiet, verbrachte auch ich einen Teil meiner Kindheit und Jugend. Heute ist von dem Haus im Dorf Krasnoje nur das Fundament geblieben. Doch direkt daneben wurde ein kleines

Sergej-Prokofjew-Museum eingerichtet, ein bezauberndes Denkmal. Dort, in diesem Museum, stieß ich zum ersten Mal auf eine Biographie von Lina Prokofjewa. Das Buch heißt: *Die Liebe und die Kriege der Lina Prokofjewa (The Love and Wars of Lina Prokofiev)* und war von dem amerikanischen Musikwissenschaftler, Professor an der *Princeton University*, Simon Morrison verfaßt worden, der sich als erster den Zugang zu der ausländischen *Sergej-Prokofjew-Stiftung* verschaffte und endlich den nicht veröffentlichten Briefwechsel zwischen Lina Prokofjewa und ihrem Mann sichten konnte.

Sehr viele Anregungen erhielt ich aus dem Essay des deutschen Diplomaten Erich Franz Sommer, der Lina Prokofjewa in ihren letzten Lebensjahren persönlich kannte. Der Essay *Sergei Prokofiew in Bayern* wurde in dem Band *Russische Spuren in Bayern* (*MIR e. V. – Zentrum russischer Kultur in München*) 1997 veröffentlicht, ein Jahr nach seinem Tod.

Die Sängerin Carolina Codina wurde 1897 in Madrid in eine Familie von Opernsängern geboren. Ihr Vater war ein Tenor aus Barcelona, Juan Codina, ihre Mutter die russische Sängerin Olga Nemysskaja. Sergej Prokofjew lernte Lina 1918 in New York kennen, in der *Carnegie Hall* auf der Premiere seines ersten Klavierkonzerts. In ihrer Jugend war Lina Codina eine blendende Schönheit mit einem schönen und starken Sopran. Außer Russisch beherrschte sie weitere fünf europäische Sprachen. Sergej Prokofjew erlag ihrem Charme und ihrer bezaubernden Stimme, und er nahm sie gleich unter seine Fittiche.

Diese Zeit war die glücklichste und sorgloseste im Leben des jungen Komponisten. Sergej Prokofjew schreibt eine der fröhlichsten, lebensbejahenden Opern des 20. Jahrhunderts: *Die Liebe zu den drei Orangen*, ein Mix aus Märchen, Scherz und Satire. Erinnern Sie sich noch an den Anfang? Anhänger der verschiedenen Theatergattungen richten ein Turnier auf Gänsefedern aus. Die Tragischen fordern »erhabene Tragödien, philosophische Entscheidungen, weltbewegende Probleme«; die Komischen lechzen nach »ermunterndem, heilendem Gelächter«; die Lyrischen träumen von »romantischer Liebe, Blumen, vom Mond und zärtlichen Küssen«; die Hohlköpfe wollen »Farce, Unsinn, doppelbödige Scherze«. Zehn Lächerliche trennen die Streithähne mit riesigen Schaufeln und erklären den Beginn einer »wirklich unvergleichlichen Vorstellung«, deren Handlung so verläuft: In einem Königreich ist der König verzweifelt, weil sein Sohn und Thronfolger an Hypochondrie leidet. Der König erinnert sich an die wundersame Kraft des Lachens. Bei Hof ruft er die Saison der fröhlichen Feste aus ...

Lina Prokofjewa (1897 – 1989)

Nicht vor und nicht nach seiner Rückkehr in die UdSSR wird sich Prokofjew so zu fröhlicher, lebensbejahender Musik hingezogen fühlen wie in der Zeit seiner romantischen Verliebtheit in Lina. Sie wurde zum Vorbild der Prinzessin aus *Die Liebe zu den drei Orangen*. Die Prinzessin entsprang einer verzauberten Orange, überlebte alle Intrigen der Hexe Fata Morgana, um zum Schluß den Prinzen zu heiraten. Die Premiere der Oper am 30. Dezember 1921 in Chicago besuchen die glücklich Verliebten Lina und Sergej gemeinsam. Das war eine wunderbare Zeit, die beiden viel versprach.

Ein großer Erfolg in dieser Zeit war Linas Auftritt an der Mailänder *Scala* gleich nach ihrer Hochzeit. Sie sang die Partie der Gilda in Verdis Oper *Rigoletto* mit überwältigendem Erfolg. Nach ihrer Einreise in die UdSSR kommt ihre musikalische Karriere zum Erliegen. Es gab einige Auftritte im Moskauer Radio, einige Konzerte, bei denen sie neue Werke ihres Mannes aufführte. Die Kritiken waren jedoch häufig ironisch mit dem Verweis, ihre Darbietung würde »stark hinter dem genialen Komponisten zurückbleiben ...«

Sergej und Lina heirateten fünf Jahre nach ihrer ersten Begegnung in der New Yorker *Carnegie Hall*. Ihre standesamtliche Trauung fand am 29. September 1923 im Rathaus des kleinen bayerischen Ortes Ettal statt. Die kirchliche Trauung erfolgte in der Kirche St. Nikolai, einem festlichen weißen Bauwerk mit Zwiebelturm und gelben und blauen Streifen, das Prokofjew an die Erlöserkirche in Krasnoje, den Ort seiner Kindheit, erinnerte. Sie wohnten in einem dreigeschossigen Haus mit Mansarde in Oberammergau, das bis heute erhalten ist. Hier, am Fuß der Bayerischen Alpen, arbeitete Prokofjew an seiner Oper *Der feurige Engel*.

Das Interesse des Komponisten am Teufelsthema war bereits in seiner Jugend erwacht. Das erste Werk, das der junge Komponist öffentlich aufführte, war eine »teuflische Einflüsterung«, die *Suggestion Diabolique*. Gounods Oper *Faust* hatte in seiner Jugend einen starken Eindruck auf ihn gemacht. Die verborgene Faszination des Teufelsthemas zog ihn zum Stoff des *Feurigen Engels*. Renate, die Hauptgestalt der Oper, ist in Luzifer verliebt, den feurigen Engel. Die beste Aufführung dieser Oper sah ich an der Berliner *Komischen Oper* am 16. Februar 2014. Die Gestalten von Faust und Mephisto sind Teil der Handlung. Mir kam dabei der Gedanke, daß die Biographie des Komponisten, seine Leidenschaften und Ängste durchaus auf die Faszination durch Mephisto und die spätere Bewunderung für Stalin verweisen.

Der russische Mensch ist ewig verliebt, einmal in Gott, dann in den Teufel oder in Stalin. Meiner Ansicht nach war es Lina, die Prokofjew half, seine krankhafte Verliebtheit in den Teufel zu überwinden. Sie war ein Teil des realen, lebendigen Mikrokosmos, wo es Wärme, Vertrauen und Liebe gab. In diesem Mikrokosmos konnte er ruhig und ungestört arbeiten.

Doch am Anfang ihrer Beziehung war er sich über die Heirat unschlüssig. Er wollte sie heiraten, dann wieder nicht. Bereits vor ihrer Ehe war ihre Verbindung nicht ausgeglichen, sie verließ ihn, dann kehrte sie zu ihm zurück. Wer weiß, vielleicht spürte er bereits, daß er kein guter Familienvater sein würde. Lina war schwanger, als sie heirateten. Das gemeinsame Leben war von Anfang an schwierig für beide. Sie mußte sich an seinen Charakter gewöhnen, Reizbarkeit, vollständiger Rückzug vom Leben während der Arbeit, Launenhaftigkeit. Als Lina schwanger war, fühlte sich Prokofjew zur Heirat verpflichtet. Nach der Hochzeit zogen sie nach Paris und führten ein Familienleben. Das war die romantische Zeit ihres Lebens. Lina wurde wieder schwanger. In diesen Jahren ihres Zusammenlebens schuf Prokofjew zahlreiche wunderbare Werke: die Opern *Die Liebe zu den drei Orangen* und *Der feurige Engel*, das Ballett *Der verlorene Sohn*, die *Zweite*, *Dritte* und *Vierte Sinfonie*, drei Klavierkonzerte und andere Werke.

Nach der Rückkehr in die Heimat begann für Prokofjew ein völlig anderes Leben. Die sowjetische Musikkritik begegnete seiner Musik mit heftiger Ablehnung. Dennoch war es für ihn nicht schwer, sich an seine Herkunftskultur zu gewöhnen. Viel schwerer war es für Lina. Trotz ihrer Weltgewandtheit erlitt sie in der Fremde einen Kulturschock. Und wenn zur Fremdheit noch Angst und Bedrückung der Stalinzeit hinzukommt, kann man sich vorstellen, wie sie sich gefühlt haben muß.

Prokofjew wurde allmählich klar, daß er in der Falle saß. Das war eine erschütternde Einsicht. Lina drängte ihn, etwas zu un-

Lina Prokofjewa (1897 – 1989)

ternehmen, um mit der Familie in den Westen zurückzukehren. Doch das war schwierig, denn Lina hatte inzwischen die sowjetische Staatsangehörigkeit. Ihr Nansen-Paß einer Staatenlosen und ihr spanischer Paß waren annulliert worden. Damit galten die sowjetischen Gesetze in vollem Ausmaß auch für sie. Sofort nach Kriegsende, in den Jahren 1946 und 1947, war eine Situation entstanden, in der ehemalige Ausländer Hoffnung hatten, in den Westen zurückzukehren. Linas Hausnachbarin, eine Französin, vermochte es dank der Hilfe der französischen Botschaft eine Ausreiseerlaubnis zu erhalten. Dies ermutigte Lina, aktiv zu werden. Sie wünschte sich, nach Frankreich zurückzukehren, vor allem wollte sie ihre hochbetagte Mutter wiedersehen, die sehr hinfällig geworden war und sich in Paris einsam fühlte. Lina hatte zahllose Briefe an die sowjetischen Behörden geschrieben mit der Bitte, ihr ein Wiedersehen mit der Mutter zu gestatten, jedoch ohne Erfolg. Dann versuchte sie es auf einem anderen Weg. Lina besuchte Botschaftsempfänge, in der amerikanischen, der französischen, der britischen, sogar in der japanischen Botschaft, immer in der Hoffnung, mit Hilfe der Diplomaten aus der UdSSR ausreisen zu können. Nach ihrer Festnahme wurde sie der versuchten Landesflucht und des Diebstahls geheimer Informationen beschuldigt. Tatsächlich hatte Lina Prokofjewa während des Krieges als Sprecherin und Übersetzerin im sowjetischen Informationsbüro gearbeitet. Sie wurde zudem beschuldigt, Kontakte zu Volksfeinden zu unterhalten und über die französische Botschaft illegal Briefe an ihre Verwandten und Freunde in Frankreich übergeben zu haben. All das sah in der damaligen Zeit sehr nach Spionage aus.

Immer wenn ich über das Schicksal der Lina Prokofjewa nachdenke, kommt mir eine andere Sängerin in den Sinn, Salomeja Kruschelnizkaja (1872 – 1952), die etwa zur gleichen Zeit wie Prokofjew und seine Familie in die UdSSR zurückkehrte. Wie Lina Prokofjewa hatte sie eine schöne Sopranstimme. Mit zwanzig Jahren verließ sie die Ukraine und trat mit großem Erfolg bis zum Jahr 1939 an den besten Opernhäusern Europas und Amerikas auf. Von ihr wird erzählt, sie habe die Puccini-Oper *Madame Butterfly* gerettet: Als die Oper bei ihrer Premiere in Mailand durchfiel, fuhr der Komponist wutentbrannt auf sein Landgut *Torre del Lago* bei Viareggio zurück, um die Oper umzuschreiben. Dorthin folgte ihm Salomeja. Sie überzeugte ihn, die Rolle der Cio-Cio-San singen zu können. Die zweite Premiere fand am 28. Mai 1904 statt und war ein voller Triumph! Die Stimme der Cio-Cio-San war von göttlicher Schönheit. Und Salomeja selbst war wunderschön. Ihr Mann war ein Jurist und Bürgermeister der Stadt Viareggio – warum bloß kehrte sie Ende der dreißiger Jahre in die Ukraine zurück? Konnte sie nicht wissen, nicht spüren, was in der UdSSR vor sich ging? Es bleibt ein Rätsel. Nein, sie wurde nicht ins Gefängnis geworfen, keinen Repressalien ausgesetzt, sie war eine internationale Berühmtheit! Zunächst nahm man ihr ihre herrliche Villa in Lwow weg, allerdings überließ man ihr und ihrer Schwester das Recht, in der Villa einige Zimmer zu bewohnen. Eine andere Villa in Viareggio mußte sie verkaufen und das Geld abliefern. Zwar erlaubte man ihr, am Konservatorium in Lwow Unterricht zu geben, doch störte man sie auf jede erdenkliche Weise. Und erst im Alter von neunundsiebzig Jahren, kurz vor ihrem Tod, wurde sie zur Professorin ernannt.

Im Jahr 1941 hatten Lina und Sergej Prokofjew bereits zwei Söhne, Swjatoslaw und Oleg. Doch Prokofjew hatte sich bereits neu verliebt. Lina spürte das und kämpfte mit allen Kräften um ihren Mann.

Mira (Maria) Mendelson hatte Prokofjew im Sommer 1938 im Kurort Kislowodsk kennengelernt. Er war 47, sie 23 Jahre alt. Damals war der Komponist von dem Stück *Duenja* des Autors R. Sheridan fasziniert, dessen Liebesintrige in Sevilla spielt. Prokofjew schrieb das englische Stück in ein Opernlibretto um und bot Mira Mendelson, einer jungen Dichterin und Studentin am Literaturinstitut, an, die Gedichttexte zu schreiben. Im gleichen Maß, wie sich die Liebesintrige in Sevilla entwickelte, kamen sie einander näher.

Prokofjew fiel auf, daß kein Komponist der fünf großen Sevilla-Opern je in Sevilla gewesen war. Dennoch schienen alle genau zu wissen, daß die Verführungen, Liebesintrigen und Abenteuer unbedingt in Sevilla spielen müssen. *Der Barbier von Sevilla*, *Die Hochzeit des Figaro*, *Don Juan*, *Fidelio* und *Carmen*, alles spielt in Sevilla! Prokofjew machte keine Ausnahme, als er die

Handlung seiner komischen Oper *Die Verlobung im Kloster* ausgerechnet in Sevilla ansiedelte.

Warum Sevilla? Weil es nur dort diese Verbindung von extremer Heiligkeit und extremer Lebenslust gibt, das ist der Sevilla-Mythos. Mira Mendelson schrieb gute, fröhliche Gedichte für die Oper, Serenaden, Arien und Duette. Und das Quartett *Wie ist die Seele leicht* aus dem fünften Akt der Oper hat eine so wunderbare Musik und ist so harmonisch, daß ich am liebsten in Sevilla ein Denkmal für Prokofjew errichten lassen würde. Warum nicht? Ein Mozart-Denkmal gibt es dort schließlich auch, obwohl Mozart nie in Sevilla war.

Im Dezember 1940 war die Oper *Die Verlobung im Kloster* fertiggestellt, und im März 1941 verließ Sergej Prokofjew seine Frau und seine Kinder und zog zu Mira Mendelson. Sie begannen sogleich mit einem neuen gemeinsamen Projekt, das sich allerdings über zwölf Jahre hinziehen sollte: die Oper *Krieg und Frieden*. Das Libretto schrieb Mira.

Es heißt, daß sie nicht nur die Libretti für Prokofjews Opern geschrieben habe, sondern auch die reumütigen, patriotischen Artikel mit politischem Kontext, die Prokofjews Unterschrift tragen.

Den Ratschlag zu den reumütigen Briefen als Antwort auf den Vorwurf, der Komponist sei dem Formalismus verfallen, hatte Prokofjew von seinem neuen Schwiegervater erhalten, dem verdienten Kommunisten Abraham Solomonowitsch Mendelson, einem bekannten Wirtschaftstheoretiker im Kreml. Er wußte genau, daß Stalin diejenigen liebt, die um Vergebung bitten und bereuen.

Der verlorene Sohn ist immer beliebter als der brave; nicht umsonst vertraute Genosse Stalin Schlüsselposten in seiner Partei gern reumütigen Überläufern aus dem Lager der Menschewiken an. Der Kommunismus schöpfte seine Kraft aus den autoritären Instinkten eines Volkes, das mit der historischen Erfahrung der Sklaverei ausgestattet war, schreiben Historiker über diese Zeit in Rußland. Zur Sowjetzeit folgte die Kritik an Persönlichkeiten, die ins Visier gerieten, gern der rhetorischen Figur von Einsicht und Wandlung. Das Schema sah vor, daß der Betreffende seine Jugendsünden eingesehen hatte, sie bereute und nunmehr nach einem Prozeß der Läuterung ganz und gar auf den Weg der Tugend und Einsicht gelangt sei und diesem Weg aktiv folge. Einige Persönlichkeiten wie Ilja Ehrenburg, vollzogen diese Wandlung mit deutlich konjunkturellen Zielen, andere wie der Dichter Nikolai Sabolotski erst, nachdem er mit Stiefeltritten traktiert wurde. Für Prokofjew wurde der Weg der Einsicht geebnet, indem man Lina, die Mutter seiner Kinder, in ein Lager hinter dem Polarkreis sperrte. Dann erst erschienen in der Musik die »ruhmvollen Seiten der russischen Geschichte« und »bewegende Themen der Gegenwart« wie das Oratorium *Auf Friedenswacht*, die Opern *Semjon Kotko* und *Die Geschichte vom wahren Menschen* oder die Kantate *Alexander Newski*.

Glaubt man den Fotografien und den Erinnerungen der Zeitzeugen, so war Mira keine attraktive Frau. Einmal heißt es in den Erinnerungen sogar »graue Maus.« Doch sie war Prokofjew grenzenlos ergeben.

Sie erzählte gern, daß die Frauen, die vor ihr im Leben Prokofjews eine Rolle gespielt hatten, ihm weder Ruhe noch Glück gebracht hätten. Und zwar in erster Linie deshalb, weil sie ihn als ihr Eigentum betrachteten, nach dem Grundsatz ganz oder gar nicht. Prokofjew jedoch gehöre nur seiner Musik. Alles andere waren für ihn nichtige Störgeräusche. Es heißt, daß sie deshalb sogar auf Kinder verzichtete, damit der Komponist nicht abgelenkt werde.

Im Jahr 1947 wandte sich Sergej Prokofjew an das Gericht des Swerdlowsker Stadtbezirks in Moskau mit der Bitte, seine Ehe zu scheiden. An dieser Stelle treten in allen sowjetischen Biographien Prokofjews so viele Unklarheiten und Vertuschungen auf, daß es schwer ist herauszufinden, was wirklich geschah. Es scheint, daß Lina lange nicht in die Scheidung einwilligte. Sie spürte, daß sie sich als Ausländerin damals nur an der Seite ihres berühmten Mannes sicher fühlen konnte. Nach ihrer Scheidung wäre sie der Willkür der Behörden ausgesetzt gewesen.

Ich nehme an, daß die Scheidung von Prokofjew dann auch der Auslöser für ihre Verhaftung war. Die zeitliche Nähe zwischen der gerichtlichen Scheidung, der neuen Ehe ihres Mannes mit Mira Mendelson und ihrer Verhaftung legt diesen Schluß nahe. Doch sie kannte das Scheidungsurteil nicht und ahnte nichts davon, so daß sie sich im Lager als die rechtmäßige Frau Prokofjews betrachtete. Ein Moskauer Gericht hatte, um die neue Ehe des Komponisten zu ermöglichen, das Urteil gefällt, daß die mit Lina 1923 im deutschen Ettal geschlossene Ehe in der Sowjetunion nicht rechtskräftig sei, da versäumt worden war, sie beim russischen Konsulat in Deutschland registrieren zu lassen. Es folgte ein Urteil in zweiter Instanz, das das erste Urteil bestätigte. In der damaligen Zeit stieß das Gerichtsurteil auf große Resonanz, und in sowjetischen Juristenkreisen wurde es heftig diskutiert. Kaum nachdem das Urteil verkündet worden war, ließen Prokofjew und Mira ihre Ehe in Moskau registrieren, ohne Lina davon in Kenntnis zu setzen. Am 15. Januar 1948 wurde ihre Ehe ins Standesregister eingetragen, am 20. Februar wurde Lina verhaftet.

Jahre später wurde dieser Passus in der Gesetzgebung der UdSSR wieder geändert. Die Einschränkung, eine im Ausland geschlossene Ehe sei in der UdSSR nur dann gültig, wenn sie in einem russischen Konsulat beglaubigt worden sei, wurde aufgehoben. Doch damals verwandelte dieser Passus die Ehe Prokofjews und Linas in eine Farce, ein sowjetisches Gericht löste sie auf, was Mira und Sergej zugute kam.

Am schrecklichsten für Lina Prokofjewa war sicherlich, daß der sechsmalige Stalinpreisträger Sergej Prokofjew niemals und nirgends, nicht ein einziges Mal versucht hat, sich für seine Frau einzusetzen. Er wußte doch, daß sie keine Spionin war. Aber er unternahm nichts. Diese Gleichgültigkeit seinen Angehörigen gegenüber ist erschütternd, und wenn man es nicht Grausamkeit nennen will, so muß man es zumindest doch seelische Abgestumpftheit nennen.

Doch das Leben ging weiter, im Rahmen des Gewohnten. Die Menschen standen am Morgen auf, gingen zur Arbeit, unterhielten sich, tranken Tee, kehrten von der Arbeit nach Hause zurück. Anna Achmatowa schrieb in ihrem *Poem ohne Held*: »man versuchte zaghaft zu leben ...« Und über allem lag das Siegel des Bösen, des Irrationalen und des Absurden. Durch diese psychopathische Welt, in der der Zeitenlauf zerrissen war, irrte Linas verzweifelte Stimme: »Helft!« Und keine Antwort ... Der Schlaf der Vernunft gebiert Monster ... Als ob der kollektive Verstand eines ganzen Landes geschlafen hätte und alle leiden mußten, die seine Visionen sahen ...

Später wird Sergej Prokofjew seinem Sohn Swjatoslaw sagen: »Irgendwann wirst Du mich verstehen.« Sein Sohn konnte diesen Verrat jedoch niemals verstehen. Aber auch der Komponist selbst hatte sich verändert. Ganz allmählich war sein Talent versiegt. Das alte Buch der Weisheit hat recht: »Was hülfe es dem Menschen, so er die ganze Welt gewönne, und nähme Schaden an seiner Seele?« Die Jahre vergingen. Linas Hilferuf verhallte in der unendlichen russischen Weite, in den kargen, frostigen und lebensfeindlichen Gegenden des Nordens, die nur die bösen Schreie der Aufseher durchdringen: »Ein Schritt nach links oder rechts, und ich schieße.«

Der amerikanische Musikwissenschaftler Simon Morrison bestätigt die Tatsache, daß Prokofjew nie versucht habe, sich für seine Frau einzusetzen. Doch er führt einige interessante Details an. Er zeigt, daß Prokofjew seiner ehemaligen Frau doch geholfen hat, wenn auch selten, und nur materiell und indirekt, über die Kinder, denen er Geld und Lebensmittel übergab.

Nach dem Verdikt der Sowjetregierung über die Musik Prokofjews und Schostakowitschs im Jahr 1948 war die Lage Sergej Prokofjews äußerst heikel. Ich denke, daß er aber auch in dieser Situation die Möglichkeit gehabt hätte, sich für seine ehemalige Frau einzusetzen. Ich weiß, daß er sich damals einige Male auf Empfängen in der französischen Botschaft mit französischen Diplomaten unterhielt und um Hilfe für Lina bat. Aber es folgten keinerlei Handlungen. Ganz anders verhielt sich Schostakowitsch, an den sich Prokofjews Kinder um Hilfe wandten. Schostakowitsch war damals Abgeordneter des Obersten Sowjets und kannte Lina gut. Er wandte sich an alle Instanzen mit dem Antrag, das Urteil gegen Lina Prokofjewa zu revidieren. Es heißt, Schostakowitsch hätte über Prokofjew gesagt: »Die einen sind auf den Augen blind, die anderen auf dem Herzen.«

Zunächst wurde Lina Prokofjewa in das Frauenlager der Siedlung Abes in der ASSR Komi gebracht, einige Jahre später überstellte man sie in das Lager in Potma. Über ihren Leidensweg ist wenig bekannt. Die Schriftstellerin Jewgenia Taratuta, die ebenfalls im Lager Abes inhaftiert war, berichtete in ihren Erinnerungen, daß Lina bei künstlerischen Aufführungen im Lager mitgewirkt und im Chor gesungen habe: »Meine nächste

Lina Prokofjewa (1897 – 1989)

Nachbarin ist eine Spanierin. Sie war die berühmte Sängerin Lina Llubera, ihr Ehename war Prokofjewa. Ihr Mann war der berühmte Komponist Prokofjew ... Lina Iwanowna litt sehr unter der Kälte. Wir arbeiteten in derselben Brigade, transportierten die Abfallkübel aus der Küche. Vom Tod Prokofjews wußte Lina nichts. Er war am 5. März 1953 gestorben, am selben Tag wie Stalin, und es gab darüber keine Nachrichten. Ihre Söhne hatten ihr nichts davon geschrieben, oder vielleicht hatten sie es auch geschrieben und der Brief ist nicht angekommen. Einmal im August, wir transportierten gerade Abfallkübel, trat eine Frau auf uns zu und sagte, sie hätte im Radio gehört, daß in Argentinien ein Gedenkkonzert für Prokofjew stattgefunden habe. Lina Iwanowna begann heftig zu weinen, wir schickten sie in die Baracke. Ich ging dann zu ihr und machte ihr Tee. Sie weinte lange und sagte, das Lager sei »der Preis für meine Ehe und meine Scheidung«.

Wie gelang es ihr zu überleben? In unseren Lagern sind so viele Menschen ums Leben gekommen, die besser an die Bedingungen angepaßt waren. Und sie, eine Ausländerin, ein Mensch, der nicht an ein schweres Leben gewöhnt war, schaffte es.

Das Besondere an Lina war, daß in ihrer Person Geist und Seele, Natur und Verstand, Charakterstärke und Sensibilität miteinander verschmolzen waren. Sie wurde von den Häftlingen geachtet, sie waren von ihr angezogen. Ihr Charakter verkörperte etwas überaus Wichtiges und Wesentliches.

Acht der zwanzig Jahre, zu denen Lina Prokofjewa verurteilt worden war, saß sie im Lager ab. Im Mai 1956 wurde sie rehabilitiert und entlassen.

Was war ihr von der Vergangenheit geblieben? Nichts. Das erfolglose Familienleben hatte ihre Jugend und ihr Talent aufgezehrt, das Lager hatte ihre Gesundheit zerstört und sie Jahre ihres Lebens gekostet. Doch dann nahm ihr Leben in Freiheit gewaltig an Fahrt auf, als wolle sie alles Versäumte nachholen.

In Moskau half ihr der Erste Sekretär des *Komponistenverbandes der UdSSR*, Tichon Chrennikow. Er gab nicht eher Ruhe, bis sie eine Wohnung in Moskau und eine monatliche Rente zugesprochen bekam. Anschließend wandte sich Lina an ein Moskauer Gericht, um das Gerichtsurteil von 1948 über die

Ungültigkeit ihrer Ehe anzufechten. Sie verlangte, daß die Kinder und sie ebenfalls als rechtmäßige Erben Prokofjews anerkannt würden. Sein gesamtes Vermögen und alle Autorenrechte hatte Prokofjew an Mira Mendelson vererbt.

Schließlich wurde im April 1957 das Urteil des Moskauer Stadtgerichts vom November 1947 aufgehoben, das die Ehe zwischen Lina Sergej Prokofjew für ungültig erklärt hatte. Auf derselben Sitzung wurde das Recht Miras auf das Erbe Prokofjews verhandelt. Das Gericht traf ein salomonisches Urteil: Als Ehefrauen wurden sowohl Mira wie auch Lina anerkannt. So hatte Prokofjew dem Gesetz nach zwei Ehefrauen und damit auch zwei Witwen. Zu Erben, das heißt zu Rechteinhabern für Tantiemen aus den Aufführungen der Werke Prokofjews sowohl in Rußland wie auch im Ausland, wovon der Staat sechzig Prozent einbehielt, wurden beide Witwen und die Söhne erklärt. Mira Mendelson starb 1968 im Alter von 54 Jahren. Sie und Prokofjew hatten keine gemeinsamen Kinder, ihren Teil des Erbes sowie Partituren und das Archiv Prokofjews übereignete sie dem Moskauer *Michail-Glinka-Museum für Musikkultur*.

Es fällt schwer zu glauben, daß Lina nach ihrer Freilassung aus dem Lager wieder auf Empfängen europäischer Botschaften und auf musikalischen Premieren glänzte. Ansehnliche Valutabeträge aus dem Ausland als Tantiemen für die Werke Prokofjews erlaubten ihr sogar einen gewissen Luxus. Simon Morrison beschreibt sie in dieser Zeit so: »Die Menschen, die ihr am Ende ihres Lebens begegneten, bereits nach allen ihren furchbaren Erlebnissen in Rußland, bemerkten ihren Scharfsinn, ihren sarkastischen Verstand. In ihrer Jugend war sie eine Ausnahmeschönheit gewesen, eine bezaubernde und elegante Salonlöwin. Ich denke, das war es auch, was Prokofjew an ihr fasziniert hat. Ihre Liebe zur Kunst verband sich mit einer Liebe zum Glamour, zu Luxus und Schmuck. Sie war klug, scharfsinnig, hatte eine gute Menschenkenntnis. Vor ihrer Verhaftung war Lina von zahlreichen begeisterten Verehrern umschwärmt. Sie sprach mehrere europäische Sprachen ... Sie mochte es nicht, an ihre Zeit im Lager erinnert zu werden.«

In all den Jahren, die Lina nach der Lagerhaft in Moskau verbrachte, verließ sie nie die Hoffnung, eines Tages in den Westen

Lina Prokofjewa (1897 – 1989) 185

ausreisen zu können. Viele Male schrieb sie an Leonid Breschnew persönlich, ohne Erfolg. Sie rief sich immer wieder in Erinnerung und bat darum, ihre betagte Mutter im Westen besuchen zu dürfen. Die Antwort auf alle Briefe war Schweigen.

1971 starb die Frau ihres jüngeren Sohnes Oleg an einer Hepathitiserkrankung. Sie war Engländerin und sollte deshalb in England bestattet werden. Oleg erhielt aus diesem Anlaß die Ausreiseerlaubnis. Bei der Trauerfeier in London sah er seine Tochter aus dieser Ehe wieder, die in England lebte. Oleg kehrte nicht in die Sowjetunion zurück.

Im Jahr 1974 erhielt Lina Prokofjewa endlich Antwort auf einen ihrer Briefe, die sie an den Chef des KGB, Juri Andropow, gerichtet hatte. Man erlaubte ihr, für drei Monate nach England zu reisen, um ihren Sohn und ihre Enkeltochter zu sehen. Sie war damals bereits 77 Jahre alt. Sie reiste ab und kehrte nicht zurück. Um nicht den Anschein zu erwecken, die Witwe Prokofjews sei eine politische Emigrantin, wurde ihr Visum regelmäßig verlängert.

Sie lebte noch fünfzehn Jahre im Westen. Zunächst in London, dann in Paris. Ihr älterer Sohn hatte sich dort mit seiner Familie niedergelassen. 1983 gründete sie in London die *Sergej-Prokofjew-Stiftung*, der sie ihr großes Familienarchiv übereignete.

Linas Weiblichkeit war schlichtweg makellos. Sie war immer modisch gekleidet und bat noch kurz vor ihrem Tod um eine Puderdose und einen Spiegel, sie verfügte über eine ganze Sammlung sympathischer weiblicher Leidenschaften: Geschmeide, Parfüm, Blumen, weibliche Mystik ... Doch mit den Jahren wurde natürlich die Traurigkeit größer, es fiel ihr immer schwerer, an den zahlreichen Prokofjew-Musikfestivals teilzunehmen oder an den Opernpremieren in den größten Opernhäusern Europas. Die Menschen, die sie kannten, erinnerten sich, daß neben der psychischen Gesundheit Lina bis zuletzt über die Gabe der tiefen Einsicht, der seelischen Feinheit, des Mitgefühls mit der ganzen Welt verfügte, daß sie klug war und auch traurig sein konnte.

Ihren letzten, den 91. Geburtstag, feierte Lina Prokofjewa am 23. Oktober 1988 in einer Bonner Klinik, ihre Söhne waren zu ihr gereist. Sie war todkrank, jedoch nippte sie an einem Glas Champagner. Sie wurde anschließend in die *Winston-Churchill-Klinik* nach London überführt, wo sie am 3. Januar 1989 starb.

Im kleinen *Sergej-Prokofjew-Museum* im Dorf Krasnoje, dem Ort, an dem er seine Kindheit verbrachte, steht ein Flügel. Junge Musiker aus dem Gebiet Donezk und aus der ganzen Welt reisen dorthin. Als ich das letzte Mal dort weilte, wurde im kleinen Saal des Museums das wunderbare Märchen Prokofjews *Das häßliche Entlein* aufgeführt. Vor der Aufführung berichtete ein Musikwissenschaftler über die Entstehungsgeschichte. Lina wurde, wie immer, mit keinem Wort erwähnt. Dabei war sie doch die Erste, die dieses Märchen aufgeführt hatte. Die Kritiker wurden damals sogar auf ihren »begeisternden Sopran« aufmerksam. Schade, daß in Rußland keine einzige Aufnahme dieser »begeisternden Stimme« Lina Prokofjewas erhalten blieb.

Blieb überhaupt irgend etwas erhalten? Vielleicht das Andenken? Von Prokofjews Frau ist im Museum nichts zu finden. Bei uns ist man gut im Vergessen. Nicht nur ausländische Frauen, auch hervorragende russische Musiker werden einfach aus dem nationalen Gedächtnis verbannt, als Rache dafür, daß sie in den Westen ausgereist sind. 2001 schenkte man mir die Jubiläumsschrift *Einhundert Jahre Bolschoi-Theater*. In der Aufstellung *Einhundert Namen im Großen Saal* lese ich in der Chronik des Jahres 1952: »18. Februar. Erstaufführung des *Zweiten Konzerts* für Violoncello von Sergej Prokofjew unter Leitung von S. Richter.« Und wer spielte das Violoncello am Tag dieser sensationellen Premiere? Ach, dieser Mstislaw Rostropowitsch. Und er spielte nicht nur Violoncello, sondern hatte Prokofjew im Vorfeld bei der Komposition geholfen und das Konzert in ein Sinfoniekonzert für Violoncello und Orchester verwandelt. Bis heute können sie ihm nicht verzeihen, daß er emigrierte. Bis heute wird sein Name in den Jubiläumsschriften »vergessen.« Mir gefällt diese historische Vergeßlichkeit nicht, sie macht mich traurig und wütend. Es ist sehr ungerecht.

Immer wenn ich am Flughafen Donezk ankam und von dort auch wieder abflog, blickte mich ein riesiges Porträt des Komponisten an. Der Flughafen ist nach ihm benannt. Die Stadt Donezk hieß früher *Stalino*. Hier kreuzen sich die beiden Namen auf mystische Weise … Und jedes Mal, wenn ich das gigantische Porträt Prokofjews vor Augen habe, denke ich an Lina Prokofjewa. Ihr Leben ist für mich wie ein Pfad, der in die tragische Geschichte unseres Landes führt.

Unlängst wurde der wunderbare Dokumentarfilm des Regisseurs Jossif Pasternak *Romeo und Julia im Land der Sowjets* uraufgeführt. Beim Moskauer Filmfestival *Russisches Ausland* (2012) erhielt er den Grand Prix. Zum ersten Mal tauchte Linas Name in einer russischen Dokumentation auf, erstmals wurde über sie im Kino erzählt. Die schwierigste Frage, die der Film aufwarf, war: Warum ist der im Westen so erfolgreiche Komponist und Pianist Prokofjew 1935 in die UdSSR zurückgekehrt? War etwa damals nicht klar, was ihn erwartete? Offensichtlich war seine Überzeugung, ihm, dem genialen Meister, würde unter keinen Umständen, unter keiner Regierung die Schaffenskraft versiegen, sehr groß. Er konnte sich nicht vorstellen, daß seine Situation weniger stabil, weniger wohlhabend und weniger komfortabel sein könnte, als es seiner Genialität und dem Rang des ersten Komponisten im Land angemessen war. Und er wäre auch nicht länger von westlichen Impressarios abhängig, denen er entgegenkommen mußte. Selbst als seine eigene Tragödie und die seiner Familie vor seinen Augen ablief, versuchte er noch, sich als freien Menschen zu betrachten ...

Der Pakt mit dem Chefimpressario des Sowjetreichs kostete ihn das Leben. Er starb am selben Tag wie Stalin, am 5. März 1953. Damit erhielt der Tod dieses glanzvollen Komponisten eine ironische Note, die seinen musikalischen »Sarkasmen« durchaus ebenbürtig war.

Porträt der Frau des Künstlers

Natalja Malewitsch (1900 – 1990)

Zuerst hat mich ihr Porträt fasziniert. Das Bild *Porträt der Frau des Künstlers, Natalja Mantschenko* hatte Kasimir Malewitsch (1879 – 1935) 1934 gemalt, im letzten Jahr vor seiner tödlichen Krankheit. Es war ein finsteres, hungriges, ein eisiges Jahr in Leningrad. Doch das Porträt ist in helles Sonnenlicht getaucht. Es spielt mit der Bildspache der Renaissance und ist ganz ausgefüllt von einer Frau mit der klassischen Haltung Apolls und der Statur einer römischen Patrizierin. Doch für eine reiche Römerin wirkt ihr Gesicht etwas schlicht. Wenn auch durchaus liebreizend und zart. Dafür strotzt das Kleid von hintersinnigen suprematistisch Ornamenten in leuchtenden, lebensfrohen Farben. An welchen Ort hat der Künstler seine arme, abgehärmte Frau entführt in seinen Träumen? Weit weg aus der Wirklichkeit, aus einer grausamen und ungerechten Epoche, nach Italien. Und er selbst ist auch dort! Sich selbst hat Kasimir Malewitsch im Jahr 1933 ebenfalls als Patrizier im Italien der Renaissance dargestellt. Die beiden Porträts *Frau des Künstlers* und das Selbstporträt *Der Künstler* hängen gewöhnlich nebeneinander.

Viele, die Malewitsch kannten, erinnern sich an seine aristokratische, kraftvolle, ja geradezu hypnotische Ausstrahlung. Der Künstler war immer von Schülern, Bewunderern und Freunden umgeben, die er, wie einer von ihnen sagte, »mit seiner Energie zu nähren« vermochte. Vielleicht lag darin die Natur seines Genies. Betrachtet man sein Selbstporträt, kommt einem unweigerlich in den Sinn, daß das alte Adelsgeschlecht dieses »polnischen Bauern-Ritters« ein eigenes Wappen hatte: In einem roten Feld erhebt sich ein weißer Greif auf die Hinterbeine, ein Symbol für Angriffslust.

Die Lippen des Künstlers auf dem Selbstporträt sind fest aufeinandergepreßt. Doch es scheint, als würde er sie sogleich zur

leidenschaftlichen Rede öffnen. Er war ein Tribun und Prediger des Suprematismus, der geometrisch abstrakten Variante der gegenstandslosen Malerei. Wissen Sie, woher das Wort stammt? Malewitsch hat es sich ausgedacht. Als Grundlage nahm er das lateinische Wort *supremum*, »das Höchste«, und versah es mit einem zweiten Sinn. Er meinte damit die Überlegenheit der Farbe in der Malerei und die Überlegenheit der Richtung selbst über alle anderen »Ismen« seiner Zeit.

Als Malewitsch sein Selbstporträt und das Porträt seiner Frau malte, war er nicht der Malewitsch, der er später sein wird. Der Schöpfer des *Schwarzen Quadrates*, des Bildes, das als Ikone der Moderne gilt, der berühmteste Vertreter der russischen Avantgarde, der Kunsttheoretiker, Philosoph und Begründer des Superstils des Suprematismus starb in großer Armut. Doch er war ein Mensch wie aus einer Legende, der sich nie einer anderen Notwendigkeit fügte oder einer anderen Idee unterordnete als der seines Werkes. Wäre ein Wunder geschehen und er hätte so viel Geld zum Leben gehabt, wie heute sein kleinstes Bild auf dem Kunstmarkt einbringt, hätten er und seine Natalja tatsächlich so leben können wie die Patrizier auf den beiden Bildern.

Talent, Einzigartigkeit, Geist, Arbeitseifer und Leidenschaft, all diese Eigenschaften konnten ihrem Besitzer nirgendwo zu einem Minimum an existenzieller Sicherheit verhelfen, erst recht nicht in Rußland. Doch wenn ein Künstler, der mit großer Hingabe sein Werk vollendet, nicht anerkannt wird, dann ist eine liebende und verständnisvolle Frau ein Schatz. Zu diesem Schatz wurde Natalja Mantschenko, die dritte Frau des Künstlers, für Malewitsch. Sie verfügte über Gaben wie Güte, Verständnis, Empathie, Häuslichkeit. Ein Frauentyp, der in Rußland im Verschwinden begriffen ist. Auf den ersten Blick erweckte sie den Anschein, als sei sie der Künstlernatur ihres Mannes in keiner Weise gewachsen. Doch das war nur der Anschein. Welche inneren Kräfte eine Ehe bestimmen, bleibt Außenstehenden verborgen. Die Zärtlichkeit, mit der er seine Briefe an sie schrieb, spricht für sich. Neuneinhalb Jahre lebten sie zusammen. Beinahe zweieinhalb Jahre davon war er todkrank. Sie tat alles, um ihn zu pflegen und zu umsorgen.

War sie glücklich mit Malewitsch? Sie lebte in ständiger Angst um Kasimir. Zum einen war es die zermürbende Armut, die ihren Alltag bestimmte. Zum anderen war ihr sehr wohl klar, daß ihr Mann als Künstler weder anerkannt noch gefragt war. Dazu kam die sich zuspitzende Konfrontation zwischen der Sowjetunion und dem Ausland. Einmal wurde Malewitsch auf seiner Reise nach Polen und Deutschland als »Spion« verhaftet und vom 20. September bis zum 6. Dezember 1930 im

Gefängnis festgehalten. Doch die ganze Zeit über war sie sich sicher, daß ihr Mann etwas erschafft, wozu nur er selbst in der Lage war. Und daß es nur einen gab, der das vollbringen konnte, und das war Malewitsch! In ihrem schweren Leben waren sie stets einander zugetan, schrieben sich Briefe, führten innige Gespräche, sorgten sich umeinander. Ihr Alltags- und ihr Seelenleben war harmonisch. Und sie waren auf ihre Art glücklich.

Malewitsch war eigentlich immer ein Familienmensch. Doch es bleibt ein Rätsel: Er liebte seine Familie, er liebte Kinder, sowohl die eigenen wie auch fremde, er fand mit ihnen eine gemeinsame Sprache, er schätzte weibliche Erotik und Hingabe, aber er stellte die Familie nie an die erste Stelle. Denn dort stand bis zum letzten Atemzug sein künstlerisches Schaffen. Interessant ist in diesem Zusammenhang, daß das Thema Liebe darin nie auftaucht. Doch das Thema Weiblichkeit, in einer mystischen, eigenartigen Auffassung existiert sehr wohl.

Malewitschs Biographen versuchten und versuchen, sein Verhalten aus heutiger Sicht zu verstehen. Warum er zum Beispiel nichts unternahm, um seine erste, zweite oder dritte Familie finanziell zu unterstützen, obwohl er alle seine Frauen geliebt hat und durchaus verstand, in welcher Notlage sie sich befanden. Vielleicht lag es an der großen Hingabe und Selbstvergessenheit, mit der er arbeitete, so daß zum »Geld verdienen, um sich durchzufüttern« keine Kraft mehr blieb?

Er lernte seine erste Frau, Kazimiera Sgleitz, kennen, als sie fünfzehn Jahre alt war. Als sie sechzehn war, heirateten sie. Das war 1899. Der Sohn Anatoli wurde geboren, dann die Tochter Galina. Doch Kasimir zog es unaufhaltsam weg aus Kursk nach Moskau, wo er Malerei studieren wollte. Und so reiste er ab ... Später zog Kazimiera zu ihm nach Moskau, trotzdem scheiterte die Ehe. Kasimir verließ die Familie, 1909 wurde die Ehe geschieden.

Malewitschs zweite Frau wurde Sofja Rafalowitsch. Sie war klug, talentiert und äußerst hübsch. Alle Malewitsch-Biographen sind einstimmig der Meinung, daß sie ihm geistig ebenbürtig war. Sofja schrieb bezaubernde Erzählungen für Kinder. Von 1911 an lebten sie zusammen. Viele Jahre später erklärte Kasimirs jüngere Schwester Viktoria auf naive Weise, warum die erste

Ehe zerbrach, die zweite jedoch, mit Sofja Rafalowitsch, glücklich war: »Kazimiera Iwanowna forderte immer Aufmerksamkeit, während Sofja Michailowna im Gegenteil all ihre Aufmerksamkeit und Fürsorge Kasimir Sewerinowitsch widmete, sie akzeptierte seine Schwächen und wollte nicht, daß sie offensichtlich sind. Ich weiß nicht, wo sie arbeitete, Kasimir Sewerinowitsch hatte damals keine Anstellung. Ich verbrachte sehr gern die Abende mit ihnen. Kasimir Sewerinowitsch zeichnete immer etwas und machte sich ständig über uns lustig, lachte über unsere Besorgtheit um ihn. Sofja Michailowna las laut aus interessanten Büchern vor, Kasimir Sewerinowitsch mochte besonders Knut Hamsun.«

Wenn ich diese Zeilen lese, stelle ich mir die langen Winterabende vor, an denen Sofja im warmen Licht der Tischlampe ihrem Mann aus Knut Hamsuns *Hunger* vorliest: »So wie ich die Augen aufschlug, begann ich aus alter Gewohnheit nachzudenken, ob ich heute etwas hätte, worauf ich mich freuen könnte. In der letzten Zeit war es mir ziemlich schlecht ergangen; eins nach dem anderen meiner Besitztümer hatte ich zum ›Onkel‹ bringen müssen, ich war nervös und unduldsam geworden; ein paar Mal mußte ich auch wegen Schwindels einen Tag lang im Bett bleiben. Hie und da, wenn das Glück mir günstig war, hatte ich fünf Kronen für ein Feuilleton von irgendeinem Blatt ergattern können.«

Im Dezember 1915 sah Sofja die futuristische Kunstausstellung unter dem Titel *0,10*, wo 39 suprematistische Kompositionen Malewitschs gezeigt wurden. Eine davon war *Das Schwarze Quadrat*. Es schien ein Wunder zu sein. *Das Schwarze Quadrat* übte eine hypnotische Kraft aus. Sofja spürte und verstand das sofort.

»Mama, das kann ich auch!« rief meine kleine Tochter in der *Tretjakow-Galerie*, als sie *Das Schwarze Quadrat* dort zum ersten Mal sah. Mit den Jahren wurde sie eine professionelle Künstlerin. Einmal standen wir gemeinsam vor dem Bild, als sie mir Picasso in Erinnerung rief. Als er sich eine Ausstellung mit Kinderzeichnungen ansah, hatte er gesagt: »In ihrem Alter konnte ich malen wie Raffael, und dann versuchte ich mein ganzes Leben lang, so malen zu lernen wie sie.« Und mein siebenundneunzigjähriger Vater, ein Hobby-Maler, bepflanzte eines Tages vor seinem Häuschen ein Beet, das vom *Schwarzen Quadrat* inspiriert war.

Sofjas Porträt im kubistischen Stil *Die Dame am Klavier* (1913, Öl auf Leinwand) sah ich zum ersten Mal in Sibirien. Dieses Malewitsch-Gemälde hängt in der ständigen Ausstellung im *Surikow-Kunstmuseum* in der Stadt Krasnojarsk.

Ich begegnete ihm in Bonn im April 2014 wieder. Während ich mich anstrengte, nicht auf die durchdringenden Stimmen der Exkursionsführer in der großartigen Ausstellung *Kasimir Malewitsch und die russische Avantgarde. Mit Werken aus den Sammlungen Chardschijew und Costakis* zu hören, wartete ich geduldig darauf, daß die graue Menschenwand den Blick auf die lebendige Bilderwand freigab. Und da war sie endlich, *Die Dame am Klavier*.

Übrigens, beim Eingang in die Ausstellung war auf einer riesigen Wand die Kurzvita Malewitschs zu lesen. Es war angegeben, daß Malewitsch im Jahr 1899 heiratete, und das war alles! Weder seine zweite Frau, Sofja Rafalowitsch, noch ihre Tochter Una, noch seine dritte Frau, Natalja Mantschenko, wurden in der Vita erwähnt.

Malewitsch hatte Sofja Rafalowitsch 1910 auf einer Ausstellung kennengelernt, die von Studenten der *Fjodor-Rerberg-Kunstschule* organisiert wurde. Sofjas Mutter gehörte dem alten Adelsgeschlecht der Apraxins an. Alle Kinder der Familie genossen eine gute Erziehung und eine hervorragende Ausbildung. Sofja spielte zudem ausgezeichnet Klavier. Das Bild *Die Dame am Klavier* entstand 1913.

Manchmal kommt mir der Gedanke, daß unser Jahrhundert solche Kunstwerke nicht hervorbringen kann. Die Luft ist anders. Die Welt wurde zunehmend verramscht. Und selbst die himmlischen Handwerksmeister bringen nichts Großartiges mehr hervor. Wann haben Sie das letzte Mal eine echte, große, sternförmige Schneeflocke gesehen? Ich seit Jahren nicht. Im Winter fallen formlose Fetzen vom Himmel, klebrige Liquidationsreste, die sich nicht mehr veräußern lassen. Und es gibt schon lange keine Eisblumen an den Fensterscheiben mehr. Und die zarten und wunderbaren jungen Frauen sind verschwunden, die ihren Geliebten am Abend auf dem Klavier vorspielen wie Sofja. Doch selbst im avantgardistischen Kubismus des Bildes scheint eine Zärtlichkeit und Begeisterung auf, etwas Irdisches und gleichzeitig Transzendentes.

Bei der Malewitsch-Ausstellung in Bonn beobachtete ich eine erstaunliche Szene. Einem fünfjährigen Mädchen kam es in den Sinn, einen aus Zigarettenpapier gefalteten Schmetterling an der Schulter einer koketten, munteren Dame anzubringen, die auf der Bank in der Mitte eines Ausstellungssaals im Katalog blätterte. Die schaute das Mädchen streng und fragend an, ohne Sinn für den grandiosen, lustigen Einfall.

Das Jahr 1917 brach an. Im Leben Malewitschs veränderte sich viel. »Rußland ist eine Sphinx«, schrieb ein Dichter. Du lebst in einem Haus, das immer am Abgrung steht, und Du vergißt das selbst bei den alltäglichsten Verrichtungen nicht. Ob Du Milch für das Kind abkochst oder einen Strauß mit Feldblumen in eine Vase auf den Tisch stellst. So war es immer ... Wie soll man leben? Am besten so leben, ohne in den Abgrund zu schauen, mit dem Rücken zum Abgrund und sich an kleinen Dingen erfreuen. Doch in Rußland gab es außer den metaphysischen Abgründen auch die durchaus realen Tragödien. Die Bolschewiken raubten der Familie Rafalowitsch-Malewitsch 1917 ihren gesamten Besitz. Mit dem Privateigentum verschwanden die Einkünfte (die Familie Rafalowitsch hatte einige Häuser besessen, die sie vermietete). Für Sofja und Kasimir begann eine schwierige Phase.

Im Jahr 1920 wurde Una geboren. Malewitschs Tochter erhielt ihren Namen zu Ehren der jungen Künstlergruppe UNOVIS (*Utwerditeli Novogo Iskusstva*, Begründer einer Neuen Kunst). Doch ein neues Unglück zog herauf. Sofja erkrankte an Tuberkulose. Im Haus herrschte katastrophale Not, es gab nicht genug zu essen. Kleidung und Schuhe waren abgetragen. Während die Kleider geflickt werden konnten, mußte man sich mit den löchrigen Schuhen abfinden. »Die völlige Liquidation steht vor der Tür«, notierte Malewitsch im Jahr 1925. Im Mai 1925 starb Sofja und ließ Malewitsch mit der fünfjährigen Una zurück.

Malewitsch hatte kaum noch Gelegenheit zu arbeiten. Nicht ohne Grund warnte er seine Schüler, sie täten gut daran, sich

»Brötchen und Galoschen« aus dem Sinn zu schlagen, würden sie ihm folgen. Doch auch die Angehörigen des ungewöhnlichen Künstlers mußten sich »Brötchen und Galoschen« aus dem Sinn schlagen. Nach Sofjas Tod besuchten ihn seine Freunde häufig auf der Datscha, um ihn aufzuheitern. An einem dieser Sommertage des Jahres 1925 trafen Kirill Schutko, Wassili Worobjow mit seiner Frau Angelina und ihrer fünfundzwanzigjährigen Schwester Natalja Mantschenko in Nemtschinowka ein. Und diese Natalja war, im Unterschied zu ihrer Schwester Angelina, die vor Energie und Lebenskraft sprühte, still, zurückhaltend und in sich gekehrt. Niemand konnte ahnen, daß der charismatische, auffallende, gut aussehende Malewitsch, der sich großen Erfolgs bei den Frauen erfreute, sich ausgerechnet dem schüchternen, blauäugigen, kleinen Mädchen zuwenden würde, dessen Haar auf dem Rücken zu einem einfachen Pferdeschwanz zusammengebunden war.

Ihre Aufrichtigkeit und ihre Ehrlichkeit schätzte Malewitsch von Anfang an. Und er täuschte sich nicht. Natalja hielt ihm den Rücken frei. Die Zuverlässigkeit, mit der sie es tat, war für ihn äußerst wichtig. In all den neuneinhalb Jahren ihres gemeinsamen Lebens hörte er von ihr nie ein falsches Wort. Er schätzte ihre Natürlichkeit, ihre Bescheidenheit, die Fähigkeit, sich auf ihn einzustellen, und dennoch ganz sie selbst zu sein. Vom ersten Augenblick ihrer Bekanntschaft an hatte er das Gefühl, sie das ganze Leben lang zu kennen.

Das gibt es manchmal: Es sind nicht die Vorzüge einer Person, die einen blenden, sondern der eigene Wunsch zu lieben. Und plötzlich entzündet sich in uns ein suchender Strahl. Und erst im Nachhinein beginnt die Liebe in uns zu reifen wie eine Frucht.

Vladimir Sterligov, ein Schüler Malewitschs, der ihn bis zu seinem Tod regelmäßig besuchte, nannte Natalja in seinen Memoiren ein »Huhn«, ein anderer Zeitgenossen nannte sie »graues Mäuschen«. Keiner verstand, weshalb und wofür sich Malewitsch in sie verliebt hatte. Aber liebt man denn immer für irgendetwas? Das ist doch gerade das Geheimnis der Liebe, daß sie keinen Grund hat. In Rußland sagt man: Die Liebe ist wie die Sonne am Himmel, man weiß nicht, woran sie befestigt ist.

Ende 1925 zog Natalja Mantschenko bei Malewitsch ein, und 1927 heirateten sie offiziell. Natalja Mantschenko wurde 1900 im Woronescher Gouvernement geboren. Ihre Eltern waren Bauern. Natalja besuchte das Gymnasium, sie sprach gut Französisch. Zur Kunst hatte sie allerdings keine Beziehung, doch sie verfügte über eine unschätzbare Eigenschaft, sie konnte lieben, und sie verstand die Genialität ihres Mannes. Dank Malewitsch eignete sie sich schnell ein profundes Kunstverständnis an und schätzte die Kunst bald ebenso wie die Literatur, die sie immer sehr geliebt hatte. Dank der Kunst lernte sie, die Welt neu zu sehen und wahrzunehmen. Das ist nicht das Gleiche. Wer die Welt »sieht«, kann ein lebendiges Gefühl für die Umwelt bewahren, etwas, das sonst nur Kindern eigen ist. Bei Natalja kam das nicht sofort, sondern allmählich.

Ihr Altersunterschied betrug mehr als zwanzig Jahre. Erstaunlich ist, daß Malewitsch, der, was Frauen betraf, ein verschlossener und distanzierter Mensch war, überaus zärtliche und herzliche Briefe an Natalja richtete. Niemandem sonst schrieb er Briefe in diesem vertrauten Ton. Hier ist ein Auszug: »Ich denke immer über mein Schicksal nach, das Dich zu mir gebracht hat und mich zu Dir, Dir meine Seele zur Bewahrung und zum Geleit gegeben hat wie die Ruhe, die ich brauche, wie Du mein Herz bewahren wolltest für meine weitere Arbeit, für den weiteren Aufstieg. So setzt sich meine Lebenslinie fort mit Dir, um die Höhen der Kunst zu erreichen. Jetzt bin ich eins mit mir selbst und vereint mit Dir in einer Kraft, und Du wirst alles mit mir durchmachen, bis zum Ende.«

Natalja Malewitsch liebte ihren Mann. Was überwog in dieser Liebe, Geduld, Mitgefühl oder Zärtlichkeit? Wir wissen es nicht. Niemals dachte sie an ihren eigenen Vorteil, die Fürsorge für ihren Mann erfüllte sie ganz.

Ich schrieb einen einfachen Satz darüber, daß Natalja »ihren Mann liebte«. Und dann kam mir in den Sinn, wo in unserer großartigen russischen Literatur gibt es ein überzeugendes Beispiel für die Liebe einer Ehefrau zu ihrem Mann? Mir fällt nichts ein. Die Variante, die am weitesten verbreitet ist, sieht so aus: Eine verheiratete Frau liebt einen anderen Mann. Aber welche Figur liebt ihren Ehemann? Tatjana aus Puschkins *Eugen Onegin*?

Nein, sie bekennt ja Onegin: »Ich liebe sie, ich kann mich nicht verstellen.« Doch ihre Pflicht verlangt, daß sie bei ihrem Mann bleibt. Und das hat durchaus seinen Charme. Doch von Liebe zum Ehemann kann keine Rede sein. Weiter. Anna Karenina. Sie hat sich in einen anderen Mann verliebt. Es gibt bei Tolstoi auch eine andere Figur, Fürstin Marja. Aber das ist nur ein einziges Gegenbeispiel. Wo sind die anderen Beispiele? Es gibt sie nicht. Auch in der Lyrik ist das Leid der Gattinnen groß: »Und hinter einer Wand saß, sich verzehrend und wie ein gefangener Vogel singend, die Frau.« Und bei Tschechow fällt mir nur die Sarra aus dem Stück *Iwanow* ein, und irgendwas stimmt auch dort nicht. Alles ist mit bitterer Hefe aufgesetzt. Und dazu das Entsetzen des nahen Todes – als ich mich durch die Klassiker quälte, fand ich ein Beispiel in Gogols *Altväterischen Gutsbesitzern*. Doch da wirken der Alte mit seiner Alten geschlechtslos und ähneln Gewächsen, die auf groteske Art miteinander verschlungen sind – in der Literatur ist es also schwer, Beispiele für die Liebe zwischen Ehemann und Ehefrau zu finden, aber im Leben: bitteschön! Anna Dostojewskaja, Vera Bunina, Natalja Malewitsch. Die russische Statistik zeigt, daß von zehn Ehen sechs geschieden werden, aber trotzdem scheinen vier doch glücklich zu sein! Und dafür braucht es viel, Ausdauer, Gemeinsamkeit, Liebe, Verständnis. Das Eheglück ist ein seltenes Glück.

Doch kehren wir zu den Malewitschs nach Sankt Petersburg zurück. Im Sommer wohnten sie in ihrer Datscha in Nemtschikowa bei Moskau. Sie gingen gern Pilze suchen, sie hielten sich überhaupt gern in der Natur auf. Zum Herbstanfang kehrten sie nach Sankt Petersburg zurück.

Wie lebten sie? Man kann es sich leicht vorstellen, wenn man sich die alten Petersburger Höfe vergegenwärtigt, die Brunnenschächten gleichen. Um zu den Malewitschs zu gelangen, mußte man zuerst in eine dunkle Toreinfahrt einbiegen, dann ein paar Stufen nach unten steigen, dann wieder ein paar Stufen nach oben, doch dort war es so dunkel und eng, als würden die Stufen in eine eisige mittelalterliche Kasematte führen. Bei dem Paar wohnte auch Kasimirs Mutter, Ludwika Alexandrowna, eine herrschsüchtige Frau »mit Charakter«, die die junge Frau ihres Sohnes nicht akzeptierte. Und auch Una, Malewitschs Tochter aus zweiter Ehe, war bei ihnen. Ein hübsches, fröhliches Mädchen, ganz der Vater. Eigene Kinder hatte Natalja keine. Das war eine bewußte Entscheidung. Sie wollte, daß sich ihr Mann ganz auf sein Werk konzentrieren konnte, und das war bei der Armut und dem ungeregelten Alltag schwierig genug.

Die Mietwohnung befand sich an der Ecke der Postamts- und Isaak-Straße, in der dritten Etage. Am Morgen heizte Malewitsch den Ofen an (er war sein ganzes Leben lang physisch stark und ausdauernd, in seiner Jugend hatte er sogar an Faustkämpfen teilgenommen). Nach und nach wachten die Mitbewohner auf, Natalja, Una, die Mutter. Und Malewitsch machte sich auf den Weg zu seinen Schülern. Bis zum Jahr 1926 hatte er eine Stelle als Lehrer und Direktor der Kunstschule. Seine Studenten liebten ihn, und die, die die Eingangsexamen bei ihm ablegten, glaubten an ein Vorzeichen: Wenn es gelingt, Malewitsch heimlich zu berühren, wird die Prüfung erfolgreich.

In diesen Jahren flanierten Kasimir und Natalja gern zu zweit durch das abendliche, verschneite Leningrad. Sie gingen über das leere Marsfeld auf die hohe Brücke, von wo sie der Lichterkette der Straßenlaternen nachschauten, die sich in dunkler Ferne verlor. Malewitsch erzählte gern etwas mit seinem charakteristischen Baß. Sie war eine dankbare Zuhörerin. Sie ließen sich durch die Stadt treiben, erkundeten den Stadtrand, schlenderten entlang der Kanalufer, schauten von den Brücken herab ... Zu zweit fühlten sie sich ruhig und glücklich.

Es war eine schwere Zeit, allerdings, aber sie waren vergleichsweise jung, und »eine andere Zeit, jung zu sein, hatten sie nicht«, wie es in einer russischen Redewendung heißt. Sie wollten leben und lieben und, ja, von Zeit zu Zeit auch Spaß haben. Und sogar laut lachen wie einmal, als sie Fahrkarten kauften und sich am Schalter in eine gewaltige Schlange einreihen mußten. Und der Zug stand zur Abfahrt bereit. In dieser Situation bat Malewitsch seine Enkeltochter, die gemeinsam mit Galja, der Tochter aus erster Ehe, 1929 bei ihnen zu Besuch weilte, so laut wie möglich zu weinen. So konnten sie die Fahrkarten außer der Reihe kaufen. Als sie sie entgegennahmen, fragte das kleine Mädchen laut: »Muß ich jetzt nicht mehr weinen?« Alle in der

Schlange mußten lachen. Und sie rannten zum Zug und lachten, was das Zeug hielt!

1927 durfte Malewitsch das erste Mal in seinem Leben ins Ausland reisen, nach Warschau, Berlin ... und wieder zurück nach Leningrad. Vor seiner Heimkehr schickte er Natalja eine Postkarte, auf der Dampfer abgebildet waren: »Liebe Natascha, Mama und K., die auf dem Foto aufgenommenen Dampfer fahren, und die Leute stehen und schauen ihnen nach, aber ich sitze bei einem koffeinfreien Kaffee und warte auf das Schiff, das um fünf Uhr anlegen wird. Das Wetter ist wunderbar, heiß, ich kann es kaum erwarten, aufs Meer hinaus zu kommen und Euch am Montag dem 13. Juni um 8.00 Uhr wiederzusehen .«

Man kann herauslesen, wie froh er war, seine Frau und seine Tochter bald wieder in die Arme schließen zu können. Für Una hatte er lustige Spielsachen mitgebracht, einen kleinen Kuchen aus Gummi, der aussah wie echt und dazu noch quietschen konnte. Und einen rosa aufblasbaren Elefanten.

Malewitsch liebte seine Tochter sehr. Ein Jahr vor seinem Tod malte er Unas lebensgroßes, realistisches Porträt. Darauf ist sie 14 Jahre alt, ein großgewachsenes, etwas eckig wirkendes Mädchen. Doch welche Kraft und natürliche Energie scheint in ihr zu schlummern! Wieviele verschiedene Einflüsse haben sie geprägt! Allein die Großmutter, die russische Aristokratin Marja Sergejewna Apraxina mit ihrem wilden, hochexplosiven, jedoch versöhnlichem Gemüt! Sie hatte zum Beispiel den Bräutigam ihrer Tochter Natalja, Kaufman mit Namen, dazu gezwungen, zum orthodoxen Glauben überzutreten, und mit dem Mann ihrer jüngsten Tochter Anna setzte sie sich gar nicht an einen Tisch, er war »aus dem einfachen Volk.« Von der Großmutter väterlicherseits, der stolzen Polin Ludwika Alexandrowna, hatte sie Selbständigkeit und Unternehmergeist geerbt. Man muß es sich vorstellen, sie war Mutter von acht Kindern, zwölf hatte sie geboren, aber vier hatten nicht überlebt, und Kasimir war das älteste, als plötzlich ihr Mann starb. Da zog sie mit allen Kindern, mit der jungen Schwiegertochter und den Enkeln von Kursk nach Moskau, wo sie eine Kantine pachtete, ein Haus mietete und ein Leben als Unternehmerin begann. All das war in Unas Ahnentafel festgehalten. Sie war voller Energie und Lebensfreude, ganz der Vater!

Malewitschs letzte Lebensjahre waren von einer schweren Krankheit überschattet, Prostatakrebs. Im September 1933 blieb Malewitsch allein in Moskau, nachdem Una und Natalja nach Leningrad zurückgekehrt waren. Er wollte Angelegenheiten bei einem Verlag regeln, der plante, einen Bildband über den Suprematismus herauszugeben. Aber er gelangte gar nicht aus seinem Datschenvorort nach Moskau, es regnete, er hatte keine Galoschen, und seine Schuhe waren durchlöchert. Am 8. September fuhr er völlig durchnäßt nach Moskau, fand aber keine Bleibe zum Übernachten. In diesen Tagen wurden die Schmerzen aufgrund der Erkältung stärker. Einen Brief an seine Frau unterschrieb er: »das in die Enge getriebene Tierchen.« Natalja schickte ihm postwendend seine Galoschen nach Moskau. Nachts litt er unter Erbrechen und ständigen Schmerzen. »Meine Stimmung ist katastrophal elend«, schrieb er an seine Frau. Und die Entscheidungsfindung im Verlag zog sich in die Länge. Am Ende wurde der Bildband doch nicht herausgebracht.

In jenem September begannen seine gesundheitlichen Probleme. Er bemühte sich, die Schmerzen vor Natalja zu verbergen. Una erinnerte sich daran, wie sie und Natalja einmal vom Spaziergang zurückkamen und Malewitsch, nachdem er ihnen die Tür geöffnet hatte, sich sofort in sein Atelier zurückzog. Als sie ihm folgten, sahen sie, daß er blaß am Boden lag und leise stöhnte. Natascha stürzte zu ihm, doch er sprang auf und lachte: »Na, wie hab ich gespielt? Ihr hattet Angst um mich, stimmt's?« Doch Natascha spürte, daß es kein Spiel war. Natalja bestand darauf, daß er sich mit einem Hilfegesuch an »ganz oben« wendete. Nach Diktat ihres Mannes schrieb sie einen Brief an den Künstler David Schterenberg, der einen hohen Posten im Künstlerverband bekleidete. Sie bat darum, Malewitsch zur Behandlung nach Paris zu schicken. Die Bitte wurde abgeschlagen. Malewitsch mußte sich am Leningrader Röntgenologischen Institut einer Strahlentherapie unterziehen. Es war der Sommer 1934, Malewitschs letzter Sommer. Natalja brachte ihm seine geliebten Wareniki mit Kirschen ins Krankenhaus. Malewitsch war ja in Kiew geboren, liebte alles Ukrainische und fügte seinen Briefen an Freunde gern ukrainische Wörtchen bei. Und manchmal zitierte er lachend Gogol: »Die Frauen – das ist so eine

Sache! ... Allein ihre Augen, so ein endloser Staat, in den ein Mensch hineinfährt, und plötzlich weiß er seinen Namen nicht mehr!«

Die Strahlentherapie hatte keinen Erfolg. Er hatte ständig Fieber. Natalja wich nicht von seinem Krankenlager und schrieb Malewitschs Freunden verzweifelte Briefe. Einer der Freunde, Kljun, der Jugendfreund Iwan Kljunow, mit dem er gemeinsam an der *Fjodor-Rerberg-Kunstschule* studiert hatte, reagierte, kam, ermunterte den sterbenden Freund, zeichnete sein Porträt ...

Malewitsch starb am 15. Mai 1935 in Leningrad. Er hatte in seinem Testament den Wunsch geäußert, die Urne mit seiner Asche in Nemtschinowka bei Moskau beisetzen zu lassen, unter der mächtigen Eiche, die er von seinen Sommerausflügen kannte. Bei der Bestattung waren Trauerkränze an den Ästen aufgehängt. Auf dem Grab wurde ein hölzerner Kubus installiert, auf dessen einer Seite das Schwarze Quadrat angebracht war. An den Stamm der Eiche wurde eine Gedenktafel mit der Aufschrift: »Hier liegt die Asche des großen Künstlers K. S. Malewitsch (1878 – 1935)« befestigt. Una legte, wenn sie nach Nemtschinowka kam, Feldblumen auf das Grab, der Weg zur Eiche führte quer durch die Felder. Und Natalja brachte Phlox vorbei, das waren Malewitschs Lieblingsblumen.

Einmal, noch während seiner Krankheit, kurz vor seinem Tod, öffnete Malewitsch die Augen, sah seine verweinte, abgemagerte Natalja an seinem Bett sitzen und sagte traurig: »Ihr geht doch alle vor die Hunde ohne mich!« Wie lebte sie nach dem Tod ihres Mannes? Sie fand eine Stelle als Korrektorin beim *Verlag der Akademie der Wissenschaften der UdSSR*.

Mit dem Tod ihres Mannes änderte sich ihr Leben. Um zu verstehen, welcher Wind für die Künstler in jener Zeit wehte, genügt es, sich an den verleumderischen Artikel aus dem Jahr 1936 über die russische Avantgarde zu erinnern. Es ging darin um die Avantgarde im Allgemeinen und um Malewitsch im Besonderen. Die Künstler wurden als Formalisten bezeichnet, deren Kunst dem sowjetischen Volk fremd sei. Es hieß, sie seien »Nachahmer der bürgerlichen Kunst des Westens.«

Una war damals sechzehn Jahre alt. Sie war eine junge Komsomolzin, aber sie verstand schon viele Zusammenhänge. Auf die Frage, wer ihr Lieblingsmaler sei, antwortete sie zur Freude aller Realismusliebhaber: »Der Landschaftsmaler Isaak Lewitan!«

Malewitschs Witwe verbrachte diese Jahre so unauffällig wie möglich in ihrem bescheidenen Rückzugsort im *Akademieverlag der UdSSR* mit einem Stapel Papier. Sie suchte keinen Kontakt zu Außenstehenden. Eine Ausnahme war ihre Schwester Angelina, die im selben Verlag als Redakteurin arbeitete. Una, Malewitschs Tochter, begann ein Studium am Leningrader Bergbauinstitut, sie wollte Geologin werden. Dann begann der Krieg, und Una erlitt das traurige Los der Leningrader Blockade-Jugendlichen. Am 2. April 1942, während der Blockade, als Hungersnot und Kälte herrschten, starb Großmutter Ludwika, Kasimir Malewitschs Mutter. In der Wohnung der Malewitschs waren die Fensterscheiben aus den Rahmen gesprungen, sie hatten die Löcher notdürftig mit Kissen und Lappen zugestopft. Das half nicht viel gegen den schneidenden Wind. Sie heizten am Abend, und am Morgen war das Wasser in der Kanne mit einer Eisschicht bedeckt.

Am schwierigsten war das Wasserholen. Die Frauen schleppten sich an den Kanal, wo sich die Eisschollen um die Wasserlöcher türmten. Die Türme wuchsen täglich an. Dazu kam der Hunger. Der Hunger betäubte alle Gefühle. Die Häuser leerten sich. Die Menschen fürchteten sich nicht mehr vor den Toten. Sie schleppten sich an ihnen vorbei und dachten nicht darüber nach, daß Tote auf der Straße lagen. Sie lagen überall, auf dem Weg zum Lebensmittelladen, in den Hofeingängen, in den Einfahrten. Auf dem Markt wurde sogenannte Badajew-Erde verkauft. Ein Lager in einer großen Konditorei hatte gebrannt, und Zucker und Butter waren von der Hitze geschmolzen und in die Erde eingedrungen. Die Erde wurde abgetragen und stückweise auf dem Markt verkauft. Der Preis hing davon ab, welche Schicht es war, die obere oder die untere. Sie ähnelte einem schwarzen, fettigen Quark. Es knirschte zwischen den Zähnen.

Die Blockade Leningrads überlebten Natalja, Una und Malewitschs Schwester Sewerina. Nach dem Krieg schloß Una die Universität ab, arbeitete als Geologin, heiratete. Natalja arbeitete nach wie vor als Korrektorin im selben Verlag. Mit der Zeit wurde die Malewitsch-Witwe belagert. Von ausländischen

Sammlern, Korrespondenten oder einfach Abenteurern. Alle wußten, daß die Arbeiten von Malewitsch leicht zu fälschen waren, mit solchen scheinbar »echten« Arbeiten tauchten sie bei der Witwe auf, damit sie sie ihnen als Originale beglaubigte.

Auf Ratschlag von Dmitri Lichatschow, der eine Zeitlang beim selben Verlag wie sie gearbeitet hatte, entschloß sich Natalja Malewitsch, die Bilder, die sie von ihrem Mann geerbt hatte, dem *Russischen Museum* in Leningrad zu übergeben. Sie behielt nur drei Arbeiten, ihr Porträt, das Selbstprotrát des Künstlers und eine vierte, letzte kleine Variante des *Schwarzen Quadrats*.

Zu dieser Zeit entbrannte ein Skandal um die Arbeiten Malewitschs, die er in Amsterdam zurückgelassen hatte. Als er 1927 überstürzt von seiner Auslandsreise zurückkehren mußte, ließ er seine Bilder in Amsterdam in der Hoffnung, bald wieder zurückzukommen. Die eher ängstliche und zartbesaitete Natalja Malewitsch zeigte Charakterstärke, als sie den sowjetischen Kunstbonzen untersagte, einen Prozeß gegen das *Stedelijk Museum Amsterdam* anzuzetteln, weil es die Bilder von Malewitsch ausgestellt hatte, während sie in seiner Heimat in den Museumsdepots verstaubten!

Kaum waren die Wellen verebbt, erwarteten Malewitschs Witwe neue Prüfungen. Es gab viele Betrüger, die mit den ausgefeiltesten Methoden arbeiteten! Mit den Bildern Malewitschs ist eines der spektakulärsten Verbrechen in der Welt der Kunst verbunden. Ich folge in meinen Ausführungen dem Buch von Alexander Schatskich *Kasimir Malewitsch und die Gesellschaft »Supremus«* und dem Artikel Michail Mejlachs *Der Jahrhundertdiebstahl oder Das ideale Verbrechen*.

Es war so. Ein junger schwedischer Slawist reiste 1975 nach Moskau, um eine Dissertation über Majakowski zu schreiben. Er beeindruckte mit seinem Charme Natalja Malewitsch und den Sammler Chardschijew, der ein Jugendfreund von Majakowski und Malewitsch war und die Kreise der russischen Avantgarde sehr gut kannte. Er bot Chardschijew an, vier Bilder Malewitschs über seine diplomatischen Kanäle nach Schweden zu bringen, und dann Chardschijew und seiner Frau zu helfen, selbst nach Schweden zu gelangen, wo sie ihren Lebensunterhalt aus dem Erlös der Bilder bestreiten wollten. Der junge

Schwede verkaufte die Bilder nach und nach und »ging auf Grund«, das heißt, er verschwand und antwortete nicht mehr auf die Fragen Chardschijews. Offensichtlich wartete er das Ende der Verjährungsfrist ab.

1993 gelangte Chardschijew endlich mit seiner Sammlung nach Holland, wo er und seine Frau angeblich ermordet wurden. Malewitschs Bilder gerieten in die Hände gewissenloser Käufer.

Was das letzte, vierte Exemplar des *Schwarzen Quadrates* betrifft, das Natalja bis zu ihrem Tod bei sich aufbewahrt, so tauchte es auf rätselhafte Weise in einer Sammlung der Moskauer *Inkombank* auf. Angeblich sei es in Samara im Jahr 1993 als Sicherheit für einen Kredit abgegeben worden. Das *Quadrat* erwarb, nachdem die Bank ihren Bankrott erklären mußte, ein russischer Oligarch für eine Million Dollar und stellte es als Dauerleihgabe der *Eremitage* in Sankt Petersburg zur Verfügung.

Natalja überlebte ihren Mann um fünfundfünfzig Jahre. Sie starb 1990 im Alter von neunzig Jahren. Es heißt, daß zuoberst auf ihrem Schreibtisch ein Büchlein mit Gedichten von Kasimir Malewitsch lag. Ein Lesezeichen steckte an der Stelle mit dem folgenden Gedicht:

Jeden Abend erlöschen die Sonnenstrahlen

Jeden Abend erheben sie
gefüllte Kristallpokale
Jeden Abend schleudern sie
Goldene Feuer gen Himmel
Jeden Abend singen sie
ein Lied auf den Abschiedssommer

Das Gedicht gefiel Natalja offensichtlich. Mag sein, daß es sie an den warmen, glücklichen Sommer des Jahres 1925 erinnerte, als sie Malewitsch zum ersten Mal auf der Datscha im Moskauer Vorort Nemtschinowka begegnete. Bald wurde beiden klar, daß außer dem warmen Sommerabend noch etwas anderes Raum in ihrem Leben eingenommen hatte ...

Als Natalja Malewitsch im Jahr 1990 starb, war das Grab ihres Mannes im Dorf Nemtschinowka bei Moskau bereits verschwunden. Die Eiche hatte ein Blitz gefällt. Malewitschs Tochter Una hatte schon im Jahr 1944 eine Handvoll Erde vom Grab des Vaters geholt und auf das Grab ihrer Mutter, Sofja Malewitsch, gestreut. Später wurde dort ein Grabstein errichtet. Ende der fünfziger Jahre verschwanden die letzten Überbleibsel vom Grab Malewitschs. Das Dorf Nemtschinowka wurde eingemeindet und verwandelte sich in eine Neubausiedlung. Da, wo die Eiche stand, steht heute ein Wohnblock.

Wenn ich so viel Geld hätte, daß der Erwerb eines Malewitsch-Bildes sich nicht im Familienbudget bemerkbar machen würde, also mehr als fünfzig Millionen Dollar (so viel kostete eine *Suprematistische Komposition* kürzlich bei *Sotheby's*), würde ich keinen Malewitsch kaufen. Ich würde an der Stelle, wo sich sein Grab befand, eine Dauerausstellung für seine Bilder und die der anderen Vertreter der russischen Avantgarde eröffnen. Denn bisher gibt es ein solches Museum in Rußland nicht. Das Grab würde den Hof der Galerie schmücken, und direkt daneben würde ich Natalja umbetten, die treue Frau des Künstlers. Ich finde, sie sollten gemeinsam bestattet sein, so wie sie es wollte. Auf das Grab würde ich eine Eiche pflanzen, weil Malewitsch unter einer Eiche liegen wollte. Die Bilder Malewitschs und der anderen Avantgarde-Maler würde natürlich niemand für eine solche Galerie zur Verfügung stellen. Aber man könnte mit hochauflösender Computertechnologie gute Kopien herstellen, die nur den Zweck des Andenkens an diese ganz besonderen Künstler erfüllen sollten. Natürlich dürfte in dieser Galerie auch ein Teleskop nicht fehlen, denn Malewitsch schaute während seines ganzen Lebens gern in den nächtlichen Himmel und malte dann Bilder über die »bodenlose Leere, in der Du spürst, daß Dich die kreativen Punkte des Universums umgeben.«

Und ein letztes. Ich fühle mich immer hilflos und beschämt sowohl gegenüber der früh verstorbenen Sofja Malewitsch wie auch gegenüber der treuen und ergebenen Natalja Malewitsch, wenn ich sehe, daß es in den großen Malewitsch-Ausstellungen keinerlei Hinweise auf sie gibt. Die Ausstellung *Kandinsky, Malewitsch, Mondrian* in der Kunstsammlung NRW in Düsseldorf, die im Frühjahr 2014 stattfand, hatte in den Angaben zur Person des Künstlers, die eine ganze große Wand einnahmen, keinen Platz für die Frauen und die Kinder an seiner Seite. Das ist langweilig und bedrückend und erweckt den Anschein, als hätte Malewitsch gar kein Privatleben gehabt. Ich wünsche mir mehr Achtung vor den Frauen, die mit einem Künstler zusammengelebt haben, ihm zur Seite standen und die schwierigen Momente in seinem Leben teilten. Man sollte den Preis einer solchen Liebe zu schätzen wissen und darauf eingehen, erst dann trifft man den richtigen Ton und setzt die richtigen Akzente bei der Lebensbeschreibung eines Künstlers.

Genie und Verbrechen
sind zwei unvereinbare Dinge
Das stimmt nicht ...

Nadeschda Allilujewa (1901 – 1932)

Die Worte in der Überschrift spricht Salieri in Puschkins kleiner Tragödie *Mozart und Salieri*. »Genie der Tyrannei«, so wird Jossif Stalin (1879 – 1953) genannt, für seine furchtbare Grausamkeit, die massenhaften Repressalien gegen sein Volk, für seine Gesetzlosigkeit und seine ausgeklügelten politischen Intrigen. In Rußland zerbrechen sich nach wie vor viele Menschen den Kopf über die Frage: »War Stalin für Rußland ein Fluch oder ein Segen?« Manche behaupten, es sei Stalins Verdienst gewesen, Rußland zu einer europäischen Industrienation gemacht zu haben, im Besitz der Atombombe, Siegermacht im Zweiten Weltkrieg ... Das sei das Werk seiner Hände, wenn auch die Mittel, die Stalin dafür einsetzte, extrem grausam gewesen seien. Alle Erfolge, die die UdSSR unter Stalin erzielte und die keiner anzweifelt, hatten jedoch einen viel zu hohen Preis. Bis heute müssen wir dafür bezahlen.

Die zweite Ehefrau Stalins, die First Lady der Sowjetunion, Nadeschda Allilujewa beendete ihr Leben durch Suizid. Die russische Geschichte kennt viele tragische Lebens- und Todesgeschichten von Frauen, die diese Rolle innehatten.

Iwan der Schreckliche zum Beispiel: Vier Frauen verpaßte er den Nonnenschleier und schickte sie ins Kloster, zwei weitere Frauen des Zaren verloren unter mysteriösen Umständen ihr Leben ... Peter der Große spielte mit dem Gedanken, seine erste, ungeliebte Frau Jewdokija Lopuchina hinzurichten, ließ dann jedoch Gnade walten und schickte sie ins Kloster. Lenin liebte Nadeschda Krupskaja nie, er betrachtete sie einfach als seine Kampfgenossin und brachte es fertig, sie in aller Öffentlichkeit mit dem unangenehmen Spitznamen »Fisch« anzureden. Chrustschow sah in seiner Frau eher eine Haushälterin und Köchin als die erste Dame des Staates. Wir haben es alle in den russischen Wochenschauen gesehen: die empörte Gattin Nikita Chrustschows während der Reise nach Amerika zu Eisenhower oder die Tochter Kossygins im Pelz beim Empfang der englischen Königin. Und plötzlich, ein Bruch in der Schablone, taucht Raissa Gorbatschowa auf. Im Wesentlichen existierten die Frauen in der russischen Politik aber immer für ihre Männer.

Auf den ersten Blick war Nadeschda Allilujewa keine Ausnahme. Sie hat nie irgendeine Führungsrolle beansprucht. Doch ihr Leben und ihr Tod hatten nicht nur eine Alltags-, sondern auch eine politisch Komponente. Sie war eine junge Frau neuen Typs mit Intellekt und Charisma, wie sie für das politische Leben im Rußland der dreißiger Jahre nicht ungewöhnlich war.

Hier die biographischen Angaben über die Frau an Stalins Seite: »Allilujewa Nadeschda Sergejewna. Geboren im Jahr 1901 in der Familie eines Eisenbahners, der an drei russischen Revolutionen teilgenommen hatte. Arbeitete im Sekretariat Lenins, dann im Sekretariat Stalins. Heiratete Stalin im Jahr 1918. Studierte an der Industrieakademie. Mutter zweier Kinder, Swetlana und Wassili. Beendete ihr Leben durch Suizid im Jahr 1932.«

Fast immer entsteht im Fall eines Selbstmords der Verdacht auf einen Mord. Memoirenautoren und Historiker bieten mehrere Versionen an. In einer heißt es: Stalin sei zu dieser Zeit nicht im Haus gewesen. Er sei auf seine Datscha in Kunzewo gefahren. Die andere Version: Stalin war zum Zeitpunkt des Selbstmordes seiner Frau zu Hause, schlief jedoch und hat den Schuß nicht gehört. Doch es gibt die Zeugenaussage eines Sicherheitsbeamten, er sei eingenickt, als ihn ein Geräusch geweckt habe, das dem Zuschlagen einer Tür ähnelte. Wenn jedoch Stalin gerade im Begriff war, den Raum zu verlassen, aber noch nicht draußen war, könnte das Geräusch dann nicht auch der Knall einer Pistole gewesen sein? Es heißt ja nicht zwingend, daß er geschossen hat, vielleicht hat auch sie geschossen, aber in seinem Beisein. Das ändert natürlich das Bild. Und selbst wenn es nicht in seinem Beisein geschah, dann zumindest in einem Zustand, den er unmittelbar herbeigeführt hat.

Das Seltsamste an dieser Geschichte ist jedoch, daß sich der herbeigerufene Arzt mit Namen Kasakow, der im *Kreml-Krankenhaus* Nachtdienst hatte, weigerte, ein Protokoll über einen Selbstmord zu unterschreiben. Das geschah noch vor dem Eintreffen aller anderen Ärzte. Kasakow unterschrieb das Protokoll über den Suizid nicht, weil ihm beim ersten Blick auf die Tote klar war, daß ein Schuß aus einer Entfernung von drei bis vier Metern abgegeben wurde und auch daß sich die Einschußöffnung an der linken Schläfe befand, obwohl die Tote keine Linkshänderin war.

Die Erste, die den Leichnam vor Eintreffen Kasakows zu Gesicht bekommen hatte, war die Wirtschafterin gewesen, die im Haushalt von Nadeschda Allilujewa und Jossif Stalin angestellt war, Karolina Till. Als sie ihre Dienstherrin in einer Blutlache liegen sah, rief sie die Kinderfrau. Swetlana Allilujewa, die Tochter von Nadeschda Allilujewa und Jossif Stalin, erinnert sich an das Geschehen: »Zitternd vor Angst rannte sie zu uns ins Kinderzimmer und bedeutete dem Kindermädchen, ihr zu folgen. Sie brachte kein Wort hervor. Sie gingen gemeinsam los. Mama lag voller Blut neben ihrem Bett, in ihrer Hand ein kleiner Revolver der Marke *Walther*.«

In der Pressemeldung hieß es über den Tod Nadeschda Allilujewas: »Mit Beileid setzt das ZK der WKP (B) die Genossen in Kenntnis, daß in der Nacht auf den 9. November ein aktives und treu ergebenes Mitglied der Partei starb ...«

Offiziell wurde kein Wort über die Todesursache verlautbart. Inoffiziell setzte man das Gerücht in Umlauf, es habe sich um eine akute Blinddarmentzündung gehandelt.

Die lebenden Verwandten Stalins und der Allilujewa sind auch heute noch geteilter Meinung. Die auf Stalins Seite nennen Nadeschda Sergejewna eine Hysterikerin und Geistesgestörte, und den Selbstmord sehen sie als Beweis dafür an. Und als Verrat. So sah es Stalin auch selbst.

Es heißt, er hätte sich, nachdem er seine Frau auf den letzten Weg begleitete, nie wieder auf dem Neujungfrauen-Friedhof, wo sie bestattet wurde, blicken lassen. Andere sind der Meinung, er hätte den Friedhof heimlich nachts aufgesucht. Das Grab war anfangs sehr bescheiden. Heute befindet sich dort eine Büste aus weißem Marmor, die der Bildhauer Iwan Schadr angefertigt hatte, mit einer gußeisernen Rose auf der Grabplatte. Eine Teerose trug sie im Haar an jenem letzten Abend.

Um zu verstehen, was in der Nacht auf den 9. November 1932 geschah, war es für mich erforderlich, alle veröffentlichten Dokumente noch einmal zu lesen. Ich wollte die Lebensgeschichte der Nadeschda Allilujewa für mich verständlich machen, zumal in den letzten Jahren zahlreiche Neu- und Erstver-

öffentlichungen, Briefbände und Erinnerungen erschienen waren. Gott weiß, ob meine Vorstellungen mit der Realität übereinstimmen. Doch ich hoffe sehr, daß es so ist.
Ein Grund für Allilujewas Selbstmord war, daß sie Stalin nicht mehr liebte. Ihr Briefwechsel aus dieser Zeit ist erhalten geblieben. Alle Briefe sind sehr sachlich und kalt abgefaßt. Das sind keine Zeilen, die eine liebende Frau und ein liebender Mann einander schreiben. An Scheidung war nicht zu denken, denn Allilujewa und Stalin hatten nie standesamtlich geheiratet. In der damaligen Zeit war es oft so, daß die Menschen einfach zusammenzogen und sich zu Mann und Frau erklärten. Nadeschda versuchte mehrfach, sich von Stalin zu trennen, sie reiste einige Male mit dem kleinen Wassili und der kleinen Swetlana nach Leningrad. Doch ihre Verwandten stellten sich jedes Mal auf die Seite des Kremlherrschers. Sämtliche Familienmitglieder Stalins erfreuten sich gewisser Privilegien und wollten ihre Stellung nicht verlieren. Das Unverständnis der Verwandten war gewiß auch ein Grund, der Nadeschda zu ihrer Entscheidung gebracht hat. Nadeschda hatte immer versucht, eine sinnvolle Beschäftigung zu finden. Sie studierte an der Industrieakademie und suchte eine Möglichkeit, am Berufsleben teilzunehmen, doch im großen und ganzen war sie immer nur Stalins Hausfrau.

Zu all dem litt Nadeschda Allilujewa unsäglich unter dem wachsenden Personenkult um Stalin. Immer häufiger gab es deshalb Streit zwischen ihnen. Nach einem solchen Streit ereignete sich die unumkehrbare Tragödie. Sie war einunddreißig Jahre alt ...

1916 hatte die damals fünfzehnjährige Nadeschda in das Poesiealbum ihrer Freundin Irina Gogua geschrieben: »Ich möchte keine schlechten Verse schmieden, und gute fallen mir nicht ein, deshalb möchte ich, ohne viele Worte zu machen, einfach glücklich sein.« Zwei Jahre später hämmerte sie als siebzehnjährige Sekretärin Stalins Befehle in die Schreibmaschine.

Am 29. Mai 1918 setzte Lenin Stalin als Chef der *Versorgungskommission* ein. Er mußte in den Süden Rußlands fahren, um zu klären, warum von dort so katastrophal wenig Getreide eintraf. Am 4. Juni brach Stalin mit einer kleinen Gruppe Untergebener vom Moskauer Kasaner Bahnhof nach Zarizyn auf. In der Gruppe der Untergebenen war Nadeschda. Tagsüber tippte sie auf der Schreibmaschine, nachts zog sie sich in ihr Schlafabteil zurück. Er blieb im Salonwagen. Stalin war damals 39 Jahre alt. Und die junge Nadeschda, gestern noch Gymnasiastin, war von ihm fasziniert, sowohl von dem Bild des mutigen Revolutionärs mit Rufnamen Koba wie auch von dem attraktiven und klugen Mann, als den sie ihn damals gesehen hat. Jossif Stalin hatte sich nach der Lektüre des Romans von Alexander Kasbegi *Der Vatermörder* Koba genannt. Der jungendliche Beschützer der Entrechteten, zugleich auch ein Mörder, war sein Idol. Stalin bemühte sich, daß sein anderer Rufname, Tschupor – Pockennarbe, aus dem Gedächtnis der Menschen in seiner Umgebung verschwand.

Nach der Dienstreise nach Zarizyn wurden sie Mann und Frau. Doch von Beginn der Ehe an war Nadeschda auf eine unbestimmbare Art bedrückt, unzufrieden und von ihrem Mann abgestoßen. Die medizinische Karteikarte Nadeschda Allilujewas enthält Aufzeichnungen über zehn Abtreibungen. Der Arzt, den Nadeschda im Ausland konsultierte, drückte sein Mitgefühl aus: »Sie Ärmste, sie leben mit einem Tier.«

Schwangerschaftsabbrüche sind ein besonderes Thema. Die Stalin-Ära begann im Jahr 1929, zu dieser Zeit hatte er den Status des unanfechtbaren sowjetischen Alleinherrschers erlangt. Am 27. Juni 1936 erfolgte sein Erlaß über das Verbot von Schwangerschaftsabbrüchen. Nach dem Verbot wurden Abtreibungen in der UdSSR illegal vorgenommen. Die Reduzierung der Schwangerschaftsabbrüche konnte das Problem der niedrigen Geburtenrate jedoch nicht lösen. Die Zahl illegaler Abbrüche ging in die Höhe, mit allen entsprechenden Folgen für die Gesundheit der Frauen. Erst jetzt sind geheime Statistiken bekannt geworden, nach denen allein im Jahr 1940 in der Russischen Föderation aus diesem Grund zweitausend Frauen gestorben sind. Insgesamt sind diesem Verbot in der Zeit seiner Gültigkeit zwischen 1936 und 1955 zehntausende Frauen zum Opfer gefallen. Auch sie mußten für den stalinistischen Totalitarismus mit ihrem Leben bezahlen.

Ich erinnere mich gut daran, daß ich in meiner Schule viele Klassenkameraden hatte, die »Kinder ohne Vatersnamen« genannt wurden. Normalerweise haben Kinder einen Vatersnamen als Zeugnis ihrer Geburt, bei ihnen jedoch war an dieser Stelle ein Strich, was die Kinder als Erniedrigung empfanden. Mit dem Gesetz von 1944 führte Stalin einen neuen Begriff ein: »alleinstehende Mutter«. Er galt für Frauen, die uneheliche Kinder zur Welt brachten. Von nun an konnten diese Frauen keine materielle Unterstützung von Seiten des Kindsvaters einfordern. Schlimmer noch, ein Vater konnte nicht, selbst wenn es sein größter Wunsch gewesen wäre, als Vater seines Sohnes oder seiner Tochter in die Geburtsurkunde eingetragen werden, wenn er nicht mit der Mutter des Kindes verheiratet war. In der Geburtsurkunde unehelicher Kinder stand ein Strich an der Stelle, die für Angaben über den Vater vorgesehen ist. So entstand die Stigmatisierung durch einen Strich in der Geburtsurkunde. Auf diese Weise wurden im Zeitraum der Gültigkeit dieser gesetzlichen Maßnahme, die noch lange nach Stalins Tod weiterexistierte, mehr als fünfzehn Millionen Kinder abgestempelt, die sich als Ausgestoßene fühlen mußten. Bereits in der Geburtsurkunde wqr ersichtlich, daß das Kind unehelich war. Das war die Einstellung, die Stalin zu Frauen hatte.

Stalin bevorzugte sehr junge Frauen. Sie sind fügsamer, einfacher zu beeinflussen und zu unterwerfen. Das Bild des romantischen Rebellen, des Kämpfers für die Rechte der Armen wirkt auf junge unerfahrene Menschen besonders anziehend. Als seine erste Frau, Katja, georgischer Herkunft, starb und ihn mit dem kleinen Sohn Jascha zurückließ, gelangten Fakten ans Licht. Katja war acht Jahre jünger. Als sie sich im revolutionären Tiflis kennengelernt hatten, war sie sechzehn Jahre alt. Aus dem Mund der Verwandten: »Sie war eine Kindfrau, sie sah zu ihrem Mann auf, nahm seine Macht über sie als Recht und Gesetz an, unbedingt und für immer.« Ein halbes Jahr nach der Geburt ihres Sohnes Jascha starb sie an Typhusfieber.

Nadeschda Allilujewa war ein anderer Frauentyp, klug, unabhängig, modern. Und am Anfang war sie sehr in ihn verliebt. Als Nadeschda dann ihren Mann verließ und mit ihren Kindern zu ihren Eltern zog, vermochte Stalin sie mit reuevollen Mitteilungen und Telefonaten nach Moskau zurückzuholen. Er nannte sie in seinen Briefen liebevoll »Tatjka«. Doch er stellte sich das

Familienglück auf seine Art vor und sie auf ihre. Die Unvereinbarkeit führte zum Untergang. Doch im Augenblick gab es Briefe, Aufzeichnungen, versteckte Vorwürfe. Aus den Briefen wähle ich zwei für diesen Essay aus.

Sie schrieb: »Guten Tag, Jossif! Wie ist Dein Befinden? Die Genossen, die hierherkamen, Uchanow und noch irgendwer, haben erzählt, Du würdest schlecht aussehen und Dich schlecht fühlen. Ich weiß aber, daß Du auf dem Weg der Besserung bist (aus den Briefen). Die Molotows sind aus diesem Grund mit Vorwürfen über mich hergefallen, wie ich Dich alleinlassen konnte und ähnliche Dinge, die eigentlich völlig berechtigt sind. Ich erklärte meine Abreise damit, daß ich viel zu tun hätte, was natürlich nicht ganz stimmt. Ich hatte in diesem Sommer nicht das Gefühl, daß meine Gegenwart angenehm ist ... Letzten Sommer hatte ich das Gefühl, aber diesen Sommer nicht. In solcher Stimmung hatte es natürlich keinen Sinn zu bleiben. Alles Gute. Ich küsse Dich. Nadja.«

Er antwortete: »Tatjka! Ich habe Deine Sendung erhalten. Ich schicke Dir Pfirsiche von unserem Baum. Ich bin gesund und fühle mich, wie es besser nicht sein kann ... Nur Menschen, die nicht wissen, worum es geht, können Dir Vorwürfe machen, Du seist nicht besorgt um mich. Es scheint, daß die Molotows in diesem Fall zu diesen Leuten gehören. Richte den Molotows von mir aus, daß sie sich in Bezug auf Dich irren und daß sie sich Dir gegenüber ungerecht verhalten. Was Deinen Vorschlag über Deinen nicht wünschenswerten Aufenthalt in Sotschi betrifft, so sind Deine Vorwürfe ebenso unberechtigt wie die Vorwürfe der Molotows in Bezug auf Dich. So, Tatjka ... Küsse feste liel. Dein Jossif.« »Feste« und »liel« sind zwei Wörter aus der Kindersprache, die so viel bedeuten wie »fest« und »viel.«

Den schrecklichsten und rätselhaftesten Brief schrieb ihm Nadeschda in der Nacht ihres Todes. Er las ihn und vernichtete ihn sofort. Gekränkt wie er war, konnte er nicht zulassen, daß andere etwas vom Inhalt des Briefes erfuhren.

»Alles ist mir zuwider ... alles ...« Dieser Satz von Nadeschda wird häufig von Biographen und Historikern zitiert als Beweis, daß die letzten Jahre ihres Ehelebens schwer für sie waren. Es begannen gesundheitliche Probleme. Und nicht nur mit den Nerven. Die Ärzte empfahlen ihr, nach Karlsbad zu fahren. Die Trinkkur brachte keine Besserung. Eine Operation war notwendig.

Auf dem Weg nach Karlsbad machte sie Station bei ihrem Bruder Pawel in Berlin, der dort bei der *Sowjetischen Handelsvertretung* arbeitete. Er schenkte ihr einen kleinen Revolver der Marke *Walther*, mit dem sie sich später erschoß.

Nach ihrer Rückkehr nach Moskau ging alles so weiter wie zuvor. Stalin fuhr immer häufiger auf die Datscha. Ohne sie. Dafür mit seinen Kampfgefährten aus der Partei und geladenen Schauspielerinnen. Die Kremlherren liebten es, Opernsängerinnen und Ballerinen zu nächtlichen Konzerten auf den Datschas einzuladen. Immer häufiger nannte er Nadja mit seinem Lieblingsschimpfwort »Du Idiotin!«, wenn sie eifersüchtig war. Grobheit, Verdächtigungen, Zorn, Rachsucht. Stalin hatte einen schwierigen Charakter. Er duldete keine Widerrede. Wurde kaltherzig und grausam.

Doch nicht nur Eifersucht quälte sie in jenen Jahren. Sie suchte nach einer erfüllenden und fesselnden Aufgabe. Sie wollte sich nicht vom Familienalltag vereinnahmen lassen. Deshalb entschloß sie sich, ein Studium an der Industrieakademie zu beginnen. Stalin gefiel das ganz und gar nicht. Er nahm den Wunsch seiner Frau nicht ernst. Die Tochter Swetlana erinnert sich an ihre Mutter in jener Phase ihres Lebens. Sie »bemühte sich so, daß sie selbst gar nicht merkte, wie sie innerlich wuchs und zu einem ernsthaften, klugen und erwachsenen Menschen wurde.«

Ihre Interessengebiete erweiterten sich. Auch der Kreis ihrer Genossen wuchs. Die Gegenwart ihres langjährigen Bekannten Nikolai Bucharin schätzte sie besonders. Freundschaftliche Beziehungen, Meinungsaustausch, Gespräche prägten sie und gaben ihr Impulse. Sie erlaubte sich eine eigene Meinung. Stalin machte sich in der Regel darüber lustig, manchmal wurde er auch wütend. Besonders dann, wenn sie kritische Anmerkungen politischen Inhalts machte.

Hungersnot im Wolgagebiet, Hungersnot in der Ukraine, die eigenständige Position Bucharins, sie interessierte sich für alles, und immer häufiger stellte sie sich nicht auf die Seite ihres Mannes, sondern auf die seiner Gegner. Es ist nicht bekannt, inwieweit politische Differenzen in ihrer Beziehung eine Rolle gespielt haben. Vermutlich waren sie im Vergleich mit den persönlichen Differenzen eher zweitrangig. Doch die Tatsache, daß sie stetig anwuchsen und drohten, in existenzielle Widersprüche überzugehen, ist unbestreitbar. Sonst hätte Stalin nicht das Wort »Verrat« an ihre Adresse gerichtet.

Zwei Tage vor dem Tod, am 7. November, fand die Truppenparade auf dem Roten Platz statt. Anschließend gab es ein Konzert im *Bolschoi-Theater*. Für den 8. November war ein Festbankett geplant, an dem die gesamte bolschewistische Elite teilnahm. Stalin saß seiner Frau gegenüber. Er war schlecht gelaunt. Es gibt Überlieferungen, die bezeugen, er habe Bällchen aus Brot geknetet und seine Frau damit beworfen. In anderen Überlieferungen ist nicht von Brotbällchen, sondern von Mandarinenschalen die Rede, ja sogar von Papirossa-Stummeln der Marke *Herzegowina Flor*, die er zu rauchen pflegte. Wieder andere Augenzeugen berichten, er habe entweder eine der Schauspielerinnen oder eine Frau der Militärchefs mit Schalen beworfen. Bei ihm war das als Zeichen gewogener Aufmerksamkeit wie auch als Zeichen schlechter Laune zu verstehen. So oder so, Nadjas Feststimmung war verflogen, und sie verließ den Bankettsaal völlig außer sich.

Nach dem Suizid Nadeschda Allilujewas erwartete alle, die in die Kreml-Wohnung Nummer 9 einbestellt worden waren, der Tod. Alexandra Kanel, Chefärztin des *Kreml-Krankenhauses* und Nadjas enge Freundin, weigerte sich, den Totenschein zu unterschreiben, auf dem eine akut verlaufene Blinddarmentzündung als Todesursache angegeben war. Auch die beiden Ärzte Doktor Lewin und Professor Pletnjow weigerten sich. 1937 wurden sie inhaftiert und erschossen. Kanel wurde ihres Amtes enthoben, sie lebte nur noch wenige Tage und starb völlig unerwartet an einer akuten Hirnhautentzündung.

Als ich an dem Buch *»Hier liegt Freund Puschkin ...« Spaziergänge auf russischen Friedhöfen* arbeitete, suchte ich häufig den Neujungfrauen-Friedhof auf. Ich erinnere mich genau daran, als ich das Grab der Nadeschda Allilujewa zum ersten Mal sah, denn es war das Jahr, in dem Michail Gorbatschow zum *Generalsekretär des Zentralkomitees der KPdSU* gewählt wurde,

1985. Damals war der bekannteste Erinnerungsort des Landes, der Neujungfrauen-Friedhof, für Besucher geschlossen. Ich weiß noch, wie ich damals dachte: Wenn ich nicht durch den Haupteingang hineingelangen kann, so versuche ich, ein Türchen irgendwo in der Mauer zu finden. Ich ging also an der Umzäunung entlang, und nach einiger Zeit Fußmarsch war meine naive Erwartung verflogen. Endlos zog sich eine hohe Ziegelmauer dahin.

Doch plötzlich öffnete sich ein Teilstück der Mauer. Vor meinen Augen bildete sich ein kleiner Durchgang. Heraus sprangen zwei kräftige Mitarbeiter eines Sicherheitsdienstes und eilten zu einem sich nähernden Regierungsfahrzeug. Aus dem Auto stieg eine Person, deren Porträt damals in allen sowjetischen Zeitungen zu sehen war. Und eine weibliche Person, seine Frau. Stellen Sie sich das Bild vor: zwei Sicherheitsleute und ich mit offenem Mund vor dem Ehepaar Michail und Raissa Gorbatschow. Ich wurde meiner Erregung kaum Herr und brachte nur heraus: »Raissa Maximowna, ich würde gern den Neujungfrauen-Friedhof anschauen, man läßt mich nicht ...« Sie nickte in Richtung der beiden Bewacher: »Lassen Sie sie mit uns ein.«

Wir gingen hinein, das Mauertor schloß sich lautlos und löschte gleichsam die Spuren seiner Existenz aus. Meine Neugier veranlaßte mich, dem prominenten Paar in angemessener Entfernung zu folgen. Raissa Maximowna trug einen Blumenstrauß im Arm. Ich war gespannt, für welches Grab die Blumen bestimmt waren. Aber ich kam nicht weit. Von irgendwo hinter den Grabkreuzen näherten sich zwei weitere Gestalten und verlangten, das Innere meines Handtäschchens zu sehen. Und dann sagten sie einen Satz, den ich bis heute nicht vergessen habe: »Wenn sie nicht damit aufhören, dieses Paar zu verfolgen, sind wir gezwungen, selbst die Rolle eines Fremdenführers zu übernehmen und ihnen eine weitere Moskauer Sehenswürdigkeit zu zeigen, die *Lubjanka*.« Ich stellte mir die Folgen einer solchen »Exkursion« vor und bog schnell in eine andere Allee ab, bis ich das Grab der Nadeschda Allilujewa sah, das ich von Zeitungsbildern her kannte.

Weil die eiserne Rose mehrmals gestohlen wurde, versah man die Grabskulptur mit einer gläsernen Schutzvorrichtung. Mir gefällt dieses Denkmal. Nadeschdas Gesicht ist fein und zart. In allen, wirklich allen Erinnerungen heißt es, sie sei äußerst hübsch gewesen. Äußerst hübsch! Ihre Emotionalität, ihr Lächeln, ihre ausdrucksvollen, schönen Augen machten ihr Gesicht sehr anziehend. Im Tagebuch von Maria Swanidse, einer Verwandten Stalins aus der Zeit seiner ersten Ehe fand ich einen Eintrag, der bezeugt, daß sie eine sehr hübsche Frau war, und dazu »klug, aristokratisch, herzlich, offen und gerecht. Sie redete nie schlecht von anderen.«

Hier das Porträt, das Swetlana von ihrer Mutter aus dieser Zeit des nahenden Endes zeichnet: »Ihr Gesicht ist verschlossen, traurig. Es ist schrecklich, ihr nahezukommen, ungewiß, ob sie sich ansprechen läßt. Und solche Trauer in den Augen, unsägliche Trauer, daß jedem beim ersten Blick dieser Augen klar sein muß ... daß dieser Mensch verdammt ist, daß dieser Mensch dabei ist zu sterben ...«

Im Andenken der Tochter blieb die Mutter »jung, blühend, graziös.« Swetlana war sechs Jahre alt, als sich ihre Mutter erschoß. Man hielt die wahre Todesursache vor der Tochter verborgen, wie auch vor dem ganzen Land. Die wahre Todesursache erfuhr Swetlana durch Zufall, als sie sechzehn Jahre alt war. »Ich las englische und amerikanische Zeitschriften, einfach aus Interesse an den Informationen und an der Sprache, *Life*, *Fortune*. Und stieß plötzlich auf einen Artikel über den Vater, in dem als eine allseits bekannte Tatsache daran erinnert wurde, daß ›seine Frau, Nadeschda Sergejewna Allilujewa, in der Nacht auf den 9. November 1932 Selbstmord begangen hat.‹ Ich war erschüttert! Ich traute meinen Augen nicht, aber das Schrecklich war, daß ich meinem Herzen traute.

Tatsächlich, alles kam so plötzlich ... Ich rannte zu meiner Großmutter: ›Ich weiß alles, warum habt Ihr mir das nicht gesagt?‹ Die Großmutter war sehr verwundert und begann ausführlich zu erzählen, was sich damals zugetragen hat«, erinnert sich Swetlana.

Mit sechzehn verliebte sich Swetlana in einen Mann, der viel älter war als sie. Schließlich war Swetlanas Mama, Nadeschda Allilujewa, auch erst siebzehn gewesen, als sie die Ehe mit dem zweiundzwanzig Jahre älteren Stalin einging. Swetlanas Auserwählter war ein berühmter sowjetischer Drehbuchautor, Alexej Kapler, ein talentierter, lebhafter und geistreicher Mensch. Das ereignete sich im Jahr 1942. Im Februar 1943 feierte Swetlana ihren siebzehnten Geburtstag, und die beiden Verliebten schlenderten stundenlang durch die unbeheizte *Tretjakow-Galerie*, gingen ins Kino und ins Theater. Doch einmal im März, als Swetlana sich für die Schule fertig machte, kam der Vater unerwartet von der Arbeit nach Hause. Hier ist ihr Bericht von dem Ereignis: »Er kam mit seinen schnellen Schritten direkt in mein Zimmer, wo allein von seinem Blick meine Kinderfrau zu Stein wurde ... Er bekam kaum Luft vor Wut, er konnte kaum sprechen: ›Wo, wo hast Du das Zeug? Wo sind die Briefe Deines Schriftstellers? Ich weiß alles ... Dein Kapler ist ein englischer Spion, er ist verhaftet worden!‹

›Aber ich liebe ihn!‹ sagte ich, als ich endlich wieder sprechen konnte. ›Was, Du liebst ihn?!‹ schrie Vater wutentbrannt, als er das Wort ›lieben‹ hörte, und ich bekam zwei Ohrfeigen, zum ersten Mal in meinem Leben.«

Für Swetlana endete die Kapler-Affäre mit einem Familienskandal, doch Alexej Kapler mußte dafür mit seiner Freiheit bezahlen. »Zehn Jahre für einen Kuß von der Tochter des Generalsekretärs«, so sprach man im Kreml von dieser Liebesgeschichte. Es mußte ein Vorwand gefunden werden, Kapler verschwinden zu lassen. Und der Vorwand wurde gefunden: Er sei ein englischer Spion! So fand sich der Stalinpreisträger, Träger des Leninordens, Drchbuchautor der berühmtesten Filme über Lenin in einem Lager hinter dem Polarkreis wieder. Erst im Sommer 1953 kehrte Alexej Kapler in die Freiheit zurück.

Einmal wurde Alexej Kapler zu uns, den zukünftigen Drehbuchautoren, an die *Moskauer Filmhochschule* eingeladen. Das war Mitte der siebziger Jahre. Wir sahen einen Film, zu dem er das Drehbuch geschrieben hatte: *Ich nehme den Kampf an*. Alexej Kapler war für uns nicht nur einer der berühmtesten Drehbuchautoren der Sowjetunion, er leitete auch die populäre Fernsehsendung *Kinopanorama*. Außerdem kursierte unter uns Studenten das in der Sowjetunion verbotene Buch *Zwanzig Briefe an einen Freund*, das Swetlana Alliluiewa 1967 im Ausland veröffentlicht hatte. Es waren ihre Erinnerungen an die

Liebesbeziehung mit Kapler. Er selbst hat niemals und niemandem davon erzählt.

Was hat sich mir eingeprägt vom Abend mit Kapler an der *Moskauer Filmhochschule*? Er besaß die Gabe leichter, zwangloser Kommunikation. Er war freundlich, klug und fröhlich und berichtet äußerst unterhaltsam von seiner Arbeit als Drehbuchautor der Lenin-Filme, von Begegnungen mit interessanten Drehbuchautoren aus dem Westen auf Moskauer Kinofestivals. Plötzlich erkühnte sich ein Student aus unserem Drehbuchstudiengang, der mutigste von allen, ihm die Frage nach Swetlana Allilujewa zu stellen. Ich entsinne mich, wie sich Kapler sofort veränderte! Aus dem freundlichen, lächelnden Menschen wurde ein ernster Mann, der meinen jungen Studienkollegen mißtrauisch musterte. Einen Augenblick später sagte er, nachdem er auf die Uhr geschaut hatte: »Verzeihen Sie, für mich ist es Zeit zu gehen ...«

Wir alle spürten, verstanden damals, daß Kapler allem Anschein nach so tief verletzt worden war, daß er sein Leben lang nie wieder und nirgends ein Wort über Swetlana verloren hat.

Swetlana wurde Anfang März 1953 angerufen, als ihr Vater bewußtlos auf dem Fußboden der Datscha in Kunzewo aufgefunden worden war. Sie kam. Doch er erfuhr nichts davon, er kam nicht wieder zu Bewußtsein.

Im Buch *Nur ein einziges Jahr*, das 1970 im Westen erschien, läßt Swetlana Allilujewa ein genaues und erschütterndes Verständnis der Situation erkennen. Sie schreibt über ihren Vater: »Er verlieh einem System blutiger Alleinherrschaft seinen Namen. Er wußte, was er tat, er war nicht gemütskrank, er war nicht verwirrt. Mit kalter Berechnung behauptete er seine Macht und fürchtete mehr als alles auf der Welt, sie zu verlieren. Deshalb war es erste Priorität für ihn, seine Gegner und Konkurrenten zu vernichten.«

Allen Anzeichen nach nicht nur »seine Gegner und Konkurrenten«, sondern auch die Menschen, die ihn liebten. Welch komplizierter, schrecklicher Charakter, der sich tragisch auf das Schicksal des ganzen Landes auswirkte.

Es heißt, Swetlana Stalina-Allilujewa-Peters habe in ihrem Leben ihren Wohnort, auch die Länder, in denen sie lebte, vierzig Mal gewechselt. 1967 emigrierte sie nach Amerika. Stalins

Nadeschda Allilujewa (1901 – 1932)

Tochter beendete ihr Leben im Jahr 2011 in einem Seniorenwohnheim in Wisconsin, USA. Das Wesen, das ihr am nächsten stand, war ihre geliebte Katze. Auf Swetlana Allilujewas Nachttisch stand immer eine Fotografie, die zeigt, wie die kleine Swetlana von ihrer Mutter, Nadeschda Allilujewa, auf dem Arm gehalten wird. Die Mama drückt ihr Gesicht so fest und zärtlich an ihre Wange, als wolle sie sie mit ihrer Liebe vor allem künftigen Leid bewahren.

Olga, Swetlana Allilujewas Tochter und Stalins Enkelin, änderte ihren Namen. Heute heißt sie Chris Evans und besitzt einen kleinen Laden in Portland (Oregon), USA.

Die Frau, die Nabokov erschuf

Vera Nabokova (1902 – 1991)

Sie hieß Vera. Das Beispiel dieser Frau bestätigt den Gedanken, der so alt ist wie die Welt. Kurt Tucholsky hat ihn treffend formuliert: »Es gibt keinen Erfolg ohne Frauen.« Vera war klug und gebildet, sie schenkte ihrem Mann, dem Schriftsteller Vladimir Nabokov (1899 – 1977), zweiundfünfzig Jahre ihres Lebens. Für ihn war sie nicht nur die treue Gattin, die barmherzige Frau, an deren Seite der Schmerz verging, selbst der schrecklichste, der Schmerz der Seele. Sie war vor allem der einzige Mensch auf der Welt, der das Zeug dazu hatte, seinem literarischen Genie zu Weltgeltung zu verhelfen.

Es war eine außergewöhnliche Ehe. Im Lauf der zehn Jahre, die der russische Professor Vladimir Nabokov von 1948 bis 1959 an der amerikanischen *Cornell University* unterrichtete, erschien er nie zu den Vorlesungen ohne seine Frau. Am Steuer des Oldtimers, mit dem er angefahren kam, saß stets eine attraktive weißhaarige Dame. Dieselbe Dame begleitete ihn untergehakt in den Hörsaal, wo sie stumm einen Platz links von Nabokov in einer der vorderen Reihen einnahm und während der Vorlesung eisern schwieg. In der Universität kursierten Gerüchte über sie. Sie sei der Bodyguard des Professors und trüge eine geladene Pistole in ihrer Handtasche, bestimmt zur Abwehr attraktiver Studentinnen, falls sie dem Professor zu nahe kämen. Andere vermuteten, sie sei die Mutter des Professors, eine ehemalige russische Revolutionärin. Doch nachdem die »ehemalige Revolutionärin« einmal in Vertretung des Professors eine glänzende Vorlesung über Dostojewskis *Die Brüder Karamasow* gehalten hatte und dann sogar die Prüfungen an des Professors statt abnahm, wurden die Gerüchte über die mysteriöse Dame immer phantastischer.

In Wirklichkeit war alles viel einfacher. Und viel komplizierter. Vera Slonim wurde 1902 in Sankt Petersburg in eine wohl-

habende Intellektuellenfamilie geboren. 1920, als klar war, daß sich der Bolschewismus in Rußland »ernsthaft und auf lange Sicht« etabliert hatte, verließ Veras Familie das Land. Nach langer Irrfahrt durch Europa ließen sie sich schließlich in Berlin nieder. Es war die Zeit der Weimarer Republik. Berlin war damals wie Paris und Prag ein Zentrum der russischen Emigration. Ein populärer Spruch in diesen Jahren lautete: »Kannst Du die Verhältnisse nicht ändern, ändere das Land.« In Berlin lernte Vera Vladimir kennen, der mit seiner Familie ebenso wie sie zur Emigration gezwungen war.

Nabokovs Eltern waren wohlhabend, und weil es seiner Mutter, Jelena Nabokova, wie durch ein Wunder gelungen war, einen Großteil ihrer Ersparnisse und den Familienschmuck bei ihrer Flucht aus Rußland mitzunehmen, waren die ersten Berliner Jahre der Familie hell und sorgenfrei. Eine Zeitlang führte die Familie Nabokov sogar getreu ihrer alten Gewohnheit, die fest in den Petersburger Traditionen wurzelte, einen literarischen Salon in ihrer neuen Berliner Wohnung.

Am 28. März 1922 jedoch widerfuhr ihnen ein Unglück. Während einer Versammlung im Gebäude der *Berliner Philharmonie*, zu dem der ehemalige Minister der Regierung des Zaren Pawel Miljukow aus Paris angereist war, fielen Schüsse. Ein Terrorist wollte Miljukow töten, doch er verfehlte ihn. Der Personenschutz des Ex-Ministers hatte ihn rechtzeitig gedeckt. Der Vater des Schriftstellers, Vladimir Dmitrijewitsch, ein Jurist und bekannter liberaler Politiker, der sich zum Zeitpunkt des Attentats zwei Schritte von dem Angreifer entfernt befand, warf sich auf den Attentäter und schlug ihm die Pistole aus der Hand. Doch im selben Moment wurde er von einem zweiten Attentäter, der sich in der Menge verborgen hatte, aus nächster Nähe mit mehreren Schüssen in den Rücken niedergeschossen.

Der Tod des Vaters war ein Bruch im Berliner Leben der Nabokovs. Ihre finanzielle Situation geriet ins Wanken, so daß Vladimir mit Tennis- und Boxunterricht Geld hinzuverdienen mußte. In dieser Zeit schrieb er Artikel, Essays und Erzählungen und fertigte Übersetzungen an.

Am 8. Mai 1923 besuchte Vladimir einen zu Wohltätigkeitszwecken organisierten Maskenball, mit dessen Einnahmen russische Flüchtlinge unterstützt werden sollten. Was erwartete Nabokov von diesem Ball? Er war allein, unabhängig, ironisch, ein fleißiger Autor, doch bislang unbekannt. Normalerweise mied Nabokov Veranstaltungen dieser Art, denn er verabscheute laute, leichtbekleidete Menschen und eine erzwungene Fröhlichkeit. Doch diesen Ball besuchte er. Und sein Vorgefühl trog ihn nicht. An diesem Abend begegnete er der Frau seines Lebens, der jungen Vera Slonim. Es war keine Liebe auf den ersten Blick, sondern eine Liebe auf das erste Gespräch. Vielleicht hat Nietzsche Recht mit seiner Behauptung: »Eine Ehe ist vor allem ein lang andauerndes Gespräch.« Die beiden hatten ihr ganzes gemeinsames Leben lang nie Langeweile miteinander. Schon bei der ersten Begegnung war Vera von Nabokov beeindruckt. Sie war sich sicher, daß der geniale Schriftsteller vor ihr stand, der er in Zukunft werden sollte. Sie glaubte an sein verborgenes Talent, das nur etwas Hilfe bei der Entfaltung benötigte ...

Wenn ich mir ihre Fotos ansehe, fällt mir auf, daß ihre Schönheit mit den Jahren noch erlesener geworden war. Schlank, schön, mit einer Mähne dichten weißen Haars (die Freunde Nabokovs merkten regelmäßig die erstaunliche Verbindung von jugendlicher Schönheit und dieser geheimnisvollen Haarfarbe an), sehen wir sie auf ihren letzten Fotografien.

Vera hatte an der Sorbonne studiert, ihr Fachgebiet waren moderne Sprachen, sie galt als die talentierteste Studentin ihres Studiengangs. Ohne Zögern gab sie alles auf, selbst eine begonnene wissenschaftliche Arbeit, um ihrem Mann dabei zu helfen, seine Prosa in einer »elastischen, üppigen, unerschöpflich reichen, klugen poetischen Sprache, der Sprache seiner Gedanken, seiner Gefühle, seiner Hoffnungen, seiner großen Zukunft« zu schreiben, für die er berühmt wurde. Vera schrieb die Manuskripte ins Reine und bearbeitete die Texte ihres Mannes redaktionell. Sie schnitt aus, klebte zusammen, bewahrte die Seiten seiner Entwürfe auf, überhaupt alles, was aus der Feder ihres Mannes floß. Sie war sich sicher, daß er mit seiner Prosa noch weit von Perfektion entfernt war, doch daß er mit ihrer Unterstützung viel erreichen könne.

Und ein weiterer erstaunlicher Charakterzug findet sich in ihrer Biographie. Vera war wie auch Nabokov selbst eine Synästhetikerin. Das ist eine Besonderheit der Psyche, bei denen Menschen besondere, miteinander gekoppelte Wahrnehmungen erleben. Synästhetiker erfahren die Sinnesreize ihrer Umwelt anders als die meisten Menschen. Geräusche können bei ihnen mit Farben und Raumvorstellungen verbunden sein, Worte mit Gerüchen oder sogar mit Geschmacksempfindungen. Ihre Welt ist übervoll mit Aromen, Geräuschen, Farbnuancen. Das ist eine Form des assoziativen Denkens. Synästhetiker sehen einen Gegenstand und spüren dessen Eigenschaften, die für andere Menschen nicht wahrnehmbar sind.

Der Komponist Alexander Skrjabin war Synästhetiker, er konnte in den Klängen Lichtnuancen sehen und erfand eine spezielle Lichtklaviatur zur Synthese von Licht und Musik, die in seinem sinfonischem Poem *Prometheus* zum Einsatz gelangte. Er gilt als der Erfinder der Lichtmusik. Der Maler Wassily Kandinsky war Synästhetiker, er hörte den Klang der Farben. Synästhetiker waren auch die beiden Nabokovs. Vielleicht ist das der Grund dafür, daß Vera so psychologisch genau und profund in den einzigartigen Schreibstil Nabokovs eintauchen konnte, der sich aus seiner synästhetischen Veranlagung ergab.

Doch zurück zum biographischen Gerüst unserer Erzählung. Im Mai 1939 starb in Prag Nabokovs Mutter, Jelena Iwanowna. Das Paar fuhr zum Begräbnis nach Prag. Nabokov ließ Frau und Kind in der Obhut seiner Schwester in Prag zurück und fuhr nach Paris, um Verlagsangelegenheiten zu regeln. An den Wochenenden besuchte er ab und zu Vera und den Sohn in Prag.

In Paris verliebte er sich. Für ihn kam es überraschend. Er wußte nicht, wie er mit der Situation umgehen sollte. Er mußte Vera belügen und beklagte sich in Briefen an seine neue Geliebte über »das unausweichlich Vulgäre des Betrugs.« Das Objekt seiner heimlichen Leidenschaft war die junge Dichterin Irina Guadanini. Nabokov fühlte sich so stark zu ihr hingezogen, daß er ständig nach Paris reiste und Vera versicherte, er müsse dort dringende Angelegenheiten erledigen. Die Ehefrau verstand. Vladimir hatte keine dringenden Angelegenheiten in Paris, davon hätte sie ja gewußt. Trotzdem willigte sie ein. Entweder vertraute sie ihm blind, oder sie ahnte etwas, konnte sich jedoch nicht entschließen, die Ehe aufs Spiel zu setzen. Natürlich liebte sie ihn sehr und hatte Angst, ihn zu verlieren. Sie schwieg so lange, bis Nabokov ihr selbst alles gestand.

Was Irina betrifft, so war sie eigentlich gar nichts Besonderes. Sie sah gut aus, war jung und modern. Sie schrieb Gedichte, die nicht besonders gut waren und heute längst vergessen sind. Sie erwartete Vladimir in ihrer kleinen Pariser Wohnung, die Nabokov für sie gemietet hatte. Sie trug sich mit dem Traum einer Heirat.

Für Nabokov war das Doppelleben eine Qual. Wenn er in Prag war, verhielt er sich zu Vera besonders zärtlich, weil ihn Schuldgefühlte plagten. Mit seinem Sohn Dmitri unternahm er lange Spaziergänge. Er ging mit ihm in den Zoo oder setzte sich auf eine Parkbank und sah zu, wie er im Sand spielte. Worüber dachte Vladimir Nabokov in diesen Minuten nach? Schätzte er die Vor- und Nachteile seiner schwankenden Lage ab? Haderte er mit seinem Schicksal? Wir wissen es nicht ...

Doch er kehrte immer wieder zu seiner Geliebten nach Paris zurück. Schließlich hielt er es nicht mehr aus und gestand alles seiner Frau. Vera nahm die Neuigkeit mit Gelassenheit auf, sie weinte nicht, sie ging nicht mit Fäusten auf ihren Mann los. Sie wurde nur bleich und sagte: »Wenn Du so verliebt bist, so ist es Deine Pflicht, unverzüglich nach Paris zurückzukehren. Zu ihr ...«

Es folgte eine lange schlaflose Nacht. Nabokov schrieb Irina einen Brief, in dem er alles über sich erzählte, von seinen Schuldgefühlen berichtete und um Verzeihung bat. Der Brief war sehr lang und paßte kaum in den Umschlag. Doch Nabokov schickte ihn trotzdem ab und teilte Vera mit, er sei entschlossen, bei ihr zu bleiben, wenn ... sie ihm vergeben würde.

Vera vergab ihm. Die Liebesgeschichte ihres Mannes wurde dem Vergessen anheim gegeben. Man kann nur vermuten, was es sie gekostet hat, diese Prüfung zu bestehen. Doch sie hielt es aus, sie ertrug es, sie überstand es, und sie verzieh. Beide redeten nie wieder über diese Geschichte. Dafür erinnerten sie sich oft an den glücklichen Beginn ihres Familienlebens in Berlin. Dort, im Rathaus des Stadtbezirks Wilmersdorf, hatten sie am 15. April 1925 geheiratet.

Leider versiegten bald darauf ihre Einkünfte. Nach einer Phase erfolgreicher und aufsehenerregender Veröffentlichungen und erfolgversprechender Verträge mit dem *Verlagshaus Ullstein*, die dem jungen Schriftsteller nicht nur Bekanntheit, sondern auch materielle Unabhängigkeit verschafften, begann die Zeit chronischer Geldnot. Die Zeitung *Rul*, für die er gearbeitet hatte, stellte Anfang 1931 ihr Erscheinen ein. Die Aufträge von *Ullstein* blieben ebenfalls aus. Doch trotz aller Unbilden gestattete sich Vladimir Nabokov, dank Vera, keinen Moment der Schwäche oder pessimistischer Stimmungen. In dieser Zeit nahm er jede beliebige Arbeit an, auch wenn sie noch so klein und unbedeutend war. Unter den damaligen Aufträgen war sogar ein dringend zu übersetzender Berlin-Reiseführer für amerikanische Touristen.

Doch trotz des jugendlichen Optimismus wurde die Atmosphäre im Gastland für die Familie Nabokov von Tag zu Tag bedrückender, besonders nach der Machtergreifung der Nationalsozialisten. Als Erste spürte die Frau des Schriftstellers im März 1933 den »eisigen Wind« des Umbruchs. Anfang der dreißiger Jahre hatte sie so intensiv gearbeitet wie nie. Sie übersetzte aus dem Französischen, das sie perfekt beherrschte, und parallel dazu schrieb und lektorierte sie wissenschaftliche Beiträge und Referate für diverse Forschungseinrichtungen. Sie wollte die materielle Situation der Familie verbessern. Doch seit Anfang 1933 erhielt sie keine Aufträge mehr. Ihre Versuche, eine Anstellung zu finden, endeten stets damit, daß man ihr in den Personalbüros zu verstehen gab, daß für Mitarbeiter mit »nichtarischem Profil« kein Bedarf bestünde. Und Vera hatte nie ein Geheimnis aus ihrer jüdischen Herkunft gemacht.

Am 10. Mai 1934 wurde der Sohn Dmitri geboren. Durch seine Geburt »distanzierten« sich Vera und Vladimir noch viel stärker von ihrer deutschen Umgebung. Die einzige Zerstreuung und der einzige Anlaß, aus dem Haus zu gehen, waren für Vladimir Nabokov die Spaziergänge mit seinem Sohn. Später wird er sich mit trauriger Ironie daran erinnern, daß er damals die Hauptstadt des Deutschen Reiches ausgiebig ergründet hätte, insbesondere die Parks, Grünflächen und Spielplätze, die unmittelbar an ihr Haus grenzten.

Die Nabokovs entschlossen sich, Deutschland zu verlassen. Es gab nur einige Probleme: der Zeitpunkt, die finanziellen Mittel und die Wahl des neuen Gastlandes.

Am 18. Januar 1937 trat Vladimir Nabokov eine als Vortragsreise getarnte Fahrt auf der Route Brüssel-Paris-London an. Nur er und seine Frau Vera wußten, daß er nicht wieder nach Berlin zurückkehren würde. Vor der Abreise verabredeten Vera und Vladimir, sich im Frühsommer in der Tschechoslowakei zu treffen. Von Prag aus fuhr das Paar weiter nach Frankreich, nach Cannes. Und hier erwartete sie eine unangenehme Überraschung, eine unerwartete Begegnung mit Nabokovs verflossener Liebe.

Irina Guadanini tauchte plötzlich und aus eigener Initiative in Cannes auf. Vladimir war mit seinem Sohn zum morgendlichen Baden unterwegs. Er sah die nervös lächelnde Irina auf sich zukommen und ... blieb starr vor Schreck stehen. Guadanini begann zu reden, über sich selbst, über Vladimir, über ihre Beziehung zueinander. Nabokov hob abwehrend die Hand im Versuch, sie zu stoppen. Bei ihm war der kleine Mitja, den Irinas Bekenntnisse nichts angingen. Aber Irina kam nicht zur Räson.

Als hätte sie gespürt, daß etwas im Argen lag, tauchte Vera am Strand auf. Bald war ihr klar, was sich abspielte. Sie nahm Mitja zu sich und rief Vladimir zum Frühstück. Nabokov drehte sich um und folgte Vera, ohne ein Wort zu verlieren. Irina blieb mit offenem Mund allein zurück. Sie hatte nicht vermocht, zu Ende zu reden. Am Abend fand sie in ihrem Hotel ein dickes Paket von Nabokov. Ihr einstiger Liebhaber hatte ihre Briefe zurückgeschickt und forderte seine Briefe ebenfalls zurück. Sie haben sich nie mehr wiedergesehen.

Viele Jahre später, als Nabokov bereits ein berühmter und reicher Autor war und aus Amerika in die Schweiz gezogen war, hörte er zufällig etwas von Irina. Sie lebte noch in Paris, war sehr arm und buchstäblich am Verhungern. Nabokov stellte für sie einen Scheck aus und schickte ihn an sie. Das war der letzte Gruß an eine Frau, für die er beinahe seine Familie zerstört hätte.

Weder Vera noch Vladimir ahnten, daß es ihnen buchstäblich in letzter Minute gelungen war, aus Nazideutschland auszureisen. Ein paar Monate später wälzte sich eine Welle von Judenhaß, von Pogromen und bald auch von ersten Deportationen über das Land.

Den Nabokovs hatte der große Rachmaninow mit Reisegeld unter die Arme gegriffen, ohne besondere Bedingungen. Das Paar verließ Berlin im Jahr 1937. Vera hatte ihren Mann davon überzeugt, nach New York zu ziehen, wo er es zwanzig Jahre später zu Weltruhm bringen wird. In all der Zeit haben beide viel gearbeitet. Vera war die erste Leserin ihres Mannes, sie las alles, was Vladimir schrieb. Sie war seine Lektorin, seine Korrektorin und seine Kritikerin. Sie kümmerte sich um die Veröffentlichung und um die Verbreitung seines Werkes.

Eine Episode aus ihrem amerikanischen Leben hat mich stark beeindruckt. Vera war an Lungenentzündung erkrankt. Doch selbst in dieser Lage, mit Fieber, bettlägerig, schrieb sie Texte ihres Mannes mit der Maschine ab, die am Morgen in den Verlag geschickt werden mußten.

Sie gestattete es ihrem Mann nicht, seine literarische Arbeit auch nur für einen Tag zu unterbrechen. Vladimir Nabokov sprach oft davon, daß er nur dank Vera Schriftsteller wurde. Und so schwer ihre Lebensumstände auch häufig waren, nie verließ sie der Optimismus oder der Sinn für Humor. Hier ein Beispiel dafür.

Im Juni 1969 wandte sich ein Mitarbeiter der Zeitschrift *Reader's Digest* an Nabokov mit der Bitte um ein Interview. Er wollte den öffentlichkeitsscheuen Autor finanziell motivieren, um sicher zu sein, daß er eine Antwort erhielt. Er hatte eine Liste von Fragen zusammengestellt, auf die Nabokov schriftlich antworten sollte. Für jedes Wort waren zehn Cent Honorar in Aussicht gestellt, bis zu einem Betrag von 200 Dollar, kein schlechter Verdienst für die damalige Zeit. Er schickte ihm seinen Fragenkatalog, und am 13. Juni erhielt er das Antwortschreiben von Nabokov, in dem stand: »Geschätzter Mister Polkin! Hier meine Antwort auf Ihre Frage: ›Hat der Schriftsteller einen sozialen Auftrag?‹ Nein. Ich bekomme zehn Cent von Ihnen, Sir.« Der Journalist fand die Antwort genial und veröffentlichte sie in der nächsten Ausgabe.

In all den Jahren blieb die Beziehung zwischen den Ehepartnern warm und herzlich. Vladimir liebte und schätzte seine Frau, er nannte sie zärtlich »Märchen.« Das »Märchen« saß hinter dem Lenkrad des Autos und fuhr, mit ihm auf dem Rücksitz, alle Orte ab, die Schauplatz seines Romans *Lolita* werden sollten. Das »Märchen« hörte sich die Handlung der unsterblichen *Lolita* an und hieß sie gut. Und als der Roman geschrieben war, zweifelte der Schriftsteller an der Berechtigung, diese

Geschichte zu schreiben. In einem Anfall von Verzweiflung schleuderte er den Roman über die Liebe eines erwachsenen Mannes zu einem Mädchen in den Kamin. Vera war es, die *Lolita* aus den Flammen rettete. Ein Student Nabokovs wurde Zeuge des Vorfalls, er sah, wie die Frau des Schriftstellers aus der Haustür trat und das brennende Manuskript vor sich her schwenkte, bevor sie endlich auf die Idee kam, die Flamme abzudecken und zu ersticken.

Die Rettung des *Lolita*-Textes ist nur ein kleiner Teil dessen, was sie für ihren Mann getan hat. Sie war seine Chauffeurin, sie war seine Literaturagentin, sie allein schloß Verträge mit den Verlagen ab. Dabei legte sie eine Hartnäckigkeit und Charakterstärke an den Tag, die professionellen Literaturagenten mitunter fehlt. Sie hatte seine auf Deutsch geschriebenen Erzählungen korrigiert. Sie korrigierte seine auf Italienisch geschriebenen Gedichte. Sie beherrschte mehrere Sprachen perfekt ... Als Nabokov seinen autobiographischen Roman *Erinnerung, sprich* plante, schrieb sie für ihn ihre Erinnerungen an die ersten Jahre mit ihrem Sohn auf, sie wurden Bestandteil des Buches.

Ihre Hilfe war nicht nur literarischer Art. Sie wußte, wie sie dem hochempfindlichen Nabokov jene Atmosphäre der Ruhe und des Komforts herstellen konnte, die er zum Arbeiten brauchte. Und Nabokov schätzte das und wollte es auf keinen Fall missen.

In seinen letzten Lebensjahren beklagte er sich häufig über Einsamkeit. Die Einsamkeit durchdrang nur ein einziger Mensch, seine Frau. Er forderte ihre ständige Anwesenheit. Sie konnten sich unterhalten oder Schach spielen oder auch stundenlang gemeinsam lachen. Sie fingen sogar gemeinsam Schmetterlinge für die Nabokovsche Schmetterlingssammlung. Vera hatte sich einfallen lassen, wie man den Schmetterlingen einen schmerzfreien Tod bereitet. Einmal fing der Schriftsteller ein begehrtes Exemplar für seine Kollektion nur deshalb nicht, weil Vera nicht in der Nähe war, die seine Freude über den Fund geteilt hätte.

»Mir ist klar, daß Vera gewaltigen Einfluß auf den größten oder einen der größten Schriftsteller unseres Jahrhunderts hatte«, behauptet Stacy Schiff, Autor des Buches *Vera (Mrs. Vladimir*

Nabokov). »Wenn die Menschen über sie sprechen, wird aus ihren Worten klar, daß sie sie für einen bemerkenswerten Menschen halten, aber nicht mehr. Diese Menschen wissen offensichtlich nicht viel über sie ...«

Die Nabokovs spielten ihr Leben lang das komplizierte Spiel »Masken und Schatten«, wie es der Autor in seinen Büchern tat, um das Private vor den Blicken Fremder zu schützen. Als der Sohn Dmitri im Jahr 1934 geboren wurde, waren alle in ihrem Umkreis verblüfft, denn Vera hatte die Schwangerschaft gekonnt verborgen gehalten. Und es ging nicht darum, daß Vera immer sorgfältig ihr Terrain verteidigte. Sie war von Natur aus so, verschlossen, rätselhaft, klug. Die einen waren von ihr begeistert, andere verwundert, wieder andere genervt. Viele Biographen versuchen auch heute noch, das Phänomen mit dem Namen »Vera Nabokova« zu enträtseln. Doch alle sind sich einig: Sie war eine geniale Frau, die wußte, mit welchen Engeln und Dämonen ein Schriftsteller beim Schreiben kämpft. Sie war für Nabokov die ideale Partnerin.

Wenn viele Biographen in Vera nur »eine Frau, die ihr Leben im Zimmer verbrachte«, sahen, die Schreibmaschine schrieb, übersetzte oder ironische Briefe verfaßte, so betrachtete sie sich selbst niemals als Opfer. Es war die Art zu leben, die sie gewählt hatte, in vollem Bewußtsein und für immer, und nicht nur aus Liebe zu Vladimir, sondern aus Liebe zur Literatur. Sie war »Mrs. Vladimir Nabokov«

Vladimir Nabokov starb 1977. Er wurde, seinem Wunsch gemäß, auf dem Friedhof von Montreux-Clarens begraben, dem kleinen Ort, der so wichtig für ihn geworden war.

Vera Jewsejewna Nabokova überlebte ihren Mann um 14 Jahre. Sie starb 1991 und liegt neben ihrem Mann begraben. Ihre sterblichen Überreste liegen unter einem Grabstein mit der Aufschrift: »Ehefrau, Muse und Literaturagentin.« Bis an ihr Lebensende bewahrte sie alles auf, was mit dem Andenken an ihren berühmten Mann zu tun hatte.

Doch in einer Sache war sie Vladimirs Anweisungen nicht gefolgt. Kurz vor seinem Tod hatte er verfügt, das Manuskript seines unvollendeten neuen Romans zu vernichten. Doch Vera brachte dies nicht über ihr Herz. Sie war eine der beiden Personen auf der

Welt, die das Manuskript von *Laura* gelesen hatten. Die zweite Person war ihr Sohn Dmitri. Der unvollendete Roman Nabokovs wurde sofort nach dessen Tod in einem Bankschließfach in der Schweiz deponiert. Nach dem Tod der Mutter veröffentlichte Vladimir Nabokovs Sohn Dmitri (1934 – 2012) den Roman, kurz bevor er selbst starb. Er hatte die Laufbahn eines Opernsängers eingeschlagen, die nicht lange andauerte. Später sammelte er die mit seinem Vater verbundenen Memorabilien, Aufzeichnungen, Bücher, alles, was einen Bezug zu Vladimir Nabokov hat.

Vor dem Hotel *Montreux Palace* im Schweizer Städtchen Montreux, in dem die Nabokovs siebzehn Jahre lang gelebt haben, steht eine Bronzestatue der Moskauer Bildhauer Alexander und Filipp Rukawischnikow. Nabokov sitzt auf einem Stuhl, der den Eindruck erweckt, er würde jeden Moment umkippen. Vielleicht ist das eine Anspielung auf die Lebensweise der Nabokovs? Sie hatten keinen ständigen Wohnsitz, wenn man das Hotelzimmer in Montreux nicht als Wohnsitz betrachtet. Das Paar nährte die Illusion, das bolschewistische Regime in Rußland sei nur zeitweilig an der Macht. Sie warteten darauf, nach Rußland zurückzukehren, wenn die Zeit gekommen sei. In Sankt Petersburg, in der Bolschaja Morskaja Straße 47, hatte die Familie Nabokov ihre Stadtvilla.

In Montreux stößt man auf zahlreiche russische Spuren. Der Konzertsaal trägt den Namen *Auditorium Stravinski,* zu Ehren des russischen Komponisten Igor Strawinski, der in Montreux sein Ballett *Le Sacre du Printemps* schuf. Es gibt hier sogar eine Straße »Rue du Sacre du Printemps.« Als sich Pjotr Tschaikowski in Montreux und dem benachbarten Clarens aufhielt, entstand sein berühmtes *Violinkonzert in D-Dur für Violine und Orchester.*

Im Jahr 1998 wurde in der Bolschaja Morskaja Straße 47 in Sankt Petersburg ein Museum für Vladimir Nabokov eröffnet. Es ist sein Geburtshaus, das die Familie verlassen hatte und in das keiner aus der Familie je wieder zurückkehrte. Das Museum nimmt das Erdgeschoß des dreistöckigen Hauses ein.

Es blieb nur das Interieur im Erdgeschoß erhalten, Teile der Bibliothek, des Empfangszimmers und des Speisezimmers. Der Sitzungssaal, das *Komitee-Zimmer*, dessen Einrichtung nicht erhalten blieb, wird heute als Museumsgalerie genutzt.

Ich habe dieses Museum nicht gesehen. Doch meine Freunde waren dort und schrieben mir, daß das Museum keinen einzigen Gegenstand besitzt, der Nabokovs Familie gehört hatte. Keinen einzigen! Alles wurde von den Bolschewiken vernichtet. In Rußland ist nichts übriggeblieben von dem rätselhaften großen Schriftsteller Vladimir Nabokov, dem »unrussischsten unter den russischen Schriftstellern«.

Ein absurdes Theaterstück

Marina Malitsch (1909 – 2002)

Marina Malitsch war mit Daniil Charms (1905 – 1942) verheiratet, dem Begründer der literarischen Gruppe OBERIU und Verfasser epochaler avantgardistisch-grotesker, happeningartiger Bühnenstücke und absurder Gedichte, Sketche und Kurzgeschichten, dessen schriftstellerisches Werk erst mit großer Verspätung, über ein halbes Jahrhundert nach Entstehung, an die Öffentlichkeit gelangt ist. Da wurde sie, die nach dem Tod ihres Mannes Rußland verlassen und sich in Venezuela niedergelassen hatte, geradezu überschüttet mit Briefen russischer Leser, die den Dichter Daniil Charms überschwenglich priesen und ein »Vorbild für die absurde Poesie im heutigen Rußland« nannten.

Auch wurde Marina Malitsch mehrfach nach Moskau und ihrer Geburtsstadt Sankt Petersburg zu Präsentationen von Charms-Büchern eingeladen, doch sie ging darauf nie ein. Sie wollte Rußland nicht wiedersehen. Nicht für eine Woche. Nicht für einen Tag. Nicht für eine Stunde. Sie konnte dem Land den tragischen und viel zu frühen Tod ihres Mannes nicht verzeihen.

Marina Malitsch, Enkelin von Fürst Wladimir Golizyn, wurde in Sankt Petersburg geboren und wohnte in ihrer Kindheit in einer vornehmen Villa an der Fontanka. Sie nannte Jelisaweta Grigorjewna Golizina, geborene Malitsch, ihre Großmutter, obgleich diese eigentlich ihre Großtante, nämlich die Tante ihrer Mutter war. Die Mutter hatte nicht lange nach Marinas Geburt geheiratet und war nach Paris übergesiedelt. Aufgezogen wurde Marina von Jelisaweta Grigorjewnas Tochter Jelisaweta, Lili mit Rufnamen. »Lili war meine Tante, ich sagte aber Mama zu ihr. Folglich war Lilis Tochter Olga meine Schwester. Über meinen Vater weiß ich gar nichts. Mein Vatersname Wladimirowna kommt vom Großvater.

Lili sagte: ›Daß Du mich nie anders als Mama nennst, hörst Du?! Ich bin Deine Mama, und ich liebe Dich von Herzen, da kannst Du machen, was Du willst, und Großmutter wird schon nicht plaudern.‹ Und: Küßchen, Küßchen, Küßchen!« Diese Zeilen aus ihren Erinnerungen *Mein Leben mit Daniil Charms* widmet Marina Malitsch ihrer Familie.

»Ich weiß noch, mit welchen Gefühlen ich Rußland verließ. Da gehe ich nun weg, dachte ich, und es ist doch mein Heimatland. Aber nach allem, was sie mir angetan, nach allem, was sie mit meinem Leben und meinem Mann getan haben, verfluche ich sie. Es schmerzt, es erbittert mich, wie sie mit unser aller Leben und mit meinem Mann umgegangen sind.« Dies schrieb Marina Malitsch, nachdem sie zusammen mit Kriegsgefangenen zur Zwangsarbeit nach Deutschland verschleppt worden war. Es läßt vermuten, daß ihr Haß auf die Sowjetmacht eine Reaktion auf den Tod ihres Mannes war. Dabei gibt es auch schon vorher genügend Gründe dafür, denn ihre Familie hatte unter den Repressalien der Sowjetmacht ebenfalls zu leiden gehabt.

Zuerst wurde der Großvater abgeholt, und zwar, wie damals gang und gäbe, lediglich weil er von Adel, ein Fürst war. Da fuhr seine Frau, Jelisaweta Iwanowna, nach Moskau, sprach nach 24-stündigem Schlangestehen bei der Vorsitzenden des *Roten Kreuzes*, Gorkis Frau Jekaterina Peschkowa, vor und bat um Fürsprache und Hilfe. Diese wurden ihr auch zuteil, und der alte Golizyn kehrte an ihrer Seite nach Hause zurück. Doch ihm stand nur noch eine kurze Lebensspanne bevor, die Umstände der Haft hatten seine Gesundheit untergraben und ihn seelisch gebrochen.

Dann wurde Großmutter Jelisaweta Grigorjewna verhaftet, und nun war es an Marina, nach Moskau zu fahren und sich für die Unglückliche zu verwenden. Da sich die materielle Lage der Familie dramatisch verschlechterte, hatte Jelisaweta Grigorjewna angefangen, alle Wertsachen der Familie Stück für Stück zu versetzen und von dem Erlös Lebensmittel zu kaufen. Diesen heimlichen Handel trieb sie in der Nähe ausländischer Vertretungen, wobei ihr ihre Französisch-, Englisch- und Deutschkenntnisse zugutekamen.

Es gibt Frauen, die äußerlich weiblich weich und geschmeidig, sanft und ruhig im Ton, doch innerlich fest, zielstrebig und

unerschütterlich sind. Eine solche Frau war Marina Malitsch. Und sie hatte Humor. Nicht von ungefähr konnte es Daniil Charms stets kaum erwarten, ihr seine neuesten Texte vorzulesen. Sie verstand sie bis ins kleinste und wußte um ihren künstlerischen Wert.

Ich kenne viele passable Leute, die mit der unnachahmlichen, bizarr absurden oder clownesken Prosa von Charms nichts anfangen können. Sie verstehen sie nicht: Was soll daran komisch sein? Gewiß, es gibt nicht wenige sympathische und sogar hochintellektuelle Leute, denen der Sinn für Humor einfach abgeht. Doch hier liegt das Problem woanders, wie mir scheint. Es liegt beim Leser in seiner Masse, dem das echte Komische oder richtiger: das hohe Komische mit seiner zweiten und dritten Bedeutung, seinen überraschenden Wendungen und seinem Angriff auf eingefahrene Denkweisen nicht zugänglich ist. Und was unsere unmittelbare Gegenwart betrifft, bin ich überhaupt zu einem traurigen Schluß gekommen: Der jedem Volk eigene Humor droht gänzlich verdrängt zu werden von der Flut einer »Comedy« genannten, billigen, einem Massenpublikum gefälligen Unterhaltungshumoristik, die Humor mit Amüsement zu verwechseln scheint.

Doch am Ende des Tunnels sieht man Licht. Charms wird heute wieder verlegt, nicht nur in Rußland, sondern auch in anderen Ländern. Das wird die Wertmaßstäbe wieder herstellen.

Zurück zur Biographie unserer Heldin. Ihren künftigen Ehemann mußte Marina Malitsch nicht suchen, er schneite eines Tages selbst zu ihr ins Haus und fragte nach ihrer Schwester. Da Olga nicht da war, beschloß der wunderlich gekleidete (kariertes Jackett, Knickerbocker, Gamaschen) Besucher, auf sie zu warten und sich und Marina die Zeit mit einer Plauderei eigenen Stils zu vertreiben.

Er erzählte von seiner Vorliebe für Musik und Poesie, nicht ohne einzuflechten, daß sein Vater Theologe sei und die von seinem Sohn verfaßten absurden Geschichten verachte, da sie zu sehr den eigenen theologischen Texten glichen. Und daß neulich Passanten auf der Straße, durch Knickerbocker und Jackett aufmerksam geworden, ihn für einen Spion hielten und zur Miliz brachten, um seine Identität klären zu lassen. Wie sich herausstellte, war der junge Mann mit der verdächtigen Kleidung der unbescholtene Sowjetbürger Daniil Iwanowitsch Juwatschow. »Charms« ist ein Pseudonym, das er sich schon als Schuljunge zugelegt hatte, sein wichtigstes. Da er eine »Schwäche für Mystifikationen« hatte, wie er selbst bekannte, benutzte er im Laufe der Jahre noch andere, zum Teil Abwandlungen davon: Chorms, Tscharms, Chaarms, Schtschardam, Charms-Dandan, Karl Iwanowitsch Schusterling – Die Liste könnte noch ein ganzes Stück fortgesetzt werden.

Mit dem Vater unseres berühmten Avantgardisten, Iwan Pawlowitsch Juwatschow, hat es eine besondere Bewandtnis. Er gehörte in seinen jüngeren Jahren der radikal oppositionellen Bewegung *Volkswille* an und wurde 1884 im Zusammenhang mit dem Attentat auf den Zaren erst zum Tode verurteilt, dann zu 15 Jahren Verbannung begnadigt, von denen er zwei in Einzelhaft in der Peter-und-Paul-Festung und der Schlüsselburger Festung von Sankt Petersburg und acht auf der Insel Sachalin verbrachte. In dieser leidvollen Zeit ging er in sich und machte einen seelisch-geistigen Wandel durch. Er sagte sich von jeglichen revolutionären Ideen und Umtrieben los und verlegte sich aufs Schreiben didaktisch-religiöser Traktate im Geiste der Tolstoianer, die er unter dem Pseudonym Miroljub (Friedlieb) in Zeitungen und Zeitschriften veröffentlichte. 1899 kehrte er nach Sankt Petersburg zurück und heiratete Nadeshda Iwanowna Koljubakina, damals Leiterin einer Herberge für haftentlassene Frauen. Aus dieser Ehe ging am 30. Dezember 1905 ein Knabe hervor, der den Namen Daniil erhielt.

»Alle beneideten mich um meinen Witz, konnten aber keine Maßnahmen ergreifen, weil sie vor Lachen buchstäblich krepierten«, sagte der Schriftsteller Daniil Charms von sich, womit er durchaus der Wahrheit verpflichtet blieb. Seine Gedichte und Prosatexte erfreuten sich sowohl im Kreise der *Oberiuten* als auch beim breiten Publikum größter Beliebtheit.

Wer oder was waren die *Oberiuten*? Es waren junge Petersburger (bzw. Leningrader) Dichter, die sich zu der literarischen Gruppe OBERIU (ein Kurzwort für *Objedinenije realnogo iskusstwa*, Vereinigung für reale Kunst) zusammengetan hatten und sich einer neuartigen Schreibweise befleißigten, die das Absurde und Groteske zum Spiegel der Realität erhob.

Die Texte von Charms etwa, mit ihrem Wider- und Hintersinn und ihrer Exzentrik, wurden ganz unterschiedlich aufgenommen, einerseits mit begeistertem Beifall, andererseits mit entrüstetem Kopfschütteln. Aber nie gleichgültig. Hier ein Beispiel aus dem Zyklus *Vorfall*: »Orlow überaß sich eines Tages an Erbsenpüree und starb. Und Krylow, der davon hörte, starb auch. Und Spiridonow starb von allein. Und Spiridonows Frau fiel vom Büfett und starb auch. Und Spiridonows Kinder ertranken im Teich. Und Spiridonows Großmutter fing an zu trinken und ging ihrer Wege. Und Michailow kämmte sich nicht mehr und kriegte die Räude. Und Kruglow malte eine Dame mit Peitsche und wurde verrückt. Und Perechrjostow bekam telegraphisch 400 Rubel überwiesen und machte sich damit so wichtig, daß er aus dem Dienst gedrängt wurde. Guten Menschen ist es nicht möglich, sich auf feste Füße zu stellen.«

In dem Wunsch eines jeden guten Menschen, »sich auf feste Füße zu stellen«, beschloß Daniil Charms, erst einmal zu heiraten. Seine Wahl fiel auf die hübsche junge Esther Russakowa. Doch gerade zu diesem Zeitpunkt setzten die ersten ernsteren politischen Schwierigkeiten ein. Die Sowjetmacht hielt es für geboten, den »unverständlichen, unsinnigen« Texten dieser *Oberiuten* einen Riegel vorzuschieben. Im Dezember 1931 wurden Charms, Alexander Wwedenski und Igor Bachterew verhaftet und der Mitgliedschaft in einer »antisowjetischen Autorengruppe« bezichtigt. Charms wurde nach Kursk verbannt. Zwar durfte er schon nach kaum einem halben Jahr zurückkehren, doch es zeigte sich, daß dies lediglich ein Vorspiel gewesen war. Nicht nur, daß ihm der Weg in die »Erwachsenenliteratur« versperrt war, auch seine Kinderbücher wurden immer seltener verlegt. Dabei gab es schon neun illustrierte Bände Kindergedichte und -geschichten von ihm, die reißenden Absatz gefunden hatten.

1932 traf Charms der nächste Schlag – die Scheidung seiner Ehe. Esther hatte den »Irrsinn«, die »Allüren« und »Macken« ihres exzentrischen Mannes nicht mehr ertragen. Wie traurig es um ihn auch stand: die geliebte Frau verloren wie auch die Hoffnung auf literarische Anerkennung und Verdienstmöglichkeiten – ein Kind von Traurigkeit zu werden, war er trotzdem nicht bereit. Umgehend schaffte er sich eine Freundin an, es war Olga Malitsch, Marinas Schwester.

Olga hatte ja auch sein Besuch gegolten, als er in seiner berühmten Kluft – kariertes Jackett, Knickerbocker, Gamaschen – in der Wohnung der Malitschs aufkreuzte. Wie wir wissen, war Olga nicht zu Hause, und auf sie wartend, plauderte er mit Marina.

Diesem Geplauder folgte nach wenigen Monaten die Heirat. »Einmal saßen wir in seinem Zimmer, da machte er mir plötzlich einen Heiratsantrag. Ich weiß noch, daß ich zur Nacht bei ihm blieb. Als Mutter mich ausschimpfte, weil ich am Abend nicht heimgekommen war, sagte ich ihr, Daniil Iwanowitsch habe um meine Hand angehalten und ich würde ihn heiraten. Das ist alles irgendwie blitzschnell gegangen. Olga habe ich dabei kaum zu Gesicht bekommen«, beschreibt Marina Malitsch die Umstände ihres Verlöbnisses.

Erst ein Weilchen nach der Hochzeit gewahrte sie, daß ihr frischgebackener Ehemann »mehr nach Olga guckte« als nach ihr. Offenbar hat sie nicht die leiseste Ahnung gehabt, auf welch ein absurdes Theaterstück, ja Drama einer Ehe sie sich einließ, als sie diesem talentierten, geistvollen, doch ihr so gut wie unbekannten jungen Mann das Jawort gab.

Von Anfang an versprach dieser Bund, wenn nicht glücklich, so zumindest nicht eintönig zu werden. Charms, den nach eigener Aussage einzig und allein der Quatsch im Leben interessierte, konnte es auch bei seiner zweiten Frau nicht lassen, seinen irrationalen Einfällen zu folgen. Zum Beispiel indem er Marina mitten in der Nacht weckte – sie wohnten in einem engen, dürftig möblierten Zimmer einer Gemeinschaftswohnung – und sie aufforderte, mit ihm zusammen den Ofen rosa zu streichen oder »all die Mäuse« (von denen es keine im Hause gab) zu fangen. Er nannte sie »Schnepfel« und widmete ihr Gedichte, über deren Inhalt sie sich zwar wunderte, auf die sie aber dennoch stolz war.

> Rückt mir nah ein Frauenzimmer,
> hau ich ihm die Nase ein.
> Dich, mein Schnepfel, lieb ich immer,
> lieb ich einzig und allein.
>
> Du verstehst mich, Schnepfelschweifchen,
> und nur du, aufs Viertelwort.
> Wie mein Zettelchen, mein Pfeifchen
> fliegst und fällst du mir nicht fort.
>
> Fräß dafür mich auch die Meute –
> auch für zweihundert und mehr:
> für zweitausend schönste Bräute
> gäb mein Schnepfel ich nicht her.

Die *Oberiuten* trieben im Grunde nur ein vergnüglich-satirisches Spiel. Sie pickten Begebenheiten und Situationen aus dem Alltag des neuzeitlichen Biedermannes heraus und gaben sie sprachlich und szenisch so wieder, daß ihre ganze Absurdität deutlich wurde. Sie verspotteten die verschiedensten Grundsätze und Verhaltensweisen, indem sie deren Unsinnigkeit oder unfreiwillige Komik bloßlegten. Die Leser hatten ihre helle Freude daran, nur leider die staatlichen Behörden nicht, im Gegenteil! Diese brachten ihr Mißfallen fürs Erste darin zum Ausdruck, daß sie die *Oberiuten* auf die Seiten von Kinderzeitschriften verbannten.

Da Charms ohnehin viel für Kinder schrieb, hatte er in Kindern seine innigsten und weitaus meisten Verehrer. Dazu Marina Malitsch: »Wenn Danja auf die Bühne kam – es war unbeschreiblich, was da losging! Die Kleinen schrien, jauchzten, kreischten, klatschten in die Händchen, trampelten vor Begeisterung. Sie vergötterten ihn – Kinder waren ihm eigentlich ein Greuel. Er konnte sie nicht ausstehen, sie waren für ihn – bäh, Dreckszeug – Und hier nun diese Unerklärlichkeit, daß er bei all seiner Aversion so wunderbar für Kinder schrieb. Es war paradox.«

Später wurden die *Oberiuten* auch aus den Kinderzeitschriften verbannt und noch später auseinandergejagt und politisch verfolgt. 1941 geriet Charms wieder in Untersuchungshaft, diesmal unter dem Vorwurf, in der *Swertschok* (Die Grille, einer Zeitschrift für Vorschulkinder) »antisowjetische Wühlarbeit« betrieben zu haben. Es war die Zeit des berüchtigten »verstärkten Klassenkampfs«.

Vor langer Zeit, nämlich in den 1970er Jahren, als ich meinen Lebensunterhalt als Drehbuchautorin bestritt, hatte ich Kontakt zu dem Petersburger (eigentlich müßte ich sagen »Leningrader«, denn Sankt Petersburg hieß längst Leningrad) Schriftsteller Gennadi Gor. Er war mit den *Oberiuten* befreundet gewesen, dadurch auch mit Marina Malitsch. Einmal erwähnte er eine Äußerung von ihr: »Mit Dichtern zusammenzusein, ist interessant. Danach mag man sich nicht mehr in Prosa unterhalten.« Zu schade, daß Charms mir damals noch kaum ein Begriff war und mich seine Biographie noch nicht interessierte.

Und Gennadi Gor interessierte mich nur, weil ich einen Dokumentarfilm über den Maler Sewer Valentin Pankow machen wollte. Pankow ist Nenze, und Gor hatte ein Buch über ihn geschrieben. Zur Zeit unserer Begegnung wohnte Gor in der Schriftstellersiedlung Peredelkino bei Moskau, ein Büchermensch durch und durch, mit enzyklopädischem Wissen. Beim Kennenlernen fragte er nicht: »Wie geht es Ihnen?« sondern »Was lesen Sie?« Er nahm sich 1981 in einer Psychiatrischen Anstalt das Leben.

So gibt es nun niemanden mehr, den ich über Marina Malitsch ausfragen könnte – wie sie aussah, wie sie sich gab, worüber sie sprach. Von Gors beiläufigen Erinnerungen weiß ich nur noch Bruchstücke, zum Beispiel: »Mit Charms und Marina habe ich 1936 mal einen Abend im Haus der Schriftsteller zusammengesessen. Sie paßten gut zusammen, wie ich fand. Daniil war ein künstlerisch vielseitig begabter, schöpferischer Mensch, und Marina –« Hier führte Gor die erwähnte Bemerkung von ihr an und fügte hinzu: »Charms mit seinen verrückten *Hintergedanken-Gedichten* galt schon damals als neuer Stern unter den Poeten.«

Auch weihte mich Gor in die Entstehungsgeschichte des berühmten Charms-Gedichtes *Ein Mensch ging aus dem Haus* ein. »An diesem Abend wurde auch über die Neuerscheinung *Die Stadt N* von Leonid Dobytschin diskutiert, eine Novelle«, erzählte er. »Dobytschin war ein sehr interessanter Autor, dessen Art zu schreiben, allen literarischen Gepflogenheiten zuwiderlief. Einige jüngere Autoren verteidigten ihn, aber die Mehrheit machte gegen ihn Front. Es wurden sogar Drohungen laut wie: ›Solchen sollte man das Schreiben verbieten!‹

Und nach dieser Diskussion ist Dobytschin verschwunden. So waren damals die Zeiten – Menschen verschwanden auf Nimmerwiedersehen! 1937 schrieb Charms ein Gedicht, das auf Dobytschins Verschwinden anspielt. Es war wie ein Kinderlied, doch im Sowjetimperium der Angst wurde alles und jedes beargwöhnt und überall ›Unrat‹ gewittert. Danach hat Charms nur noch fünf Jahre gelebt.« Hier das Gedicht:

Ein Mensch ging aus dem Hause
mit Mütze, Sack und Stab
und machte sich
auf, machte sich
auf Wanderschaft landab.

Lief vorwärts, immer vor-
wärts über Berg und Tal
und schlief nicht, trank nicht,
und trank nicht, schlief nicht,
schlief-trank nicht, aß nicht mal.

Einst kam zu einem Wald
er just zur Abendstunde
und trat in ihn,
trat ein in ihn
und war fortan verschwunden.

Wenn ihr ihn doch mal wiederseht,
sei's hierorts oder dort,
so sagt es uns,
sagt, sagt es uns,
so sagt es uns sofort!

Marina Malitschs Erinnerungen *Mein Leben mit Daniil Charms* sind eine lose Folge von Alltagsbegebenheiten, aus denen sich wie unversehens ein einzigartiges Persönlichkeitsbild ergibt. Charms war ein Mensch, der um alles, was nach Disziplin und Reglementierung aussah, einen großen Bogen machte und die verwunderlichsten Eigen- und Unarten pflegte. Und er hatte einen großen Hang zum Flirten, zum »Scharmutzieren«, wie Marina es ausdrückt. Hier eine diesbezügliche Episode in ihrer Beschreibung: »Einmal bekamen Danja und ich eine Einladung zu einer Modenschau. Wo das war, weiß ich nicht mehr. Mit lauter sehr schönen Frauen, die Kleider vorführten. Und alle scharwenzelten sie um Danja herum. ›Ach Daniil Iwanowitsch!‹, ›Ach Danjuscha!‹ Eine, weiß ich noch, setzte sich auf seinen Schoß, eine andere umschlang seinen Hals, man kann schon sagen: hängte sich ihm an den Hals! Und unsere Marina? Marina saß in der Ecke und flennte in sich hinein, weil ›keiner Notiz von ihr nahm‹!«

Eine Zeitlang haben sie häufig alle möglichen Abendvergnügungen besucht. Dort spielte sich immer dasselbe ab: Der wie aus dem Ei gepellte, extravagante, nach allen Seiten hin lächelnde Charms stand sofort im Mittelpunkt, und Marina drückte sich in den dunkelsten Winkel und sah dem Triumphzug ihres Mannes von weitem zu. Schließlich zog sie sich von diesen Geselligkeiten so gut es ging zurück, doch nun trat an die Stelle der stillen öffentlichen Demütigung eine andere; dies pfiffen schon die Spatzen von den Dächern. Die Augen weiter davor zu verschließen, war gar zu peinlich geworden. »Mit dieser hat er geschlafen, mit jener – Eine Geschichte nach der andern, es nahm kein Ende!« klagt Marina. »Seiner ewigen Seitensprünge sterbensmüde, beschloß ich mir das Leben zu nehmen. Wie Anna Karenina – Ihn einfach zu verlassen wäre ja nicht möglich gewesen, da hätte ich auf der Straße gesessen, nicht gewußt wohin. Aber das war der Anfang vom Ende.«

Ihre einsame Fahrt zu einer Bahnstation außerhalb der Stadt blieb zum Glück folgenlos. Sie setzte sich auf eine Bank, sah zu, wie ein Zug nach dem andern vorüberrollte, seufzte tief und fuhr wieder nach Hause. Dort erwartete sie ihr Mann – kein Grobian, kein Dummkopf, kein Trunkenbold, nur eben – völlig gleichgültig ihr gegenüber. Und das war vielleicht das Schlimmste.

Zuletzt klopfte sie jedesmal vorsorglich an, wenn sie nach Hause kam. Da konnte es geschehen, daß Charms sie um zehn Minuten Geduld bat, um seine Besucherin noch zu verabschieden. Zu den Besucherinnen gehörte, wie er ihr einmal gestand, ihre Schwester Olga. »Ich habe keine stärkeren Gefühle mehr für ihn gehabt und überhaupt kein Erbarmen mit mir selbst«, so erklärte Marina Malitsch später, warum sie bei ihm geblieben war.

Bei diesem Problem gab es aber noch einen anderen Gesichtspunkt. Charms war der festen Überzeugung und versuchte sie auch seiner Frau nahezubringen, daß man in einer glücklichen Ehe das Recht auf Abwechslung habe, daß Polygamie eine Garantie für psychische Gesundheit sei.

Diese Theorie hat übrigens auch der weltbekannte Psychologe Carl Gustav Jung in seiner Ehe geltend gemacht. Seine Frau Emma wurde geradezu zu einem Musterbeispiel weiblicher Duldsamkeit und Selbstbeherrschung. Sie wußte und nahm hin, daß ihr Mann jeden Sonntag seine »offizielle« Geliebte empfing, eine ehemalige Patientin, später seine Arzthelferin, die schöne Antonia Wulff. Und daß es neben dieser noch eine Reihe anderer gab, von der liebreizenden schmächtigen russischen Jüdin Sabina Spielrein bis zu der imposanten, nervösen Edith Rockefeller McCormick. Auch Jung war der Ansicht, daß es ein Recht auf Partnerwechsel gebe und Polygamie gut für die psychische Gesundheit sei.

Marina Malitsch blieb bei ihrem Mann bis zu seinem Tode. Und als er sich in einer Psychiatrischen Klinik aufhielt, war es ihr eine Selbstverständlichkeit, ihn zu besuchen, sowie sich eine Möglichkeit dazu ergab. Die Einweisung dorthin hatte er übrigens von sich aus betrieben, um als kriegsdienstuntauglich eingestuft zu werden. Auch am Tag seiner letztmaligen Verhaftung, die er vorausgesehen hatte, war Marina an seiner Seite.

»Er sagte: ›Am besten, wir machen uns aus dem Staub‹«, beschreibt sie seine Stimmung vor der Verhaftung. »›Wir verschwinden einfach, ziehen zu Fuß los und verkriechen uns im Wald.‹ Mitnehmen wollte er nur die Bibel und auch russische Märchen. Unterwegs sollten wir gut aufpassen, daß uns keiner sah. Und wenn es dunkelte – bei einer Hütte anklopfen und um Essen bitten, sofern die Leute dort einen Bissen übrig hätten. Zum Dank für Nachtlager und Kost würde er ihnen Märchen erzählen.« Aber sie haben sich nicht »aus dem Staub« gemacht, sie blieben und warteten ergeben auf's Ende.

Das ständige Hungern in den 1930er Jahren stumpfte sie furchtbar ab, bewirkte aber auch eine Gleichgültigkeit, die etwas Schützendes hatte. Alle Wahrnehmungen und Empfindungen waren eigenartig verzerrt. Sie tranken siedendheißes Wasser, ohne sich zu verbrühen, weil nur darauf bedacht, das ständige innere Frösteln loszuwerden. Alkohol bewirkte keinerlei Rausch; der Organismus verbrannte ihn im Nu, um den Energiemangel auszugleichen. Und bei alledem das unentwegte Gefühl der Hoffnungslosigkeit, ja Verdammnis.

Bereits 1937 schrieb Daniil Charms in sein Tagebuch: »Ich will nicht mehr leben. Ich brauche nichts mehr. Ich habe keine Hoffnung mehr. Ich brauche Gott um nichts mehr zu bitten – was er mir schickt, soll sein.«

Und bei Marina Malitsch heißt es weiter: »Wenn solche Schreckensmomente kamen, wo Gefahr von außen drohte – ihm oder mir –, war alles andere entrückt und vergessen. Wir schlossen uns noch enger zusammen, beschützten einander.« Zweifellos war das der ausschlaggebende Grund, warum sie nicht auseinandergegangen sind.

Am Vormittag des 23. August 1941 geschah das Befürchtete. Als es an der Tür klopfte, wußte Charms, was die Stunde geschlagen hatte. Diesmal lautete der Vorwurf: »Verbreiten verleumderischer und defätistischer Stimmungen«.

Und nun, nicht ohne sich damit selbst zu gefährden, setzte Marina alle Hebel in Bewegung, um herauszubekommen, in welches Gefängnis ihr Mann gesteckt worden war. Dann legte sie mehrere Gewaltmärsche bis ans andere Ende der Stadt zurück, um ihm ein Lebensmittelpäckchen zu bringen, und dies, obwohl sie selber hungerte und sich vor Schwäche kaum auf den Beinen halten konnte.

Und eines Tages sagte ihr der Mann hinter der Gefängnisluke eiskalt: »Häftling Juwatschow-Charms ist am 2. Februar verstorben.« Sagte es und warf das Päckchen durch die Luke zurück.

1942 wurde das Haus in der Nadeshdinskaja Straße, in dem das Ehepaar zur Miete gewohnt hatte, von einer Bombe getroffen. Ihr Zimmerchen blieb zwar unversehrt, aber das Haus war unbewohnbar geworden, und Marina Malitsch zog in eine Schriftstellern vorbehaltene Etage eines Hauses am Gribojedow-Kanal um.

Ihr und Jakow Druskin, einem Mitstreiter aus dem Kreis der *Oberiuten*, ist es zu verdanken, daß das Charms-Archiv gerettet wurde. Marina packte die Manuskripte in einen Koffer und brachte sie mit Druskins Hilfe in Sicherheit. Charms hatte seit 1928 alle seine Aufzeichnungen in handschriftlicher Form belassen; sie mit der Maschine abzuschreiben, war ihm unnötig und sinnlos erschienen. Er pflegte auf alles zu schreiben, was aus Papier war und ein wenig Schreibfläche bot, auf herausgerissene Seiten von Hauptbüchern, auf die Rückseiten von Friedhofsformularen, von Wäschereirechnungen, von Tabellen für »Befestigungselemente und Schrauben«, auf die Rückseite von Notenblättern und sogar auf Blätter aus dem Notizblock eines Redakteurs der Zeitschrift *Hygiene und Gesundheit der Arbeiter- und Bauernfamilie*; er schrieb in Kladden, einfache Schulhefte oder auch – doch nur selten – in Hefte der Marke »selbstgebastelt«.

Wenig später wurde Marina als Schriftstellerwitwe angeboten, sich einem Evakuierungstransport für Literatur- und Theaterschaffende anzuschließen. Doch diese Gemeinschaftsfahrt in den Süden der Sowjetunion sollte sich als eine noch schlimmere Tortur erweisen als das Dahinvegetieren im belagerten, hungernden Leningrad. Die Menschen wußten nicht, wie ihnen geschah. Sie wurden in den Lastwagen buchstäblich übereinandergeschichtet: die Schwächsten und Gebrechlichsten nach unten, wo es weniger kalt und zugig war, die Jüngeren, Kräftigeren nach oben.

Hier eine bezeichnende Begebenheit während einer Rast in einem Dorf. »Ich und drei, vier andere Jüngere durften uns auf den Ofen legen. Dort war es schön warm. Auf einmal sah ich eine Katze. Ich schrie wie wild: ›Fangt sie, Genossen! Schnappt sie euch!‹ sprang vom Ofen und setzte der Katze nach. Aber sie nahm Reißaus, Gott sei Dank. Die Wirtsleute maßen mich mit entgeisterten Blicken.« Im hungergeplagten Leningrad war es nämlich üblich gewesen, Haustiere, Katzen nicht ausgenommen, zu schlachten und zu verzehren.

Dann die Weiterfahrt mit der Eisenbahn. Als Marina wie alle anderen einsteigen wollte, wurde sie von dem aufsichtführenden Uniformierten zurückgehalten. Dem wollte nicht in den Kopf, daß diese ausgemergelte, schmutzige Person mit der Zahnlücke die Frau eines Schriftstellers sein sollte. Überhaupt erstaunt und erschreckt es einen, wie oft Marina Malitschs Leben am seidenen Faden hing. Während der Bahnfahrt nach Pjatigorsk wäre sie beinahe an Auszehrung infolge einer Magen-Darm-Verstimmung gestorben.

Im Kaukasus lebte und arbeitete sie in einem Dorf im Kreis Ordshonikidse, Nordossetien. Dorthin drangen deutsche Truppen vor, und als sie den Rückzug antraten, nahmen sie Marina mit, zunächst als Hilfskraft in der Feldküche. »Sie suchten Arbeitskräfte für Deutschland, vor allem junge«, schreibt sie. »Ich widersetzte mich nicht, dachte: In Rußland will ich nicht bleiben – Mich hatte eine rasende Wut auf alles Sowjetische gepackt. Mein ganzes Leben war zerstört, zertrampelt. Diese russische Grobheit, dieses Spucken auf die Menschen – ich hatte das alles bis oben hin satt! Und sagte mir: Komme, was wolle.«

In Deutschland arbeitete die Enkelin von Fürst Golizyn bei verschiedenen Familien als Haushilfe. Doch auch hier blieb es nicht aus, daß sie der Gedanke an Selbstmord zu quälen begann. Der Grund war nicht mehr Liebeskummer oder Hunger und Elend, sondern ein Gefühl der Vergeblichkeit und Auswegslosigkeit, wie es einen überkommen kann, wenn man die schwersten Prüfungen überstanden hat, es aber als unerträglich empfindet zu bleiben und als aussichtslos zu fliehen.

Trotzdem wagte sie eines Tages die Flucht. Zwei junge Franzosen, mit denen sie sich angefreundet hatte, halfen ihr, in einem Lager für französische Kriegsgefangene unterzukommen. Dort hielt sie sich bis zum Kriegsende versteckt. Dank ihrer aristokratischen Erziehung sprach sie fließend Französisch, was ihr auch späterhin, als sie nach Frankreich weiterwollte, von großem Nutzen war.

Nach der Kapitulation Deutschlands überprüfte eine Sonderkommission der Alliierten die Gefangenen des Lagers und schickte alle Franzosen in ihre Heimat zurück. Über diesen Vorgang schreibt Marina Malitsch: »Es war wichtig, daß wir uns gründlich auf die Kommission vorbereiteten. Weil ich aber nie dortgewesen war, hatte ich keinerlei Vorstellung von Frankreich und schon gar nicht davon, was man hätte erfinden können. Und ich mußte der Kommission alle möglichen Angaben machen – mein Name und den meiner Eltern und nächsten Verwandten, meine und deren Heimatadresse und so weiter. Davor war mir angst und bange – Ein einziger Fehler, und ich würde auffliegen – Aber irgendwie schaffte ich es, hatte auf alle Fragen eine Antwort parat. Nach außen hin war ich die Ruhe in Person, aber innerlich zitterte ich wie Espenlaub und betete zum Himmel. Auch weil ich recht gut Französisch sprach, kam keiner auf die Idee, ich könnte keine Französin sein und mich für jemand anderen ausgeben. Es ging alles gut, aber ich wäre vor Angst fast gestorben.«

Die Kommission hatte keinen Verdacht geschöpft, und Marina Malitsch tat sich der Weg nach Frankreich auf. In Paris stellte sie sich den Behörden und vertraute sich ihnen an.

Der weitere Verlauf ihres Lebens war natürlich nicht mehr so gefahrvoll, nimmt sich mit seinen melodramatischen Zuspitzungen aber wie ein französischer Roman aus alten Zeiten aus. In Nizza traf sich Marina mit ihrer Mutter, die ihr weder bekannt war noch etwas bedeutete und der sie denn auch prompt den Mann ausspannte. Mit ihm, der 25 Jahre älter als sie war, ging sie nach Venezuela, wo sie ihn wegen eines anderen Mannes wieder verließ.

In Venezuela hat Marina Malitsch über ein halbes Jahrhundert gelebt. Lange Zeit betrieb sie dort in Valencia einen Buchladen mit vorzugsweise mystischer Literatur, für die sie ein besonderes Interesse hatte. Unter dem Einfluß ihres zweiten Mannes, des Russen Juri Durnowo, lernte sie die russische Kultur von neuem lieben und schätzen. »Jura war für mich die Verkörperung des alten Rußland«, schreibt sie über ihn. »Wie der letzte Russe! Ausgelassene Feste, Butterwoche, Zigeuner, Schlittenfahrten zu den Inseln – so stellte ich mir Rußland vor. Er stammte aus dem alten Geschlecht der Durnowos. In unserm Haus hingen viele Porträts seiner angesehenen Ahnen, alles Kupferstiche – Jura hatte die berühmte ›russische Seele‹, diesen Hang zu Generosität und überschwenglicher Geselligkeit, er sang wunderbar, spielte Gitarre. Und trank, wie nur Russen trinken können.«

Mitte der 1990er Jahre machte der russische Literaturwissenschaftler Wladimir Glozer Marina Malitsch in Venezuela ausfindig. Seine Aufzeichnung ihrer mündlichen Erinnerungen kam in Rußland als Buch heraus: *Mein Leben mit Daniil Charms*. Es schließt mit den Worten: »Ich habe das Leben immer geliebt. Hing an ihm mit allen Fasern des Herzens. Ich habe das Schicksal nie gescholten, wenn es mir Ärger oder Kummer bereitete, mir übel mitspielte, und nie gedacht: ach wir Armen, Geschlagenen! Bei jedem Tief, jeder Verwerfung behielt ich die Hoffnung, daß alles wieder gut werden würde. Wir haben viel gelacht, wir waren ja jung!

Mit Danja ist es all die Jahre nicht leicht gewesen. Aber daß er mich geliebt hat, weiß ich. Traurig nur, daß sich so wenig damit anfangen ließ –

Gott, steh mir bei! Wenn ich mir vor Augen halte, was ich alles durchgemacht habe – dieses Dasein in Rußland – guter Gott, sei so lieb und vergib mir!

Auf gar keinen Fall will ich Rußland wiedersehen! Um nichts in der Welt! Die könnten mir sonstwas geben, teure Ringe, Juwelen – Nie im Leben!«

»Du hast mir das Leben gerettet und viel mehr als das Leben«

Natalja Reschetowskaja (1919 – 2003)

Natalja Reschetowskaja war die erste Ehefrau des großen russischen Schriftstellers des 20. Jahrhunderts, des 1970 mit dem Literaturnobelpreis geehrten Alexander Solschenizyn (1918 – 2008). Ich sah sie zum ersten Mal in Rjasan, Ende der 1980er Jahre. An ihre asketische, elegante Erscheinung erinnere ich mich genau, ebenso wie an ihr bescheidenes Auftreten und ihre kluge, zurückhaltende Redeweise, die ich als eine Art innere Würde und Aufrichtigkeit wahrnahm, als ein »stilles inneres Leuchten.« Alles an ihr faszinierte mich, ihr Äußeres schien das Sinnbild eines inneren Universums zu sein, doch eines selbstgenügsamen und in sich geschlossenen Universums, das nur flüchtig und unvollständig, gleichsam am Rand und nur für einen winzigen Augenblick aufblitzte, nämlich dann, wenn die Rede auf ihren Mann kam. Und diese Gespräche vermied sie.

Ich erinnere mich, daß sie damals, zu Besuch bei meinen Rjasaner Freunden, überhaupt sehr schweigsam war. Nur einmal, als die Gäste darüber diskutierten, wie schwer es für einen jungen Autor sei, einen Verlag zu finden, äußerte Natalja Reschetowskaja Gedanken, die so durchdacht und weise klangen, daß alle verstanden, daß sie durchlebt hat, wovon sie spricht: »Unveröffentlichte Arbeiten sind wie ungeborene Kinder. Wenn sie nicht gedruckt und zum Leben erweckt werden, bleiben sie gleichsam im Inneren des Autors und hindern seine neuen Werke am Gedeihen …« Mein Gesamteindruck von Natalja Reschetowskaja ist hell und angenehm wie von einem klaren, ruhigen Herbsttag.

Die Würde, mit der sie ihr Kreuz als »ehemalige« Ehefrau trug, hatte etwas Erhabenes. Und unwillkürlich dachte ich darüber nach, daß das Tragische unser Leben durchzieht wie Blut-

gefäße den Körper, daß es durch das Leben hindurchscheint, ahnbar, fühlbar, und plötzlich bloßliegt, schmerzhaft und grell.

Im Jahr 2002 lief im russischen Fernsehen eine Dokumentation des Regisseurs Sergej Miroschnitschenko *Alexander Solschenizyn. Ein Leben ohne Lügen.* Der Filmemacher hatte den Titel Solschenizyns berühmtem Artikel *Nicht mit der Lüge leben* entlehnt. Er stellte sich die Aufgabe, das Leben Solschenizyns von Kindheit an zu dokumentieren. Der Film dauerte fünfzig Minuten. In all der Zeit fiel kein Wort über die erste Frau des Schriftstellers, Natalja Alexejewna Reschetowskaja. Kein einziges Wort! Dabei hatten Solschenizyn und sie beinahe dreißig Jahre zusammengelebt. Es war die Zeit, in der er berühmt wurde, in der er den Nobelpreis erhielt. Es war Natalja Reschetowskaja, der er aus dem GULAG schrieb: »Du hast mir das Leben gerettet und viel mehr als das Leben.«

Ein weiteres Beispiel. Am 11. Dezember 2014 wäre Solschenizyn 95 Jahre alt geworden. Aus diesem Anlaß zeigte das *Puschkin-Museum für Bildende Künste* in Moskau die Ausstellung: *Alexander Solschenizyn: aus den Schollen der Erde*. Das Archiv Solschenizyns, etwa einhundert Exponate, wurde erstmals in seiner Heimat ausgestellt. In Kopie waren sein Haftbefehl und das Aufnahmeprotokoll vom Gefängnis dabei, alle anderen Dokumente waren Originale. Die Urkunde des Nobelpreises, die Wattejacke aus dem Lager, ein echtes Stück russischen Roggenbrotes, das seit 1974 in der Tasche des verhafteten Schriftstellers aufbewahrt worden war. Die Besucher der Ausstellung waren besonders von seinen frühen Manuskripten fasziniert, die er bereits als Kind angefertigt hatte. Er wollte nicht, daß sie veröffentlicht wurden, doch die Nachfahren entschlossen sich, sie in der Ausstellung zu zeigen. Der kleine Sascha Solschenizyn hatte Texte auf Formulare, Rechnungen und alle anderen zufällig in seine Hände geratenen Papiere geschrieben. In den Jahren seiner Kindheit gab es einfach kein anderes Papier. Später sagte der Schriftsteller, daß er sich wundere, woher er im Alter von acht oder neun Jahren die feste Vorstellung hatte, Schriftsteller zu werden. Er muß es werden und er wird es auch. Die frühen Manuskripte, von denen hier die Rede ist, hatte die erste Frau des Schriftstellers, Natalja Reschetowskaja, sorgfältig bewahrt, doch ihr war in der Ausstellung kein einziges Wort gewidmet.

Damals begann ich, alles über Natalja Reschetowskaja zusammenzutragen, dessen ich habhaft werden konnte, alle Interviews, alle Artikel über sie, alle von ihr selbst veröffentlichten Erinnerungen und Erinnerungen ihrer Freunde an sie, alle Memoiren von Solschenizyns Freunden und alle Texte Solschenizyns über seine erste Frau. Die Welt der Natalja Reschetowskaja erstand vor meinen Augen, eine Welt, in der jeder Schmerz gelindert wurde, jedes Leid zu einem Stück Seele wurde. Ich sah die Geschichte ihres gemeinsamen Lebens aus einer anderen Perspektive, nachdem ich die in den letzten Jahren bekanntgewordenen Briefe, die Interviews mit Natalja und alle einschlägigen Dokumente gelesen hatte. Ich versuchte, mich in sie hineinzuversetzen und mit ihrer Stimme vom Zusammenleben mit dem genialen Schriftsteller zu berichten. So sähe mein Monolog aus, wenn er denn möglich wäre.

»Alexander Solschenizyn und ich heirateten am 27. April 1940. Er nannte mich Nataschenka oder Natusjka, ich ihn Sanja. Sanja schenkte mir am Tag unserer Trauung ein Sträußchen Maiglöckchen und ein Foto, auf dessen Rückseite er geschrieben hatte: ›Wirst Du es vermögen, den Menschen, mit dem Du Dein Leben verbunden hast, unter allen Umständen zu lieben?‹ Wir glauben beide daran, daß unsere Liebe Wurzeln schlagen und wie ein Baum wachsen wird, uns beiden hilft, sich zu öffnen, uns beiden Nahrung zum Wachsen gibt, neuen Sinn, neue schwierige Rollen, die wir im Leben verkörpern können, und immer klarere, reinere Gefühlsnuancen ...

Alles begann im Jahr 1936. Wir waren Erstsemester an der Universität Rostow am Don. Sanja war an der Mathematisch-Physikalischen Fakultät immatrikuliert, ich an der Fakultät für Chemie. Sanja hatte den Spitznamen ›Walroß‹ bekommen, denn er war groß und immer struppig. Im ersten Semester kannte ich wenige Studenten der anderen Fakultäten. Einmal, als ich mich mit Freunden unterhielt, kam er unerwartet auf uns zu. So lernten wir uns kennen und fanden uns gleich sympathisch. Mir hat an ihm einfach alles gefallen. Ich greife vor, wenn ich erzähle, daß für mich die beste Familie diejenige ist, in der Hören und Sehen in völliger Harmonie sind. Wenn Dich Dein Mann nicht jede Stunde nervt und Du nicht ihn, so muß man sich gar nichts Besseres wünschen. Und wenn es sie nicht stört, daß er gedankenlos ißt, ohne seine Augen vom Buch zu lösen, und nachts leise schnauft, und wenn es ihn nicht stört, daß sie so lange braucht, um sich zum Ausgehen zurechtzumachen zum Beispiel, dann werden sie mit der Zeit durchaus ein ideales Paar.

Den 7. November 1936 feierten wir mit Kommilitonen bei mir zu Hause. Es kam natürlich auch Sanja. Bevor wir uns an den Tisch setzten, wuschen wir unsere Hände. Es gab kein fließendes Wasser in unserem Haus, so daß wir uns gegenseitig aus einer Kanne Wasser über die Hände gossen. Und plötzlich machte mir Sanja, als er mir das Wasser über die Hände goß, das erste Kompliment. ›Wie gut Sie Klavier spielen!‹ Etwas später schenkte er mir seine Gedichte. Es waren ›Akrostichen‹, das heißt der jeweils erste Buchstabe einer Zeile ergab meinen Namen ›Natascha‹. Und eine richtige Liebeserklärung folgte am Abend des 2. Juli 1938. Sanja und ich spazierten gemeinsam im Theaterpark, das war der Lieblingsplatz für unsere Verabredungen.

Wir saßen auf einer Bank im Schatten der Pappeln und weißen Akazien und unterhielten uns. Sanja verstummte plötzlich und seufzte tief und – gestand mir, daß er in mich verliebt sei. Ich sehnte mich nach diesem Geständnis und fürchtete mich gleichzeitig davor. Ich war verwirrt und wußte nicht, wie ich antworten sollte und begann zu weinen. Ich brachte weder ›ja‹ noch ›nein‹ heraus.

Am nächsten Tag nach dem Geständnis war er völlig verändert. Ich fand das vertraute Lächeln nicht mehr auf seinem Gesicht, ich hörte kein Lachen, er erzählte nichts Interessantes, obwohl er, wie immer, seinen Arm um meine Schultern gelegt hatte. Ich fühlte, daß er sich sehr aufregte. Und ich faßte Mut, ihm einen Brief zu schreiben, in dem ich gestand, daß ich ihn auch liebe. Als er den Brief am Abend empfing, kam er sofort zu uns nach Hause gelaufen. An diesem Abend haben wir uns zum ersten Mal geküßt.

Nach jeder Begegnung fiel uns der Abschied schwerer. So beschlossen wir zu heiraten. Obwohl es etwas Angenehm-Unangenehmes gab, was Sanja verwirrte, und das war die Möglichkeit, ein Kind zu bekommen. Sanja war der Meinung, daß ihn ein Kind von seinen Plänen abhalten könnte, denn neben dem Mathematikstudium in Rostow am Don absolvierte er auch noch das Moskauer Institut für Philosophie, Literatur und Kunst.

Doch wir heirateten trotzdem. Die Ehe wurde am 27. April 1940 standesamtlich geschlossen. Dies verheimlichten wir lange.

Grund dafür war, daß wir unseren Müttern mit dieser Hochzeit zur Unzeit keine Sorgen machen wollten, wir hatten ja noch ein Semester bis zum Studienabschluß vor uns. Sanja hatte sogar die Seite in meinem Paß, auf der der Stempel des Standesamtes stand, überklebt, damit die Konspiration perfekt war. Und ich behielt meinen Mädchennamen bei, damit meine Mutter nicht gleich alles erriet.

Dann kamen die Flitterwochen. Den August verbrachten wir in Tarusa. Am Ortsrand mieteten wir eine kleine Hütte und begannen unser gemeinsames Leben. Wir hatten keine Möbel außer einem Tischchen und einer Bank auf der Veranda. Wir übernachteten im Heu, wie in einem romantischen Film, selbst unsere Kopfkissen waren mit Heu gefüllt.

Weil Sanja an Malaria litt, durfte er nicht in der Sonne sein und nicht in der Oka baden. Wir zogen es vor, in den Wald zu gehen, im Gras unter den Birken zu sitzen und einander abwechselnd aus *Krieg und Frieden* von Lew Tolstoi vorzulesen oder die damals verbotenen Gedichte von Sergej Jesenin.

Unsere Wirtin, in deren Hütte wir uns eingemietet hatten, kochte für uns eine ganze Woche im voraus Pellkartoffeln, das war unser Abendessen. Zum Frühstück aßen wir Eier. Mittags versorgten wir uns in einer kleinen Kantine, die sich in der Nähe befand. An den Sonntagen gingen wir zum Markt und kauften Obst und Gemüse. Alexander Isajewitsch war nie anspruchsvoll beim Essen.

Aus Tarusa schrieben wir unseren Verwandten und Freunden ein paar Zeilen darüber, daß wir Mann und Frau seien. So vergingen die Flitterwochen. Wir kauften Zugtickets für die Fahrt nach Rostow am Don. Dort wurden wir von unseren Müttern und Freunden mit Blumen empfangen. Sie hatten eine kleine Feier für uns vorbereitet, und danach ging jeder von uns wieder zu sich nach Hause, zu den Müttern. Wir wohnten am Anfang getrennt, denn wir wollten unsere Angehörigen nicht zu sehr belasten. Doch zu Beginn des Studienjahres, wir waren im Abschlußjahr, teilte das Gewerkschaftskomitee Sanja ein eigenes Zimmer in einer Zweiraumwohnung zu, allerdings bei einer nörglerischen Wirtin.

In Rostow erwartete uns ein etwas verspätetes Hochzeitsgeschenk in Form eines Stalin-Stipendiums für Sanja. Es war kein kleiner Betrag, fünfhundert Rubel, mit denen er als einer der Ersten für seine Leistungen ausgezeichnet wurde. Manchmal nahmen wir an studentischen Laienwettbewerben teil, ich spielte Klavier, und Sanja rezitierte Gedichte, dafür gab es manchmal auch etwas Geld. Die Zeit meines Mannes damals als Student war nicht nur stundenweise, sondern minutenweise verplant. Er saß jeden Tag bis zehn Uhr abends in der Bibliothek, und ich entsinne mich an die verschiedenen Gebiete der Chemie, mit denen ich mich an der Uni beschäftigte, und dazu kam die Musik und das Schachspiel.

Sanja war ein sehr sanfter und zärtlicher Mann. Und überaus aufmerksam mir gegenüber. Wir gingen gern ins Kino oder ins Theater. Was interessant ist: Sanja stand nie in der Schlange, um den Mantel an der Garderobe abzuholen, er fand immer einen Trick, der Erste zu sein. Überhaupt fand er aus jeder Situation einen Ausweg.

Unser Leben als Jungverheiratete begann ruhig und schön, doch dann kam der Krieg. Der Krieg hat uns getrennt, für lange Zeit. Seitdem hat sich unser ganzes Leben in ein Warten verwandelt, ein Warten darauf, daß wir uns wiedersehen.

Bei Kriegsbeginn hielt sich Alexander Solschenizyn in Moskau auf. Am 22. Juni 1941 um fünf Uhr morgens befand er sich am Kasaner Bahnhof. Er war in die Hauptstadt gekommen, um Prüfungen am MIFLI (Institut für Philosophie, Literatur und Kunst) abzulegen. Sanja war aus gesundheitlichen Gründen vom Militärdienst befreit, und wir beide wurden in die Stadt Morosowsk im Gebiet Rostow entsendet, wo wir als Junglehrer arbeiteten. Aber er kam dann doch an die Front, wenn auch nur als gemeiner Soldat im Nachschubtroß, was er sehr bedauerte. Dann wurde er nach Stalingrad abkommandiert, und er nahm dies zum Anlaß, in die Artillerieschule in Kostroma einzutreten.

Dann kam die Zweite Weißrussische Front, es gelang ihm, auch mich dorthin zu beordern, wenn auch mit gefälschten Dokumenten. Ich war nicht wehrdienstpflichtig, man konnte mich nicht über das Wehrkreiskommando an die Front einberufen. Die Dokumente wurden vom Divisionskommandeur auf Solschenizyns Bitte hin ausgestellt. Der Monat, den ich gemeinsam mit Sanja an der Front verbrachte, war nur insofern bemerkenswert, als ich in dem Unterstand, in dem wir lebten, jedes Mal, wenn der Divisionskommandeur hereinkam, vor meinem eigenen Mann Haltung annehmen und ihm dann noch die Ehre erweisen mußte. Ich war die einzige Frau in der ganzen Artilleriedivision und fühlte mich unwohl. Unerwartet eröffnete sich mir eine Karriereperspektive im Hinterland. Aus all diesen Gründen reiste ich ab.

Von der Front erhielt ich zärtliche Briefe von meinem Mann. Und dann kam endlich der langersehnte Glückstag, der Tag des Sieges 1945. Aber für mich war er nicht so glücklich, eher sorgenvoll und sogar ein wenig traurig. Ich hatte seit Februar 1945 nichts von Sanja gehört. Das letzte Zeichen war eine Postkarte, die zu mir zurückkam. ›Empfänger abgereist‹ war darauf vermerkt. Ich schrieb noch oft an seine Abteilung, ohne Erfolg. Erst im Sommer 1945 gab mir ein Bekannter in einem Brief zu verstehen, daß mein Mann verhaftet worden war. Damals riskierte niemand, offen darüber zu sprechen. Und dann das Paradoxon: Ich war glücklich, daß er verhaftet worden war, glücklich darüber, daß man ›von dort‹ lebend zurückkehren könnte, wie es mir damals schien, während von der Front nicht viele zurückgekehrt waren.

Die zehn Jahre ohne Sanja schienen unendlich. Um mich herum ging das Leben weiter, ein ausgefülltes, glückliches Leben. Beinahe alle meine Bekannten hatten eine Familie, Kinder. Damals mußte ich selbst meinen besten Freundinnen gegenüber verschweigen, daß mein Mann ein politischer Häftling war, ein ›Volksfeind‹, wie es damals hieß. Ich hatte damals ein Promotionsstipendium an der Moskauer Universität.

Was half mir zu überleben? Zwischen 1945 und 1949 befand sich Sanja in einem Lager unweit von Moskau. Hier waren Besuche erlaubt. In der ersten Zeit fuhr ich beinahe jede Woche zu ihm, unbedingt am Sonntag, manchmal auch in der Wochenmitte. Dann wurde er nach Kasachstan ›überstellt‹, in das Lager in Ekibastus.

Ekibastus hat in der Geschichte unseres Landes traurige Berühmtheit erlangt durch den Häftlingsaufstand im Dallag des Ministeriums für Inneres im Jahr 1952. Dieses Ereignis wurde mehrfach in der Literatur dargestellt. In Ekibastus entstand auch die Erzählung *Ein Tag im Leben des Iwan Denissowitsch*, das erste veröffentlichte Werk Alexander Solschenizyns, das ihn weltbekannt machte. Die Erzählung handelt von einem Tag im Leben eines Häftlings, des russischen Bauern und Soldaten Iwan Denissowitsch Schuchow, im Januar 1951.

Im Lager in Ekibastus waren zwei Briefe pro Jahr und keine Besuche erlaubt. Von den beiden Briefen ist einer in der Regel nicht angekommen. Aber es waren monatliche Päckchen erlaubt, wenn auch ohne Mitteilungen. Ich wollte meinem Mann gern etwas Nahrhaftes und Gutes zukommen lassen, um den Lagerfraß aufzubessern, aber auch in der Freiheit war das Leben schwer. Alle Lebensmittel gab es nur auf Rationsmarken. Wenn ich zum Beispiel etwas wie Salzheringe für meine Marken bekam, tauschte ich sie gegen Brot oder etwas Leckeres für Sanja ein. Inzwischen leitete ich einen Lehrstuhl am Landwirtschafts-Institut in Rjasan, und ich wollte nicht zu viel Aufmerksamkeit auf meine Adresse lenken. Ich schickte den größten Teil meines Dozentengehalts an Tante Nina in Rostow, die mit dem Geld sorgfältig und liebevoll die Pakete für Solschenizyn zusammenstellte. Als Antwort auf die Pakete schrieb er mir einmal: ›Du hast mir das Leben gerettet und viel mehr als das Leben!‹

Als ich dreiunddreißig Jahre alt wurde, gab ich auf. Ich wollte nicht länger allein sein und verband mein Leben mit einem Kollegen, Wsewolod Somow. Sanja hatte mir häufig geschrieben, daß er nicht wisse, was ihn erwarte, zu welcher Frist er verurteilt sei, wie lange er noch im Lager bleiben müsse. Er hatte immer betont, daß er mir die ›Freiheit‹ läßt, das heißt wenn ich einen anständigen Menschen treffe, sei er nicht dagegen, wenn ich ihn heiraten würde. Ich heiratete nicht, aber ich zog zu Somow. Er war Witwer und hatte zwei kleine Söhne. Der jüngste sagte sofort Mama zu mir.

Beinahe fünf Jahre lebte ich mit Somow zusammen, bis mein Mann unerwartet aus dem Lager zurückkehrte. Und da ließ ich alles im Stich und ging zu ihm zurück. Ging zurück, um ihn endgültig zu verlieren ...

Die zweite Annäherung zwischen Solschenizyn und mir nenne ich ›leises Leben‹. Mir schien damals, die Liebe sei zurückgekehrt, mein Sanja, wie ich ihn von früher kannte, sei zurückgekehrt. Alles war in Erfüllung gegangen, was mir einst prophezeit wurde. Einmal, Sanja war im Lager, und in meiner Seele herrschte völliger Aufruhr, durch den ich sogar meine Stimme verlor, weil ich die ganze Zeit weinte, beschloß ich, eine Wahrsagerin zu fragen, was mich in Zukunft erwartet. Die Wahrsagerin legte Karten aus und sah sich dann meine Hände an. Sie sagte mir, mein Mann sei am Leben und der weitere Lauf der Ereignisse hinge allein von mir ab.

In dieser Zeit ging ich ganz in Solschenizyn auf, in seiner Arbeit. Ich war seine Schreibkraft, seine Sekretärin, ich konnte nachts den jeweils geforderten Umfang seiner Manuskripte in die Maschine tippen. Ich war ihm eine liebende und treue Frau, und er wiederholte ständig, daß er mich ›mein Leben lang lieben und hätscheln werde, selbst dann, wenn ich alt und krank wäre ...‹

Wissen Sie, ich dachte oft darüber nach, worin das Glück für Männer bestehe. Der Typ Mann wie Solschenizyn sucht den Sinn des Daseins und nicht das Glück im stillen Ehehafen. Sein Ziel ist es, den Tod zu besiegen, unsterblich zu sein. Und er wird immer danach streben, die existenzielle Ausweglosigkeit durch sein Handeln zu überwinden, im Schreiben, in der heroischen Tat. Ihn interessiert die Handlung mit unvorhersehbarem Ergebnis, der Versuch, die eigenen Grenzen zu überschreiten, sei es auf dem Weg der Selbstzerstörung. Die Frau dagegen sucht immer eine Art Gleichgewicht, Einsamkeit ist für sie schwer erträglich. Ein kreativer Mann bestätigt die Einsamkeit geradezu. Er strebt danach, sich und die Welt zu beherrschen, die Fülle des Daseins hier und gleich zu erfahren. Und außerdem lebt in ihm eine Sehnsucht nach einer absoluten Wahrheit.

Mir scheint, ich verstand meinen genialen Mann, und ich konnte ihm gerecht werden. Er schätzte mich. Aber das war vielleicht nur eine Illusion. Wir beide befanden uns in einer Sackgasse. Er betrog mich schon ein ganzes Jahr, und ich nahm nichts davon wahr. Ich vertraute ihm, und in meiner Naivität ging ich davon aus, daß ich ihn kenne und ihn durchschauen kann. Aber auch das war eine Illusion. Sanja verbarg vor mir seine Beziehung zu Natalja Swetlowa, die zwanzig Jahre jünger war als er. Sie hatten sich in den Kreisen um den Schriftsteller Ilja Ehrenburg kennengelernt. Alles kam heraus, als Solschenizyn in den Norden fuhr. Sie begleitete ihn. Mir hatte er erklärt: ›Weißt Du, ich habe nur einen Schlafsack, Du wirst Dich im Norden erkälten …‹ Aber bald wurde klar: Natalja Swetlowa erwartete ein Kind von meinem Sanja. Das war Verrat.

Welches Seelenleid dann folgte, ist unvorstellbar. Allein die Scheidung dauerte drei unendlich lange Jahre. Zuerst war ich nicht einverstanden. Ich hatte noch die Hoffnung, ihn zurückzugewinnen. Erst in der dritten Instanz vor einem Gericht in Rjasan wurde die Scheidung rechtskräftig. Am Tag nach der Scheidung fuhr ich wie von Sinnen zu unserer Datscha in Borsowka, nicht weit von Naro-Fominsk. Dort trug ich meine Liebe ›zu Grab‹.

Ich hatte ein Foto von Sanja nach Borsowka mitgenommen. Ich betrat das Häuschen, unser einstiges gemeinsames glückliches Refugium, wo immer Güte, Glaube, Hoffnung und Liebe geherrscht hatten. Nahm eine Plastiktüte vom Tisch, legte das Foto hinein und ging in meinen Rückzugswinkel, wo ein Bänkchen unter einem Nußbaum stand, setzte mich, und dann … dann grub ich etwas weiter entfernt eine Art Grab für mein Lieblingsfoto von Sanja. Ich schüttete es mit Erde zu, legte Nelken entlang des Randes und dekorierte Blätter und Gras zum Schriftzug des Datums unserer Scheidung: 22. Juli 1972. Sanja habe ich nichts davon erzählt. Die Zeit verging, er kam auf die Datscha, mähte das Gras, und plötzlich stieß die Sense auf das kleine Grab. Er fragte mich, was das sei. Ich antwortete ehrlich. Wie er sich dann aufregte: ›Wie kannst Du denn für einen lebendigen Menschen ein Grab ausheben?‹ All das war so leidvoll für mich, daß ich mich vergiften wollte. Ich schluckte achtzehn Schlaftabletten. Doch Gott bewahrte mein Leben.

Wissen Sie, ich teile mein Leben in zwei Perioden ein: mit ihm und nach ihm. Doch sowohl damals wie auch jetzt lebe ich für ihn, so seltsam das klingen mag. Jeden Tag denke ich an meinen Sanja. Wie soll ich auch nicht an ihn denken, wenn jede Minute von ihm erfüllt ist, mich an ihn erinnert: Immer neue Bücher über ihn erscheinen, die alten werden neu aufgelegt, Fernsehen und Radio berichten über alles, was in seinem Leben geschieht.

Doch bis zuletzt konnte er die psychologische Barriere nicht überwinden und nicht zu mir kommen, um mir in die Augen zu schauen. Tatsächlich, einmal kam ein Anruf von ihm und ein verspäteter Glückwunsch zum Weihnachtsfest. Und einen Monat nach dem Anruf ließ er mir durch seine zweite Frau, Natalja Dmitrijewna, Glückwünsche zum Geburtstag ausrichten. Sie brachte mir einen großen Korb Rosen, eine schöne Glückwunschkarte und das gerade erschienene Buch mit Jugendgedichten von Alexander Isajewitsch mit dem Titel *Die Augen reiben*, mit einer rührenden Widmung: *Für Natascha – zu Deinem 80. Geburtstag. Etwas aus der fernen Vergangenheit, an das wir uns erinnern. Sanja, mein. 26.2.99.*

Man muß Natalja Dmitrijewna hoch anrechnen, daß sie sich überwinden konnte und mich um Verzeihung bitten konnte für den Schmerz, den sie mir zugefügt hat. Ehrlich gesagt, in der ersten Zeit war es schwer für mich, wenn ich ihren Namen hörte oder wenn ich mit ihr reden mußte, aber das war damals, als ich noch gesund war. Jetzt bin ich krank, und viele Möglichkeiten habe ich nicht mehr. Mein Hüftgelenk war gebrochen. Ich nahm die Hilfe von Natalja Dmitrijewna Solschenyzina an, die großzügig alle Kosten für meine Behandlung und meine Pflege übernahm.«

Natalja Reschetowskaja starb 2003 in Rjasan. Freunde sagten von ihr, ihre erstaunlich hellen Augen hätten mit den Jahren immer stärker gestrahlt, doch ihr liebes Lächeln sei gleichsam von Verbitterung vergiftet gewesen. Bis zum Schluß war sie unglaublich attraktiv, aber es war eine seelische Schönheit und keine auffallend grelle, den Feldblumen in der russischen Ebene ähnlich. Sie wirkte wie eine strenge Provinzlehrerin oder Ärztin, mit Idealen, mit Rückgrat, mit Würde. Ihre Ausstrahlung grenzte sie von aller Vulgarität des Lebens ab. In ihrem Gesicht lag der Ausdruck tiefen, verborgenen Leids. Die Vorsehung hatte sie am schmerzhaftesten Punkt getroffen, indem ihr der Mensch genommen wurde, den sie am meisten liebte. Diejenigen, die sie näher kannten, berichten, daß sie ihren Sanja bis zur letzten Minute geliebt hat, stumm und hoffnungslos.

Ich hatte eine Bekannte, der es gelungen war, sowohl zu Natalja Reschetowskaja-Solschenyzyna wie auch zu ihrem ehemaligen Ehemann Alexander Solschenizyn ein gutes Verhältnis zu bewahren. Sie erzählte mir folgende Geschichte: Als Solschenizyn zur Ausreise gezwungen wurde, siedelte er sich mit seiner neuen Familie zunächst in Europa an. Eine Zeitlang lebte er in Zürich. Seine alte Bekannte bat er, ihm seine alten, leeren Aktenmappen nach Zürich zu schicken, mit denen er früher, vor seiner Ausreise, gearbeitet hatte. Er hatte sich so an diese Mappen gewöhnt, andere akzeptierte er nicht. Es war ihm sehr dringend. Vor dem Postschalter war eine lange Schlange. Die Schalterbeamtin sah sich die Mappen an, schaute hinein, verpackte sie schließlich und begann, die Adresse zu schreiben. Meine Bekannte diktierte sie ihr silbenweise: »Zü-rich, für-Sol-sche-ni-zyn ...« Plötzlich wurde die Warteschlange von Erregung gepackt: »Und schämst Du Dich nicht, Tantchen, so einen alten Ramsch an Solschenizyn zu schicken! Das ist ein großer Schriftsteller, und Du bist zu geizig für neue Mappen! Es gibt doch genug davon im Schreibwarenladen. Und sie kosten nicht mal viel! So ein altes Zeug einem guten Schriftsteller zu schicken!« Als sie Natalja Reschetowskaja davon berichtete, antwortete sie: »Mit diesen Mappen ist eine Geschichte verbunden, die ich Dir erzählen möchte. Eines Tages hatte Sanja errechnet, daß mein ›Effizienzkoeffizient‹ bei acht läge. Das heißt, wenn ich zehn Dinge plane, dann schaffe ich es, acht davon auszuführen und zwei nicht. Indem ich die Anzahl der geplanten Aktivitäten erhöhte, versuchte ich, die Zeit zu drücken, doch es brachte nichts. Zwanzig Prozent Fehlleistung waren unzulässig. Da bot mein Mann an, mit meiner Arbeit aufzuhören und mich ganz auf seine Angelegenheiten zu konzentrieren, sein Archiv zu ordnen, Material vorzubereiten, zu recherchieren, Texte abzutippen und Korrektur zu lesen. Mit Freude übernahm ich diese Aufgabe, kaufte Mappen, also diese, seine Lieblingsmappen, die Du Solschenizyn nach Zürich geschickt hast, und ordnete alles nach Themen und Daten. Das war das letzte Jahr unseres gemeinsamen Lebens. Da traf er sich bereits mit der anderen Frau ...«

Einmal fragten Journalisten Natalja Reschetowskaja, mit wem sie in die Vergangenheit telefonieren würde, wenn es so eine Möglichkeit gäbe. Sie antwortete: »Ich würde unsere gemeinsamen Freunde aus unserer Dissidenten-Jugend anrufen und ihnen sagen, daß sich unsere Träume erfüllt haben, nur ganz und gar nicht so, wie wir uns das vorgestellt hatten!« »Was denn ›nicht so‹ sei?« wurde sie gefragt. »Nicht so, das heißt das Eindringen von Gesetzen des Marktes in Bereiche, in denen sie nicht gelten sollten, in die Kultur, in die Politik, in die Justiz ...«

Natalja Reschetowskaja war eine kluge, leidenschaftliche und aufrichtige Persönlichkeit, die ihre Würde auch in den schwersten Momenten ihres Lebens nicht preisgab.

In meinem Bücherschrank sind einige Regale für Sowjetliteratur mit demagogischem Inhalt reserviert. Sozialistischer Realismus, Lobeshymnen auf ein totalitäres Regime und literaturwissenschaftliches Propaganda-Beiwerk. Ich schaue äußerst selten dort hinein. Außer in die Regale, in denen die alten Ausgaben der Zeitschrift *Nowy Mir* stehen. Denn in dieser Zeitschrift wurde 1963 die erschütternde Erzählung Solschenizyns *Ein Tag im Leben des Iwan Denissowitsch* veröffentlicht, die den Autor schlagartig berühmt machte. Von Hand zu Hand kursierten später die *Krebsstation* und *Der erste Kreis der Hölle* unter uns, heimlich im Selbstverlag gedruckt. Die Gewitterwolken zogen sich über dem Kopf des von den Machthabern gehaßten Schriftstellers zusammen. Und ich entsinne mich an eine Geschichte, die mit Solschenizyn verbunden ist, und deren Zeugin ich wurde. Das geschah in den siebziger Jahren in Moskau.

Der Dichter Jewgeni Markow war ein Bekannter von mir. Er schrieb Komsomolzengedichte über die Großbaustellen des Sozialismus. Wenn er sie vorlas, begann er vor Aufregung zu schwitzen, und seine feuchten Locken klebten an der Stirn fest. Es gelang ihm nicht, sich in Moskau zu etablieren und auch nicht zu heiraten. Vor Kummer begann er zu trinken und schrieb keine Komsomolzengedichte mehr. Bald reiste er aus Moskau nach Rjasan, wo er dann doch heiratete. Die junge Frau hieß Tanja, und bald schon sollte dem Paar eine eigene Wohnung zugewiesen werden. Eines Tages begegnete ich ihm in Moskau. Betrunken, feuchte Locken, feuchte Augen von der Farbe reifer Pflaumen: »Siehst Du«, sagte er, »ich weine, ich kann nicht aufhören ...« »Was ist passiert?« »Ich bin ein gemeiner Verräter und nun weiß ich nicht, wie ich weiterleben soll. Es gibt nur einen Ausweg: von der Brücke in den Fluß ...« »Ja, was ist denn passiert, nun sag endlich!« »Du hast sicher schon gehört, daß unser Rjasaner Schriftstellerverband Solschenizyn ausgeschlossen hat. Denk nicht, daß ich etwas gegen ihn hätte. Nein. Er ist ein wunderbarer Schriftsteller, besser als wir alle zusammen. Aber ich habe abgestimmt wie alle anderen auch, für seinen Ausschluß als ›Verräter‹ und ›Staatsgegner‹. Warum? Ja, eben. Gerade jetzt kann ich nicht aus der Reihe tanzen, wo Tanja und ich seit einem Jahr auf eine Wohnung warten und wir sie endlich bekommen sollen. Ich sah die Anweisung bereits auf dem Schreibtisch im Rjasaner Wohnungsamt liegen ... Aber wenn ich jetzt an diese Versammlung denke, möchte ich nicht mehr weiterleben. Ich trinke, damit ich alles vergesse. Und auf die Wohnung freue ich mich nicht. Ich sag Dir, entweder der Strick oder von der Brücke ins Wasser ...«

Seltsam, daß sein Wunsch »von der Brücke ins Wasser« in Erfüllung ging! Eine Woche nach unserem Gespräch erzählte man mir, daß Markow mit einem Komsomolsekretär auf Lesereise unterwegs war. Der Fahrer sei betrunken gewesen und habe das Fahrzeug mit hoher Geschwindigkeit über eine morsche Brücke gelenkt. Das Fahrzeug sei aus großer Höhe ins Wasser gestürzt. Der Dichter blieb zum Glück am Leben, doch er verletzte sich an der Wirbelsäule und mußte lange im Krankenhaus bleiben.

Im Jahr 1968 lernte Alexander Isajewitsch Natalja Swetlowa kennen, eine junge Moskauer Mathematikerin, die in Dissidentenkreisen verkehrte und dort bereits bekannt geworden war. Im Sommer 1969 reisten sie gemeinsam durch den Norden Rußlands. Solschenizyn lebte mit ihr zusammen. Er versuchte, die Scheidung von seiner Frau zu erreichen. Bald wurde sein erster Sohn geboren, Jermolai. 1972 kam der zweite Sohn auf die Welt, Ignat, der dritte Sohn, Stepan, wurde im September 1973 geboren.

Im August 1973 wandte er sich mit einem *Offenen Brief* an das *Ministerium für Innere Angelegenheiten* und protestierte gegen die Verfolgungen, denen er in seinem Familienleben ausgesetzt war. Der Scheidungsprozeß war wieder und wieder verschoben worden, man verbot ihm, in Moskau in der Wohnung der Swetlowa zu leben, die faktisch seine Frau und die Mutter seiner Kinder war. Er erinnerte sarkastisch daran, daß die Leibeigenschaft in Rußland bereits vor einhundert Jahren abgeschafft wurde und die Oktoberrevolution die letzten Spuren beseitigt habe.

Im Januar 1974 erreicht die Verleumdungskampagne gegen Solschenizyn in der sowjetischen Presse ihren Höhepunkt. Unter der Anschuldigung, die Sowjetmacht zu verunglimpfen, wird er am 13. Februar festgenommen und im *Lefortowo-Gefängnis* inhaftiert. Ihm wird die sowjetische Staatsbürgerschaft entzogen, ein Sonderflugzeug bringt ihn in die Bundesrepublik Deutschland.

Seine Einsamkeit fand schnell ein Ende, Natalja Swetlowa-Solschenizyna erhielt die Ausreiseerlaubnis, gemeinsam mit vier Kindern, darunter der älteste Sohn aus erster Ehe, und Nataljas Mutter.

Wenig später gründete Alexander Isajewitsch die *Russische Stiftung zur Unterstützung politischer Häftlinge und ihrer Familien*. Alle Einkünfte aus dem Verkauf von *Der Archipel GULAG* fließen in diesen Fonds.

1994 kehrte Alexander Isajewitsch nach Rußland zurück und hielt eine Rede im Parlament. Doch die Hoffnungen der neuen russischen Machthaber, der in die Heimat Zurückgekehrte würde sich nunmehr »beruhigen«, erfüllten sich nicht.

Am 11. Dezember 1998 unterzeichnete der russische Präsident Boris Jelzin einen Erlaß. Alexander Solschenizyn, der an diesem Tag seinen achtzigsten Geburtstag beging, sollte mit dem *Orden des Heiligen Apostel Andreas des Erstberufenen* ausgezeichnet werden, für außerordentliche Verdienste für das Vaterland und einen großen Beitrag zur Weltliteratur. Der Schriftsteller lehnte den Orden ab und erklärte: »Von der obersten Macht, die Rußland in den jetzigen Todeszustand versetzt hat, kann ich keine Auszeichnung annehmen.«

Nach dem Tod ihres Mannes im Jahr 2008 leitet seine Witwe Natalja Solschenizyna die *Solschenizyn-Stiftung*. Mit Mitteln der Stiftung werden Opfer politischer Repressionen der ehemaligen UdSSR unterstützt. Die regionalen Verwaltungen erstellen Listen, nach denen die Stiftungsmitarbeiter bedürftige Personen ermitteln.

Zur Feier des 95. Geburtstages Solschenizyns im Dezember 2014 fand in Moskau im *Großen Saal* des Konservatoriums eine der schönsten Veranstaltungen der Saison statt. Solschenizyns *Krümelchen* wurden reziztiert, musikalisch umrahmt von Dmitri Schostakowitschs *Präludien*. Diese kleinen Skizzen waren in den fünfziger Jahren entstanden, und Natalja Reschetowskaja kannte sie beinahe alle auswendig. Dann, nach der Trennung von Natalja Reschetowskaja, entstanden keine weiteren *Krümelchen* mehr, es gelang nicht mehr. Vor dem Orchester spielte ein Solist auf der Oboe die feine Melodie der *Präludien* Dmitri Schostakowitschs, das Orchester nahm die Melodie auf. Der Schauspieler stand links vom Orchester und trug die kleinen Texte von Solschenizyn vor, in denen die Spiegelfläche des Segden-Sees und der Duft der Apfelblüte gleichsam zum Leben erweckt wird, all die Naturschönheiten Mittelrußlands ... Natalja Reschetowskaja hätte das Konzert sicher gefallen.

»Du und ich, wir sind eins«

Jelena Bonner (1923 – 2011)

Jelena Bonner war die Frau von Andrej Sacharow (1921 – 1989), dem weltbekannten Physiker und »Vater der sowjetischen Atombombe«, dem Menschenrechtsaktivisten und Friedensnobelpreisträger. In ihm wirkten gleichsam zwei Personen: Die eine arbeitete beharrlich an der Schaffung einer Massenvernichtungswaffe, wohingegen die andere mit nicht geringerer Beharrlichkeit für ein Verbot derselben eintrat.

Was wissen wir über Jelena Bonner? Beschämend wenig. Nach verschiedenen Quellen wurde Jelena Georgijewna Bonner 1922 oder 1923 geboren. Ihr Stiefvater, Gework Alichanow, hatte aktiv an der Revolution von 1917 teilgenommen und am Aufbau des sowjetischen Staatswesens mitgewirkt. Er wurde 1937 als sogenannter Volksfeind verhaftet, zum Tode verurteilt und ein Jahr später hingerichtet. Ihre Mutter, die Kommunistin Ruth Bonner, fiel als Frau eines »Volksfeindes« derselben Verhaftungswelle zum Opfer. Nach Kasachstan verbannt, wurde sie nach Stalins Tod wieder auf freien Fuß gesetzt und rehabilitiert.

Lussja (so Jelena Bonners Rufname in Kindheit und Jugend) nahm in Leningrad ein Medizinstudium auf. Bei Kriegsausbruch meldete sie sich freiwillig zur Roten Armee und arbeitete bis 1945 als Krankenschwester in einem Lazarettzug. Dabei erlitt sie eine Kopfverletzung, die zum teilweisen Verlust ihres Augenlichts führte. Sie war Mitglied des Komsomol und der Kommunistischen Partei.

Nach der Beschreibung von Leuten, die sie damals kannten, war sie zwar von kleinem Wuchs, doch wohlgestaltet und bildhübsch. Alle haben ihr dichtes schwarzes Haar und ihr ausdrucksvolles Gesicht mit der hohen Stirn und den schwermütigen großen dunkelbraunen Augen in lebhafter Erinnerung. Sie sorgte aufopferungsvoll für die Verwundeten, und es hat unter ihnen wohl kaum einen gegeben, der nicht sofort in sie verliebt gewesen wäre. Im Lazarett galt sie als die große Trostspenderin. Jedem selbst hoffnungslos Kranken vermochte sie neues Leben einzuhauchen. Oftmals nahmen ihr die Kollegen Arbeiten ab, um ihr eine Verschnaufpause zu ermöglichen, damit sie sich wieder verstärkt den Verwundeten widmen konnte. Diese liebten und verehrten sie abgöttisch. Es war, als strahlte ihre Schönheit von innen her, und wenn sie den Krankensaal betrat, wurden die Verwundeten im Nu still und friedlich.

Eine Nachtschicht folgte auf die andere – Jelena Bonner schonte sich nicht; ihr Bedürfnis, anderen Menschen zu helfen, schien unerschöpflich. Einmal, in einem Seminar während ihres Medizinstudiums, wurde den Studenten das Thema »Herz« aufgegeben. Die Studentin Bonner fragte: »Herz? Das Empfindungsorgan?« und der Professor antwortete: »Sie, Jelena Bonner, werden mit ihm empfinden, bei allen andern sorgt es für den Blutkreislauf.«

Als Kind und Jugendliche und auch später von Freunden und ihrem Mann Andrej Sacharow wurde sie »Lussja« genannt. Diesen Namen (oder richtiger seine armenische Form: Lussik) hatte sie bei der Geburt erhalten. Doch als sie den Ausweis beantragte – sie war halb Armenierin, halb Jüdin –, entschied sie sich für den Namen Jelena, nach ihrer literarischen Lieblingsgestalt Jelena aus Turgenjews Roman *Vorabend*. Den Familiennamen behielt sie bei.

Nach dem Krieg war Jelena Bonner als Ärztin tätig. Sie heiratete ihren Kollegen Iwan Semjonow und bekam von ihm zwei Kinder, Tatjana und Alexej. Doch ihr Familienleben entwickelte sich nicht so, wie sie es sich viele Jahre erhofft hatte. Mitte der 1960er trennte sie sich von ihrem Mann und stellte sich der Verantwortung einer alleinerziehenden Mutter. Um diese Zeit erwachte ihr Interesse für die Bürgerrechtsbewegung, die immer mehr Zulauf bekam. Von jeher war es ihr ein Herzensanliegen, für die Sache der Erniedrigten und Entrechteten einzutreten.

Sie wurde unter geheimdienstliche Beobachtung gestellt, erhielt in den chiffrierten Spitzelmeldungen den Namen »Lissa«, Fuchs. Das Gleiche geschah mit Andrej Sacharow, er wurde unter den Namen »Asket« und »Askold« geführt. Wo und wie

sich Lissa und Asket begegneten, werde ich später erzählen, vorher nur noch das Wichtigste über Andrej Sacharow und seinen bisherigen Lebenslauf.

Nach Abschluß des Studiums an der Physikalischen Fakultät der Moskauer Universität ging Sacharow nach Uljanowsk und arbeitete als Ingenieur in einer Munitionsfabrik. An seinem ersten Arbeitstag, dem 10. November 1942, begegnete er der sympathischen, hübschen Laborantin Klawdija Wichirewa. Sie hatte in Leningrad zu studieren begonnen, das Studium aber wegen des Krieges abbrechen müssen.

Da beide von Natur aus schüchtern waren, erklärten sie sich einander in schriftlicher Form. Sie heirateten. Klawdija brachte drei Kinder zur Welt. Sie starb am 8. März 1969 an Krebs. Darüber schrieb Sacharow: »Nach Klawdijas Tod lebte ich monatelang wie in einem Nebel, brachte überhaupt nichts mehr zustande, weder in der Wissenschaft noch in meinem gesellschaftlichen Engagement ...« Zum Gedenken an seine Frau spendete er große Summen für den Bau einer Onkologischen Klinik, für das *Internationale Rote Kreuz* und für ein Kinderhilfswerk.

Ein früherer Bekannter von ihm sagte in Erinnerung an seine erste Ehe: »Die Sacharows wohnten in Moskau in der Nähe des *Kurtschatow-Instituts*. Das Haus machte einen hellen, sonnigen Eindruck, hatte eine Atmosphäre der Heiterkeit und Zuversicht. Andrej wirkte vollkommen glücklich.«

Wollte man Sacharows wichtigste Leistungen und Erfolge in der Zeit dieser ersten glücklichen Ehe aufzählen, müßte man vor allem nennen: Arbeit am Kernwaffenprogramm, Habilitation, Aufnahme in die *Akademie der Wissenschaften* als jüngstes Vollmitglied, Verleihung des Lenin- und des Stalinpreises und die dreimalige Auszeichnung mit dem Orden *Held der sozialistischen Arbeit*. Und daneben, zur selben Zeit: die Teilnahme an einer Demonstration zur Verteidigung der Verfassung, ein Brief zur Verteidigung Andersdenkender, der erstmals die *Lubjanka* (KGB-Zentrale in Moskau) auf den Plan rief, der Einspruch gegen Chruschtschows Beschluß, die Atombombentests wieder aufzunehmen, Gründung des Komitees zur Durchsetzung der Menschenrechte, Unterstützung zahlreicher aus politischen Gründen Inhaftierter und schließlich die berühmten *Gedanken über Fortschritt, friedliche Koexistenz und geistige Freiheit*.

Diese erschienen als Broschüre im illegalen *Samizdat* (Selbstverlag) und wurden in der Küche so ziemlich aller Moskauer Wohnungen, in der die Angehörigen und Freunde einer Familie zusammenzukommen pflegten, gelesen und diskutiert. Dann erschienen sie im Westen, erreichten dort allein 1968 eine Auflage von dreißigtausend Exemplaren. Freimütig sandte Sacharow Leonid Breschnew ein Exemplar.

Wie der Schriftsteller Alexander Solschenizyn Andrej Sacharow zu dieser Zeit wahrnahm, beschreibt er mit den Worten: »Gleich vom ersten Augenblick, von seinen ersten Worten an machte er einen ungemein angenehmen Eindruck: hoher Wuchs,

Jelena Bonner (1923 – 2011)

vollkommene Offenheit, sanftes helles Lächeln, heller Blick, die Stimme warm, kehlig, mit ausgeprägtem Zäpfchen-R, an das man sich bald gewöhnt hatte.«

Auf den Vorschlag, in die Kommunistische Partei einzutreten, reagierte Sacharow ablehnend: »Ich kann nicht eintreten, weil mir scheint, daß die Partei in der Vergangenheit verschiedentlich nicht richtig gehandelt hat, und ich nicht weiß, ob mir in Zukunft nicht wieder Zweifel kommen.«

An dem Kernwaffenprogramm begann der neunundzwanzigjährige Sacharow in dem abgeriegelten Städtchen Sarow mitzuwirken, in einer Zweigstelle eines von dem berühmten Physiker Igor Kurtschatow geleiteten Forschungsinstituts. Diese war in einem Kloster untergebracht, in dem einst der Mönch Serafim Sarowski gelebt hatte, einer der beliebtesten Heiligen Rußlands. In diesem von zwei Reihen Stacheldraht eingezäunten alten Gemäuer mit seinen strenger Geheimhaltung unterliegenden Laboratorien brachte Sacharow 18 Jahre seines Lebens zu.

Anfang 2014 erschien in Moskau die erste Sacharow-Biographie. Den ersten sowjetischen Atombombentest, jene bekannte Episode aus dem Leben des großen Physikers, schildert ihr Autor Nikolai Andrejew folgendermaßen: »Über dem Horizont zuckte ein roter Widerschein auf, aus welchem ein sich verbreiternder weißer Ballon aufstieg. Obwohl geblendet von dem jähen Wechsel von Dunkel zu Hell, sah Sacharow eine riesige pulsierende Wolke ... Zwischen dem Ballon und den Staubschwaden wuchs der Pilzfuß empor ... Andrej überkam ein noch nie erlebtes Gefühl: rasende Freude, hingerissenes Staunen. Und was ihn am meisten überraschte – Triumph! Der Triumph eines Urmenschen, der ein Mammut erlegt hat ...

Kurtschatow blickte aufmerksam zu Sacharow hinüber, ging zu ihm und verneigte sich vor ihm: ›Dank Dir, Retter Rußlands!‹«

Zum ersten Mal sind sich Andrej Sacharow und Jelena Bonner im Herbst 1970 im Haus des Menschenrechtsaktivisten Waleri Tschalidse begegnet. Darüber sagte Sacharow später: »Bei ihm saß eine schöne Frau, die sehr ernsthaft und engagiert wirkte ... Vorgestellt hat er sie mir nicht, und sie nahm von mir nicht weiter Notiz.« Erst etwas später, bei einem Menschenrechtsprozeß in Kaluga, den sie beide begleiteten, wurden sie einander vorgestellt. Sie als Ärztin und Menschenrechtlerin. Er war still, zurückhaltend, sie – lebhaft, impulsiv, eloquent.

Wie schon zu ihrer Schulzeit hatte sie in diesen Kreisen den Spitznamen »Anwaltskollegium«. Als sie sich zunehmend Verbannter und Inhaftierter annahm und diese vor Gericht vertrat, wurde er gegen »Aller Herzen Lussja« eingetauscht.

Sie war seit fünf Jahren geschieden, er seit zwei Jahren verwitwet. Ihre Romanze blieb von den anderen zunächst unbemerkt. Mit dem 24. August 1971 kam der Tag, an dem sie sich ihre Liebe gestanden. Er war 49, sie 47.

»Lussja und ich gingen zur Küche durch, und sie legte ein Albinoni-Konzert auf. Eine große, wunderbare Musik, die mich tief aufwühlte. Mir kamen die Tränen. Ich glaube, das war einer der glücklichsten Augenblicke meines Lebens. Etwas später sagte ich zu ihr: ›Du hast mich zu neuem Leben erweckt.‹«

»Wenn Ihr Auserwählter ein Physiker ist, noch dazu ein bedeutender, dann machen Sie sich auf besondere Momente gefaßt«, schreibt Jelena Bonner in ihren Erinnerungen. »Eines Nachts im Wald flüsterte er: ›Soll ich Dir sagen, was ich am meisten liebe?‹ blickte zum Sternenhimmel und hauchte: ›Die Hintergrundstrahlung‹ ... Wofür liebte ich Ihn? Sein herausragender wissenschaftlicher Intellekt ging einher mit einem allumfassenden Horizont und einem hohen Ethos, mit menschlicher Reinheit und Größe! Er war ein Andersdenkender, weil er anders dachte als die anderen ...«

Am 7. Januar 1972 ließen sie sich standesamtlich trauen, zwei Tage bevor der Prozeß gegen den Menschenrechtler Bukowski begann, dessen Verteidigung sie zusammen übernommen hatten.

Von da an standen sie unter ständiger geheimdienstlicher Beobachtung und waren unentwegt hinterhältigen Provokationen ausgesetzt. Schließlich wurden Sacharow wegen angeblicher »antisowjetischer Tätigkeit« alle Titel und Auszeichnungen aberkannt, und es folgte seine Verbannung nach Gorki. Jelena Bonner durfte ihn dorthin begleiten.

Dort hauste der Wissenschaftler jahrein, jahraus in völliger Abgeschiedenheit, mit der Außenwelt nur gelegentlich über Jelena Bonner verbunden, mehrmals in Hungerstreik tretend –

bis zu einem Wintertag des Jahres 1985, als mehrere Personen in seine Wohnung kamen und ein Telefon installierten, das ihm sieben Jahre vorenthalten worden war. Dann läutete dieses Telefon: Michail Gorbatschow sprach mit dem Verbannten.

All diese Jahre hindurch war eine Flut von Verleumdungen und Repressalien auf das Ehepaar niedergegangen, wie man sie sich kaum übler vorstellen kann. Der Geheimdienst scheute keine Mühe, die Menschen im Land glauben zu machen, daß die Frau an Andrej Sacharows Seite ein Ausbund an Verwerflichkeit sei. Unglaublich, wie furchtbar beide verunglimpft und gedemütigt, in aller Öffentlichkeit verhöhnt und beschimpft wurden. Dem standzuhalten, ohne sich beirren zu lassen, dazu gehörte schon ein hohes Maß an Mut und Charakterstärke. Beide wußten, daß es bestimmte Kreise waren, die systematisch versuchten, Sacharows Frau als niederträchtige, moralisch verkommene, habgierige Person hinzustellen. So schrieb ein gewisser Nikolai Jakowlew, Doktor der Geschichtswissenschaft, in der Zeitschrift *Smena* (Schichtwechsel) über Jelena Bonner und Andrej Sacharow: »Das ist alles alt wie die Welt – nach dem Tod seiner Frau nistete sich die Stiefmutter im Hause ein und warf die Kinder hinaus ... Schon als junges Mädchen haltlos und gewitzt, entwickelte sie ein geradezu professionelles Geschick im Umgarnen und Ausnehmen wohlsituierter älterer Männer ...«

Eine Lüge, die leicht widerlegt werden konnte, doch darüber schwieg sich die Presse aus. Und die Leute glaubten, was sie lasen. In Wahrheit sind Sacharows Kinder keineswegs »hinausgeworfen« worden. Als die beiden heirateten, war Sacharows Tochter Tatjana siebenundzwanzig, war längst verheiratet und besaß eine eigene Wohnung im Zentrum Moskaus, die ihr der Vater gekauft hatte. Die dreiundzwanzigjährige Ljuba und der fünfzehnjährige Dmitri wohnten in der Dreizimmerwohnung des Vaters. Dort blieben sie wohnen, als Sacharow zu Jelena Bonner und deren Kindern und Mutter in eine Zweizimmerwohnung zog.

Ferner: Als einen der »umgarnten« Männer führte der Doktor der Geschichtswissenschaft den Lyriker Wsewolod Bagrizki an. In Jelena Bonners Klagegesuch heißt es: »Wsewolod Bagrizki, Sohn des Dichters Eduard Bagrizki, war weder ein ›älterer‹ noch ein ›wohlsituierter Mann‹ – er wurde am 19. April 1922 in Odessa geboren und ist am 26. Februar 1942, vor Vollendung seines 20. Lebensjahrs, an der Front gefallen. Sewa und ich gingen in dieselbe Klasse und saßen auf derselben Schulbank, wir hatten einen gemeinsamen Schulweg, und er las mir gern Gedichte vor. Sein Vater nannte mich im Scherz ›unsere legitime Braut‹ ... Es war eine Kinderfreundschaft, und er war meine erste Liebe.«

Viele Schreiberlinge der Presse überschlugen sich schier, von Jelena Bonner das Bild eines »gerissenen, habgierigen Weibsbildes« und einer Agentin des internationalen Zionismus, der den genialen Physiker zu vereinnahmen sucht, zu zeichnen.

Nicht lange danach gab es einen neuen Eklat. Ein vermeintlicher Neffe Jelena Bonners, angeblich in Wien ansässig, verschickte Briefe an sowjetische Wissenschaftler, Schriftsteller und Politiker, worin von einer »dunklen Vergangenheit« seiner angeblichen Tante die Rede ist. Wie österreichische Journalisten feststellten, hat es aber weder eine solche Person noch eine solche Adresse in Wien gegeben. Die Briefe kamen indes weiterhin.

Eines Tages, als Jelena Bonner nicht zuhause war, erschien besagter Geschichtswissenschaftler Nikolai Jakowlew bei Sacharow in Gorki persönlich, um sich, wie er anbot, mit ihm »auszusprechen«. Sacharow sagte ihm klipp und klar, was er von seinem Artikel halte, und versetzte ihm eine Ohrfeige. »Nach der Ohrfeige beruhigte sich Andrej wieder, war sogar richtig zufrieden mit sich. Als Medizinerin denke ich, daß er damit seinen Streß abbaute, und das war gut für ihn. Als seine Frau bin ich darüber entzückt, auch wenn ich weiß, daß es zu seinem Naturell überhaupt nicht paßte«, bemerkt Jelena Bonner dazu in den Erinnerungen.

Besonders belastend wurde es für sie, als der Geheimdienst ihre Kinder unter Druck zu setzen begann. Sacharows drei Kinder schickten Telegramme mit der Forderung: »Hungerstreik beenden! Sonst müssen wir die Staatsanwaltschaft einschalten.« Die Differenzen mit seinen Kindern und deren Unverständnis für sein Anliegen und seine Situation machten Sacharow schwer zu schaffen. In seinem Tagebuch ist darüber zu lesen: »Drei Tage schrieb ich einen acht Seiten langen Brief an meine Kinder immer wieder um. In der Nacht zum 30. schloß ich ihn ab. Ein mir innerlich sehr wichtiger Brief.«

Jelena Bonner (1923 – 2011)

Um dieselbe Zeit wurde Sacharow auch häufig bedroht: »Sterben lassen wir Sie nicht, aber wir werden Sie so traktieren, daß Sie sich die Hosen nicht mehr selber zuknöpfen können.« Weder seine Zwangseinweisung ins Krankenhaus noch der Zwangsaufenthalt in Gorki haben seinen Kindern Sorgen bereitet. So kam es, daß Sacharow anderthalb Jahre lang jeden Kontakt mit ihnen mied. Später gab sein Sohn Dmitri ein Interview, das unter der Schlagzeile *Meinen Vater hat Jelena Bonner ins Grab getrieben* erschien.

Jelena Bonners Sohn Alexej wurde aufgefordert, sich von seinem Stiefvater zu distanzieren und dem Komsomol beizutreten. Er tat weder das eine noch das andere. Da ließ man ihn beim Staatsexamen an der Moskauer Universität mit Pauken und Trompeten durchfallen. Und seine Tochter Tatjana wurde im letzten Semester an der Fakultät für Journalistik von der Universität verwiesen. Erst nach zwei Jahren erreichte sie mit viel Mühe die erneute Immatrikulation.

Der Geheimdienst spielte nicht nur die Kinder, sondern auch Kollegen gegen Sacharow und seine Frau aus. In der Zeitung *Iswestija* erschien ein von vier bekannten Akademiemitgliedern unterzeichneter offener Brief mit der Überschrift: *Wenn man Ehre und Gewissen verliert*. Solche Verlautbarungen sind nicht ohne öffentliche Wirkung geblieben. Einmal war Jelena Bonner mit der Bahn unterwegs, und eine Frau, die mitbekommen hatte, wer da neben ihr saß, erklärte lauthals, sie sei eine sowjetische Lehrerin und als solche nicht gewillt, mit der Frau eines Sacharow im selben Bahnabteil zu sitzen. Großes Geschrei. Die Mitreisenden forderten, die Fahrt zu unterbrechen und »diese Bonner« hinauszusetzen. Doch allen Nöten und Ängsten zum Trotz haben sie sich in ihrem Verbannungsort das Scherzen und Vergnügtsein nicht nehmen lassen. Einmal, so Jelena Bonner, konnten sie gar nicht mehr aufhören zu lachen, als sie Sacharow erzählte, wie in den 1950er Jahren der Schriftsteller Juri Olescha das Grab seines Freundes Isaak Melamed im Krematorium des Moskauer Donskoje-Friedhofs aufsuchte und einen Zettel unter die Blumen steckte, auf dem »Issaak, gib schleunigst Bescheid, wie es dort ist« stand. Mit Oleschas Frau Olga Gustafowna Suok war Jelena Bonner befreundet, ihre Datsche hatte sie sogar eigens in deren Nachbarschaft in Peredelkino gemietet.

Was wäre noch über ihren Alltag in Gorki zu sagen? Daß Sacharow in seinen alten Strickjacken urkomisch aussah und sich doch pudelwohl fühlte. Zu Lussjas Geburtstag allerdings, am 15. Februar, machte er sich jedesmal piekfein, indem er seinen besten Anzug anlegte. Lussja-Jelena war eine gute Köchin. Zum Einkaufen auf dem Markt gingen sie meistens gemeinsam. Wenn Jelena Bonner nach Moskau fuhr, um mit ausländischen Korrespondenten zu sprechen, zählte er die Tage und Stunden bis zu ihrer Rückkehr. Doch eines Tages wurde sie in Moskau verhaftet, auf richterlichen Beschluß nach Gorki verbannt und mit Reiseverbot belegt. Die Behörden wollten verhindern, daß die Wahrheit über Sacharow ins Ausland drang, und verbreiteten das Gerücht, er sei psychisch krank. In einem Interview mit der Zeitschrift *Newsweek* äußerte sich später der Präsident der *Akademie der Wissenschaften*, Anatoli Alexandrow, über Sacharow: »Ja, leider, ich denke, daß sein Verhalten in seiner letzten Lebensphase auf eine ernste psychische Störung zurückzuführen ist.«

Aber allem auf der Welt kann man trotzen, wenn, so schreibt Jelena Bonner, »eine so unwahrscheinliche, unvorstellbare menschliche Nähe zueinander besteht, wie das Schicksal sie Andrej und mir geschenkt hat ... Solange wir zusammen waren, solange wir nicht auseinandergerissen wurden, haben wir durchaus glückliche Tage, ein glückliches Leben gehabt. Der Druck, die Bedrängnis waren freilich immer zu spüren ... Überhaupt dieses Gefühl der Verzagtheit und Unsicherheit, das einen beschleicht, wenn man ständig belauscht und beobachtet wird, wenn jeden Tag Sachen verschwinden, so daß man sich schließlich fragt, ob man noch richtig im Kopf ist ... Wer hat meine Zahnbürste weggenommen? Wer hat auf meinem Stuhl gesessen? Wer hat von meinem Teller gegessen? So ging das in einem fort ...«

»Und das ist wirklich ein Rätsel, mir ganz unerklärlich«, fährt Jelena Bonner an derselben Stelle fort. »Wie kommt es, daß in einer solchen ja durchaus nicht ›vegetarischen‹ Zeit unsere eheliche Welt so stabil und lebenstauglich war? Im ganzen Land herrschten Blindheit, Unwissen, Feigheit und Kriechertum und die Hatz auf Andersdenkende. Wir saßen in diesem Gorki wie im Gefängnis. Und doch waren wir glücklich! Und doch klang im Herzen ›der Hoffnung kleines Orchester, von der Liebe dirigiert‹.«

Im Tagebuch beschreibt Sacharow, wie es ihm erging, als seine geliebte Lussja einmal des längeren abwesend war, und schließt mit dem Ausruf: »Wie wünsche ich, daß Lussja bei mir wäre! Noch nie im Leben habe ich etwas so gewünscht!« Dem entsprechen die Zeilen von Jelena Bonner: »... in diesen Jahren wurde uns unsere absolute Übereinstimmung klar. ›Jetzt könnte man uns ins Weltall schießen‹, scherzte Andrej ... Einmal vor dem Einschlafen sagte ich gähnend: ›Das ist aber nicht in Ordnung: Du willst mein Tagebuch haben, und ich soll Deins lesen. Ein Tagebuch schreibt man nur für sich.‹ Darauf er: ›Du und ich, wir sind eins.‹«

Noch eine andere damit korrespondierende Begebenheit aus ihren Erinnerungen: »Als ich gerade den zweiten (oder dritten?) Herzinfarkt hinter mir hatte, sagte Andrej, ohne mich könne er nicht leben und würde er sich das Leben nehmen. Und sagte es in einem so feierlichen Ton (der eigentlich ganz untypisch für ihn war), als beschwöre er das Schicksal oder spräche ein Gebet. Ich bekam einen Schreck. Und bat ihn, um Himmels willen nichts Unbedachtes zu tun. Er mußte mir versprechen, unbedingt die Ruhe zu bewahren, wenn es passierte, und wenigstens ein halbes Jahr abzuwarten.« So sehr haben sie sich geliebt.

Nach seiner Rückkehr nach Moskau blieben Andrej Sacharow noch drei Jahre zu leben. Doch es waren Jahre voller gesellschaftlicher Aktivitäten und Verantwortlichkeiten. Er wurde als Parteiloser in den *Kongreß der Volksdeputierten* gewählt, wo er sich der interregionalen Arbeitsgruppe der Radikalreformer anschloß und eine Reform der sowjetischen Verfassung in Angriff nahm.

In seinen Erinnerungen heißt es über diese Zeit: »Während des Kongresses hielten Lussja und ich es immer so, es war schon wie ein Ritual: Am Morgen brachte mich der Fahrer zum Kreml, ich entließ ihn und ging zu Fuß zum Kongreßpalast (etwa fünf Minuten durch das Innengelände). Lussja setzte sich vor den Fernseher und sah und hörte sich alles über den Kongreß an. Wenn eine Pause angesagt wurde, eilte sie zum Wagen, fuhr bis zum Spasski-Turm und wartete an der Sperrkette, hinter der sich der nur für die Deputierten zugängliche zentrale Teil des Roten Platzes erstreckte. Ich kam dorthin, und wir fuhren zusammen zum Mittagessen ins *Rossija*. Anschließend brachte sie mich zum Kreml zurück und sauste wieder nach Hause zum Fernseher. Und am Abend holte sie mich ab. In diesen aufregenden Tagen stimmten alle unsere Auffassungen bis ins kleinste überein.«

Und nun, lieber Leser, eine Erinnerung aus meinem eigenen Leben, die mit Jelena Bonner und ein wenig auch Andrej Sacharow zu tun hat. Sie fällt in den Spätherbst des Jahres 1987. Zusammen mit einer Kollegin hatte ich ein Drehbuch zu einem Spielfilm geschrieben, der von einem Physiker unserer Tage handelt. Auf Vermittlung eines befreundeten Menschenrechtlers namens Boris schickten wir es Andrej Sacharow, um seine Meinung dazu zu hören. Nach einer Weile rief uns Jelena Bonner an: »Sacharow möchte Ihr Drehbuch nicht lesen, er hat überhaupt keine Zeit ...« Als wir dann bei ihr waren, erklärte sie noch: »Als ich Sacharow bat, ein Drehbuch über einen Physiker zu lesen, meinte er: ›Und wenn es schlecht ist, was soll ich da machen? Nichts sagen, heucheln? Das wäre auch vor Borja peinlich. Nein, nein, es lieber gar nicht erst lesen. Lies Du es, wenn Du magst.‹«

So kam es, daß sie das Drehbuch im Detail kannte, als sie uns anrief. »Wenn Sie meine Meinung hören möchten, kommen Sie her. Die Adresse: Tschkalowstraße ...« Uns empfing eine ältere Frau mit müden Gesichtszügen und aufmerksamen, freundlichen dunklen Augen. Anfangs waren wir ziemlich gehemmt, doch bald tauten wir auf, unterhielten uns lebhaft, lachten sogar miteinander. Sie besaßen in dem Haus zwei Wohnungen auf verschiedenen Etagen. Die zweite habe Sacharow nach der Verbannung bekommen, sagte sie. Wir saßen in der Küche der unteren Wohnung. Sie schenkte Tee ein und nahm das Gespräch auf. Wir freuten uns, wie ernsthaft sie sich des Textes angenommen hatte, wie differenziert, kenntnisreich, offen und taktvoll sie ihre Eindrücke und Einwände vorbrachte.

Der Inhalt in groben Zügen: Ein genialer Physiker macht eine Entdeckung und entwickelt daraus ein Forschungsprojekt, dessen Verwirklichung, eine Massenvernichtungswaffe, eine große Gefahr für die Welt darstellt. Er ist von seinem Tun wie besessen, doch schließlich begreift er, daß damit das Leben der Menschheit aufs Spiel gesetzt würde und verbrennt seine Ausarbeitungen. Doch nicht lange, und er nimmt die Arbeit wieder auf, außerstande, seinen Forschergeist auszuschalten. Er weiß, daß andere diesen Erkenntnisstand höchstens in hundert Jahren erreichen könnten, und hofft, daß bis dahin ein wirksames Mittel gegen das unheilvolle Ergebnis gefunden würde. Er schwankt von neuem, verbrennt die Ausarbeitungen wieder, fängt wieder von vorn an, quält sich, beginnt zu trinken. Doch zwanghaft zieht es ihn an den Arbeitstisch zurück. Er ist verzweifelt, weiß nicht mehr ein noch aus und setzt seinem Leben ein Ende.

Unser Gespräch dauerte fast eine Stunde. Dabei hob Jelena Bonner hervor, wie ich mich entsinne, daß die Atombombe bald sehr viel kleiner und dadurch noch schrecklicher sein werde. Und daß ein Land, das Ideen entwickele, wie die globale Katastrophe abgewendet, wie unser Planet vor der Verwüstung bewahrt werden könne – daß dieses Land allerhöchste Ehre verdiene. »Darüber haben wir oft gesprochen, Andrej Dmitrijewitsch und ich.«

Während sie uns durch den dunklen Flur, in dem auf beiden Seiten Bücherregale aufragten, zur Tür begleitete, sagte sie noch: »Im Augenblick beschäftige ich mich mit Andrej Dmitrijewitschs Stammbaum. Vielleicht erinnern Sie sich – in einem Brief an Schukowski erwähnt Puschkin ein griechisches Waisenmädchen mit dem Familiennamen Sofianos. Sacharows Mutter hieß als Mädchen Jekaterina Sofiano. Ich frage mich, ob da nicht ein Zusammenhang besteht?«

Um es vorwegzunehmen – nach dem Tod ihres Mannes veröffentlichte Jelena Bonner tatsächlich eine Abhandlung zu diesem Thema: *Freie Randbemerkungen zu Sacharows Stammbaum*. Sie war sogar nach Griechenland gefahren und hatte Sacharows weit zurückreichende griechische Wurzeln mütterlicherseits recherchiert. »Was heißt Russe?« fragt sie in diesem Text und antwortet: »Deutscher, Pole, Grieche, Serbe, Tatare ...« Das trifft alles auf Sacharow zu. Ein Zusammenfluß ganz verschiedener Blutslinien. Sacharow war Russe der Geburt und Weltbürger der Gesinnung nach. Mit dieser Ahnenforschung wurde gleichsam ihr inniger ehelicher Bund über den Tod hinaus fortgesetzt.

Zurück nach Moskau am Ende der 1980er Jahre. Schon in der Verbannung hatte Andrej Sacharow an seinen *Erinnerungen* sowie an dem Buch *Moskau, Gorki, ferner überall* zu arbeiten begonnen. Dabei geschah es viermal, daß Leute der Staatssicherheit heimlich in seine Wohnung eindrangen und die Manuskripte entwendeten oder sie bei einer Hausdurchsuchung offen beschlagnahmten. Mit Jelena Bonners Hilfe stellte er den Text jedesmal wieder her oder schrieb ihn neu.

Aus ihren Erinnerungen: »Das Vorwort zu *Moskau, Gorki, ferner überall* und den Epilog zu den *Erinnerungen* legte er mir am Morgen des 14. Dezember 1989 auf den Tisch ... Die letzten Worte sind an mich gerichtet: ›Das Leben geht weiter. Wir sind zusammen.‹«

Am selben Tag sagte er zu ihr: »Ich weiß nicht, Lussenka, heute bin ich so merkwürdig müde. Ich werde mich ein bißchen aufs Ohr legen. Wecke mich in zwei Stunden, dann arbeiten wir weiter.« Er hatte gerade einige Überlegungen zur Reform des Schiffbaus aufgeschrieben, die er den Deputierten anderntags vortragen wollte.

Noch am selben Tag ist Andrej Sacharow gestorben. Er starb an Myokardiopathie, einem angeborenen Herzleiden. Drei Monate zuvor, am 6. September 1989, hatte das Moskauer *Komitee für Staatssicherheit* die letzten sieben Bände über die operative Arbeit zu Asket (Andrej Sacharow) und Lissa (Jelena Bonner) vernichtet. 583 Bände waren ihnen bereits vorausgegangen.

Der Tod ihres Mannes warf Jelena Bonner vollkommen aus der Bahn. Sie habe so bitterlich geweint, wird erzählt, daß eine Nachbarin sich eines Tages ein Herz faßte und beschwichtigend zu ihr sagte: »Ich höre Sie jede Nacht weinen. Wissen Sie, in unserm Dorf hieß es: Nach solch einem Tod steht man Schlange. Weinen Sie nicht, lieber ein rascher Tod, als sich jahrelang zu quälen.«

Aus Jelena Bonners Erinnerungen: »Schon der erste Moment jedes neuen Tages bringt mich in eine Wirklichkeit zurück, in der es Andrej nicht mehr gibt – der Anblick seines ungenutzten Kopfkissens. Morgens ist es am schwersten, sich wieder ins Leben hineinzufinden.« Nach mehreren erneuten Herzinfarkten reiste sie in die USA und ließ sich dort behandeln. Sie schrieb eine Reihe teils autobiographischer Bücher, darunter *Mütter und Töchter*, *Randbemerkungen zu Sacharows Stammbaum* und *In Einsamkeit vereint: Meine Jahre mit Andrej Sacharow in der Verbannung*, Bücher, die einmal mehr bestätigen, daß das reale Leben reicher, dramatischer und packender ist als die kühnste Phantasie. Zumal wenn es sich in Rußland zuträgt. Sicherlich wird sich irgendwann ein Schriftsteller finden, der anhand von Menschenschicksalen eine Chronik des neuen Rußland schreibt und in Zusammenhang stellt mit den Nöten und Problemen des ganzen Planeten. Ein russischer Shakespeare vielleicht!

Jelena Bonners Lieblingsdichter waren Boris Pasternak und der Emigrant Wladislaw Chodassewitsch. Zu dem Erstgenannten steht in ihren Erinnerungen: »1983 oder Anfang 1984 brachte ich eine Schallplatte nach Gorki mit: Pasternak liest eigene Gedichte. Andrej hörte sie sich oft an, dabei besonders gern *August*. Einmal hörte ich, wie er (ich befand mich im Nachbarzimmer) vor sich hin sprach:

> Und mir fiel ein, warum so feucht
> Das Kissen war an meiner Wange:
> Mir träumte, wie ihr durch den Wald
> Zu Grab mich trugt in langer Schlange.
> ...
> Wie auf dem Friedhof, zwischen Bäumen,
> Der Tod, ein Landvermesser, stand
> Und mich mit Blicken für die Grube
> Vermaß als sein erworbnes Land.

Die Wohnung in Gorki. Wind, der an die dunklen Fensterscheiben schlägt. Andrejs Stimme von nebenan. Die plötzliche Angst um ihn. Und auch um mich – ihn zu verlieren … ›Hast

Du geweint? Weshalb denn?‹ fragte er beim Tee. ›Vor Glück‹, antwortete ich.«

Den Dichter Chodassewitsch schätzte Jelena Bonner vor allem, weil er aufgrund seiner Heimatlosigkeit zwar lange Jahre unter dem Diktat von Trauer und Melancholie schrieb, seine Gedichte aber voller Sturm und Drang, Lebenswille und Leidenschaft sind. Es mag paradox erscheinen, doch Chodassewitsch vermochte es, aus seiner Verzweiflung Energie zu schöpfen, und das kam Jelena Bonners Gemütslage entgegen. Die folgenden Verse von ihm sind ihrem Buch *Mütter und Töchter* vorangestellt:

Erinnrung, du launenhaftes Wesen,
Du Ausbund an störrischem Geist!
Du bist wie die knotige Olive,
Die jede Beengung zerreißt.

Verknotest dein Astwerk und Gezweig
Im Wildwuchs der Assoziationen
Und wächst unaufhörlich und gedeihst,
Trägst Früchte zu Abermillionen.

Aus den Erinnerungen: »Die Maschine flog über dem Ozean. Hinter dem Fenster ein rosiger Morgenhimmel. Mir ging durch den Sinn, daß nun drei Leben hinter mir lagen. Das erste hatte einen ebenso rosigen Himmel – Kindheit, erste Liebe, Poesie, Einsamkeit, Tanzfeste, Krieg, Tod … Dennoch, mein erstes Leben ist ein einziger rosiger Himmel gewesen. Das zweite – Kinderkriegen, Mutter- und Frauenglück, Freude am Beruf. Sein Hauptinhalt waren und blieben die Kinder. Mein drittes Leben heißt Andrej. Wie in einem alten Märchen haben sich zwei Seelenhälften gefunden; wir lebten in völliger Eintracht, stimmten in allem überein, vom Intimsten bis zum Allgemeingültigsten. Manchmal fragte ich mich erstaunt: Ist sowas überhaupt möglich? … Jetzt bin ich in mein viertes Leben eingetreten.«

Dieses »vierte Leben« der Jelena Bonner endete am 18. Juni 2011 in Boston, USA. Die Urne mit ihrer Asche wurde noch im selben Jahr nach Moskau überführt und in Andrej Sacharows Grab auf dem Friedhof Wostrjakowo beigesetzt.

Jelena Bonner (1923 – 2011)

Der 18. Juni 2014. Ein ungewöhnlich kalter, senkrecht fallender Sommerregen. Auf Parzelle 80 des Friedhofs Wostrjakowo, vor Andrej Sacharows und Jelena Bonners Gemeinschaftsgrab, stehen an die 30 Personen mit Regenschirmen und Blumen versammelt. Sie stehen fröstelnd, dicht gedrängt. Hergeführt hat sie ein Gedenktag: Jelena Bonners 90. Geburtstag. Sie zünden auf dem Grab Kerzen an, legen Nelken nieder, sprechen von Jelena Bonner als einem Vorbild an Entschlossenheit, Tatkraft und Menschenfreundlichkeit und tragen Gedichte vor, die sie besonders geliebt hat. Der Regen nimmt zu, der nasse Lehm unter den Füßen, aber keiner macht Anstalten, sich zu entfernen. Es wird auch über die politische Lage in Rußland gesprochen – daß der Kampf um Demokratie und Menschenrechte, gegen die Verfolgung Andersdenkender inzwischen noch dringender geworden sei als in seinen Anfängen vor einem Vierteljahrhundert; daß die Bürger heute sogar weniger Rechte haben und die Rechtslage noch unsicherer sei …

Jelena Bonner und Andrej Sacharow sind zwei moralisch wache, reinherzige, zutiefst integre Menschen gewesen. Und ein bewundernswert harmonisches Paar. In allen Jahren ihres Zusammenseins haben sie sich kein einziges Mal gestritten oder einander irgendeine Vorhaltung gemacht. Zumindest hat keiner ihrer Angehörigen oder Freunde jemals davon gehört. Mir scheint, die Geschichte dieser Ehe ist eine der schönsten Liebesgeschichten des 20. Jahrhunderts.

»Am Anfang war die Frau«

Irina Schostakowitsch (* 1934)

Meine Frau heißt Irina Antonowna ... sie ist sehr hübsch, klug, fröhlich, unkompliziert und sympathisch. Sie trägt eine Brille, kann die Buchstaben ›l‹ und ›r‹ nicht aussprechen ... « Und außerdem: »Sie hat nur einen großen Fehler, sie ist erst siebenundzwanzig Jahre alt«, schrieb der Komponist Dmitri Schostakowitsch (1906 – 1975) über seine Frau Irina Supinskaja-Schostakowitsch. Vor ihrer Heirat im Jahr 1962 waren sie bereits einige Jahre miteinander bekannt. Irina arbeitete als Literaturredakteurin im Verlag *Sowjetischer Komponist*.

Einmal wurden auf dem Plenum der Komponisten die sinfonischen Miniaturen des Komponisten Kara-Karajew zu *Don Quichote* aufgeführt, der Einlaß in den Saal war nur Mitgliedern des Komponistenverbandes der UdSSR erlaubt, die ihren Mitgliedsausweis vorweisen mußten. Ein Bekannter von Irina bat Dmitri Schostakowitsch, sie auf seinen Ausweis einzuschleusen. Er tat es. Sie setzten sich nebeneinander ... Dann lud er sie zu sich nach Hause an den Kutusow-Prospekt ein und machte ihr einen Heiratsantrag! Irina lehnte den Antrag mit der Begründung ab, die Kinder Dmitri Dmitriwitschs seien in ihrem Alter und alle würden sagen, sie hätte ihn nur geheiratet, weil er berühmt sei.

Sie trennten sich für ein Jahr. Als sie sich wiedertrafen, konnten sie nicht mehr voneinander lassen. Es gibt offensichtlich ein geheimes Gesetz, das verlangt, die Liebe auf die Probe zu stellen. Eine längere Trennung, Distanz in »Zeit und Raum« öffnet den besonderen Blick auf das Wunderbare und Großartige des geliebten Menschen, das im ersten Moment nicht erkennbar ist.

Irina Supinskaja wurde am 30. November 1934 in Leningrad geboren. 1942 wurde sie gemeinsam mit anderen Leningrader Kindern aus der belagerten Stadt evakuiert. Auf Lastwagen, die

Lebensmittel nach Leningrad brachten, wurden die Kinder über den Ladogasee ins Hinterland gebracht. Die Fahrt führte über die Eisdecke, die jeden Moment unter dem Einschlag einer abgeworfenen Bombe bersten konnte, und durch einen Schneesturm, der befürchten ließ, die überhitzten Motoren würden den Geist aufgeben. Die ausgehungerten Kinder wurden zu dafür eingerichteten Verpflegungsstationen gebracht, wo es verführerisch nach Essen roch. Doch die Ärzte sorgten dafür, daß sich die Kinder nicht gleich satt aßen. Sie mußten erst allmählich ins Leben zurückgeführt werden. Doch der Tod wollte seine Opfer nicht loslassen. Der Tod verfolgte sie und gab sich alle Mühe, einen nach dem anderen aus dem Leben zu reißen. Und sogar, als sich ein schwerfälliger Zug in den Osten des Landes schleppte, erreichte der Tod die Kinder aus Leningrad. Aus den Waggons wurden starre kleine Körper gezogen und unterwegs begraben. Viele Kinder lagen auf den Pritschen der Waggons mit hohem Fieber und waren kaum bei Bewußtsein. Zeit und Raum existierten außerhalb ihrer Wahrnehmung. Doch die kleine Irina überlebte und überstand alle Leiden des Blockadewinters 1942.

Bereits im Jahr 1937 war ihr Vater im Zuge des stalinistischen Terrors inhaftiert worden. Er war Ethnograph und Linguist, Mitarbeiter am *Museum für Archäologie*. Irinas Mutter starb im Jahr darauf. Sie war erst 28 Jahre alt. Die kleine Irina war drei Jahre alt. Vielleicht haben sich in dieser Zeit, in ihrer Kindheit und Jugend, in ihrem Charakter die klare Haltung und der ausgeprägte Lebenswille herausgebildet. Bei ihr spürte man immer eine aristokratische Herkunft, in all ihren Gesten, in jedem ihrer Worte fanden die Werte vieler Generationen Petersburger Intellektueller ihren Ausdruck.

Der Vater kam erst nach Kriegsende aus dem Lager zurück. Er wurde rehabilitiert. Doch aufgrund der damaligen Gesetze durfte er sich nicht in Großstädten niederlassen. Und dann gründete er eine neue Familie ...

Einmal wurde Irina von einem Regisseur gefragt, wie man die Stadt Leningrad darstellen solle, um darin ein Bild für den Charakter Schostakowitschs zu finden? Und sie antwortete, ohne zu zögern: »Schneidender Wind! Wir lebten alle im Wind, in Leningrad gibt es diese starken, schneidenden Winde, die alles durchdringen. Das Leben im Wind bedeutet Leben mit Spannung. Leningrad prägt die Persönlichkeit, der Leningrader ist ein ganz besonderer Typus. Und Schostakowitsch hatte noch eine Petersburger Erziehung genossen, die verlangt Höflichkeit, Zurückhaltung ...«

Irina war Schostakowitschs dritte Frau. Als er dreizehn Jahre alt war, schrieb der zukünftige Komponist, verliebt in die zehnjährige Natalja Kube, sein erstes kleines Präludium, das er ihr widmete. Dem jungen Schostakowitsch schien, dieses wunderbare Gefühl würde ihm das ganze Leben lang bleiben und nie aus seinem empfindsamen und verletzlichen Herz verschwinden. »In der Musik hat Gott den Menschen die Erinnerung an das Paradies hinterlassen«, dem Ausspruch der Hildegard von Bingen hätte sich Dmitri Schostakowitsch getrost anschließen können. Doch die erste Liebe verblaßte allmählich, der Wunsch, Musik zu komponieren und sie einer geliebten Frau zu widmen, blieb jedoch das ganze Leben lang.

Tatsächlich, »am Anfang war die Frau«, scherzte der Komponist, als er sich an den frühen Impuls zum Komponieren erinnerte, es war auch der Wunsch, die Aufmerksamkeit des Mädchens zu erlangen, das ihm sehr gefiel.

1966 durfte ich Bekanntschaft von Alexander Alexandrowitsch Cholodilin machen, dem Freund und Vertrauten Schostakowitschs. Ich studierte damals Musik und bereitete mich auf einen Weg als professionelle Musikerin vor. Cholodilin unterstützte in jener Zeit viele junge Talente. Für Tanja Fedjajewa zum Beispiel organisierte er einen Vorspieltermin bei Schostakowitsch persönlich. Sie spielte ihm ihre Sonate vor, und er sagte ganz aufgewühlt: »Dieses Mädchen hat ein großes melodisches Talent. Allein aus einem Bruchstück ihrer Sonate könnte man zehn Sinfonien komponieren ...« Eine Woche später wurde ein Konzertflügel in die Wohnung der Fedjajews gebracht, für Tanja, von Schostakowitsch. Ich hörte sie 1966 im Moskauer Haus des Komponistenverbandes, wo auf Initiative von Schostakowitsch ihr erstes großes Konzert stattfand.

Alexander Cholodilin war ein zurückhaltender, höflicher und unendlich verbindlicher Mensch. Und dabei völlig uneigennützig, verliebt in die Musik und in die Persönlichkeit Schostakowitschs. Von ihm hörte ich über die erste Kinderliebe Schostakowitschs und über sein erstes Werk. Damals hörte ich auch von der scherzhaften Geschichte Schostakowitschs, daß er glaube, Gott habe zuerst Eva erschaffen, und Adam sei der Sohn der beiden ...

Dann hatte Schostakowitsch eine Jugendliebe, Tatjana Gliwenko. Die Mutter Schostakowitschs war gegen eine Ehe.

Früher hatte er selbst einmal in einem Brief an sie die Ansicht vertreten: »Die Liebe ist wirklich frei. Das Versprechen, das vor dem Altar gegeben wird, ist die schrecklichste Seite der Religion. Die Liebe kann nicht ewig währen ... mich durch eine Ehe zu binden, ist nicht mein Ziel.«

Doch auch als er und Tatjana sich getrennt hatten, konnte er sie nicht vergessen. Der Komponist traf sie manchmal auf der Straße, schrieb ihr leidenschaftliche Briefe und sprach von seiner Liebe zu ihr, als sie bereits längst einen anderen geheiratet hatte. Drei Jahre später faßte er den Mut, Tatjana Gliwenko zu bitten, ihren Mann zu verlassen und seine Frau zu werden, doch sie nahm Schostakowitschs Antrag nicht ernst. Zumal sie damals bereits ein Kind erwartete. Im April 1932 gebar Tatjana einen Sohn und bat Schostakowitsch, sie für immer aus seinem Leben zu streichen. Von dieser Liebe blieben nur die berühmte *Erste Sinfonie* Dmitri Schostakowitschs und sein *Trio für Klavier, Geige und Violoncello*, die Tatjana Gliwenko gewidmet sind.

Endgültig überzeugt davon, daß die Geliebte nicht zu ihm zurückkehren würde, heiratete der Komponist im Mai desselben Jahres überraschend eine sehr schöne Frau, die Studentin Nina Warsar. Ihr war es beschieden, zwanzig Jahre an seiner Seite zu leben und ihm einen Sohn und eine Tochter zu gebären. Doch von Beginn ihrer Beziehung an waren die Stimmungsschwankungen Schostakowitschs so stark, daß er zu seiner eigenen Hochzeit nicht erschien. Ein halbes Jahr später versöhnte sich das Paar, und die Hochzeit fand doch statt. Es war Nina, der er die gefühlsbetonte Musik seiner Oper *Lady Macbeth* widmete. »Schostakowitsch ist zweifelsohne der wichtigste Vertreter pornografischer Musik in der Geschichte der Oper«, hieß es in der amerikanischen Presse über *Lady Macbeth*.

Genaueres über Nina Warsar-Schostakowitsch, die erste Frau des Komponisten, fand ich in den Memoiren Kora Landau-Drobanzewas *Das Akademiemitglied Landau. Wie wir lebten*. Kora war über viele Jahre eine enge Vertraute der Ehefrau Schostakowitschs. Hier ihre Erinnerungen: »Nita, so nannten wir Nina. Eine Schönheit mit goldenem Haar und Goldfünkchen in den Augen. Und erst ihr Lachen! Wie schön sie lachte, in ihrer Stimme war der Klang von Kristall und Silber-

Irina Schostakowitsch (* 1934)

glöckchen. Sie war Physikerin, Absolventin der Physikalischen Fakultät der Leningrader Universität. Dmitri und sie heirateten, als sie noch studierte. Als der jüngere Sohn Maxim sieben Jahre alt wurde, begann sie mit der Arbeit im Labor des Akademiemitglieds Alichanjan. Es waren die Jahre, in denen Stalin in der Musik Schostakowitschs etwas fand, was mit dem Sozialismus unvereinbar war. Sie war ›übermäßig‹ revolutionär. Klänge von satanischer Kraft lockten irgendwohin, verlangten nach etwas, was nicht zu finden war. Doch das Schlimmste war, daß man ihn im Westen als das Jahrhundertgenie in der Musik bezeichnete. Als Antwort darauf wurde Schostakowitsch in seiner Heimat das Grundgehalt entzogen, und seine Werke wurden von der Zensur so mißtrauisch geprüft, daß er Musikunterricht am Konservatorium geben mußte, um die Familie über Wasser zu halten. Das Gehalt von Nitotschka war lebensnotwendig.

Der Physiker Artjom Alichanjan, Mitglied der *Akademie der Wissenschaften*, Nitas Chef, war heimlich und hoffnungslos in Schostakowitschs Frau verliebt ... Und Mitja, wie wir Schostakowitsch nannten, hat immer viel gearbeitet. Er war von der Musik erfüllt und konnte ohne seinen Flügel nicht leben. Wir jedoch, mein Mann und ich, das Akademiemitglied Landau (den wir Dau nannten) und Nita gingen gemeinsam aus, ins Kino, ins Theater ...

Es gab so einen Vorfall, als er aus Leningrad nach Moskau zog, und Nita war noch nicht von der Evakuierung zurückgekehrt. Da ging das Gerücht um, daß Schostakowitsch allein sehr schlecht zurechtkomme (obwohl er eine schöne Wohnung bekommen hatte). Eine Kommission vom Verband der Komponisten reiste an, um den Gerüchten auf den Grund zu gehen. Auf das Klingeln hin öffnete Mitja selbst die Tür und blieb auf der Schwelle stehen, um den Zugang zur Wohnung zu versperren. Er versicherte, daß er nichts nötig habe, daß er sich bedanke und kategorisch jegliche Hilfe ablehne. Die Mitglieder der Kommission waren hartnäckig und drangen in die Wohnung ein: In der völlig leeren Wohnung stand der Flügel, davor ein kleiner Stuhl, neben dem Flügel lagen Zeitungen auf dem Boden, die als Schlafstatt dienten, und auf dem Fenstersims stand eine Kefirflasche. Mitja war empört und verwirrt, falls sie wirklich seinen Alltag regeln wollten, würden sie ihn stören, und er brauche doch nur den Flügel!

Es schien, Mitja würde Nitas Fehlen nicht weiter bemerken. Er war froh, daß sie arbeiten konnte, und daß ihr die Arbeit gefiel. Den Haushalt führten zwei Hausmädchen. Der Alltag hatte Nita nie interessiert. Wenn ich von Zeit zu Zeit spontan zu Nita zu Besuch kam, stand Mitja mit trauriger Unzufriedenheit vom Flügel auf. Er war sehr schüchtern und wirkte verwirrt.

Mit den Finanzangelegenheiten der Familie ging es bergauf. Amerika bat um Erlaubnis, eines der neuen Werke Schostakowitschs aufzuführen. Die Erlaubnis wurde erteilt. Es gab ein Honorar von zehntausend Dollar. Nita bat darum, für das Geld Kleidung für die Familie zu schicken. Sie brüstete sich mit ihrer amerikanischen Garderobe. Ihr Lachen klang noch heller, und in ihren Augen strahlte das Glück.

Manchmal dachte ich, Mitja liebte Nita seit seiner Jugend so unbedingt und selbstlos wegen der Musik in ihrem Lachen! Viele junge Frauen, die das Talent Mitjas bewunderten, schmückten seine Wohnung mit Blumen und brannten vor Verlangen, den genialen Komponisten zu zähmen. Die Blumen nahm Nita entgegen, und der Komponist blieb über den Flügel gebeugt sitzen.

Einmal mußte Nita ihren Chef auf einer Dienstreise nach Armenien begleiten. Mitja hatte ernste Einwände gegen Nitas Reise. In der letzten Zeit hatte sie viel Gewicht verloren, ihre Taille war schmal wie die eines jungen Mädchens. Nita willigte ein, sich zuvor im Krankenhaus untersuchen zu lassen. Die Untersuchung im *Kreml-Krankenhaus* dauerte zwei Wochen. Die Ärzte versicherten Mitja, daß seine Frau völlig gesund sei.

In Eriwan leuchtete der goldene Herbst, eine Zeit, die so großzügig die besten Früchte bereithält. Nita verbrachte diese Zeit des Jahres gewöhnlich in Eriwan. Seit fünf Jahren arbeitete sie für Alichanjan. Doch ausgerechnet in Eriwan kam Nita unter das Messer. Ein Darmverschluß, eine unaufschiebbare, dringende Operation. Sie wurde von den besten Ärzten Armeniens ausgeführt. Der Darmverschluß wurde beseitigt, aber eine bösartige Geschwulst dabei zu Tage befördert ...

Schostakowitsch und sein Sohn flogen sofort nach Eriwan. Nita kam zwei Stunden nach der Operation zu Bewußtsein und

Irina Schostakowitsch (* 1934)   293

sagte: ›Welch Glück, daß ich die Operation schon hinter mir habe‹, lächelte, schloß die Augen und starb. Leicht, ruhig, als sei sie eingeschlafen ...

Der Sarg wurde nach Moskau überführt. Es war ein Zinksarg, er glänzte silbern und hatte einen schön gebogenen gläsernen Deckel, und so sahen wir Nitotschka wie Schneewittchen im Kristallsarg. Der Schnee war weiß, und die Erde des Grabes schwarz und mit purpurroten Rosen bedeckt. In all den Jahren nach Nitas Tod war ihr Grab am Jahrestag ihrer Beisetzung mit roten Rosen bedeckt ...«

Als Nina Schostakowitsch starb, war ihre Tochter Galina achtzehn Jahre alt, der Sohn Maxim sechzehn. Drei Jahre nach Ninas Tod ging Schostakowitsch bei irgendeinem Anlaß auf die Mitarbeiterin des *Komsomol-Zentralkomitees* Margarita Kainowa zu und fragte, ob sie nicht seine Frau werden wolle. Die wunderte sich und willigte ein. Kurze Zeit darauf floh er vor ihr nach Leningrad und bat den zwanzigjährigen Maxim, die Scheidung für ihn zu regeln. Als ihr vorgeworfen wurde, daß sie ständig Gäste hätte, während ihr Mann doch Musiker sei, der arbeiten müsse, antwortete sie: »Na und, was ist schon dabei, mein erster Mann war ebenfalls Musiker, er spielte Akkordeon.«

Die Ehe mit Irina Supinskaja war Schostakowitschs dritte und letzte Ehe. Sie heirateten im Jahr 1962. Sie war es, die den Komponisten in seinen letzten Lebensjahren mit Liebe und Fürsorge umgab. Sie hatten so viel gemeinsam durchlebt! Auch ihre Geburtstage feierten sie gern zusammen. Dann wünschte er sich stets sein Lieblingsgericht Pelmeni. Seine Vorfahren stammten aus Sibirien, und Pelmeni werden dort mit drei unterschiedlichen Fleischfüllungen zubereitet. Für ihn war dieses Gericht der Gipfel der Kochkunst.

»Einmal wurde er direkt von der Probe der *Dreizehnten Sinfonie* ins *Zentralkomitee der Partei* beordert«, erzählte Irina Schostakowitsch in einem Interview. »Wir fuhren nach Hause, und er warf sich aufs Bett und begann zu weinen. Sagte, daß man ihn zwingen wolle, die Premiere abzusetzen. Die *Dreizehnte Sinfonie* war eine Vertonung von Jewtuschenko-Gedichten, einschließlich *Babij Jar*. All das geschah am Tag nach dem berühmt-berüchtigten Treffen Chrustschows mit den russischen

Intellektuellen. Dmitri Dmitrijewitsch ist der berühmte Komponist, und im *Zentralkomitee* haben sie diskutiert, ob man die Premiere verbieten oder erlauben soll. Zu dem Zeitpunkt, als er ins *Zentralkomitee* kam, war beschlossen worden, es sei besser, sie zu erlauben. Und später dann zu verbieten ...«

Dmitri Schostakowitsch widmete Irina eine Suite nach Gedichten von Michelangelo. Im letzten Teil der Suite gibt es zwei Epitaphe. Einen widmete der Komponist seiner jungen Frau. Er nannte die Themen der Suite: Weisheit, Liebe, Kreativität, Tod, Unsterblichkeit. Als Journalisten die Frau des Komponisten fragten, wie sie zu dem Geschenk stehe, das immerhin eine Grabinschrift sei, antwortete sie: »Ruhig. Ich habe mich bei ihm bedankt.« Die Journalisten ließen nicht locker, und am Ende bekannte sie, daß sie tief in ihrer Seele doch über das Geschenk erschrocken war. Stellen Sie sich das Bild vor: Ein älterer Mann sitzt am Flügel und komponiert eine Grabinschrift für seine junge Frau! Doch wie schrieb Vincent van Gogh: »Die Normalität ist eine gepflasterte Straße; man kann gut darauf gehen – doch es wachsen keine Blumen auf ihr.«

Es ist bekannt, daß er sogar ein Requiem für sich selbst komponiert hat! Obwohl die offizielle Widmung lautet: *Dem Andenken der Opfer des Krieges und des Faschismus.* Das war das *Achte Quartett*, in dem er auf seine ironische Art dem Freund mitteilte: »... ich schrieb ein völlig unnötiges und ideologisch fragwürdiges Quartett. Ich dachte darüber nach, daß, wenn ich einst sterbe, kaum jemand ein Werk schreiben wird, das meinem Andenken gewidmet ist. Deshalb beschloß ich, selbst so etwas zu schreiben. Man könnte auch auf die Umschlagseite schreiben: *Dem Andenken des Komponisten dieses Quartetts gewidmet ...* Das Pseudotragische dieses Quartetts besteht darin, daß ich während des Komponierens so viele Tränen vergossen habe, wie man Urin nach einem halben Dutzend Biere vergießt.«

Wenn ich die Biographien, die Schostakowitsch gewidmet sind, lese, die Gespräche mit ihm, Interviews und Erinnerungen, so erstaunen mich einige Episoden aus der Zeit seiner Ehe mit Irina. »Um schöne Musik zu komponieren, muß man verliebt sein und leidenschaftlich leben«, sagte der große Imre Kálmán. Diese Aussage trifft zweifelsohne auch für Schostakowitsch zu.

Irina war nicht nur seine Muse, sondern auch eine Freundin, bei der er Rat und Trost fand.

In den Jahren, in denen Schostakowitsch und seine Musik politischen Repressalien ausgesetzt waren, komponierte er »für sich«, »für die Schublade«, um seiner Seele Luft zu machen, ein satirisches *Antiformalistisches kleines Paradies*, in dem er sich musikalisch über alle parteilichen »Leitungsapparate« seiner Zeit lustig machte. Er fügte ein Zitat aus dem georgischen Volkslied *Suliko* ein, das Stalin sehr liebte. Und darauf folgte eine äußerst mystische Geschichte.

Am 21. Juni 1969 wurde im *Kleinen Saal* des Moskauer Konservatoriums die *Vierzehnte Sinfonie* Schostakowitschs öffentlich aufgeführt. In der Partitur war ein gewisser Opostylow erwähnt. Unter diesem Namen führte der Komponist einen seiner dümmsten und bösartigsten Verleumder, den Parteibonzen Apostolow. Schostakowitsch kam selbst auf die Bühne, um vor der Aufführung ein paar Worte zu sagen. Zeitzeugen beschreiben, was darauf folgte: »Während die Musik aufgeführt wurde, entstand unter den Zuschauern im Saal plötzlich Unruhe: Ein Mann, kreideweiß, verließ den Saal ... Und als im letzten Teil der Sinfonie die Worte erklangen ›Der Tod ist allmächtig. Er hält Wacht ...‹, lag bereits ein Toter im Korridor des Konservatoriums, der eine halbe Stunde zuvor mit letzter Kraft den Saal verlassen hatte. Das war Pawel Apostolow.«

In seinen letzten Jahren war Schostakowitsch krank. Seine Frau wich nicht von seiner Seite. Die Ursache der Krankheit war nicht feststellbar. Seine rechte Hand war gelähmt, ebenso sein rechtes Bein. Er litt sehr darunter, daß er nicht mehr Klavier spielen konnte. Er war gewohnt, alles, was er komponiert hatte, Irina vorzuspielen. Sie war seine erste Zuhörerin. Ihre Meinung war ihm immer wichtig gewesen. Dann erlitt er zwei Infarkte, eine Krebserkrankung ... Er starb am 9. August 1975. Der große Komponist wurde in Moskau auf dem Neujungfrauen-Friedhof bestattet.

»Als er von mir gegangen war«, sagt Irina Schostakowitsch, »beschloß ich für mich, daß ich so weiterleben werde, als sei er immer noch da, als seien wir zu zweit, und ich werde versuchen, in allen Situationen zu verstehen, was für ihn das Beste wäre.

Die Musik war für ihn das Wichtigste – Ich möchte keine Erinnerungen schreiben. Er sagte einmal: Wenn Du Erinnerungen über mich schreibst, werde ich Dir aus dem Jenseits erscheinen. Es geht niemanden etwas an, wie wir gelebt haben. Wir lebten, wie wir konnten.«

Heute leitet Irina Schostakowitsch die *Dmitri-Schostakowitsch-Stiftung* in Moskau, die viel für die Verbreitung der Musik des großen Komponisten leistet.

Ein eindrucksvolles Theaterstück über das Leben Schostakowitschs habe ich vor einigen Jahren beim *Internationalen Theaterfestival* in Essen gesehen. Das Moskauer Theater *Laboratorium Dmitri Krymow* war mit dem Stück *Opus 8* eingeladen. In der Rolle Schostakowitschs sah man Anna Sinjakina. Der Regisseur Dmitri Krymow vermochte in dem ungewöhnlichen Stück auszudrücken, wovon der Autor Michail Sostschenko geschrieben hatte, als er die unerklärlichen Widersprüche analysierte, die Schostakowitsch in sich trug: »Es schien, er sei zart, zerbrechlich, in sich zurückgezogen, ein ewiges Kind. So ist es – Doch wenn das die ganze Wahrheit wäre, wäre seine großartige Kunst nie zustande gekommen. Er ist tatsächlich so – und außerdem hartherzig, bissig, außerordentlich klug, ganz gewiß stark, despotisch und nicht wirklich gutmütig.«

Auf der Bühne irrte ein Puppen-Mensch umher, der entweder lauthals gelobt oder mit vernichtender Kritik in den Boden gestampft wurde, der entweder von seinem Arbeitsplatz am Konservatorium aufgrund seines »unzulänglichen professionellen Niveaus« verjagt wurde, oder einen Staatspreis und insgeheim den Ruf des »Komponisten Nummer eins« verliehen bekam.

Der Mensch auf der Bühne wurde tief in seinem Inneren von der ewigen Angst bewegt, verhaftet zu werden, und zugleich vom Mut, der Wahrheit ins Gesicht zu blicken. Er war hin und hergerissen einerseits von Empörung und andererseits von suizidalen Gedanken. Und dann fand er auf einem Parteitag muntere »Worte des Dankes an die Partei und die Regierung«. Und auf diesen kleinen Menschen, der über die riesige Bühne irrte, bewegte sich eine gigantische Matrjoschka-Puppe zu, die den

Namen *Mutter Heimat* trug. Und das Lied über den treuen Sohn der Mutter Wolga und sein »Freud-Leid« erschallte. Genau so untrennbar wie es in der Liebe, in der Literatur und in der Musik miteinander verbunden ist.

Tatjana Kuschtewskaja im Grupello Verlag

Meine sibirische Flickendecke
Dokumentarischer Roman
Aus dem Russischen
von Ilse Tschörtner
Mit 11 schamanischen Zeichnungen
204 Seiten
gebunden · Schutzumschlag
€ 19,80 · ISBN 3-89978-026-4

»Sie läßt die Natur und die Menschen aufleben, auch das Verhältnis von Mensch und Natur, bringt dem Leser die faszinierende Welt der Schamanen und ihrer geheimnisvollen Kenntnisse ebenso nahe wie die Welt der Tschuktschen, zugleich den Alltag jener Zeit.« *Wostok*

»Hier liegt Freund Puschkin ...«
Spaziergänge auf russischen
Friedhöfen
Aus dem Russischen von
Ilse Tschörtner
Mit 61 Fotos
224 Seiten
gebunden · Schutzumschlag
€ 22,90
ISBN 978-3-89978-059-8

»Sorgfältig Recherchiertes verbindet sich mit Legenden und Anekdoten, die das Bizarre ebenso wie das Mystische streifen. Was für Geschichten!«
Neue Zürcher Zeitung

Tatjana Kuschtewskaja im Grupello Verlag

Küssen auf russisch
Ein Alphabet
Aus dem Russischen
von Ilse Tschörtner
Mit 26 Tuschezeichnungen
von Janina Kuschtewskaja
168 Seiten · gebunden mit
Schutzumschlag
€ 22,90
ISBN 978-3-89978-077-2

»Eine ganz eigentümliche Geschichte der russischen Literatur ist da entstanden, die mit ihren vielen kleinen Beschreibungen von Kußszenen immer wieder Lust zu weiterer Erkundung macht.«   *Neues Deutschland*

Zu Tisch bei Genies
Neue kulinarische Streifzüge
durch die russische Literatur
Aus dem Russischen von Ilse
Tschörtner und Steffi Lunau
Mit 23 Illustrationen
von Janina Kuschtewskaja
224 Seiten · gebunden mit
Schutzumschlag
€ 24,90
ISBN 978-3-89978-208-0

Dieses vergnügliche Buch ist das Resultat einer minuziösen Lektüre und einer ankenswerten Fleißarbeit – und von wertvollem praktischem Nutzen.   *NZZ*

Tatjana Kuschtewskaja im Grupello Verlag

Russinnen ohne Rußland
Berühmte russische Frauen
in 18 Porträts
Aus dem Russischen von
Dr. Elke Heinicke und Jule Blum
Mit 18 Illustrationen
von Janina Kuschtewskaja
232 Seiten, Klappenbroschur
€ 19,90 ISBN · 978-3-89978-162-5

Tatjana Kuschtewskaja stellt in ihrem Buch in kurzen literarischen Porträts achtzehn Frauen vor, die zwar einen großen Teil ihres Lebens außerhalb Rußlands verbrachten, dies aber nicht immer zwangsweise taten. In sehr persönlichem Ton und mit historischem Spürsinn erzählt die Autorin aus dem Leben von Werefkin und anderen Frauen, vor allem aus dem neunzehnten und zwanzigsten Jahrhundert: von der Tänzerin Ida Rubinstein, Alexandra Tolstoi, der Tochter Leo Tolstois, der Malerin Sonia Delaunay oder der Schriftstellerin Irene Némirovsky.
Frankfurter Allgemeine Zeitung

www.grupello.de

Tatjana Kuschtewskaja im Wostok Verlag

Russische Szenen
176 Seiten · Broschur · € 12,80 · ISBN: 3-932916-01-8

Transsibirische Eisenbahn. Geschichte und Geschichten
Mit zahlreichen Abbildungen
196 Seiten · Broschur · € 15,– · ISBN 3-932916-17-4

Sibirienreise – die Lena. Vom Baikal bis zum Eismeer
Geschichte und Geschichten entlang dem großen sibirischen Fluß
Mit zahlreichen Abbildungen und einem Anhang
mit Informationen für die Reise
196 Seiten · Broschur · € 15,– · ISBN 978-3-932916-36-6

Der Baikal
Geschichte und Geschichten rund um den Baikalsee
Mit zahlreichen Abbildungen und einem Anhang
mit Informationen für die Reise
208 Seiten · Broschur · € 16,– · ISBN 978-3-932916-45-8

Die Wolga
Geschichte und Geschichten von Moskau bis Astrachan
Mit zahlreichen Abbildungen und einem Anhang
mit Informationen für die Reise
222 Seiten · Broschur · € 17,– · ISBN 978-3-932916-48-9

Der Jenissei – ein sibirischer Strom.
Geschichte und Geschichten von seinen Quellflüssen
bis zum Polarmeer
208 Seiten · Broschur · € 15,– · ISBN 978-3-932916-61-8

Tolstoi auf 'm Klo
Rußlands Kultur durch die Toilettenbrille betrachtet
192 Seiten · Broschur · € 15,– · ISBN 978-3-932916-47-2

Florus und Laurus
Meine russischen Tiergeschichten
128 Seiten · Broschur · € 12,– · ISBN 978-3-932916-60-1

Russische Literatur im Grupello Verlag

Alexander Litschev
Rußland verstehen
Schlüssel zum russischen Wesen
136 Seiten · Broschur · € 14,80
ISBN 3-933749-40-9

Eine leicht verständliche Einführung in das russische Denken, Fühlen und Handeln. Litschev gelingt eine detaillierte Darstellung der einzelnen Facetten des russischen Selbstverständnisses heute sowie der weltanschaulichen Hintergründe der russichen Mentalität, Identität und Kultur, die sich dahinter verbergen. Im Anhang des Buches findet sich ein Glossar, das die wichtigsten Schlüsselbegriffe zum Verstehen Rußlands erläutert.

Anna Achmatowa
Poem ohne Held
Aus dem Russischen
von Alexander Nitzberg
Reihe Chamäleon Band 9
128 Seiten · Broschur · € 14,80
ISBN 3-933749-38-7

In der Lyrik Anna Achmatowas, der wohl bedeutendsten russischen Dichterin des 20. Jahrhunderts, nimmt das »Poem ohne Held« einen ganz besonderen Platz ein: Es ist ihr geistiges Testament, ihr Lebenswerk, an dem sie über zwei Jahrzehnte lang (1940-1962) gearbeitet hat. Das Poem steht in einer Reihe mit den großen europäischen Dichtungen.

Russische Literatur im Grupello Verlag

Dampfbetriebene Liebesanstalt
Lyrik des russischen Futurismus
Mit einem Vorwort von G. Ajgi
Aus dem Russischen von
Reihe Chamäleon 5
168 Seiten · Broschur · € 14,80
ISBN 3-928234-98-6

Noch immer sind mit dem Begriff »russischer Futurismus« in Deutschland fast ausschließlich zwei Namen verbunden: Wladimir Majakowskij und Velemir Chlebnikow. Dabei hat diese Bewegung wesentlich mehr prominente Namen vorzuweisen, wie: David Burliuk, Alexej Krutschonych, Igor Sewerjanin, Jelena Guro, Nikolaj Assejew, Wassilij Kamenskij, Benedikt Liwschitz, Wadim Scherschenewitsch, Sergej Tretjakow.

CD
Dampfbetriebene Liebesanstalt
Lyrik des russischen Futurismus
rezitiert von Thomas Kling
und Alexander Nitzberg
67 Minuten
€ 14,80
ISBN 3-933749-18-2

www.grupello.de

Ausstellungskataloge im Grupello Verlag

*Wunder und Wissenschaft
Salomon de Caus und die
Automatenkunst in den
Gärten um 1600*
Hrsg. von der Stiftung
Schloß und Park Benrath
in Kooperation mit der
Heinrich-Heine-Universität Düsseldorf
Mit 202 farbigen Abb.
272 S. · Klappenbroschur
€ 38,–
ISBN 978-3-89978-100-7
Format: 21 × 30,4 cm

Der französische Architekt und Ingenieur Salomon de Caus (1576 – 1626) zählt wegen seines ambitionierten theoretischen Werkes und seiner Gestaltungen von Gartenanlagen in Brüssel, London und Heidelberg zu den wichtigsten Protagonisten der europäischen Gartenkunst um 1600. In seinen Schriften kodifizierte er das Wissen seiner Zeit zum Thema der Wasserkünste, entwarf Fontänen- und Brunnenanlagen, spektakuläre hydropneumatische Figurenautomaten sowie Wasserorgeln. Er trug damit maßgeblich zur wissenschaftlichen Fundierung der Gartenkunst bei.

Der Katalog veranschaulicht das künstlerisch-wissenschaftliche Verständnis von Gartenkunst zwischen ca. 1560 und 1630 und beleuchtet die Automatenkunst in Gartenanlagen aus kunst-, technik- und wissenschaftsgeschichtlicher Perspektive.

»Manches *Wunder* wird sich als Ergebnis höchst gelehrsamen Wissens zu erkennen geben, manch Ausmaß an Gelehrsamkeit wird wie ein Wunder erscheinen und Staunen machen. Positives Staunen wird auch durch den Ausstellungskatalog als sehr gutes Übersichts- und Einführungswerk zum Thema *Automatenkunst* hervorgerufen.« *Christian Hlavac, Die Gartenkunst*

Ausstellungskataloge im Grupello Verlag

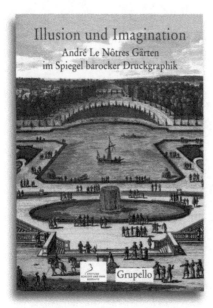

*Illusion und Imagination
André Le Nôtres Gärten
im Spiegel barocker
Druckgraphik*
Katalog zur Ausstellung
im Museum für
Europäische Gartenkunst
Schloß Benrath
Hrsg. v. Stefan Schweizer
und Christof Baier
Mit 216 farbigen Abb.
320 S. · Klappenbroschur
€ 38,–
ISBN 978-3-89978-191-5
Format: 21 × 30,4 cm

Zum 400. Geburtstag des französischen Gartenkünstlers André Le Nôtre (1613 – 1700) präsentiert das Museum für Europäische Gartenkunst Stiftung Schloß und Park Benrath die Ausstellung »Illusion und Imagination«. Sie zeigt Le Nôtres Werk im Spiegel zeitgenössischer Druckgraphiken, die im 17. Jahrhundert das wichtigste Überlieferungsmedium zur Gestaltung von Garten- und Schloßanlagen bilden. Die Ansichten galten als bedeutendes Element höfischer und adeliger Standeskommunikation und -repräsentation. Neben Leihgaben aus Berlin und Dresden werden auch Graphiken aus eigenem Bestand sowie Modelle, zeitgenössische Reise- und gartentheoretische Literatur gezeigt.

»Der Ausstellungskatalog beinhaltet Beiträge über Leben und Werk Le Nôtres und zeigt sein weit gespanntes Interesse, seine ungewöhnliche Bildung sowie seine Vernetzung in Künstler- und Wissenschaftlerkreisen. In einem zweiten Teil werden die von Le Nôtre angelegten und umgestalteten Gärten in Stichen und kurzen Beschreibungen vorgestellt.«   *Garten und Haus*

Ausstellungskataloge im Grupello Verlag

*»SehensWert« –
Die Planungs- und
Baugeschichte der
Benrather Schlösser
Katalog zur Ausstellung
der Stiftung Schloss und
Park Benrath
6.9. – 22.11.2015*
Hrsg. v. Stefan Schweizer
und Eva-Maria Gruben
Mit 326 farbigen Abb.
400 S. · Klappenbroschur
€ 38,–
ISBN 978-3-89978-243-1
Format: 21 × 30,4 cm

»Sehenswert« – mit diesem Attribut charakterisierte der spätere amerikanische Präsident Thomas Jefferson 1788 das Schloß Benrath. Die Ausstellung widmet sich der Planungs- und Baugeschichte beider Benrather Schlösser. Nicht nur das heute noch existierende, großartige neue Schloß, das Kurfürst Carl Theodor zwischen 1755 und 1769 erbauen ließ, sondern auch das alte Schloß, von dem sich künstlerisch herausragende Ausstattungselemente aus dem mittleren 17. Jahrhundert erhalten haben, wird in den Fokus gerückt.

Der Katalog beleuchtet die Entstehungsgeschichte des alten wie des neuen Schlosses, des Parks und der Gärten in hochkarätigen zeitgenössischen Ansichten und Dokumenten. Viele Exponate werden erstmals gezeigt und vermitteln den Besuchern die Konzepte, Planungen und schließlich die errichteten Anlagen. Sie veranschaulichen, daß das alte Schloß Benrath zu den qualitativ bemerkenswertesten herrschaftlichen Landhäusern des 17. Jahrhunderts nördlich der Alpen zu rechnen ist. Erstmals wird der Ausstellungskatalog auch diesen in Bild und Text dokumentierten Bau anschaulich rekonstruieren.

Ausstellungskataloge im Grupello Verlag

*Schloss Benrath macht Staat!
Glanzvolle Empfänge in der Landeshauptstadt Düsseldorf 1950 – 1989*
Hrsg. v. Stefan Schweizer und Melanie Florin
Mit 223 Abbildungen
184 Seiten · gebunden
€ 24,90
ISBN 978-3-89978-224-0
Format: 21,5 × 30,3 cm

Im Herbst 2014 werden noch einmal bedeutende Staatsgäste im Schloß Benrath empfangen: Die Ausstellung »Schloß Benrath macht Staat! Glanzvolle Empfänge in der Landeshauptstadt Düsseldorf« läßt erneut die Zeit aufleben, in der die Großen der Politik in Düsseldorf begrüßt wurden. Fast vier Jahrzehnte lang durfte sich Benrath als Gastgeber bedeutender Staatsgäste präsentieren. Von Königin Elizabeth II. über Erich Honecker bis hin zum äthiopischen Kaiser kamen im Laufe dieser Zeit viele große Staatsmänner, gekrönte Häupter und illustre Persönlichkeiten nach Schloss Benrath. Hier wurden sie herzlich willkommen geheißen und festlich bewirtet.

Das Museum der Stiftung Schloß und Park Benrath läßt den Besucher noch einmal an dieser glanzvollen Episode teilhaben. Kleine Andekdoten, Fotos, Gastgeschenke oder Zeitzeugenberichte nehmen die staunenden Besucher mit in eine Zeit, als Benrath noch »Staat machte« und zur Kulisse für die große Prominenz wurde.